普通高等学校**交通运输类专业创新教材**

船舶智能设备
与系统概论

严新平　马　勇　范爱龙　编著

INTRODUCTION
TO SHIP INTELLIGENT
EQUIPMENT
AND SYSTEMS

人民交通出版社
北 京

内 容 提 要

本书介绍了船舶智能设备与系统的内涵及功能,剖析了船舶智能设备与系统现状,展望了船舶智能设备与系统发展趋势,阐述了既有船舶设备与系统智能化、新型的船舶智能设备与系统等未来发展重点,汇编了相关名词术语及国内外标准规范法规。

本书可作为交通设备与控制工程、轮机工程、航海技术和海事管理等专业在校本科生和研究生的重要参考教材,以及智能船舶领域科研工作者、工程技术人员等相关从业人员的参考书籍。

图书在版编目(CIP)数据

船舶智能设备与系统概论/严新平,马勇,范爱龙编著. —北京:人民交通出版社股份有限公司,2025.
8. —ISBN 978-7-114-20390-9

Ⅰ. U664.8

中国国家版本馆 CIP 数据核字第 2025DU3134 号

Chuanbo Zhineng Shebei yu Xitong Gailun

书　　　名:**船舶智能设备与系统概论**

著 作 者:严新平　马　勇　范爱龙

责任编辑:姚　旭

责任校对:赵媛媛　魏佳宁

责任印制:张　凯

出版发行:人民交通出版社

地　　　址:(100011)北京市朝阳区安定门外外馆斜街 3 号

网　　　址:http://www.ccpcl.com.cn

销售电话:(010)85285857

总 经 销:人民交通出版社发行部

经　　　销:各地新华书店

印　　　刷:北京印匠彩色印刷有限公司

开　　　本:787×1092　1/16

印　　　张:16.25

字　　　数:366 千

版　　　次:2025 年 8 月　第 1 版

印　　　次:2025 年 8 月　第 1 次印刷

书　　　号:ISBN 978-7-114-20390-9

定　　　价:50.00 元

前 言
PREFACE

近年来,在新一代信息技术与制造业深度融合的产业变革背景下,随着智能船舶技术的深入探索和研究,船舶智能功能随着行业需求的明确逐渐发展形成相应的子系统,并从局部向全船应用拓展,船舶的智能化水平集中体现在船舶配置的智能设备与系统方面。《中国制造2025》把海洋工程装备和高科技船舶作为重点领域,大力发展高端化、智能化、模块化的设备技术十分重要。因此,推进船舶配套产业智能化转型升级,对打造有竞争力的船舶配套品牌产品、实现造船强国具有重要的意义。

船舶智能设备与系统具有量大、面广和高技术、高附加值的产业特点。按照功能划分,主要包括智能航行设备与系统、智能能效设备与系统、智能机舱设备与系统、智能集成平台设备与系统、智能作业设备与系统、船舶碳捕捉设备与系统、岸基驾控设备与系统等。在加快建设交通强国、航运强国的时代机遇下,我国船舶智能设备与系统将迎来新的发展机遇,有望在船舶配套装备与产业上实现突破,形成技术、品牌和产业链生态优势,完成船舶配套设备与系统转型升级,加快建设新一代航运系统。

本书共分9章、3个附录。第1章为概述,第2~8章为各类船舶智能设备与系统的研究背景、研究现状、研究关键技术及应用案例,第9章为船舶智能设备与系统的发展重点,附录总结了船舶智能设备与系统名词术语及标准规范法规。本书的主要内容体现在4个方面:

(1)全面阐述了船舶智能设备与系统的内涵及功能,介绍了船舶智能设备与系统的技术演进,展望了船舶智能设备与系统的发展趋势。

(2)深入剖析了船舶智能设备与系统现状,分别对船舶智能设备与系统8个功能类别的研究背景、研究现状、关键技术以及应用案例进行了介绍。

(3)阐述了既有船舶设备与系统智能化、新型的船舶智能设备与系统以及人员岗位替代的船舶智能系统等未来发展重点。

(4)汇编了船舶智能设备与系统相关名词术语及国内外标准规范法规。

本书是基于中国工程院院士、武汉理工大学严新平教授及其团队在承担国家自然科学基金、科学技术部重点研发项目、工业和信息化部高技术船舶专项等科技任务中形成的成果而撰写的。本书由严新平提出和确定架构,马勇组织和审校,核心参编成员有:严新平(第1章)、马勇(第2、9章部分)、范爱龙(第3、5章部分)、胡钊政(第6章部分)、杨琨(第4章部分)、马枫(第 8 章部分)、刘佳仑(第 8 章部分)、李常伟(第 5 章部分)、卢明剑(第 7 章)、刘杰(第 4 章部分)、尹奇志(第 3 章部分)、欧阳武(第 9 章部分)、孟杰(第 6 章部分)、储兰芳(第 4 章部分)、常兴山(第 4 章部分)等。本书在撰写过程中,吸收了国外船舶智能设备与系统的研究前沿,借鉴了我国科技人员研发的应用案例。

本书为武汉理工大学"十四五"规划教材,获得武汉理工大学本科教材建设专项基金项目资助。本书内容翔实、综述全面、分析深入,以期成为交通设备与控制工程、轮机工程、交通运输、航海技术和海事管理等专业在校本科生和研究生的重要参考教材,以及智能船舶领域科研工作者、工程技术人员等相关从业人员的参考书,可为加快我国船舶智能设备与系统发展进程、创新航运产业链技术发展提供有益借鉴。

作　者
2025 年 1 月

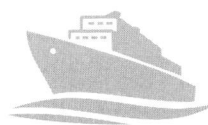

目 录
CONTENTS

第1章 概述 ······ 1

  1.1 船舶智能设备与系统内涵 ······ 1

  1.2 船舶智能设备与系统功能 ······ 2

  思政课堂 ······ 13

  本章思考题 ······ 14

  本章参考文献 ······ 14

第2章 智能航行设备与系统 ······ 16

  2.1 研究背景 ······ 16

  2.2 研究现状 ······ 18

  2.3 关键技术 ······ 28

  2.4 应用案例 ······ 38

  思政课堂 ······ 40

  本章思考题 ······ 41

  本章参考文献 ······ 41

第3章 智能能效设备与系统 ······ 45

  3.1 研究背景 ······ 45

  3.2 研究现状 ······ 47

  3.3 关键技术 ······ 52

  3.4 应用案例 ······ 67

  思政课堂 ······ 70

  本章思考题 ······ 71

  本章参考文献 ······ 71

第4章　智能机舱设备与系统 ·· 75

　　4.1　研究背景　·· 75

　　4.2　研究现状　·· 78

　　4.3　关键技术　·· 93

　　4.4　应用案例　·· 116

　　思政课堂　·· 121

　　本章思考题　·· 122

　　本章参考文献　·· 123

第5章　智能集成平台设备与系统 ································· 127

　　5.1　研究背景　·· 127

　　5.2　研究现状　·· 128

　　5.3　关键技术　·· 131

　　5.4　应用案例　·· 144

　　思政课堂　·· 150

　　本章思考题　·· 150

　　本章参考文献　·· 151

第6章　智能作业设备与系统 ···································· 153

　　6.1　研究背景　·· 153

　　6.2　研究现状　·· 154

　　6.3　关键技术　·· 162

　　6.4　应用案例　·· 165

　　思政课堂　·· 168

　　本章思考题　·· 170

　　本章参考文献　·· 170

第7章　船舶碳捕捉设备与系统 ·································· 174

　　7.1　研究背景　·· 174

　　7.2　研究现状　·· 175

　　7.3　关键技术　·· 185

　　7.4　应用案例　·· 187

　　思政课堂　·· 190

　　本章思考题　·· 191

　　本章参考文献　·· 191

第 8 章　岸基驾控设备与系统 ···················· 194

　　8.1　研究背景 ···················· 194

　　8.2　研究现状 ···················· 195

　　8.3　关键技术 ···················· 204

　　8.4　应用案例 ···················· 210

　　思政课堂 ···················· 215

　　本章思考题 ···················· 215

　　本章参考文献 ···················· 216

第 9 章　船舶智能设备与系统的发展重点 ···················· 218

　　9.1　既有船舶设备与系统智能化 ···················· 218

　　9.2　新型船舶智能设备与系统 ···················· 225

　　9.3　人员岗位替代的船舶智能系统 ···················· 232

　　思政课堂 ···················· 237

　　本章思考题 ···················· 238

　　本章参考文献 ···················· 238

附录 1　船舶智能设备与系统名词术语 ···················· 240

附录 2　船舶智能设备与系统标准规范法规 ···················· 243

附录 3　本书彩色插图链接 ···················· 251

第1章

概述

云计算、船联网、大数据、人工智能、区块链等新一代信息技术的崛起,带动了船舶配套设备产业走向数字化、网络化和智能化,船舶智能设备与系统的崭新篇章正在展开[1]。船舶智能设备与系统作为智能船舶发展范畴的核心组成部分,注定将彻底颠覆传统船舶的驾驶和运行模式,为船舶安全、节能、环保、高效营运带来了新契机,为航运业实现降本增效、低碳经济带来了新希望,为船舶工业技术发展提供了新的动力和方向。目前,在世界范围内,欧洲、日本、韩国等国家和地区都在积极发展船舶智能设备与系统相关技术[2],实现了跨领域的优势整合,并在技术研发、法规制定、应用示范等方面取得了显著的成效。

→ 1.1 船舶智能设备与系统内涵

船舶智能设备与系统通过软硬件相结合的方式,利用云计算、边缘计算、卫星通信等技术,实现航行、能效、机舱、集成平台、智能作业、碳捕捉、岸基控制等设备与系统之间的通信和信息共享,及时为岸基和船端提供精准的数据分析与处理结果,增进设备与系统感知、采集、监控、运维和管理的智能化水平。船舶的智能化水平集中体现在船舶已配置的智能设备与系统方面[3-4]。船舶智能设备与系统主要包括智能航行设备与系统、智能能效设备与系统、智能机舱设备与系统、智能集成平台设备与系统、智能运维设备与系统、智能作业设备与系统、船舶碳捕捉设备与系统、岸基驾控设备与系统。通过配置/搭载配套的智能设备与系统,船舶从局部智能向全船智能拓展,智能化水平也由辅助决策向自主操作发展[5],实现船舶营运安全、优化操作、降本增效、节能减排,降低船员工作强度,提高船舶运营的透明度,提升船舶安全性、经济性、环保性,助力加快形成船舶配套智能装备与产业的新质生产力。

→ 1.2 船舶智能设备与系统功能

船舶智能设备与系统从功能维度上可划分为智能航行、智能能效、智能机舱、智能集成平台、智能作业和船舶碳捕捉岸基驾控。如图 1-1 所示，上述设备与系统之间相互协同、交互信息，切实提升船舶航行、监管等作业智能化水平，降低不利环境干扰和人为因素的影响，为全面提升船舶安全能力、提升营运效益和降低船员劳动强度提供装备支持。

1.2.1 智能航行设备与系统

智能航行设备与系统利用先进感知技术和传感信息融合技术等，获取船舶实时位置、航向、速度、周围环境等船舶航行所需的状态信息，并通过计算机技术、控制技术进行分析和执行，为船舶的航行提供航速和航路优化的决策建议[6]，操纵船舶在开阔水域、狭窄水道、进出港口、靠离码头等不同航行场景和复杂环境条件下实现自主航行。

智能航行设备与系统旨在为船舶提供全方位的智能化支持和控制，从而实现船舶的安全导航、远程操控、自主航行等功能。通过将现代信息技术和自动化技术应用于航运领域，船舶智能航行设备与系统系列产品将推动航运行业向智能化、绿色化、高效化的方向发展[7]。

智能航行设备与系统构成如图 1-2 所示，主要分为信息通信子系统、航行环境态势感知子系统、航行决策子系统以及航行控制子系统。

（1）信息通信子系统：依托通信设备、计算机以及必要的软件、存储和视听系统的技术集成与整合，通过有线通信、无线通信、卫星通信以及其他通信网络，实现信息采集、访问、检索、存储、传输、共享或交换。

（2）航行环境态势感知子系统：通过各类雷达、全景视觉及三维重构数字场景等新技术的高度融合及多媒体技术的应用，提高船舶航行环境态势的智能感知能力，用于解决船舶航行环境探测、感知乃至于认知问题[8]。

（3）航行决策子系统：面对航行中会遇船舶，通过感知航行环境、航行会遇态势等作出反应，形成决策方案并传达相应信息，旨在避免发生船舶碰撞、搁浅等事故，保障船舶航行安全。

（4）航行控制子系统：通过输出端口进行相应的设备控制，实现对航行船舶的运动方向、速度及姿态等的控制。

智能航行设备与系统的基本功能如下：

（1）环境感知、态势感知、信息融合等。通过摄像头、雷达以及各类传感器等设备获取航行环境信息，对能够引起航行态势发生变化的安全要素进行获取、理解、显现以及趋势预测，用于进一步的决策与行动。对多源数据进行检测、融合、相关、估计和组合以达到精确的状态估计和身份估计，以及对态势和威胁及其重要程度进行全面及时评估的信息处理。

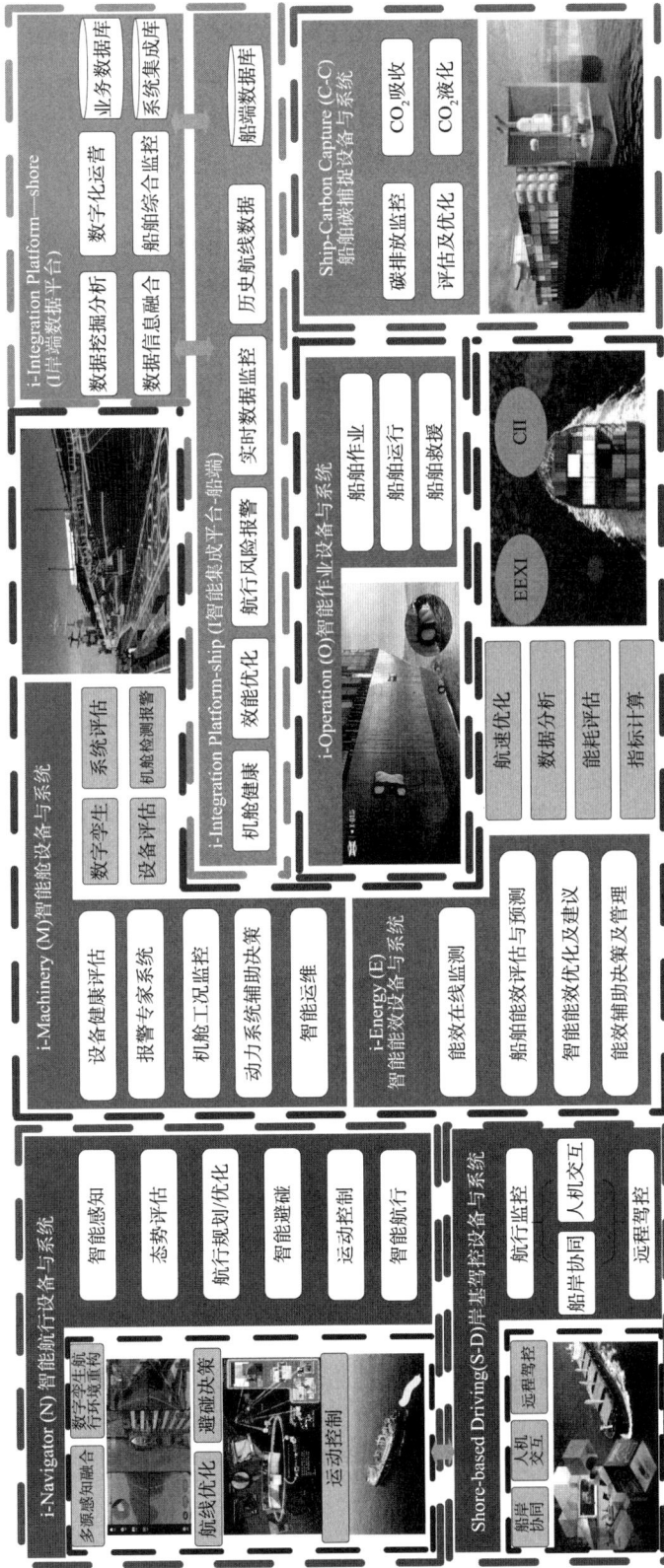

图1-1 船舶智能设备与系统架构

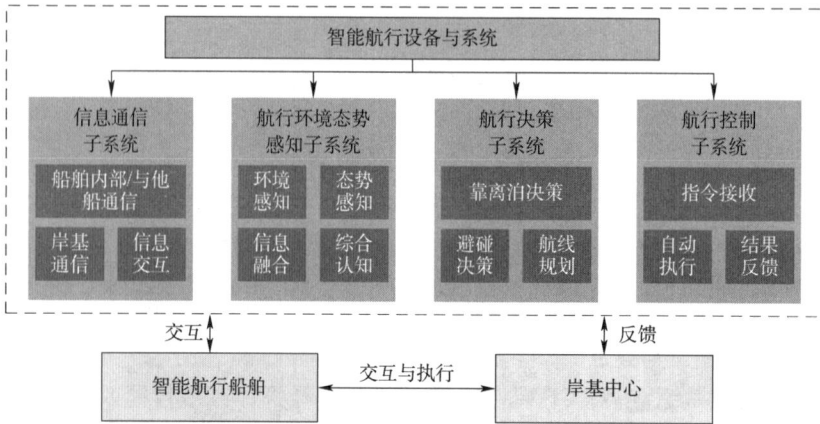

图 1-2 智能航行设备与系统构成

（2）航线规划、避碰决策和抛起锚决策等。能够充分考虑通航环境、航行任务、吃水情况、货物特点和船期信息等因素，在保证人、船、货和环境安全的条件下，进行智能设计并实时选择或推荐合理航线，使航行路径相应指标（如航程、资源消耗量、时间等）或综合指标实现最优化；依据感知信息和避碰规则，通过各类算法对周边环境中的动静态物体作出航行行为决策；在船舶作业、锚泊等场景通过人工或智能决策实现抛/起锚过程。上述功能可通过人工现场操作、遥控操作和自主操作中的一种或多种实现，操作方式能够体现智能航行系统的智能化等级。

（3）决策指令接收、自动执行、结果反馈等。智能航行系统能够接收船舶或者岸端生成的决策指令信息，然后完成转向、变速及调整姿态等决策方案，最后将航行控制子系统在执行决策方案后的效果反馈给智能航行船舶，用于决策控制方案优化调整。

1.2.2 智能能效设备与系统

智能能效设备与系统基于船舶能耗、通航环境及装载状态的监测数据和信息，对船舶能效状况、航行状态等进行评估，为船舶提供评估结果和航速优化，基于纵倾优化的最佳配载等解决方案，实现船舶能效实时监控、评估及优化，以不断提高船舶能效管理水平[9]。

智能能效设备与系统由硬件和软件组成。硬件设备（各类传感器）用于监测和记录船舶能效相关数据，并通过网线、存储等设备进行传输和保存。软件系统结合营运船舶的特点以及航行特征，为营运船舶提供有效的营运能效数据监测、营运能效数据的管理和分析，并基于先进的算法和模型，输出最适合当前船舶类型的能效提升策略。

智能能效设备与系统结构构成如图 1-3 所示，包括能效数据采集子系统、能效数据处理子系统、能效数据分析与评估子系统、能效建模子系统以及能效优化子系统。

（1）能效数据采集子系统：主要实现对船上主要设备能耗信息、船舶状态信息、通航环境信息以及船舶营运信息的采集和存储。其中，主要设备能耗信息包括主机、副机和锅炉的油耗、气耗、电耗等，船舶状态信息包括船舶航速、航向、位置、纵倾、吃水等，通航环境信息包括水深、水流速度、风速、风向、浪高等，船舶营运信息包括燃料成本、人工成本、维护成本、船舶折旧成本等。

（2）能效数据处理子系统：主要实现船舶能效数据的初步清洗和深度清洗。其中初步清洗主要实现对船舶能效数据采集子系统采集的数据中的异常数据的识别和清洗；深度清洗主要根据能效分析和建模需要对初步清洗的能效数据进行进一步清洗。

（3）能效数据分析与评估子系统：主要包括能效数据分析、能效评估、能效辅助决策和能效辅助管理4个模块，能实现基于船舶能效数据开展船舶能效相关指数的计算、分析和评估，为船舶管理者开展能效管理提供决策支持。

（4）能效建模子系统：主要实现船舶能效模型的构建，包括油耗预测模型和航速预测模型的构建。

（5）能效优化子系统：主要实现基于船舶最佳营运经济性或最佳能效的船舶航速优化、纵倾优化、航线优化和能量管理等。

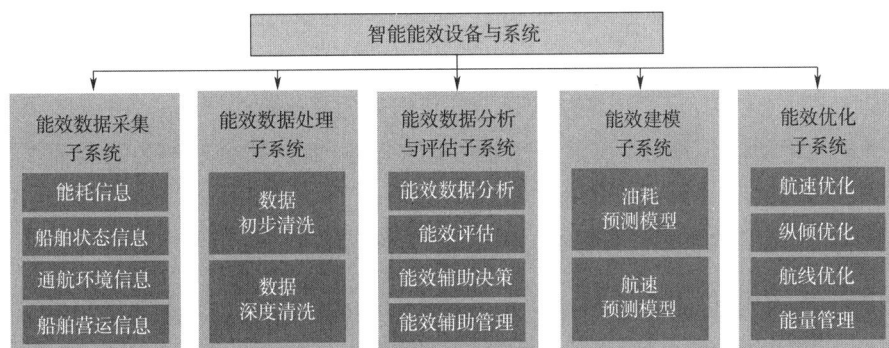

图1-3 智能能效设备与系统构成

智能能效设备与系统的基本功能如下：

（1）数据采集和存储功能。利用主要耗能设备的燃料计量装置、轴功率监测设备、风速风向仪、全球定位系统、计程仪、电子倾斜仪、测深仪、船舶吃水测量设备等进行能效相关数据的自动采集。利用人工录入的方式对船舶营运信息中的燃料成本、人工成本和维护成本数据进行收集和统计。采集数据需要定期进行自动备份，并具备快速恢复能力，数据备份可采用磁盘阵列、多硬盘、光盘刻录、移动介质存储等方式。

（2）能效数据处理功能。能通过阈值法、数据关联法等识别采集的能效相关数据中的错误或空缺数据，并运用数据清洗和修复方法对这些数据进行清洗和修复。还可以根据数据分析和建模的需要对相关数据进行进一步深度清洗。

（3）能效/能耗及排放数据分析功能。智能能效系统能自动计算以下能效及排放指标：①船舶能效营运指数（Energy Efficiency Operational Indicator，EEOI）；②单位距离燃料消耗量；③单位运输燃料消耗量；④单位距离 CO_2 排放量；⑤单位运输 CO_2 排放量；⑥碳强度指标（Carbon Intensity Indicator，CII）。

（4）能效及能耗评估功能。根据船舶历史数据（设计、试航）、同型船数据或结合船舶实时数据，评估主要耗能设备能耗、能效及排放指标，输出航速的能耗分布和动态能耗分布数据，分析得出船舶动态能量消耗分布比例及能量利用效率。按航次或指定时间（不超过一年)对船舶能效指标及船舶能耗情况进行综合评估。此外,每日历年度结束后,还可对船舶的年营运碳强度状况进行综合评估,建立适用于实施船舶的能效、能耗评估体系,根据评估结果,提供优化和改进的辅助决策建议。

(5)能效模型建模功能。基于船舶原理或船舶能效数据构建船舶的能效模型,主要包括船舶的油耗预测模型和航速预测模型。

(6)航速优化功能。考量最佳经济效益和最佳环境效益两个目标,在考虑通航环境、港口状况、油价与物价、船速要求和限制、租船合同等其他因素的影响下,找到最优航速(主机转速),能使船舶保证在规定时间到达目的地的前提下,实现航行过程中的利润最高或 CO_2 排放最低[10]。

(7)纵倾优化功能。在满足船舶稳性、强度、浮态和实际航次要求的条件下,通过调整配载水量实现优化的纵倾结果。通过调节船舶前后压载水量以达到设定纵倾角。

(8)航线优化功能。按照某一性能指标,如燃油消耗最低、航行路线最短、安全性能最高、航行时间最优等,充分利用电子海图所传达的航行综合环境信息以及交通管理控制信息,在智能技术的支持下,形成一条从起始港到目的港的最优航线[11]。

(9)能量管理功能。利用先进的传感器和监测设备,实时监测船舶的燃油消耗、电力消耗以及船舶电网的情况。通过智能化的能量管理策略,能量管理模块为船员提供各能量源部件(主机、副机、电池等)的启停建议,从而帮助船舶实现动力系统效率最大化。

1.2.3 智能机舱设备与系统

智能机舱设备与系统能综合利用状态监测所获得的各种信息和数据,对机舱内设备与系统的运行状态、健康状况进行分析和评估,为设备与系统的使用、操作和控制、检修、管理等方面的决策提供支持[12]。

如图 1-4 所示,智能机舱设备与系统的组成可囊括为动力与电力管理子系统、设备自动化控制子系统、环境与安全监测子系统、燃油与数据优化子系统。

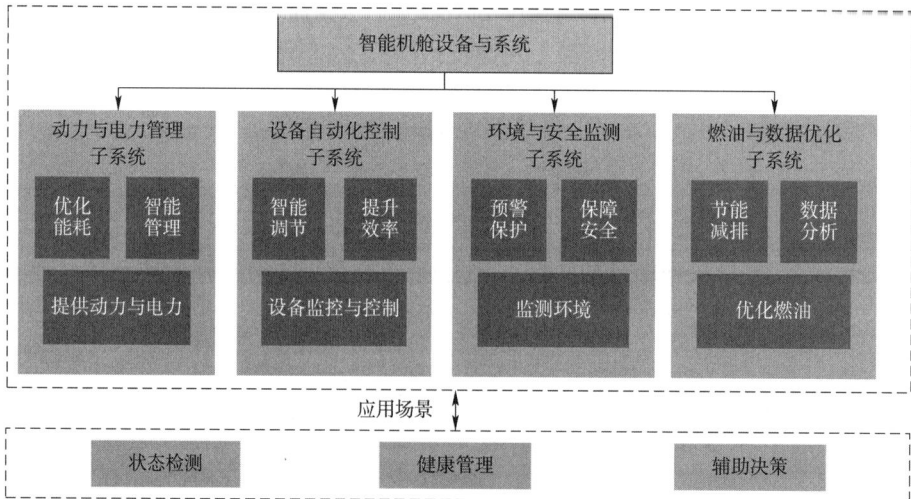

图 1-4 智能机舱设备与系统构成

（1）动力与电力管理子系统：负责确保船舶的推进和电力供应。该系统包括主发动机、螺旋桨、推进器等动力设备，以及发电机组、电力分配装置和储能设备。其核心功能是根据航行需求调整功率输出，优化燃油消耗，并通过智能电力管理系统确保电力负载的均衡与故障诊断。该模块的作用是为船舶提供稳定的动力支持，保障各系统的电力需求，同时通过智能化管理减少能源浪费，提高整体运行效率。

（2）设备自动化控制子系统：通过实现机舱设备的集中监控和自动化控制来提升运行效率。包括可编程逻辑控制器（Programmable Logic Controller，PLC）、分布式控制系统、传感器网络和人机界面，确保设备的实时状态监测和自动调节。该模块的智能化功能通过数据采集和设备状态分析实现故障预警、自动调整和远程控制，减少人工干预并提高操作安全性。其作用在于提升船舶设备的管理精度与自动化水平，确保在发生故障时能够快速响应和进行应急处理。

（3）环境与安全监测子系统：专注于确保机舱环境的安全性与人员健康，防止突发事故。包括温湿度传感器、有毒气体传感器、火灾探测器和自动灭火系统等设备。该系统通过持续监测机舱内的环境参数，并在检测到异常时启动报警和自动保护机制（如灭火、泄漏处理等），保障船舶安全运行。它的作用在于提供一个安全可靠的工作环境，防止火灾、气体泄漏等安全隐患，同时确保符合环保和安全[13]。

（4）燃油与数据优化子系统：通过优化燃油使用、降低能耗并进行数据分析来提升船舶的经济性和环保性。系统中包括燃油消耗监测设备、能效管理系统以及数据采集和分析平台。系统对燃油消耗、排放和能效进行实时监控，提供数据支持并优化运行策略，帮助船舶实现节能减排。该系统的作用在于有效控制燃油成本，提高燃料利用率，同时确保船舶符合环保排放标准，减少对环境的影响。通过船舶机舱的运行自动化、数字化和智能化，提高船舶营运效率、安全性和环境兼容性。

智能机舱系统的作用是通过集成先进的自动化、监控和优化技术，提升船舶机舱的运营效率、安全性、环保性和可靠性[14]。智能机舱系统的具体作用如下：

（1）提高运行效率。智能机舱系统通过自动化控制和实时监测各类设备的工作状态，能够有效优化船舶的动力输出、能源消耗和设备运行。自动化控制系统根据实时数据自动调整船舶动力和电力分配，确保系统运行在最优状态，从而降低燃油消耗，提高航速和船舶的经济性[15]。

（2）保障设备安全与延长寿命。智能机舱系统能实时监控关键设备的健康状态，及时检测设备的异常运行情况，并通过故障预测和报警机制进行提前处理。这不仅能够防止设备故障发生，还能避免因设备停机导致的意外停航，减少维修和停机成本，同时延长设备使用寿命。

（3）提升安全性和应急响应能力。系统内集成的环境监测和安全防护功能，如火灾报警、泄漏监测和自动灭火系统，能在出现安全风险时迅速作出反应。智能机舱系统能够自动激活应急机制，防止火灾、爆炸或有害气体泄漏等事故，保障船员安全和船舶的安全运行。

（4）优化能效与环保合规性。智能机舱系统能够实现燃油消耗的实时监测与优化，通过数据分析优化航行方式,减少燃料浪费。此外,系统还可以监控和管理排放情况,确保船舶符合环保法规要求,减少二氧化碳、氮氧化物等物质的排放,有助于降低船舶的环境影响。

(5)支持智能决策与数据驱动管理。智能机舱设备与系统通过收集并分析各类运行数据,帮助船舶管理人员作出更加精准的决策。系统可以根据历史数据和实时数据预测设备维护需求,优化操作模式,提升船舶的营运效率和成本效益。

在全球步入工业信息化时代的大趋势下,船舶行业面临环境保护、能效优化和智能化发展等问题,如何解决这些问题并实现自身的可持续发展,成为海事界乃至全社会共同关注的焦点问题。

1.2.4 智能集成平台设备与系统

智能集成平台设备与系统是通过集成船舶多种智能设备、传感器、监控系统、数据处理和分析技术,形成统一的数据交互与管理,实现船舶各系统之间的数据共享、交流与协同。其主要功能是提供一个统一的界面和操作平台,支持智能航行、智能机舱、智能能效高效管理等核心功能系统的数据需求,并通过开放性接口与岸端的机制互动,帮助提升船舶智能化管理水平,从而提高船舶运行的安全性、效率与环保性[16]。

智能集成平台设备与系统构成如图 1-5 所示,主要包括数据采集子系统、数据整合子系统、船岸互通子系统、信息显示子系统以及信息安全体系[17]。

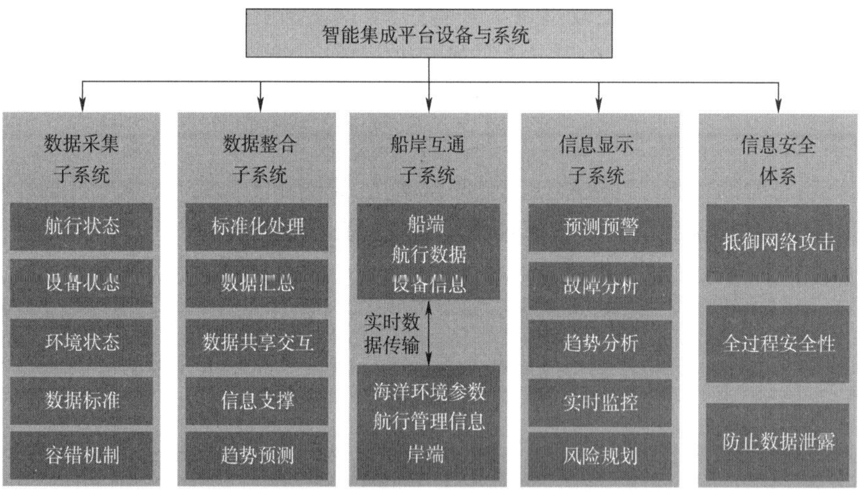

图 1-5 智能集成平台设备与系统构成

(1)数据采集子系统。通过串口或网络接口,采集船舶航行状态、设备状态、环境状态等数据。该子系统提供统一的数据标准,为每个数据点添加编号与名称等属性,并配备容错机制,能够在单点故障发生时保障其他采集任务可正常运行,从而确保高可靠性。

(2)数据整合子系统。对采集到的数据进行抽取、清理、处理和分类整合,形成面向应用的数据资源池。通过分析与挖掘,提供关键数据支持,满足故障分析、预警、趋势预测,该子系统还支持数据预清洗和高并发转发功能,能够响应实时、大容量数据请求。

（3）船岸互通子系统。利用包括卫星、自组网等多种无线网络数据通信技术，实现船舶与岸端之间的数据传输。船端平台向岸端回传航行态势、船体与设备、货物以及水文环境等信息；岸端向船端提供海洋环境预报、目标参数及航行管理信息，实现岸基指挥中心对船舶的远程监控与管理。

（4）信息显示子系统。通过可视化手段显示船舶的实时位置、航行路线及设备状态等信息，为船舶操纵与管理提供数据支撑，展示船舶和岸基交互的内容和控制指令，以及智能功能或远程中心输出的未来趋势预测与评估。该子系统能够基于评估与预测结果生成趋势分析，并根据情况发出报警，支持事故响应、风险规划、环境保护以及资源管理等综合决策方案[18]。

（5）信息安全体系。通过网络防护技术和管理措施，通过一系列的技术手段，确保数据从采集到应用全过程的安全性。该体系能够有效抵御网络攻击和数据泄露风险，保障船岸之间数据互通的安全性效率，从而确保船舶营运。

智能集成平台设备与系统的基本功能如下：

（1）实时数据采集、整合与交互。通过高效的数据采集与处理技术，对船舶航行状态、设备状态、环境状态、船体、货物等相关信息与数据进行通信采集，保证数据完整性与准确性。基于整合后的数据资源，面向应用需求，通过分析得到支撑故障分析、预报预警、趋势预测、辅助决策等功能的关键数据，为业务应用及辅助决策提供信息支撑，发挥信息集成的作用。

（2）数据可视化与预测。将船载平台回传的船舶位置、航行路线、设备状态等实时数据在船载终端和岸基平台上以可视化的方式展现，为当前的船舶操作及管理方案提供趋势预测，支持良好的辅助决策，提高船舶性能，减少人为因素导致的失误，并能根据评估及预测结果，为事故响应、风险反应规划、环境保护措施、事故察觉和预防、经济性能提升、资源管理和通信等提供综合管理及操作方案。

（3）全面信息安全保障。通过一系列综合措施，确保从数据采集到信息应用的每一个环节都在安全可靠的网络环境中进行，有效防范各类网络攻击和数据泄露，保障船舶营运的安全性和数据的完整性。

1.2.5 智能作业设备与系统

传统的船舶作业主要由船员操作船载设备完成，围绕船舶上的"人、货、船"等对象，开展如系泊、巡检、维修、卸货等不同的作业任务。随着人工智能技术的发展，以及无人化作业需求的提出，智能作业设备与系统作为一种能够执行船舶特定场景任务的自动化装备，正逐步成为当前智能船舶的重要组成部分。目前智能作业设备与系统仍以人工参与为主、少量遥控、远程检验应用于船舶作业中，智能设备自主作业技术仍处于发展初期。虽然目前船用智能设备技术发展还不够成熟，但已经在一些船舶运维场景得到应用。随着经济社会和智能化航运系统不断发展，利用船舶智能设备与系统等智能化的新型手段来替代人工作业，保障船舶营运安全，提高工作效率已是航运行业的发展趋势[19]。

智能作业设备与系统主要处理两大船舶作业任务，即船舶营运作业以及船舶维护作业。

船舶营运作业是保证船舶安全、高效营运的一系列船舶作业活动,过程涉及大量与货物、泊位、航道等对象或场景的交互过程,例如船舶清舱、瞭望、搜救、系泊等;船舶维护主要指对船体关键部位或设备的监控与维护,例如机舱中的发动机与油路系统的巡检、船舶除锈喷漆等。智能作业设备与系统由硬件结构子系统、智能作业子系统、通信与计算子系统以及作业软件管理子系统等多个部分组成,如图 1-6 所示。具体功能模块介绍如下:

(1)硬件结构子系统。由机械构型、智能底盘以及多传感器系统组成。机械构型采用防水防腐设计,能够适应高湿度、高盐分的海洋环境,并具备良好的抗振性能,确保在船舶持续振动条件下稳定工作;智能底盘是智能作业设备与系统的骨架,提供稳定的支撑和运动平台,对其负载能力、移动控制等方面有非常高的要求;多传感器系统主要包含相机、LiDAR、惯性测量单元(Inertial Measurement Unit,IMU)等传感器,为智能作业设备与系统提供数据支撑。

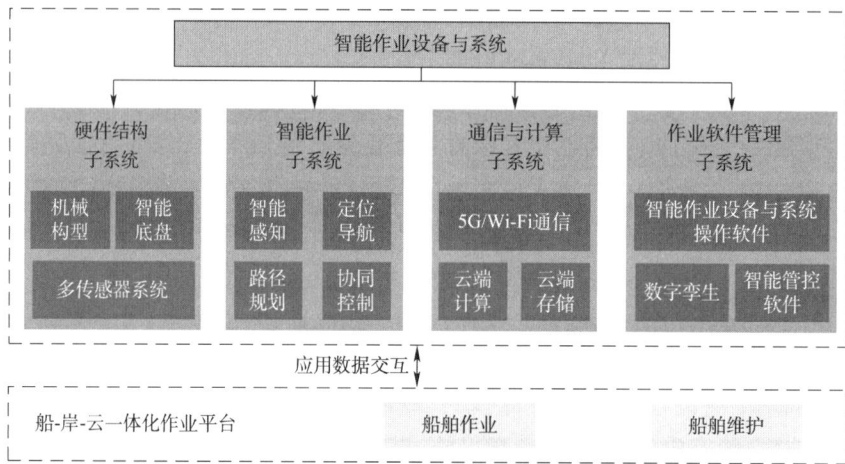

图 1-6 智能作业设备与系统构成

(2)智能作业子系统。基于船舶环境特点,在多传感器系统的基础上实现的多种智能作业技术,包含智能感知技术、舱内定位导航技术、作业路径规划技术与协同控制技术。智能感知技术是智能作业设备与系统进行高效、可靠营运维护作业的前提;定位导航技术是智能作业设备与系统能够在船舶作业时自主移动的关键,主要包括自主定位和导航两个部分;协同控制与路径规划技术实现智能作业设备与系统的自主作业,完成如船舶验舱、船底清洗、船舱清舱、船舶巡检的关键任务。

(3)通信与计算子系统。针对船舶远洋航行的特殊性,通信与计算子系统一般采用5G/卫星通信融合技术和分布式边缘计算架构,解决远洋通信覆盖盲区、带宽受限、实时性差和数据处理压力大等问题。智能作业子系统是船载智能设备的大脑,负责对设备进行控制和决策。而 5G 通信、云端计算、云端存储等技术可以接收并处理感知、规划、控制的相关数据,并根据预设的规则和自主学习算法在云端作出相应的决策输出,提高智能作业设备与系统的自主定位、自主认知、自主学习、自主控制能力,对于实现智能设备自主导航和自主作业具有重要意义[20]。

(4)作业软件管理子系统。依据智能作业设备与系统在船舶作业场景、作业模式、作业范围,形成船舶智能作业操作软件、数字孪生软件与智能管控软件,可实现船舶自动化、智能化的整体发展目标,实现智能作业设备与系统向现有不同营运作业维护场景的拓展。

智能作业设备与系统基本功能如下:

(1)自动化作业是智能作业设备与系统的核心功能之一。通过预先编程或实时控制,设备能够自动执行各种复杂的作业任务,如船舶验舱、清洗、清舱、巡检、喷涂、维护等。通过高精度的传感器和控制系统,设备能够实现毫米级甚至微米级的操作精度,实现多任务执行功能,或在不同的任务之间快速切换,提高作业效率;设备能够根据环境变化或任务需求自动调整作业参数,如速度、角度、力度等。

(2)船舶智能作业设备与系统需要在复杂的船舶环境中自主移动和作业,因此环境感知与导航功能是其关键功能之一。通过搭载的摄像头、雷达等传感器,利用多模态融合感知技术,智能作业设备与系统能够识别船舶内外环境、障碍物和目标物体,生成船舶作业环境地图,为路径规划和任务执行提供支撑,实现在 GPS 信号受限的船舱内部、水下等场景的自主定位和导航。

(3)船舶智能作业设备与系统支持多种人机交互功能,便于船舶作业人员的监测和控制。通过自然语言处理与语音指令识别,作业设备与系统够理解作业人员复杂的语音指令并执行相应的动作;作业设备与系统配备智能化的图形化界面,实现船舶作业任务参数设置、作业状态查询或故障排查,实时显示当前的作业状态、船舶环境数据和故障信息。通过 Wi-Fi/5G 等无线通信技术,操作人员可以在船舶远程控制中心实时操控作业设备与系统。

(4)船舶智能作业设备与系统配备强大的数据处理和分析能力,能够优化作业流程并支持智能决策。作业设备与系统利用云/边缘计算功能,采集并分析船舶历史环境数据,预测船舶设备可能出现的故障,并提前发出预警。同时,作业设备与系统能够根据当前环境和任务需求,自动调整作业策略,如优化装卸顺序或调整移动路径等。

1.2.6 船舶碳捕捉设备与系统

船舶碳捕捉设备与系统基于船舶排放状况的监测数据和信息,对碳捕捉设备性能、操作状态等进行评估,为设备提供评估结果和操作参数优化、基于排放控制的最佳工作模式等解决方案,实现碳捕捉设备实时监控、评估及优化,以不断提高碳捕捉效率管理水平[21]。船舶碳捕捉设备与系统由硬件和软件组成,如图 1-7 所示。

硬件设备(各类碳监测传感器、碳捕捉、压缩液化、储存设备)用于监测并记录碳捕捉相关数据,通过网络、存储等设备传输并保存,实现船舶尾气中 CO_2 的高效捕捉及低能耗储存,同时可实现船舶上 CO_2 卸载联运功能。软件系统结合船舶营运特点以及设备运行特征,为碳捕捉设备提供有效的性能数据监测、性能数据的管理、分析,并基于先进的算法和模型,输出最适合当前设备型号的性能提升策略[22]。

船舶碳捕捉设备系统按照设备功能可分为碳捕捉单元,压缩与液化单元,控制、监测与安全单元。碳捕捉单元能够根据船舶实时的航行状态,进行船载碳捕捉吸收与解吸系统功率的选择,从而实现船舶上低能耗、高效的尾气碳排放处理,提高船舶运营 CII 评级。通过系统智能控制实现船舶碳捕捉系统脱碳剂的供应与更新,一方面持续高效地实现船舶尾气中的碳吸收进而提升船舶碳排放管理水平,另一方面实现脱碳剂的回收,防止海洋污染问题。二氧化碳压缩与液化子系统能够有效衔接船上碳捕捉及储存系统,将碳捕捉系统解吸出的 CO_2 进行压缩液化,进而实现高效、低能耗的储存需求。二氧化碳存储与卸载单元主要面向船舶上 CO_2 的储存及码头 CO_2 液货的卸载要求,能够实现船舶上 CO_2 的安全储存及船-岸双方的高效转运。控制、监测与安全单元主要面向整个船舶碳捕捉设备及系统的安全要求,及时监测船舶碳捕捉设备系统运行工况,按需实现船舶碳捕捉设备与系统的运维,实现船舶碳捕捉设备及系统的高效、安全运行[23]。

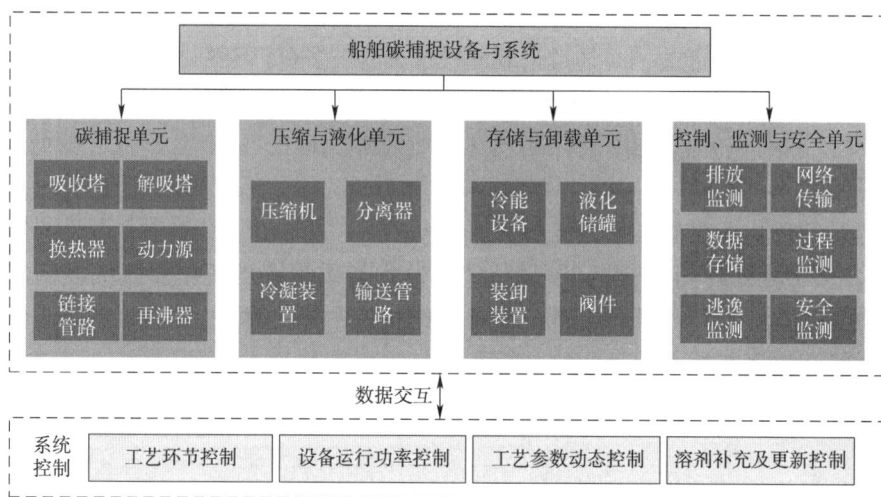

图 1-7 船舶碳捕捉设备与系统构成

1.2.7 岸基驾控设备与系统

岸基驾控设备与系统主要由态势感知子系统、信息通信子系统和岸端远程操控系统构成,如图 1-8 所示。态势感知子系统通过激光雷达、毫米波雷达、红外/可见光图像等设备实时监控船舶及周边环境,提供航行态势信息。信息通信子系统利用导航雷达、罗经、全球定位系统(Global Positioning System,GPS)、自动识别系统(Automatic Identification System,AIS)、电子海图显示与信息系统(Electronic Chart Display and Information System,ECDIS)、全球海上遇险与安全系统(Global Maritime Distress and Safety System,GMDSS)等技术,确保岸基与船舶之间的稳定通信和数据传输。岸端远程操控系统通过操控台、控制软件和自动化控制系统实现远程控制船舶的航行和操作,并配备安全系统以应对突发情况[24]。

岸基驾控设备与系统的目标是确保船舶航行安全。岸基驾控设备与系统基本功能如下:

(1)船岸信息交互。主要负责船舶的远程监控、数据分析和决策支持。岸基智能集成平台接收到船端智能集成平台集成的船舶航行、航行环境信息等实时数据,通过集成态势感知信息等对当前态势进行评估及预测,为船端提供决策辅助,减少人为因素导致的失误[25]。

(2)远程辅助驾控。在船舶途经复杂危险航段,或遇极端天气,或船舶发出危险、救援预警等时,岸基采取远程遥控、驾驶和干预等对船舶进行控制。远程辅助驾控具有直接控制动力系统模式和半自动辅助控制模式两种。直接控制动力系统模式通过推进器手柄等发出对船舶各推进器的控制指令(推进大小和方向)等,发送至船端,由船端遥控响应系统实现对各推进器的控制,可实现驾驶员在岸端远程驾驶;半自动辅助控制模式由远程操控人员在运控中心设定艏向、航速、航迹点等控制命令,发送至船端,由船端遥控响应系统经控制模型解算后得出各个推进器的推进分配方案,并发送至各推进器执行,实现驾驶员在岸端自动驾驶[5]。

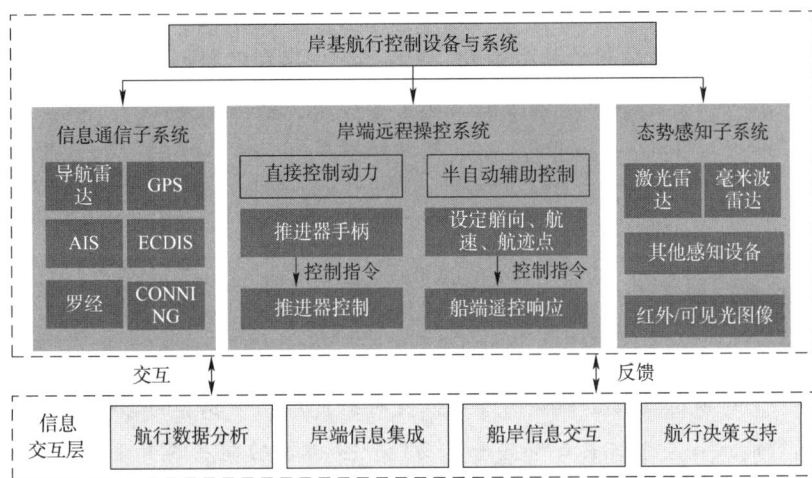

图 1-8 岸基驾控设备与系统构成

→ 思政课堂

扬帆"智"海:"智能船舶 1.0 研发专项"中的大国匠心与自主攻坚

在全球航运业智能化浪潮初起之际,面对智能船舶这一几乎空白的领域,世界主要造船国家纷纷布局。肩负起建设海洋强国、制造强国的时代使命,中国毅然决然地踏上了自主创新的征程,2016 年,中国"智能船舶 1.0 研发专项"开始实施,我国船舶行业顶级总体院所、智能系统研制单位、造船集团、高等院校等组建了项目团队,合力开展关于智能船舶的研究。

这是充满未知与挑战的"智"造之路。智能船舶项目难度大,没有任何经验可借鉴,在听取专家建议、收集各方诉求、对方案反复推敲并不断自我推翻、自我否定之后,项目团队撰写出 3 万多字的可行性报告,系统性地提出了智能船舶的定义、发展阶段及关键技术研发方向和目标,建立了智能船舶技术框架。项目团队依靠严谨求实的科学态度、精益求精的工匠精神和夜以继日的集体攻坚,反复推敲方案、严苛设备测试……过程中难免遭遇挫折与瓶颈,但项目团队始终秉持"为国铸重器"的信念,将困难视为磨砺技术的砺石。最终,中国"智能船舶 1.0 研发专项"首艘示范船"大智"号于 2017 年 12 月 5 日成功交付。随后,"明远"号、"明卓"号、"凯征"号以及"新海辽"号相继交付。"智能船舶 1.0 研发专项"的成功,是大国匠心、协同创新、自主攻坚精神的生动写照。它深刻诠释了：

(1)使命担当：响应国家战略需求，勇担建设海洋强国重任。

(2)自主创新：面对核心技术封锁，坚定走自主可控道路，实现关键系统"零的突破"。

(3)协同攻关：打破单位壁垒，汇聚全国优势力量，形成强大创新合力。

(4)精益匠心：以严谨科学的态度和追求卓越的工匠精神，铸就高质量国之重器。

以此为起点，在《智能船舶发展行动计划(2019—2021年)》《智能航运发展指导意见》等政策指引下，中国智能船舶产业加速发展。从"智能船舶1.0研发专项"的初试锋芒到后续版本的迭代升级，中国航运人始终以大国匠心为舵，以自主创新为帆，在智能航运的"漫长跑道"上奋力前行，不断突破核心技术瓶颈，持续提升中国智能船舶的国际竞争力，为构建海洋命运共同体、实现中华民族的深蓝梦想贡献着源源不断的中国智慧和中国力量。

(部分内容参考大语言模型"豆包"相关检索结果)

→ 本章思考题

(1)梳理船舶智能设备与系统的发展历程，讨论其如何颠覆传统船舶的驾驶和运载方式，分析这些系统对航运业营运模式的改变以及对船员角色和职责的影响。

(2)船舶智能设备与系统具备哪些基本功能？分析其功能在提升船舶安全性和效率方面的作用，并讨论其在实际应用中的意义。

(3)船舶智能设备与系统的定义和内涵是什么？解释其定义及其主要组成部分，并分析这些组成部分在系统中的具体功能和作用。

→ 本章参考文献

[1] 卢明剑,董胜节,汤敏,等.我国海洋运载装备产业发展研究[J].中国工程科学,2023,25(3):53-61.

[2] 袁裕鹏,许朝远,李娜,等.港口多能源融合系统综述[J].交通运输工程学报,2024,24(4):83-103.

[3] 严新平,韩亚,吴兵,等.水路交通系统的发展现状与未来展望[J].中国航海,2024,47(2):145-152.

[4] 中国船级社.船舶设备与系统可靠性验证指南[R].北京:中国船级社,2023.

[5] 王远渊,刘佳仑,马枫,等.智能船舶远程驾驶控制技术研究现状与趋势[J].中国舰船研究,2021,16(1):18-31.

[6] 马勇,王雯琦,严新平.面向新一代航运系统的船舶智能航行技术研究进展[J].中国科学:技术科学,2023(53):1795-1806.

[7] 张宝晨,耿雄飞,李亚斌,等.船舶智能航行技术研发进展[J].科技导报,2022,40(14):

51-56.

［8］THOMBRE S,ZHAO Z,RAMM-SCHMIDT H,et al. Sensors and AI techniques for situational awareness in autonomous ships:A review[J]. IEEE Transactions on Intelligent Transportation Systems,2020,23(1):64-83.

［9］王凯,胡唯唯,黄连忠,等.船舶智能能效优化关键技术研究现状与展望[J].中国舰船研究,2021,16(1):181-192.

［10］贺亚鹏,严新平,范爱龙,等.船舶智能能效管理技术发展现状及展望[J].哈尔滨工程大学学报,2021,42(3):317-324.

［11］范爱龙,涂小龙,吴洁,等.船舶能效知识图谱构建与研究现状分析[J].中国航海,2022,45(4):117-128.

［12］中国船级社.船舶智能机舱检验指南[R].北京:中国船级社,2023.

［13］王瑞涵,陈辉,管聪.基于机器学习的船舶机舱设备状态监测方法[J].中国舰船研究,2021,16(1):158-167.

［14］周天雄.船舶智能机舱系统解决方案研究[J].信息系统工程,2022(7):129-132.

［15］VRVILO P,VIDOVIC T,MATULIC N,et al. Methods and equipment for analysis and diagnostics of marine engines[C]//8th International Conference on Smart and Sustainable Technologies(SpliTech),2023:1-6.

［16］中国船级社.智能船舶规范[R].北京:中国船级社,2015.

［17］中国船级社.智能集成平台检验指南[R].北京:中国船级社,2018.

［18］韩一,郑懿,解广聪,等.船舶交通智能感知融合与辅助决策方法综述[J].计算机工程,2024,50(11):18-37.

［19］严新平,刘佳仑,胡欣珏,等.新一代航运系统的未来船舶技术展望[J].船海工程,2024,53(5):1-4.

［20］ASLAM S,MICHAELIDES M P,HERODOTOU H. Internet of ships:A survey on architectures,emerging applications,and challenges[J]. IEEE Internet of Things,2020,7(10):9714-9727.

［21］卢明剑,董胜节,严新平,等.船舶碳捕集、利用与封存技术综述[J].交通运输工程学报,2024,24(2):1-19.

［22］ZHOU F,FAN Y,ZOU J,et al. Ship emission monitoring sensor web for research and application[J]. Ocean Engineering,2022(249):110980.

［23］孙玉伟,卢明剑,危卫,等.船舶烟气余热 S-CO$_2$ 布雷顿循环发电技术发展分析与评述[J].中国造船,2021,62(1):254-265.

［24］马枫,陈晨,刘佳仑,等.船岸协同支持下的内河船舶远程驾控系统关键技术研究[J].中国舰船研究,2022,17(5):125-133.

［25］LIU D,YAN Y,TIAN S,et al. Intelligent ship-shore cooperation for USV:A brief survey and suggested scheme[C]//7th Annual International Conference on Network and Information Systems for Computers(ICNISC),Guiyang,China,2021:353-357.

第2章

智能航行设备与系统

→ 2.1 研究背景

  智能船舶作为数字与智能技术时代的新兴领域,已成为全球航运业的趋势性发展方向[1]。近年来,国际海事组织(International Maritime Organization,IMO)和各大船级社相继提出了关于智能航行的等级划分,如表2-1所示。2017年,IMO第99届海上安全委员会(Maritime Safety Committee,MSC)正式将海上自主水面船舶(Maritime Autonomous Surface Ships,MASS)列入议程[2],提出了MASS自主程度4个等级划分的概念,为智能航行技术及其驾驶模式的研发和应用提供了基础性国际通用依据。第一级:具有自动化流程和有船员决策支持的自主船,即船员在船操作和控制船上系统和功能,部分操作实现自动化或无人监督,但船员可随时接管船舶营运;第二级:有船员、可遥控的船,船舶操作系统可自行决策并采取行动,船员不直接参与操作,通过远程控制进行监控和干预;第三级:无船员的遥控船,船舶操作系统可自行决策并采取行动;第四级:完全自主船舶,船舶操作系统可自行决策并采取行动。

智能航行等级划分比较　　　　　　　　　　　　　　　　　　　表 2-1

国际海事组织	等级	劳氏船级社	中国船级社	法国船级社
—	AL0	手动网络介入	信息汇总展示	人操作(人参与全部决策与控制)
具有自动化工程与决策支持的船舶	AL1	远程或自主监测网络介入	辅助决策支持	人指导(系统建议,人决策与执行)

续上表

国际海事组织	等级	劳氏船级社	中国船级社	法国船级社
有船员值守过程控制	AL2	远程或自主监测与控制网络介入（需要船基确认）	即时决策支持	人授权（系统调用功能,人在某些时候可拒绝采用系统决策）
无船员值守过程控制	AL3	远程或自主监测与控制网络介入（允许船舶指令显盖）	人在回路,较少干预	人监督（系统调用功能,不需要等待人的反应）
完全自主船舶（船舶操作系统能够自主决策与执行）	AL4	远程或自主监测与控制网络介入（不允许船基指令覆盖）	完全自主,智能船舶间高级互联	完全自主（系统调用功能,不需要通知人）

  国内方面,船舶智能航行的概念首次出现于2015年中国船级社(China Classification Society,CCS)发布的《智能船舶规范》(2015)中,并于2019年进行了优化和完善,补充了智能船舶分级相关内容。总体来看,智能船舶大致可分为5个等级,依次为无自主、辅助决策、授权控制、监督控制和完全自主航行。2021年12月,中国航海学会发布了《船舶智能航行系统等级划分与技术水平评定》团体标准,明确提出智能航行是由航行环境态势感知、船舶操纵算法和信息处理等技术装备或系统全部或部分代替人工实现船舶驾驶操作的航行状态,包括辅助驾驶、遥控驾驶和自主驾驶3种主要形式[3]。2022年3月,交通运输部与科学技术部联合发布《交通领域科技创新中长期发展规划纲要》,强调支持推动智能船舶自主设计建造及现代化导航助航设备研发,重点突破船载智能感知与控制关键技术及设备。2022年9月,工业和信息化部、国家发展改革委、财政部、生态环境部、交通运输部联合发布《关于加快内河船舶绿色智能发展的实施意见》,以加快推进智能技术研发应用为重点任务,旨在推动新一代智能航行船舶技术研发应用,开展基于5G网络的"岸基驾控、船端值守"船舶航行新模式研究,并在通航秩序好、船舶交通密度适中的骨干支线航段开展远程驾驶系统技术的试点示范,探索发展自主航行船舶。

  2023年,上海船舶研究设计院牵头编制的《智能船舶发展白皮书——远洋船舶篇》发布,这是行业内首份聚焦智能船舶发展的白皮书。该白皮书明确了智能船舶未来发展需求,提出了技术与产业发展目标。该白皮书从船舶决策和控制能力的角度出发,将船舶智能化水平分为5个等级,即L1~L5,分别为辅助决策(Driving Assistant,DA)、部分自主(Partial Automation,PA)、有条件自主(Conditional Automation,CA)、高级自主(High Automation,HA)和完全自主(Full Automation,FA),如表2-2所示。当船舶智能航行设备与系统达到L1(辅助决策等级)时,系统具备开阔水域辅助避碰、航线优化辅助决策、航速优化辅助决策等功能,此时所有决策、控制和管理行为仍由人在回路中执行。到当系统升级至L2(部分自主等级)时,船舶智能航行设备与系统具备开阔水域的自主航行和自主避碰能力,并能在狭窄水道、繁忙水域以及靠离泊时进行辅助决策和控制。到达L3(有条件自主等级)时,船舶通过搭载船舶智能航行设备与系统,能够实现有限工况全航程自主航行、自主避碰和自主靠离泊等功能,同时人在回路负责全航程普通工况航行监视、特殊工况航行决策和控制以及靠离泊监视操作。当系统进一步升级至 L4(高级自主等级)时,通过搭载船舶智能航行设备与系统,船舶具备全工况全航程自主航行、自主避碰和自主靠离泊功能,人在回路执行航行远程监视、靠离泊远程监视、应急状态远程遥控等操作。最终,在 L5(完全自主等级)时,通过搭载船舶智能航行设备与系统,船舶将具备全工况全航程自主航行、自主避碰以及自主靠离泊以及失效应对功能,人在回路执行远程监视管理。

船舶智能化水平

表 2-2

等级划分		描述	控制执行	监管	故障响应	人员操作位置
L1(DA)	辅助决策	系统提供决策建议,人作出决策并操作	人	人、系统	人	船端
L2(PA)	部分自主	系统提供决策建议,人作出决策并实施主要操作,系统完成其他操作	人、系统	人、系统	人	船端
L3(CA)	有条件自主	在给定场景中,系统自主决策并完成操作,其他场景时需要人干预	人、系统	人、系统	人	船端
L4(HA)	高级自主	系统自主决策并完成所有操作,特殊场景下系统会向人提出响应请求,人可选择干预	系统	系统	人	船端
L5(FA)	完全自主	全场景下系统自主决策并完成操作,不需要人介入	系统	系统	人、系统	岸端

当前,业界对智能航行的发展阶段的认知基本一致,主要分为辅助决策、半自主航行(部分自主、有条件自主,此时船上仍有人参与控制执行及监管)、自主航行(高级自主、完全自主,此时船上系统控制执行和监管,岸上有人监管)三大发展阶段。在沿海或特定区域航行船舶上,部分企业正开展一些实验项目,尝试越过第一、第二阶段,直接实现自主航行的目标。但在远洋船上,直接实现自主航行的难度和风险仍然非常大,当前仍然处于第一发展阶段,即装备可以为船员提出航线规划及避碰等航行建议,但其合理性和有效性仍需评估验证,完全达到目标还需要数年的努力。

2.2 研究现状

2.2.1 技术发展现状

智能航行作为智能船舶的核心关键技术,欧洲、日本、韩国等国家和地区均将其视为重点发展领域,并相继进行智能船舶和智能航行技术的试验应用,旨在抢占未来智能船舶技术高地。

1)国外船舶智能航行技术发展情况

在船舶智能航行方面,国外航运企业以及海事相关机构的研究起步较早。2006 年,国际海事组织提出了"电子航海"(e-Navigation)概念[4],标志着智能航行概念的雏形出现,通过利用船舶内、外部通信网络,实现船岸信息的采集、集成和显示,促进船与船、船与岸、岸与岸

武汉理工大学研制的汽渡"板新 2 号"试航成功,所搭载的汽渡辅助驾驶系统能够智能识别水中障碍、监测船舶间距、推荐优化航线,具备航行辅助决策功能[11]。2019 年,交通运输部水运科学研究院、大连海事大学、武汉理工大学等 21 家机构共同承担了国家重点研发计划项目"基于船岸协同的船舶智能航行与控制关键技术",攻克了 7 项关键技术,开发完成了包括航行环境态势智能感知在内的 11 个系统,以及沿海船舶远程驾驶与监控等 5 个平台,成果集成应用于一艘沿海船和两艘内河船,实现了航线自主规划、航行环境与态势感知认知、自主循迹、自主避碰、遥控驾驶和自动靠离泊等多项功能。中国建造的智能超大型邮轮"凯征"号,成为全球首艘搭载光电追踪系统及辅助避碰系统且具备辅助自主航行功能的油轮。

2021 年,在自主航行集装箱船"智飞"号进行了智能感知航行环境、自主规划航线、自主循迹航行、智能避碰和自动靠离泊等试验。2022 年,"珠海云"智能无人系统母船完成试验并交付使用,成为全球首艘获得中国船级社认证的具有远程控制和开阔水域自主航行功能的船舶。2023 年,"珠海云"号顺利完成中国首次千海里以上的船舶自主航行试验。除了大型船舶项目外,在"智腾"号、"筋斗云 0"号小型智能航行试验测试船艇上成功进行了遥控驾驶、循迹航行、自主航线规划和自动避碰等试验验证。2023 年,全球首艘中型自主航行智能游艇"智艇 1 号"研制完成,具备"三种驾控模式 + 四种智能功能",即自主航行、辅助驾驶和手动驾驶模式。自主航行模式下,可根据设定的起始点实现航线自主规划、自主巡航。在自主巡航过程中能自主识别海上动静态目标,并根据可遇风险程度执行自主避碰。靠离泊过程中,可自主识别码头情况,协同控制全船能源动力系统,实现自主离靠泊。在辅助驾驶模式下,可以通过融合多源感知信息,形成辅助航线规划和航速决策,为驾驶员操控提供优化建议。2023 年 7 月,哈尔滨工程大学联合研发的"海豚 1"号试验船完成海试,沿途开展了船舶智能设备性能验证、环境感知、障碍避碰、数字孪生系统虚实同步交互等多项试验。"海豚 1"号系我国首艘数字孪生智能科研试验船,可实现远程操控、自动驾驶自主航行。2024 年 11 月,拥有最大 11000m 的钻深能力、我国自主设计建造的首艘大洋钻探船"梦想"号在广州正式入列。"梦想"号是全球钻探能力最强、科学实验功能最全、智能化水平最高、综合运维成本最低的钻探船,可执行大洋科学钻探、深海油气勘探和天然气水合物勘查试采等任务。

3)国内外对比

智能航行难度高、挑战大,历经多年的技术积累,船舶智能航行的发展逐步从理论研究向工程应用迈进,全球各国在船舶智能航行领域已经取得了不少令人瞩目的阶段性进展,初步实现了智能航行,如图 2-2 所示。总体来看,智能航行技术应用仍然处于拓展阶段,远程控制和自主航行的应用由前期大多在小型渡轮、拖轮、试验船以及训练船上开展,逐渐转向大型商船应用[12]。图 2-3 为国内外船舶智能航行技术发展情况时间轴线图。

欧洲国家受地理环境、市场规模和产业模式等因素的影响,在智能船舶领域形成了独树一帜的发展模式,更多地聚焦于小型船舶的自主化、自动化项目,在小型船舶上开展船舶态势感知、远程遥控驾驶、自主航线优化和开阔水域的辅助避碰等技术研究。中国作为造船大国和航运大国,积极推动智能航行技术的发展,按照"辅助决策—远程控制—自主航行"的路径有序开展,政府、船企、研究院所和高校的合作与参与,为船舶智能化和可持续发展提供了有力支持[13]。国内外船舶智能航行技术应用现状如表 2-3 所示。

2017
- "Svitzer Hermod"号搭载动力定位系统
- "大智"号搭载智能航行系统

2018
- "Falco"号搭载自主导航系统
- "Folgefonn"号搭载自动靠泊系统
- "Suomenlinna Ⅱ"号搭载ABB Ability™Marine Pilot Control系统
- "明远"号具备开阔水域辅助避碰决策功能

2019
- "智腾"号搭载自主航行系统
- "筋斗云0"号远程遥控和自主航行试验
- "凯征"号搭载辅助避碰系统
- "ShiojiMaru"号自动靠离泊试验

2020
- "SAMSUNG T-8"号拖船搭载SAS远程自主航海系统

2021
- "Prism Courage"号搭载HiNAS 2.0自主导航系统
- "智飞"搭载海船智能航行系统
- "YaraBirkeland"号
- "SOLEIL"号搭载Super Bridge-X自主系统

2022
- "珠海云"号具有远程遥控和开阔水域自主航行功能
- 自主航行试验船"DAN-V"号
- "Sunflower Shiretoko"号搭载自主避碰航路系统
- "Mikage"号搭载智能导航系统

2023
- "智艇1"号搭载控制能源动力系统
- "香洲云"号搭载智能系统
- 海豚1"号构建数字孪生技术体系

2024
- Pos Sigapare搭载自主航行船舶系统
- 首艘大洋钻探船"梦想"号

图 2-2　全球船舶智能航行技术发展历程

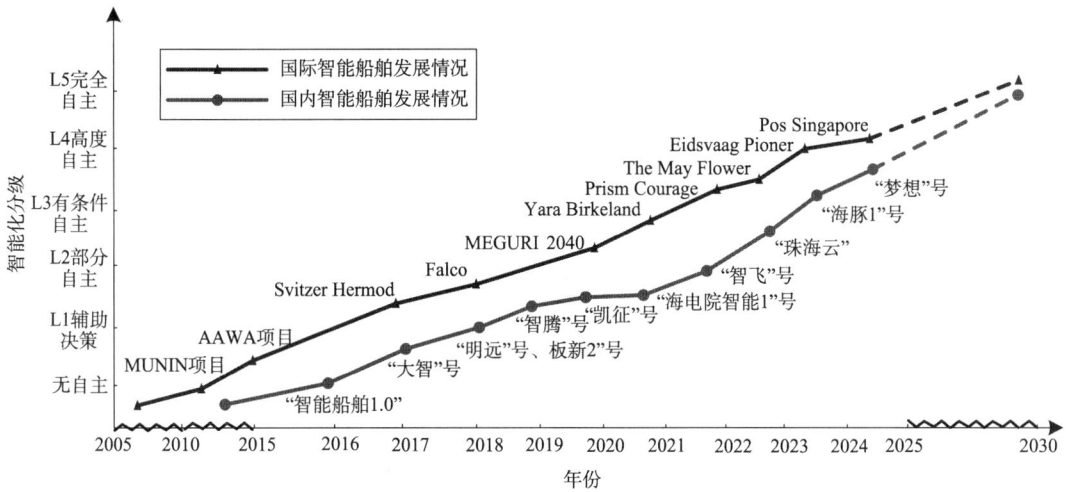

图2-3　国内外船舶智能航行技术发展情况时间轴线

国内外船舶智能航行技术应用现状　　　　　　　　　　　　表2-3

国家/地区	研究对象	智能化水平	开展单位	技术优势
欧洲	渡轮、拖船等小型船舶	远程控制、自主航行	船厂与航运企业为主	在态势感知和远程控制领域领先
美国	水面作战舰艇	远程控制	国防部主导,海军为主	装备研发和军事应用处在前沿地位
日本、韩国	运输船	辅助决策	政府主导,船企参与	智能船舶的相关标准制定位居前列
中国	大型运输船	辅助决策	政府主导,船企、研究院所、高校参与	在人工智能、大数据、5G等新一代信息技术领域领先

2.2.2　产品研发现状

　　智能航行设备与系统由航行环境与态势感知、智能航行决策与控制、自动靠离泊、网络与通信以及智能导航设备等核心模块构成,旨在实现船端全要素环境感知、全场景规划与决策、全工况智能控制、全频段通信保障等功能,以提高船舶航行安全水平,降低人为操作风险。目前,包括欧洲、日本、韩国以及中国在内的多个国家和地区正积极投入资源,加速智能航行设备与系统研发进程,广泛开展智能航行设备与系统工程以及试点应用,并取得了一系列成果。

　　1)欧洲

　　如图2-4所示,芬兰Wartsila Voyage公司推出的智能全景边缘摄像系统(Smart Panoramic Edge Camera System,S. P. E. C. S),可实现船舶环境多角度的实时感知与可视化,并实时流式直接传输至船舶桥楼,帮助船员预测航行状况,有效规避碰撞风险。S. P. E. C. S解决了诸如发现小型船、监测拖船作业和船舶手动停靠的潜在不准确等挑战,提供几乎完美的态势感知,大大降低了在繁忙港口和狭窄水域的风险[14]。除此之外,Wartsila 公司研发的 Navi-Planner 智能航程优化系统利用导航数据库,考虑气象数据、航行模式和最新天气情况,为船舶规划出一条安全而有效的路线。这些数据可用于船长决策,而更重要的是,所有数据都具备网络安全性,并与电子海图完全兼容,可自动计算天气优化情况,支持危险识别、创建航行计划并随时提供最新的图表和数据。此外,它还使岸上的船队运营商能够实时远程监视其船舶,记录航行风险事件并支持事件调查和回放[15]。

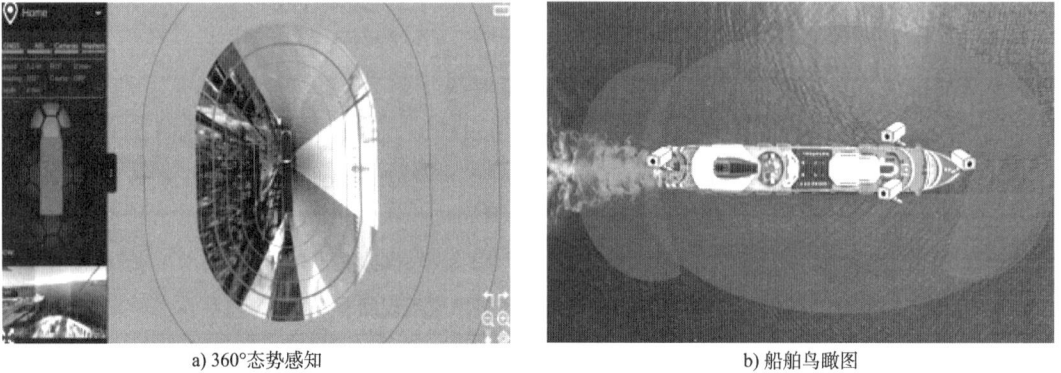

a) 360°态势感知　　　　　　　　　　　　b) 船舶鸟瞰图

图 2-4　Wartsila 智能全景边缘摄像系统(S. P. E. C. S)

芬兰 MacGregor 公司研发的 MOOREX 自张紧系泊装置,可实现在无人干预的情况下完成系泊作业。与传统的系泊作业相比,MOOREX 自张紧系泊系统具有运动冗余、内置运动补偿和轨道规划系统,通过七轴机械臂将环形的系泊绳索套在码头的系缆桩上,从而提升了安全性及生态效益。

瑞士 ABB 公司研发的 ABB Ability™船舶态势感知系统,通过传感器和计算机视觉技术,实现了船舶环境的实时可视化与感知,帮助船舶操作人员预测船舶的航行状况以及避免潜在的碰撞。同时,该系统凭借全数字可见性,可实现远程操作和监控,为逐步实现自主操作奠定基础[16]。

英国 Rolls-Royce 公司开发的 NautIQ CoPilot 高级驾驶员辅助系统,结合数字海洋传感器、嵌入式电子海图、先进的人工智能算法和广域计算机视觉系统,能够在"human-in-the-loop"模式下全程控制计划航程,不干预人工操作,为驾驶员提供指导和辅助。该系统提高了导航的精度和可预测性,有助于降低成本、油耗和排放。

瑞典 Volvo Penta 公司研发的 Integrated Assisted Docking 自动辅助泊船系统,通过将 GPS、船载感应器和动态定位技术结合,根据海上的潮汐和风向变化动态调整船身,帮助船舶保持其预定航向[17]。

瑞典 Trelleborg 公司推出的 AutoMoor 系泊系统,采用真空技术,能够将船舶快速、稳固地固定至泊位(可以在 1min 内完成固定,30s 内脱放船舶),不仅抑制船舶的移动,还持续监控影响停泊船舶的所有系泊负载,并为操作人员提供实时数据,优化港口和码头的日常运营。

荷兰 Mampaey Offshore Industries 公司研发的 Dock Locking System 磁力自动系泊系统,是全球首个磁性停泊系统,它的成功应用使得渡轮停靠时间减少至 10s,降低了发动机的使用频率,减少了碳排放,节省了燃料,有助于环境保护。

德国 Raytheon Anschütz 公司研发的 Synapsis 综合导航系统,由海图雷达、电子海图显示与信息系统和指挥操舵等组成,可整合机载导航应用和传感器的任何相关数据,管理所有的线路和海图,共享整个网络的数据,有助于用户更快地辨认雷达、船舶自动识别系统目标以及诸如船舶入坞、在港口和公海等操作情况的标准设置[18]。

挪威 NES 公司研发的 Raven 集成导航系统,将海图显示、航线规划、雷达探测、自动驾驶仪控制等功能集成到一个综合程序平台,提供了融合软件和硬件的桥楼方案,并配备一体化的操作员工作站,使桥楼更易于使用,提高了运营可靠性。同时,Raven 集成导航系统预留了相关接口,方便后续添加包括发动机警报监控、推进器控制、动力定位和导航灯控制等功能,确保了对未来需求的适应性[19]。

2)日本、韩国

日本川崎汽船、日本无线、YDK Technologies 共同开发的高级操纵辅助系统(Advanced Maneuvering Assistant System,AMAS)能够根据《国际海上避碰规则公约》自动生成避让路线,以避免在监测航线上与其他船舶发生碰撞,并协助船舶进行避航操作。

日本 Furuno 公司推出的 Furuno AR Navigation 系统,通过增强现实(Augmented Reality,AR)技术将感知到的距离、速度、转向点等必要航行信息叠加到驾驶室显示屏的实时视频图像中,即使在复杂会遇局面和能见度不良时,驾驶员也能通过将系统虚拟信息同现有助导航仪器结合,实时查看目标船舶和自身的航行动态信息与预测数据,从而实现辅助驾驶与增强驾驶[20]。

日本邮船株式会社、日本邮船集团公司和日本海洋科学公司联合开发了一种协助船舶靠泊的系统,通过分析至码头的距离、航速、船舶性能参数、拖船安排和气象数据对船舶可控性的影响,评估船舶的可操纵性,并实时可视化事故风险,以减少操作者的负担和避免人为因素造成的事故[21]。

韩国三星重工研发的 Samsung Autonomous Ship(SAS)远程自主航行系统,能够实时分析安装在船舶上的雷达、全球定位系统、船舶自动识别系统等航海通信设备的信号,并识别周边船舶及障碍物。SAS 通过探索船舶自主优化的航线来驱动船舶航行,从而减轻船员负担[22]。

韩国现代重工开发的 HINAS 现代智能导航辅助系统,利用人工智能和增强现实技术,通过分析船上摄像头的视频图像来评估与附近船舶相撞的风险,可在夜间或海雾等能见度不良的情况下为海员提供导航帮助(图2-5)[23]。

3)中国

深圳市中科海信科技有限公司推出的航海雷达系统 RD-2060,拥有目标快速跟踪、增益调节、海浪和雨雪抑制等功能,尤其是在侦测微小目标方面表现出色,比如可以侦测到 1.3km 范围内的消费级无人机等小型目标,可广泛应用于航海船舶、岸基对海空域监控等多种场景。

迈润智能科技(上海)有限公司研发的"迈润航海慧眼"驾驶辅助系统利用全球领先的人工智能光学感知技术,能够精准、快速地对感知到的物体进行直观判断和决策预警,从根本上减少了安全事故的发生概率,有效保障了人、船、货的安全,并大幅降低了船员的工作强度[24]。

a) AR增强现实导航

b) 360°无死角视图

图 2-5   韩国现代重工 HINAS 现代智能导航辅助系统

青岛哈船智控科技有限责任公司研发的船舶态势智能感知系统,融合声、光、电等各种传感设备,检测目标船舶的航行态势信息,并通过对船舶航行环境信息的空间分析和航行态势的数字化重构完成对船舶的航行态势感知。该系统可感知 360°范围、10n mile 以内且雷达有效反射面积不小于 $10m^2$ 的目标;在船舶周围 500m 范围内,对水面高度 0.2m 以上目标的探测率超过 99%;在 2km 以内,多源视觉全景成像系统分辨能力优于 3m[25]。

青岛造船厂有限公司研发的船舶航行辅助系统,在人工驾驶模式下为驾驶员提供信息、环境认知、避碰决策、安全预警等全方位的辅助支持。

武汉理工大学研发的汽渡智能辅助驾驶系统,能够通过雷达智能识别水中障碍物、监测船只之间的距离,为驾驶员提供精确预警和推荐优化航线。

中化兴中石油转运(舟山)有限公司研发的智慧靠离泊辅助系统,通过运用人工智能和 5G 通信等技术手段,实现了可视化态势感知、船舶靠泊辅助、船岸可视化实时互通、船舶动态监控等功能,该系统能够在第一时间将船舶的靠泊速度、靠泊角度等监测数据以及潮汐、流速、风向、风速等环境信息传递给船方,可节省油轮靠泊时间约 20%,为油轮安全靠泊提供了重要保障[26]。

上海船舶运输科学研究所研发的 SRI-VC2110DP 动力定位控制系统(图 2-6),采用自动辨识技术,具有多种定位模式,能够满足目标船对动力定位控制系统的技术要求,并且具有良好的控制精度和稳定性。

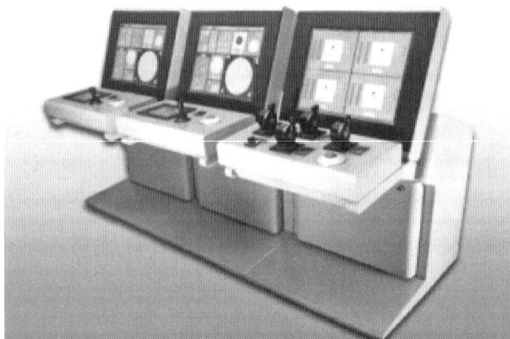

a) 集控台

b) 动力定位模拟操纵实验室

图 2-6   上海船舶运输科学研究所 SRI-VC2110DP 动力定位控制系统

2.2.3　发展趋势

智能航行技术及其设备与系统的研发虽然取得了一定的阶段性成果,助力船舶初步实现了智能航行,但由于投入少、规模小且试验验证和船种覆盖严重不足,导致技术提升与拓展后劲不足。目前,虽然智能航行设备与系统的相关技术研究较为活跃,但实船应用示范的规模和程度仍显滞后。同时,法律法规对于智能航行的具体规定尚不完全统一。根据国内外的案例调查,自动驾驶在现行国际公约和国家立法中尚未被允许。近些年船舶应用智能航行技术的方式主要有三种:一是人工驾驶模式 + 辅助驾驶功能;二是人工驾驶模式 + 遥控驾驶模式,两个模式之间可以相互转换;三是人工驾驶模式 + 遥控驾驶模式 + 自主驾驶模式,三个模式之间可以相互转换。

两种或三种驾驶模式之间的相互转换,是智能航行技术发展与应用初期的必经阶段。鉴于辅助驾驶的船舶控制与操作始终是由船上的驾引人员完成的,本质上依然是人工驾驶。在智能航行技术高度成熟可靠之前,即便国际国内立法允许自动驾驶,出于安全考虑,智能航行船舶未来可能仍选择保留人工驾驶模式,以便在需要时让在船船员接管船舶的控制与操作。因此,从长远来看,自动驾驶船和有人驾驶船将长期共存,未来船舶智能航行的发展趋势将是各种智能航行驾驶模式长期共存,智能航行设备与系统将具备多种驾驶模式,即辅助驾驶、遥控驾驶和自主驾驶三种主要形式,借助与岸基支持中心的协同,船舶可以在开阔水域使用自主航行模式,在复杂水域使用遥控驾驶或辅助驾驶模式,必要时恢复到人工驾驶模式,通过多种模式互相切换可大幅减少船舶配员,降低发生货船群死群伤等重特大事故的风险。同时,未来船舶智能航行技术的发展也将适应不同水域环境,在沿海、内河、远洋交叉推进,错位发展。

智能航行设备与系统的研发依赖于关键技术的突破,包括但不限于传感器技术、人工智能、自主决策和控制算法、通信和导航系统等,这些技术未来需不断进步和整合,为智能航行设备与系统的研发和应用奠定坚实的基础[27]。

(1)船舶态势感知系统未来将结合多模态的态势感知技术而不断发展,通过融合不同传感器的数据提高感知的准确性和鲁棒性。此外,仍需发展更高级的目标检测与识别算法,以准确识别并分类各种船舶、障碍物和水下结构。同时,应当进一步将感知扩展到三维空间,充分考虑水下的地形和障碍物,提供更全面的环境感知信息。更强大的感知系统需要更强的实时性和高速处理能力,利用高性能计算和并行处理技术,实现快速的数据处理和决策反应,以确保船舶能够在实时环境中作出准确的决策。除此之外,应当充分利用自身积累的数据基础,结合机器学习和人工智能技术,提高对船舶态势的理解和预测能力,建立模型和算法来识别航行模式、预测目标行为,评估风险和安全性。

(2)自主航行决策系统未来需要将强化学习和深度学习技术落实在工程应用之中,使船舶具备自主决策的能力。通过与环境的交互学习最佳的决策策略,以适应各种航行场景和任务。同时,需要发展多目标优化算法,能够在安全性、效率、经济性和环境影响等多个目标之间作出权衡和决策。此外,应当推动船舶之间的协同决策与交通管理,通过信息交换和协作,使船舶能够相互协调航行动作,避免冲突和碰撞。还应当建立概率模型和不确定性推理技术,以更好地处理传感器误差、环境变化和其他不确定性因素。除此之外,自主航行决策技术的发展需要与相关法规和伦理原则相结合,确保自主航行决策符合道德和法律的要求,考虑人类的安全和船舶的责任。

（3）智能控制系统未来应当采取更高级的控制算法,以实现精确的船舶姿态控制和航向控制。具体而言,可以采用先进的自适应控制、优化控制和模型预测控制等技术,以适应不同船舶类型和航行环境的需求。同时,通过优化船舶动力系统,可以实现更高效的能源利用并提升船舶性能。研究自适应和鲁棒控制技术,有助于船舶应对在不同工况和环境条件(如风浪、水流、载荷变化等)下的变化和不确定性,使船舶能够稳定、灵活地适应各种情况。此外,利用大数据分析和机器学习技术,对船舶的控制策略进行优化和改进,通过分析海量的实时数据和历史数据,提取有价值的信息,并针对性地调整控制策略,以提高船舶的性能和效率。

鉴于智能航行设备与系统的研发和应用涉及智能态势感知、自主航行决策以及智能控制、信息传输融合等多项技术,不仅需要大量的资源投入,还需要坚实的工业基础,才能够提升船舶感知、探测、定位、导航等相关设备的研发与制造水平,进而推动航运行业迈向智能化和自主化的未来。

→ 2.3 关键技术

智能航行设备与系统的关键技术组成及逻辑关系如图 2-7 所示,包括智能航行态势感知技术、智能决策技术、智能控制技术及通信与网络安全技术四大关键技术。这四项关键技术相辅相成,形成闭环协作,支撑船舶智能航行的实现。其中,智能航行态势感知技术负责环境信息感知与建模,为后续决策提供准确的数据支持。在此基础上,智能决策技术能够合理判断碰撞风险,进行自主避碰决策、最优航线规划进而制定安全、高效的航行策略。智能控制技术根据航行决策结果,实时调整控制船舶状态,确保航线任务的高效执行。此外,通信与网络安全技术贯穿整个过程,实现各模块之间的信息交互传输,以确保系统运行的实时性、可靠性及安全性。

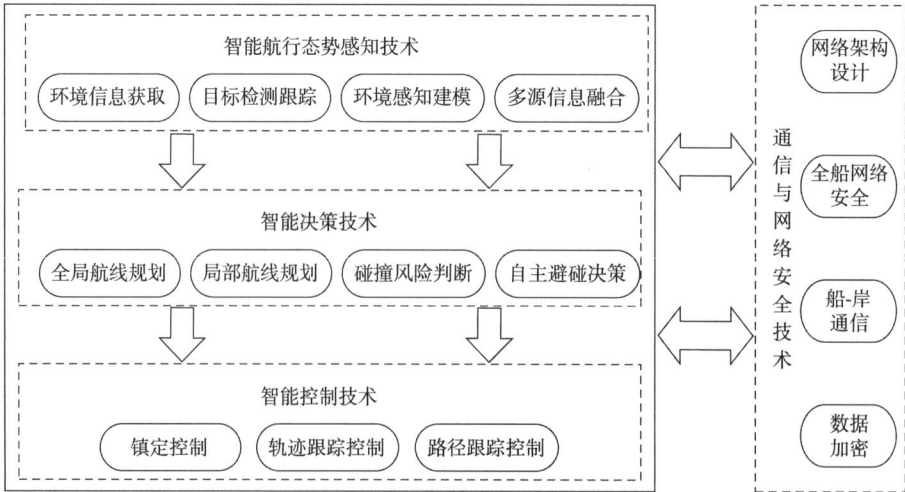

图 2-7　智能航行设备与系统关键技术组成及逻辑关系

2.3.1 智能航行态势感知技术

智能航行态势感知技术是指船舶通过感知环境中的各种信息来获取对航行态势的准确和全面理解,为船舶提供实时的环境感知和情境分析,以此作为船舶航行决策和控制的支撑[28]。中国船级社在《智能船舶规范(2020)》中根据航行场景明确了智能船舶需要感知的内容:

(1)在开阔水域自主航行时,智能航行船舶应能够全天候感知、获取的场景信息包括:①风速和风向、海面能见度等船舶航行中的实时环境气象数据;②船位、航速、航向、吃水、船体运动响应等本船实时信息,其中船体运动响应应至少包括横摇、纵摇和艏摇,吃水信息应包括艏部、舯部和艉部左右舷的吃水;③水上目标 AIS 的数据;④电子海图数据及更新;⑤海上其他目标的位置、运动方向、速度、尺寸、实际距离、与本船相交角度、航行信号和航行状态等实时信息;⑥船舶所在位置的实测水深。

(2)全航程自主航行时,要求船舶除在开阔水域实现自主航行外,还应能在狭窄水道、进出港口等所有场景下工作,因此,船舶还应能获取以下场景信息:①实时感知艏部、艉部与岸的间距及船岸间的角度;②获得港口航道潮汐、流速、流向变化信息及其他相关环境信息。《智能船舶规范》对内河船舶智能感知的内容进行了补充规定。

除了利用态势感知技术对环境进行识别与分析,监测传感器系统本身的完整性也极为重要。智能航行态势感知技术主要依赖于摄像机、雷达、AIS、卫星导航系统、惯性导航系统、水文和气象传感器及通信系统等设备。如表 2-4 所示,各类船用传感器均有其优缺点:雷达感知受杂波影响较大;视觉感知缺少深层次的船舶航行数据;AIS 属于被动感知,一旦周围船舶关闭 AIS 或者发出错误信息,AIS 的感知能力不复存在。

船用感知传感器的比较 表 2-4

传感器	优势/特征	缺点
雷达	①检测范围长(1~12n mile); ②良好的速度估计; ③全天候和宽阔区域的检测; ④高分辨率和精度	①有限的小型和动态目标检测; ②受杂波影响较大; ③易因快速旋转动作而扭曲数据
激光雷达	①擅长近距离障碍检测; ②高分辨率和精度; ③直接获取环境的三维信息	①数据噪声大; ②受环境影响大; ③远距离成像速度慢
AIS	①通信可靠性高,受气象海况影响小; ②AIS 不存在盲区; ③发现远距离目标能力强	①会产生目标丢失等现象; ②无法探测除船只外的海上其他目标
视觉	①探测范围广,监测信息量大; ②安装方便且操作简单	①计算量大; ②缺乏多维度、深层次目标信息

以上传感器和系统通过数据融合和处理,将感知到的信息转化为船舶可以理解和利用的航行态势数据。智能航行态势感知技术使用各种算法和方法来处理和分析感知数据,从而获得对航行态势的准确理解。常用的算法主要分为目标检测与跟踪、环境感知与建模、数据融合与多源信息融合3个部分。目标检测与跟踪算法主要用于在感知数据中检测和识别船舶、其他航行物体或障碍物等目标,如目标检测方面的 Faster R-CNN 算法、YOLO 算法、单次多框检测器(Single Shot MultiBox Detector,SSD)算法、RetinaNet 算法以及目标跟踪方面的 KLTTracker 光流法、Mean-Shift 算法、Correlation Filter Tracker 算法和 DeepSORT 算法等。环境感知与建模算法用于分析感知数据中的环境信息,如水域、陆地、浮标和障碍物等。数据融合与多源信息融合算法是从不同的传感器和信息源中获取更准确、全面的态势信息,以提高对航行态势理解的准确性和可靠性,如卡尔曼滤波算法、粒子滤波算法、贝叶斯网络、权重分配和决策融合算法、模型和特征融合算法、深度学习算法等。

2.3.2　智能决策技术

智能决策技术是船舶智能航行的核心,主要包括航线智能规划技术、自主避碰决策技术,船舶通过对智能感知获得的航行环境、交通、航线、航行状态等信息进行分析、评估、规划和决策,根据船舶的具体情况和环境变化进行实时的调整和优化[29]。

1)航线智能规划技术

航线智能规划是对船舶从起始港到目的港路线的智能规划设计,其目标是选择最优航行路径实现路径最短、时间最优、安全性最好、能源消耗最小等。实现航线智能规划,首先,需对影响船舶航线规划的不同因素条件进行智能感知,包括环境条件、气象条件、交通条件、货物条件、船舶条件、航行任务要求等;其次,实现航线智能规划需对影响确定优化目标的因素进行感知,并智能确定优化目标,在不同的条件下,目标的选择不同,目标的优先级也不同。船舶航行智能规划的不同目标之间存在相互博弈,需根据具体情况而定。船舶航线优化问题可抽象为带有复杂约束条件的多目标动态优化问题,通过构建船舶航线优化响应模型并进行求解,得到优化算法,实现航线的动态优化[30]。

船舶航线智能规划分为全局航线智能规划和局部航线智能规划。航线规划的基本思路是首先粗略地规划出从起始港到目的港的全局计划航线,在航行的过程中不断通过 AIS、船舶交通管理系统(Vessel Traffic Management System,VTS)、雷达等获取和更新海域环境信息、交通信息等,并在此基础上在线重新规划到目的港的全局航线和从当前位置到周围一定范围内的局部优化航线。全局航线规划以整个航行过程为对象,主要考虑与全局航行相关的条件因素,局部航线规划则以局部的航迹、位置、船舶行为和时间规划为主要对象,受船舶周围条件因素的影响。由于这两类航线规划方法规划航线所需的时间不同,对算法的要求不同,所以采用的算法也不同。目前,船舶航线规划算法主要包括传统算法、仿生算法以及深度强化学习算法。

现有船舶航线规划算法如表 2-5 所示。传统算法主要包括 A-star、Hybird A-star、人工势场法(Artificial Potential Field,APF)和快速扩展随机树(Rapidly Exploring Random Tree,RRT)等算法;仿生智能算法主要包括遗传算法(Genetic Algorithm,GA)、蚁群算法(Ant Colony

Optimization，ACO）和粒子群算法（Particle Swarm Optimization，PSO）等算法；深度强化学习（Deep Reinforcement Learning，DRL）算法主要包括 Q-learning、深度 Q 网络（Deep Q-Network，DQN）和深度确定性策略梯度（Deep Deterministic Policy Gradient，DDPG）等算法。传统算法主要是先将需要进行航线规划的水域栅格化，然后在栅格地图中寻找最短的航线，这类算法不能保证规划航线的安全性，且规划航线的速度和精度受栅格精度影响。仿生智能算法将航线规划问题转化为优化问题，以航线距离和船舶航行角度等作为约束条件，结合碰撞危险来进行航线规划，但这类算法容易陷入局部最优且需要经过一次次迭代寻找最优航线，运算效率不高。DRL 算法需要通过模拟船舶的实际航行环境对模型进行训练，然后利用训练好的模型进行航线规划。这类算法具有很好的自学能力且迁移性很强，但是训练模型需要一定的时间，且规划出来的航线安全性得不到保证。

现有船舶航线规划算法对比

表 2-5

类别	算法名	主要特征	优点	缺点
传统算法	A-star	通过在栅格环境中搜索可行节点完成航线规划	通用性强	规划航线距离障碍物比较近
	Hybrid A-star	在 A-star 的基础上加入了运动学模型	规划的路径符合运动学	规划航线存在弧度，不直接
	APF	通过引力和斥力引导船舶完成航线规划	可适用于静态和动态的环境	规划航线具有曲线，不直接
	RRT	随机从环境可行区域中采样，直到到达目标点	速度快	规划航线不能保证长度，拐点数量较多
仿生智能	GA	通过算法的选择、交叉和变异操作，迭代寻找合适的航线	可扩展性强，鲁棒性高	容易陷入局部最优，收敛速度慢
	ACO	通过模仿蚂蚁觅食过程来引导蚁群逐步趋近于最优路径	全局性较好，适用于小的环境	收敛速度慢，当环境较大时，算法执行时间增加
	PSO	通过粒子自我认知和粒子社会经验的相互作用，不断迭代，实现航线规划	参数少，收敛快	容易陷入局部最优
深度强化学习	Q-learning	通过建立 Q 表，将状态和动作保存到 Q 表中，需要时查询	适用于小环境和动作选择有限的情况	依赖于 Q 表，拟合能力较差
	DQN	将 Q 表转化为神经网络，通过神经网络拟合状态和动作之间的关系	直接预测动作，模型可直接迁移到类似场景	可选的动作有限
	DDPG	通过神经网络预测动作的选择，采用了一种慢更新机制来防止过拟合	没有动作个数的限制	训练时只关注当前状态，没有考虑历史状态信息

2）自主避碰决策技术

船舶自主航行决策系统承担着类似于人类大脑的功能，依托会遇态势划分、船舶领域模型以及碰撞危险度等多项结果分析和评估，利用自主避碰决策算法在与他船存在碰撞危险时及时进行有效的避碰决策，保障船舶航行安全[31]。

船舶自主航行时，通过态势感知系统强大的感知能力，能够获取到他船的航行信息与船舶属性，经数据计算与处理后，通过明确两船的船舶领域、划分两船之间的会遇态势，并综合相关信息，合理判断两船之间是否存在碰撞风险。若两船之间存在碰撞危险，须进一步根据制定的航行规则明确本船是否存在让路责任。若本船存在让路责任，应及时通过航行决策系统寻找出符合规定的避让路径。反之，若两船不存在碰撞危险或本船不存在让路责任时，本船按原定航线保向保速航行。当决策系统找出避让路径并确认路径正确后，将由航行控制系统执行相应操纵命令并监测评估是否完成避让。执行操作后可以对避碰决策算法和控制系统的性能进行反馈和优化，以提高自主航行的安全性和效率。如图 2-8 所示，整个避碰决策的过程可分为 5 个阶段：

①态势感知阶段。利用传感器（如雷达、AIS、激光雷达、红外相机、可见光相机等）获取周围船舶的位置、速度、航向等动态信息和静态信息，以及环境信息（如航道、障碍物等）。

②路径规划与避碰阶段。根据感知到的周围船舶信息和环境信息，制定本船的航行路径，以避免与其他船舶和障碍物发生碰撞。

③控制执行阶段。将规划好的路径转化为控制指令，通过控制系统控制船舶的航向、速度和航行轨迹，以实现自主航行和避碰。

④监测与评估阶段。在自主航行过程中，需要对周围船舶和环境进行持续监测，以便及时调整本船的航行策略。同时，对自主航行的效果进行评估，以检验避碰决策算法和控制系统的性能和准确性。

⑤反馈与优化阶段。根据监测和评估结果，对避碰决策算法和控制系统的性能进行反馈和优化，以提高自主航行的安全性和效率。

自主航行避碰决策的流程是一个动态的过程，需要根据船舶的具体情况和环境变化进行实时的调整和优化。此外，自主航行避碰决策还需要考虑国际海上避碰规则和相关法律法规等因素，确保船舶在自主航行过程中的合法性和合规性。

2.3.3　智能控制技术

船舶智能控制技术使船舶能够在复杂多变的海洋环境下准确、安全、高效且经济地完成航行任务，不仅减轻了人工操控的负荷，提高了船舶操作效率，还能够有效降低在危险环境下人员误操作引发的风险，为航运业带来了更安全、高效和智能的航行方式。不同的船舶智能航行控制技术在不同的层面和任务中发挥作用。船舶智能控制技术主要分为镇定控制、轨迹跟踪控制和路径跟踪控制，如图 2-9 所示，利用智能控制理论、信息和计算机技术，对船舶运动进行精确控制、实时调整和优化，以提高船舶的航行安全性和驾驶舒适性。

（1）镇定控制：控制目标是使船舶在波浪、风力、海流等条件下镇定到设定的平衡点，并保持期望的方向，在实际中表现为定位控制、自动靠泊等问题。在恶劣海况下，船舶的摇摆和偏航现象会显著加重,因此镇定控制需要通过实时调整舵角或发动机功率,以减少横摇、纵摇等不稳定因素的影响。

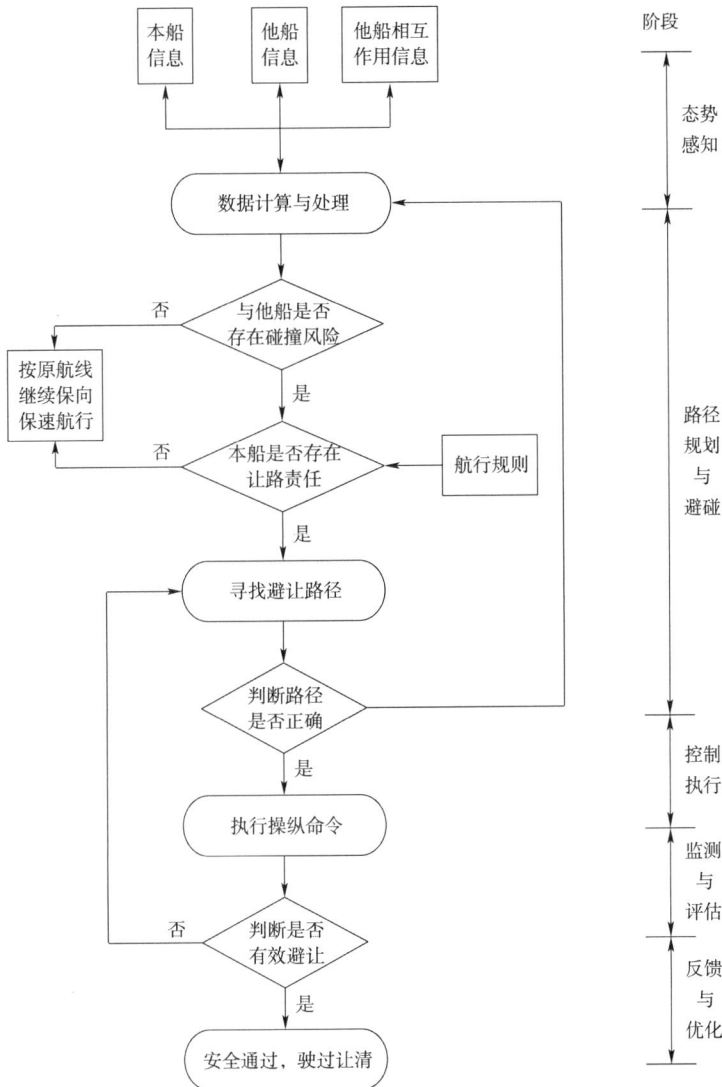

图 2-8 避碰决策过程

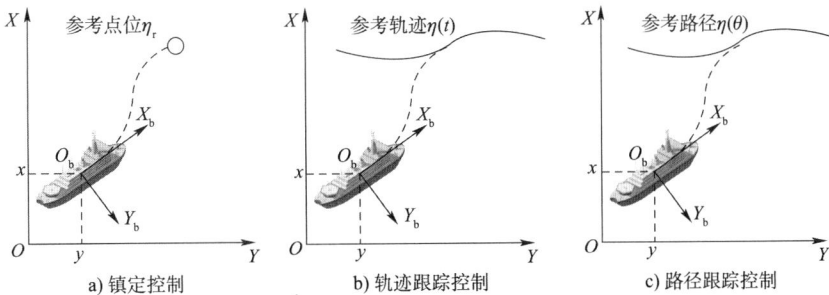

图 2-9 船舶运动控制类型

（2）轨迹跟踪控制：控制目标是使船舶沿着某条依赖于时间的期望轨迹，且要求在特定时间到达特定位置。轨迹跟踪问题既需要满足空间约束又同时需要满足时间约束，是空间任务与时间任务的交集[32]。轨迹跟踪控制广泛用于一些对时间要求较高的任务，如水下航行器的对接与回收等。轨迹跟踪控制通过调节船舶的航向和速度，尽可能减小当前轨迹与目标轨迹之间的误差。

（3）路径跟踪控制：控制目标是使船舶沿着预定的空间路径航行，但并不强调时间点的要求。与轨迹跟踪控制不同，路径跟踪更适合远程航行任务，关注的是船舶整体航线的一致性，而非精确的到达时间[33]。路径跟踪控制通常用于长距离航行中的路径保持，如远洋航行。路径跟踪控制系统会根据当前船舶的位置和航向，动态计算与目标路径之间的误差，实时调节船舶的行驶方向，保证航行过程中与路径的误差最小化。

船舶运动控制面临存在非线性、时延、系统模型不确定以及风、浪、流干扰等问题，使得船舶高精度运动控制的实时性难以保证。目前，针对船舶运动控制问题，国内外已经积累了大量的控制方法，如自适应比例-积分-微分（Proportion Integration Differentiation，PID）、最优控制、滑模控制、反步控制以及智能控制等方法，并取得了较好的控制效果。以下是几种主要的控制方法：

①PID 控制：PID 控制的基本原理是根据船舶的当前状态与设定值之间的误差调整比例（P）、积分（I）、微分（D）三个部分的权重组合来计算、控制输出信号，从而实现对船舶运动的精确控制。PID 控制简单、可靠、物理意义明显，目前被广泛地应用在船舶航向控制中。随着人们对 PID 控制研究的深入，经典的 PID 控制逐渐发展成自整定 PID 控制、自适应 PID 控制、鲁棒 PID 控制等改进型算法，并在一定程度上克服了经典 PID 控制参数整定困难、适应性差、鲁棒性差和控制精度较低等不足。

②反步控制：反步控制是一种递归设计方法，其基本思想是将复杂的非线性系统分解成不超过系统阶数的子系统，然后为每个子系统设计部分 Lyapunov 函数和中间虚拟控制量，一直"后退"到整个系统，将它们集成起来完成整个控制律的设计。在船舶轨迹跟踪控制中，反步控制通过对船舶的航向、速度和角度等参数逐级调整，逐步逼近目标轨迹。这种方法适合复杂的非线性动力学系统，尤其在外界干扰频繁的情况下，可以保持较好的跟踪精度。

③滑模控制：滑模控制是一种强鲁棒性的非线性控制方法，在船舶镇定控制和轨迹跟踪控制中被广泛应用。滑模控制设定合适的滑模面，当系统状态偏离目标轨迹时，引导其逐步回到滑模面上，从而在动态环境中保持稳定性。滑模控制对系统的参数变化和外界干扰具有较强的适应性，尤其适合船舶在复杂海况下的运动控制。

④模型预测控制：模型预测控制（Model Predictive Control，MPC）方法主要处理输入和状态受限的系统，已经成功应用于化工、自动化和航空航天系统。其主要思想是：采用确定的模型把现有状态作为初始状态来预测被控对象的未来响应，通过在线解决每个采样间隔有限开环最优控制问题来决定控制效果，具有处理多变量系统的特性。MPC 通过把所有的目标合并成一个目标函数，可以很好地解决船舶运动控制问题。

表 2-6 为船舶运动控制方法对比。最优控制反步控制通常需要建立精确模型才能获得

较高的控制精度,而船舶运动模型复杂,难以精确建模。滑模控制对模型精度要求不高,但其抖振问题难以消除。作为较早应用于船舶运动控制的算法,PID 控制器结构简单、经济性好且有较高的控制精度。但当存在风、浪、流等外界干扰时,PID 控制器的应变能力不足、控制稳定性下降。设计 PID 参数自整定的自适应控制器能有效提高 PID 抗干扰能力。强化学习理论不需要建立精确的数学模型,在未知环境中具有自学习能力,且具有一定的通用性,因此在解决船舶中的模型不确定性和未知干扰等问题上有较大的研究价值,基于强化学习的智能控制算法在船舶运动控制中具有较好的应用前景,但控制性能有待提高,且缺乏相关试验。

船舶运动控制方法对比

表 2-6

方法	优点	缺点
PID 控制	实现简单,不依赖船舶运动模型	难以处理时滞、强惯性系统控制问题
滑模控制	响应快速,对参数变化和扰动不灵敏	难以消除抖振问题
反步控制	使控制律设计过程结构化,能保证闭环系统的稳定性	难以构造李雅普诺夫函数
模糊控制	能充分发挥专家经验在控制中的作用。通过控制规则描述系统变量的关系,处理非线性、时变问题能力较强	控制目标定义不明确
最优控制	能处理约束以及根据控制目标调整性能指标	对模型精度要求较高,难以处理不确定性干扰对控制的影响
模型预测控制	能显式处理多变量约束以及不确定性干扰对控制的影响	非线性优化问题求解速度较慢,难以满足实时性需求
基于强化学习的智能控制	控制器可调参数少,能够有效低控制器实现的复杂度	需要大量的数据进行训练

2.3.4 通信与网络安全技术

船舶通信网络主要用于传输船舶的位置、速度、目的地、航行计划和航行状态等重要信息,是船-船、船-岸之间信息交互的保障。在船-船、船-岸之间信息交互过程中,数据传输的安全性和可靠性至关重要,不安全的通信会导致机密信息泄露、信息篡改、网络攻击等风险,严重危及船舶安全和商业利益。船舶通信方法多种多样,主要包括视觉通信、AIS 通信、4G/LTE 移动网络通信、有线通信和卫星通信五大类[34-36]。如表 2-7 所示,视觉通信适合近距离、简单的信号传递,AIS 通信和 4G/LTE 移动网络通信适合范围受限的船舶通信,卫星通信更适合远距离的船舶通信(尤其是在需要全球范围内覆盖时,卫星通信是不可或缺的手段),有线通信则提供了高可靠性的传输方式,适用于关键数据的稳定传输。

随着船舶智能化、数字化、网络化水平的不断提升,船舶越来越多地处于"在线"状态,也使其遭受网络安全威胁的风险逐渐加大,网络安全成为影响船舶安全的重要因素。船舶面

· 35 ·

临着来自多方面的网络安全威胁,如程序中的操作错误、软件缺陷、未经授权访问的系统入侵、管理公司对船舶网络未能采用有效的风险控制程序等。调查显示,智能船舶易受网络风险攻击的系统包括船桥系统、推进和机械设备管理以及动力控制系统、访问控制系统、乘客服务和管理系统、乘客公共网络管理及船员保障系统、通信系统等。针对上述新风险,应注重船载系统及设备与全船网络安全防护相结合,从标识认证、使用控制、事件响应、数据安全、资源可用性等方面提升船载系统的安全防护能力,从船舶网络架构、网络访问控制、边界防护、网络监测、事件响应及恢复等方面提升船舶网络安全防御能力。

船舶通信方法比较　　　　　　　　　　　　　　　　　　　　表 2-7

通信方法	应用场景	优点	缺点
视觉通信	能见度良好的情况下,如白天或能见度较好的夜晚,使用手旗、灯光、烟火等方式进行通信	不受电磁干扰,简单直观	受天气和能见度影响大,传输距离有限
AIS 通信	通过甚高频(Very High Frequency,VHF)无线电信号,将船只的实时动态和关键静态信息广播给周边船只和岸基设施	实时、自动地提供船舶的动态和静态信息,有效提高了船舶间的信息交流效率和航行安全性	受天线高度、天气和功率等因素的限制,传统AIS 的覆盖范围有限、安全性相对较低
4G/LTE 移动网络通信	适用于靠近海岸的海上航行	4G 通信具备强大的远距离传输能力、传输信号稳定、传输速率高、部署灵活	覆盖范围受限于基站的布局,远离海岸的航行可能无法获得稳定的信号
卫星通信	全球范围内的船舶与岸站、船舶之间的通信	覆盖范围广,传输距离远,稳定性高	成本较高,需要卫星信号覆盖
有线通信	需要高可靠性的数据传输,如导航数据、船舶状态监控等	传输速度快,错误率低	需要专门的设备和维护

在智能船舶通信与网络安全技术中,主要关键技术可以分为网络架构设计、船-岸通信、数据加密等多个方面。这些技术共同组成了完整的安全防护体系,确保智能船舶在航行中的稳定性和安全性

1)网络架构设计

船舶通信网络架构设计是通信与网络安全的基础。船舶内部通信网络主要用于管理和控制船舶系统内部的数据交换。为确保数据的高效、安全传输,智能船舶的网络架构设计通常分为数据层、硬件层和控制层,通过分层防火墙隔离不同层级的数据流,避免潜在的安全风险在网络中扩散。此外,通过连接管理器和垂直切换技术,可以实现无缝的网络连接切换,确保船舶在不同区域间切换时,通信不会中断,提升整体网络的灵活性和安全性。船舶通信网络架构设计如图 2-10 所示。

2)船-岸通信

船-岸通信是智能船舶实现远程控制、实时监控和数据共享的关键。通过多个通信链路

的集成,提高数据传输的可靠性和带宽利用率,使用卫星通信、无线局域网、Wi-Fi、LTE/4G、5G 等多种形式,实现船舶与外界的通信及网络安全[37],船-岸通信示意图如图 2-11 所示。同时,采用高压缩算法对数据进行压缩,降低了传输所需的带宽,缩短了传输,时间,进一步提高了通信效率。这种技术的应用,对于提高船舶运输的安全性、可靠性和构建稳定、高效、可扩展的数据传输网络服务及船-岸多链路网络通信具有重要意义。

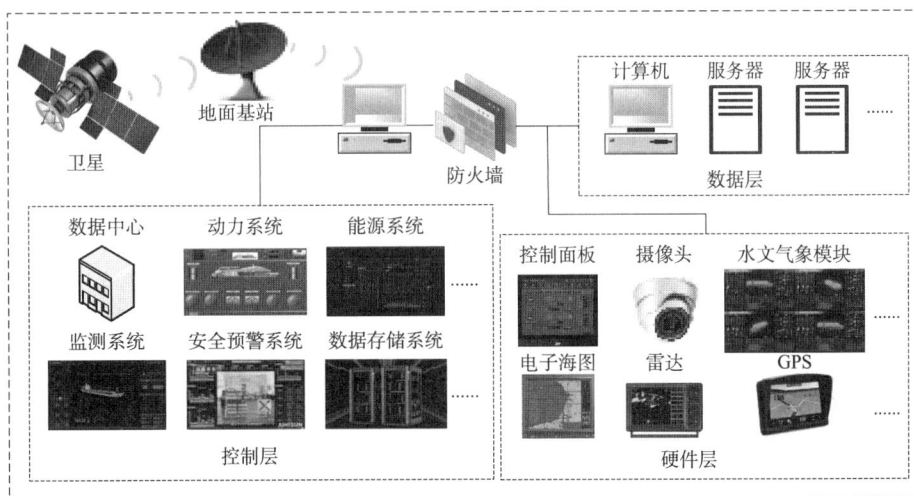

图 2-10　船舶通信网络架构图

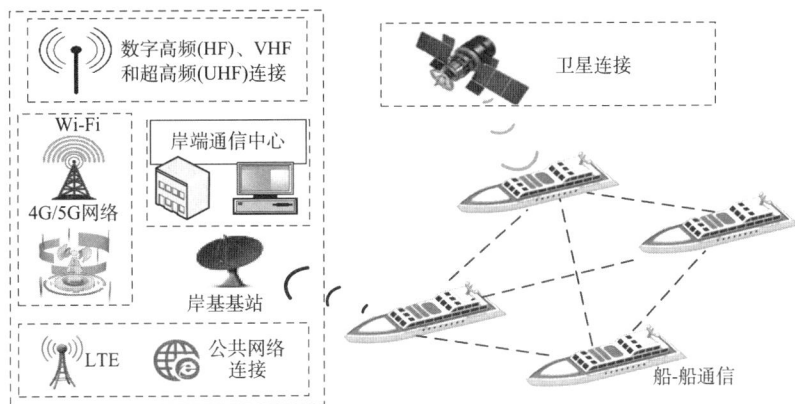

图 2-11　船-岸通信示意图

3)数据加密

数据加密是智能船舶通信保障数据机密性、完整性和真实性的核心技术。在智能船舶的通信过程中,大量的关键数据(如导航信息、监控数据等)需要在传输过程中进行加密,以防止信息泄露和恶意篡改。普遍应用对称加密算法,如三重数据加密标准和高级加密标准,以及非对称加密算法如数字签名算法和 RSA(Rivest-Shamir-Adleman),进行数据完整性验证、身份认证和安全通信。数据加密实现包括链路加密、节点加密和端到端加密 3 个层次。船舶通信可根据需求选择适合的加密方式,如对称加密用于敏感信息,非对称加密用于密钥交换和身份认证,同时使用加密散列函数验证数据完整性。

→ 2.4 应用案例

2.4.1 典型应用场景一:全球首艘全自动渡船"Falco"号航行试航

2018 年,Rolls-Royce 与 Finferries 联合启动了 SVAN 项目,在芬兰图尔库市南部的群岛成功展示了世界上第一艘全自动渡船"Falco"号。"Falco"号搭载了自主导航系统,可以自主遵循预定义的路线,通过传感器融合和人工智能技术来探测物体并实时调整自身航行状态以避免碰撞,利用自动导航系统实现自动靠泊。这是最早运用远程驾驶实现船舶智能航行场景的探索(图 2-12)。

| a) "Falco"号渡轮自主驾驶 | b) 自动靠泊测试 |

图 2-12 全自动渡船"Falco"号搭载自主导航系统自动驾驶航行试航[7]

2.4.2 典型应用场景二:全球首艘全电动智能航行集装箱船"Yara Birke-land"试航

欧洲在 2012 年启动了 MUNIN 项目。经过 10 年来的持续努力,通过多个船舶智能航行研发项目,欧洲在沿海短途运输船舶、拖轮、渡轮以及内河船舶、船队的智能航行方面取得了显著进展。最具代表性的成果是 2021 年 11 月完成处女航的全球首艘全电动智能航行集装箱船"Yara Birkeland",该船长 79.5m、型宽 14.8m、型深 12m、满载吃水 6m、载箱量 120TEU,配备遥控驾驶和自主航行系统,建有岸基遥控中心,经过 2 年有人在船的智能航行后实现全自主航行。YARA 在 Kongsberg 设立专门的 Yara Birkeland 运营控制中心,负责处理船舶状态监测、运营监督、决策支援,船舶及其周围环境的监测、紧急情况和特殊情况处理,以及与安全相关的方方面面(图 2-13)。

2.4.3 典型应用场景三:中国首艘自主航行集装箱商船"智飞"号启航

根据国家重点研发计划,交通运输部水运科学研究院、智慧航海(青岛)科技有限公司等21 家机构于 2019—2021 年开展了"基于船岸协同的船舶智能航行与控制关键技术"项目,提出了智能航行船岸协同理论,形成了《船岸协同智能航行系统构建指南》等多项标准,设计建造了智能航行集装箱船"智飞"号,开发了集辅助、遥控、自主三种驾驶模式和自动靠离泊于一体的海船智能航行系统,以便在人工驾驶模式下为驾驶员提供信息、环境认知、避碰决策、安全预警等全方位的辅助支持。"智飞"号总长117.15m、载箱量316TEU、满载排水量7775.6t、吃水5m,是全世界最早投入商业化运行且吨位最大的新建自主航行船,自2022年4月22日以来智能航行系统始终安全运行。该船的营运标志着我国在船舶智能航行研发与应用领域处于全球前列,对推动我国智能船舶技术发展具有重要战略意义(图2-14)。

a) "Yara Birkeland"智能集装箱船

b) Yara Birkeland运营控制中心

图2-13 全球首艘全电动智能航行集装箱船"Yara Birkeland"实现全自主航行[5]

图2-14 中国首艘自主航行集装箱商船进行海试[9]

2.4.4 典型应用场景四:武汉理工大学研制国内第一艘应用人工智能的"板新2"号汽渡船舶

2018年7月,武汉理工大学研制的国内首条搭载智能安全驾驶系统的汽渡"板新2"号在南京板桥汽渡首航(图2-15)。"板新2"号汽渡装载的"汽渡智能辅助驾驶系统"基于武汉理工大学智能交通系统研究中心、国家水运安全工程技术研究中心严新平教授团队提出的智能船舶"航行脑系统",与南京海联智能科技有限公司联合研制。针对汽渡船舶的安全和操作需求,"汽渡智能辅助驾驶系统"实现了船端智能感知与岸基智能监管的全方位融合,为内河汽渡的安全航行提供了创新性解决方案。

通过这套系统,南京板桥汽渡实现了对航行船只和监管水域的全程监控、远程监控,大幅提升汽渡的航行安全性和渡区的安全监管水平及管理能效。此外,系统可以通过雷达智能识别水中障碍物、监测船只之间的距离,为驾驶员提供精确预警和推荐优化航线。作为国内首艘应用人工智能技术并投入实际营运的汽渡船舶,"板新2"号汽渡通过"汽渡智能辅助驾驶系统"的应用,能够为驾驶员提供智能避碰、推荐航线、全天候作业、三维实时管控等功能,标志着汽渡船舶智能化迈出了重要的一步。

a)"板新2"号汽渡   b)汽渡智能辅助驾驶系统

图2-15   "板新2"号汽渡搭载智能安全驾驶系统试航[11]

→ 思政课堂

向海图强:"智飞"的创新探索

作为我国首艘自主航行300TEU集装箱船,"智飞"号实现了商船智能航行从基础理论、关键技术、装备研制、系统集成、测试验证到商业运营的全面突破。该船能够实现航行环境智能感知认知、自主循迹、航线自主规划、智能避碰、自动靠离泊和远程遥控驾驶,还配备了船舶航行辅助系统,可在人工驾驶模式下为驾驶员提供信息、环境认知、安全预警等支持。然而,想使"智飞"号智能驾驶系统成为一位经验丰富的"船长",关键在于将视觉感知、障碍识别、安全操控等技术融合至系统内,并不断积累各类障碍、各级海况、各种场景等数据,来训练、验证、迭代系统。而这条创新之路,却因核心技术受制于人而一度陷入困境。

研发团队最初选择的是一家知名的国外雷达品牌。但意想不到的是,该雷达数据接口不对用户开放,数据无法输出。没有数据,智能驾驶系统应用便无从谈起。研发团队继而与多家国外品牌展开沟通,均未能达成合作,最终只能转向国内市场。团队先后接洽了七八家雷达企业,却没有一家能满足技术需求。在换用国产雷达初期,相关数据不能用,海上明明什么也没有,雷达却检测出很多目标,大一点的浪都被当作障碍物。为了攻克难关,随后的一年多时间里,研发团队与雷达企业技术人员吃住在一起,通过不断海试实测与设备参数调整,提升数据的有效性。为了实现对目标的稳定跟踪,在雷达信号受到干扰或遮挡时,船舶自动识别系统实时"补位"报告目标位置数据;在雷达难以分辨疑似目标时,船载摄像头自动调整角度和视野补充信息。研发团队还专门开发出波浪主动抑制系列算法,清洗掉因自身误差或电磁干扰产生的错误数据,弥补雷达测量精度的不足,硬是在雷达硬件受限的条件下,大幅提升了数据的有效性和可靠性。伴随着设备的持续优化和算法的不断迭代,输送给智能驾驶系统的数据质量越来越高,"智飞"号的"大脑"也变得越来越"聪明",其自主航行能力得到了实战验证和显著提升。这不仅是一艘智能船舶的成功,更是核心感知设备国产化突围的成功实践!

(部分内容参考大语言模型"豆包"相关检索结果)

→ 本章思考题

(1)智能航行设备与系统的发展背景和现状如何?请从等级划分的角度分析智能航行设备与系统的研究现状,简述欧洲、日本、韩国以及中国等国家和地区的研究成果。

(2)比较欧洲、日本、韩国以及中国等国家和地区在智能航行设备与系统领域的研究进展,分析这些国家和地区的技术优势和特点。

(3)梳理智能航行设备与系统的发展历程,讨论典型应用案例对其发展的影响和意义。

(4)讨论船舶智能航行技术面临的技术难点,分析智能航行设备与系统在标准制定、技术研发、应用示范等方面的挑战。

(5)船舶智能航行技术的发展趋势如何?讨论船舶智能航行对航运业和船舶工业转型升级的影响,以及对未来智能航运发展的贡献。

→ 本章参考文献

[1] NEGENBORN R R,GOERLANDT F,JOHANSEN T A,et al. Autonomous ships are on the horizon:Here's what we need to know[J]. Nature,2023(615):30-33.

[2] IMO. MSC. 1/Circ. 1638-Outcome of the regulatory scoping exercise for the use of maritime autonomous surface ships (MASS)[R]. London:IMO,2021.

[3] 中国航海学会. 船舶智能航行系统等级划分与技术水平评定[R]. 北京:中国航海学会,2019.

[4] CASSARA P,SUMMA M D,GOTTA A,et al. E-navigation:A distributed decision support system with extended reality for bridge and ashore seafarers[J]. IEEE Transactions on Intelligent Transportation Systems,2023,24(11):13384-13395.

[5] RETSCHMANN L,RODESTH A,TJORA B,et al. Maritime unmanned navigation through intelligence in networks-qualitative assessment[R]. [S. l.]:MUNIN project report,2015.

[6] JOKIOINEN E,POIKONEN J,HYVONEN M,et al. Remote and autonomous ships—the next steps[R]. London:Rolls Royce PLC,2016.

[7] LIU C,CHU X,WU W,et al. Human-machine cooperation research for navigation of maritime autonomous surface ships:A review and consideration[J]. Ocean Engineering,2022(246):110555.

[8] 薛龙玉. 英国"海事战略 2050"路线图[J]. 中国船检,2019(5):84-88.

［9］张宝晨,耿雄飞,李亚斌,等. 船舶智能航行技术研发进展［J］. 科技导报,2022（40）：51-56.

［10］EN M T,GUANG H Z,LILY R,et al. Exploiting AIS data for intelligent maritime naviga-tion：A comprehensive survey from data to methodology［J］. IEEE Transactions on Intelligent Transportation Systems,2018,19（5）:1559-1582.

［11］YAN X P,MA F,LIU J L,et al. Applying the navigation brain system to inland ferries［C］. Proceedings of the 18th Conference on Computer and IT Applications in the Maritime Indus-tries（COMPIT 2019）. Tullamore,Ireland,2019:156-162.

［12］马勇,王雯琦,严新平. 面向新一代航运系统的船舶智能航行技术研究进展［J］. 中国科学：技术科学,2023,53（11）:1795-1806.

［13］李永杰,张瑞,魏慕恒,等. 船舶自主航行关键技术研究现状与展望［J］. 中国舰船研究,2021,16（1）:32-44.

［14］ROB O'DWYER. Wärtsilä introduces streaming camera system for bridge navigational sup-port［EB/OL］.（2022-04-26）［2025-01-08］. https://smartmaritimenetwork. com/2022/04/26/wartsilaintroduces-streaming-camera-system-for-bridge-navigational support/.

［15］WÄRTSILÄ CORPORATION. Wärtsilä navi-planner lifts voyage planning and optimisation to unprecedented levels［EB/OL］.（2019-06-04）［2025-01-08］. https://www. wartsila. com/media/news/04-06-2019-wartsila-navi-planner-lifts-voyage-planning-and-optimisation-to-unprec-edented-levels-2463084.

［16］ZURICH. ABB Ability™ marine pilot vision looks beyond human vision for shipautomation ［EB/OL］.（2017-11-21）［2025-01-08］. https://new. abb. com/news/detail/51627/abb-ability-marinepilot-vision-looks-beyond-human-vision-for-ship-automation.

［17］JENNIFER HUMPHREY. Launching the first fully integrated assisted dockingsystem［EB/OL］.（2021-01-11）［2025-01-08］. https://www. volvopenta. com/about-us/news-page/2021/jan/launching-the-first-fully-integrated-assisted-docking-system/.

［18］MARINE LINK. Completing "The next level"：Synapsis NX at SMM［EB/OL］.（2024-06-23）［2025-01-08］. https://www. marinelink. com/news/completing-next-level-synapsis-nx-smm-441160.

［19］SUPERYACHT TECHNOLOGY NETWORK. Raven INS-green innovationnavigation［EB/OL］.（2020-10-26）［2025-01-08］. https://superyachttechnologynetwork. com/? s = raven&et_pb_searchform_submit = et_search_proccess&et_pb_include_posts = yes&et_pb_include_pages = yes.

［20］OCEAN NEWS. Furuno making unprecedented digital transformation to revolutionize the maritimeindustry［EB/OL］.（2022-01-12）［2025-01-08］. http://www. oceannews. com/news/science and-tech/furuno-making-unprecedented-digital-transformation-to-revolutionize-the-maritime-industry.

［21］NYK. NYK develops system that assists with vesselberthing［EB/OL］.（2019-03-12）［2025-

01-08]. http://www.nyk.com/english/news/2019/20190312_01.html.

[22] ROB O'DWYER. Samsung completes autonomous navigation technologytest[EB/OL].
(2023-07-07)[2025-01-08]. https://smartmaritimenetwork.com/2023/07/07/samsung-
completes-autonomous-navigation-technology-test/.

[23] HYUNDAI HEAVY INDUSTRIES (HHI) GROUP. HD Hyundai's Avikus successfully con-
ducts the world's first transoceanic voyage of a large merchant ship relying on autonomous
navigation technologies[EB/OL]. (2022-06-02)[2025-01-08]. https://www.prnewswire.
com/news-releases/hd-hyundais-avikus-successfully-conducts-the-worlds-first-transoceanic-
voyage-of a-large-merchant-ship-relying-on-autonomous navigation technologies-301559937.
html.

[24] 船海装备网. "迈润航海慧眼"全球首套商用可视化船舶态势感知系统交付[EB/OL].
(2021-05-07)[2025-01-08]. https://www.shipoe.com/news/show-42319.html.

[25] 张佳星,李丽云. "海豚1"出征! 看 AI 时代的"驭海之术"[EB/OL]. (2023-11-02)
[2025-01-08]. https://cisse.hrbeu.edu.cn/info/1192/4762.htm.

[26] 中化能源. 中化兴中智慧靠离泊辅助系统成功上线[EB/OL]. (2023-06-13)[2025-01-
08]. http://www.sinochem.com.cn/s/1375-57597-292434.html.

[27] 王硕丰,李昀哲,杜鹏,等. 船舶智能航行关键技术应用与展望[J]. 船舶工程,2024,46
(2):30-37.

[28] THOMBRE S,ZHAO Z,RAMM-SCHMIDT H,et al. Sensors and AI techniques for situational
awareness in autonomous ships:A review[J]. IEEE,Transactions on Intelligent Transporta-
tion Systems,2020,23(1):64-83.

[29] 韩一,郑懿,解广聪,等. 船舶交通智能感知融合与辅助决策方法综述[J]. 计算机工程,
2024,50(11):18-37.

[30] ULKU O,MELIH A,TANK A. A review of path planning algorithms in maritime autonomous
surface ships:Navigation safety perspective[J]. Ocean Engineering,2022(251):111010.

[31] 张英俊,翟鹏宇. 海运船舶自主避碰技术研究进展与趋势[J]. 大连海事大学学报,
2022,48(3):1-11.

[32] WANG W Q,MA Y,ZHU G B,etal. Saturated adaptive single-parameter backstepping de-
sign for underactuated MSVs tracking control with uncertain dynamics[J]. Applied Ocean
Research,2024(143):103859.

[33] ZHAO Y,QI X,MA Y,et al. Path following optimization for an underactuated USV using
smoothly-convergent deep reinforcement learning[J]. IEEE Transactions on Intelligent
Transportation Systems,2020(22):6208-6220.

[34] HUO Y M,DONG X D,BEATTY S. Cellular communications in ocean waves for maritime
internet of things[J]. IEEE Internet of Things Journal,2020,7(10):9965-9979.

[35] WEI T,FENG W,CHEN Y F,et al. Hybrid satellite-terrestrial communication networks for
the maritime internet of things:Key Technologies,opportunities,and challenges[J]. IEEE

Internet of Things Journal,2021,8(11):8910-8934.

[36] ALZAIDI R,WOODS J C,ALKHALIDI M,et al. Building novel VHF-based wireless sensor networks for the internet of marine things[J]. IEEE Sensors Journal, 2018, 18 (5): 2131-214.

[37] HU X,LIN B,LU X. Performance analysis of end-to-end LEO satellite-aided shore-to-ship communications:A stochastic geometry approach[J]. IEEE Transactions on Wireless Communications,2024,23(9):11753-11769.

第3章
智能能效设备与系统

→ 3.1 研究背景

在全球步入工业信息化时代的大趋势下,船舶行业面临环境保护、能效优化和智能化发展等问题,如何解决这些问题并实现自身的可持续发展,成为海事界乃至全社会共同关注的焦点问题。

1)船舶引发的环保问题持续引发关注

船舶是重要的交通运输工具,也是推动经济发展的重要工具,全球进出口货物90%以上都通过船舶运输。随着经济的发展,船舶数量不断增加,据联合国贸易和发展会议(the United Nations Conference on Trade and development,UNCTAD)统计,2015年以来,全球船舶总量持续增加,截至2023年1月,总量突破10万艘[1]。这些船舶绝大多数为柴油机或液化天然气(Liquefied Natural Gas,LNG)动力船舶,运行过程中会排放大量的 CO_2、SO_x、NO_x 和固体颗粒物 PM。据统计,2023年,船舶排放的 CO_2 总量约83.34亿 t,占全球排放总量的2.2%[2];2014—2018年,NO_x 排放量从1900万 t 增加到2090万 t,而 SO_x 排放量从1020万 t 增加到1130万 t[3]。这些废气中,CO_2 是主要的温室气体,会引起温室效应;SO_x、NO_x 和 PM 都为污染物,直接危害人类的健康。如果不对船舶产生的有害废气量加以控制,将会对人类生活和身体健康产生严重的危害。

2)越来越严格的排放法规不断出台

为了减少船舶温室气体的排放,国际相关组织、各国政府以及学者提出了相应的解决方案和措施,其中提升船舶能效水平是其中的重要措施之一[4]。由于船舶能效的提升不仅能减少船舶有害废气的排放,而且还能节省船舶能源的消耗,降低营运成本,因此受到 IMO、各国政府和船东的高度重视。IMO 和多国政府都制定相应的法规来推进船舶能效的提升。

IMO 作为联合国专责机构,减少船舶排放是其重要职责之一。为了应对气候变化的挑战,IMO 持续不断地更新法规,旨在促进船舶行业的减排和提升船舶能效。早在 2005 年,IMO 就发布了《船舶排放指数自愿试用临时导则》,该导则的出台不仅提出了船舶能效指数的定义和统计方法,还为船舶评估和考核提供了依据[5]。随后,IMO 又依次出台了一系列重要文件,以进一步推动船舶能效管理和排放控制。这些文件主要有《船舶能效营运指数自愿使用导则》(2009 年通过)、《新船能效设计指数计算方法临时导则》(2011 年通过,2013 年生效)、《船舶能效管理计划制定导则》(2011 年通过,2013 年生效)、《现有船舶能效指数的计算方法指南》(2021 年通过,2023 年生效)以及《营运碳强度指标和计算方法指南》(2021 年通过,2023 年生效)。通过这一系列导则的发布,IMO 对船舶能效提升的要求不断提高,也逐步落到实处。同时,IMO 也在不断提高减排目标,以适应新的气候变化挑战。2018 年 4 月,IMO 为与《巴黎协定》规定的温控目标保持一致,提出了全球首个航运业温室气体减排初步战略,计划到 2030 年碳排放强度相较 2008 年降低 40%,到 2050 年降低 70%,碳排放总量降低 50%[6]。仅仅过去 5 年,2023 年 7 月 IMO 又加快了减排进程并提出新的更高的目标,计划在 2050 年左右实现温室气体的净零排放[7]。这些越来越高的目标和要求迫使航运业不得不加快节能减排的步伐,推进船舶节能减排技术的革新。

我国是航运大国,为了推进船舶节能减排和能效的提升,我国政府也陆续颁布了相关的法规和计划。2012 年,我国发布了《营运船舶燃料消耗限值及验证方法》和《营运船舶 CO_2 排放限值及验证方法》[8]。2018 年,中华人民共和国海事局发布了《船舶能耗数据收集管理办法》,要求进出我国港口 400 总吨及以上或者主推进动力装置 750 kW 及以上的船舶按规定的方法和程序收集船舶油耗、航行时间、航行里程、货物周转量等数据,为构建船舶碳排放的监测、报告和核实(MRV)体系打下了基础[9]。2018 年,国家海事局出台《船舶能效数据收集管理办法》,规范了中国船舶能效数据收集与报告提交要求[10]。2021 年,交通运输部颁布的《海事系统"十四五"发展规划》中提出,推动建立全国船舶能耗中心,建立航运温室气体减排检测、报告和核算体系,完善船舶能耗数据收集机制,实施船舶大气排放清单和温室气体排放清单制度[11]。2022 年,国务院印发的《"十四五"节能减排综合工作方案》明确了节能减排的主要目标和十大重点工程,旨在推动经济社会发展全面绿色转型,健全节能减排政策机制[12]。

3)智能化技术的发展为船舶能效智能管理奠定了基础

现代通信与信息技术、计算机网络技术、智能控制技术和行业技术的不断融合发推动着人工智能化的诞生。人工智能化具有以下特点:一是具有感知能力,即具有能够感知外部世界、获取外部信息的能力;二是具有记忆和思维能力,即能够存储感知到的外部信息及由思维产生的知识,同时能够利用已有的知识对信息进行分析、计算、比较、判断、联想、决策;三是具有学习能力和自适应能力,即通过与环境的相互作用,不断学习积累知识,使自己能够适应环境变化;四是具有行为决策能力,即对外界的刺激作出反应,形成决策并传达相应的信息。人工智能的以上特点大大推进了船舶智能能效的发展,使船舶能效自动动态监测、分析、建模和优化成为可能。

4)《智能船舶规范》的发布为船舶智能能效管理设定了标准和指明了方向

2015 年 12 月,中国船级社颁布了《智能船舶规范》,该规范对智能船的 6 个重要方面提出了标准和要求,其中就包括智能能效管理。

该规范提出船舶智能能效管理系统应该具备 3 个基本功能和 2 个附加功能。基本功能包括:①船舶航行状态、能效及耗能状况在线监测和数据的自动采集,以及气象环境数据的获得;②对船舶能效及能耗状况进行评估、报告和报警;③根据分析评估结果,为船舶能效管理提供辅助决策建议。附加功能包括:①可结合航线特点、燃料消耗、经济效益等评估结果,提供基于不同目标的航速;②可根据初始装载及船舶最佳航态分析,提供基于纵倾优化的最佳配载方案。

该规范的发布为船舶智能能效管理系统的开发设定了标准和指明了方向,有力推动了船舶智能能效管理的发展。

➡ 3.2 研究现状

3.2.1 技术发展现状

智能能效作为智能船舶的核心模块和关键技术之一,欧美、日本、韩国以及中国等国家和地区都开展了大量的研究,研究内容主要包括能效监测、能效数据清洗、能效分析和评估、能效建模和能效优化 5 个方面。

1)能效监测

在能效监测方面,相关研究主要包括船舶智能能效需要采集的数据类型和采集方法等。当前需要采集的能效数据主要包括主机、辅机和锅炉等的燃料消耗量、副机发电量、主机转速、主机输出轴轴功率、对地航速、对水航速、水流速度、水深、吃水、纵倾、风速、风向、浪高等;数据采集方法主要有:通过 AIS 获取船舶速度;通过传感器实时获取燃料消耗量、主机转速、主机功率、副机发电量、对地航速、对水航速、水流速度、水深、吃水、纵倾、风速、风向等;对于海船,通过欧洲气象局数据中心等机构获取未来 15 天各个海域风速、风向、水流速度、浪高等海况数据。

2)能效数据清洗

在数据清洗方面,当前数据清洗主要分数据的初步清洗和深度清洗两类。其中,初步清洗用于清洗错误和缺失数据,主要方法为时间排序法、阈值法和数据关联法等;深度清洗主要用于数据深度分析和评估,如开展船舶能效性能分析和评估以及开展主机/副机能效性能分析和评估,所采用的方法主要为筛选法。

3)能效分析和评估

在数据分析和评估方面,目前能开展的分析和评估主要包括三类:

(1)对全船能效的分析和评估。主要用到的方法为通过船舶能效设计指数(EEDI)、船舶能效营运指数 EEOI、EEXI、CII、船运价指数(BSR)、INTERTANKO 指数、单位运输功燃料消耗、单位距离燃料消耗等船舶能效指数的数值或数值变化来分析和评估船舶的能效性能以及变化。

（2）对主机、副机等关键能耗设备能效的分析和评估。主要用到的方法为通过不同转速和功率下油耗率的变化来分析和评估主机和副机的能效性能以及变化。

（3）对驾驶员驾驶行为的评估。主要通过驾驶员值班期间的能效状况和能效优化执行率来进行船员驾驶行为的评估。

4）能效建模

船舶能效模型主要包括油耗预测模型和航速预测模型。目前所研究的建模方法主要有3类：机理建模、基于数据建模以及机理和数据相结合建模。

（1）机理建模。机理建模主要基于船-机-桨相互关联理论及船舶运动学原理来构建船舶能效模型。该方法是在无法获取实时船舶能效数据的情况下常采用的能效建模方法。围绕机理建模，各国学者开展了大量的研究。所构建的能效模型的船舶，从运输货物类型包括散货船、油轮、集装箱船和游轮；从运行区域包括海船和内河船；从动力类型包括柴油动力、LNG 动力、柴油与 LNG 混合动力，以及柴油与 LNG 与电动混合动力等；从传动方式包括直接推进、间接推进和电力推进。此外，对轴带和非轴带两种模式都有研究。

（2）基于数据建模。基于数据建模方法是基于能效相关数据，运用人工智能算法构建船舶能效模型。目前用于构建船舶能效模型的常见的人工智能算法包括反向传播网络（Back Propagation Network，BPN）、BPN 神经网络（Back Propagation Neural Network，BPNN）、随机森林（Random Forest，RF）、梯度提升决策树（Gradient Boosting Decision Tree，GBDT）和轻量梯度提升机（Light Gradient Boosting Machine，LightGBM）等。

（3）机理和数据结合建模。当前常用的机理和数据结合建模方法包括应用数据修正主机的油耗特性模型或采用数据直接修正船舶能效模型。

5）能效优化

在船舶能效优化方面，目前优化目标主要有最小排放和最佳经济性；优化参数主要包括航速（主机转速）、航线、纵倾和副机负荷；所采用的优化算法主要包括模拟退火算法、遗传算法、粒子群算法、禁忌搜索算法以及麻雀搜索算法等。

3.2.2　产品研发现状

围绕船舶智能能效设备与系统，各国学者和研究机构开展了大量的研究，并开发了相关的产品。

1）欧美地区研究

美国 BMT 公司开发了 SMARTSHIP 船舶性能监测系统。该系统提供了航速优化[13]功能，通过实时显示船舶实际航速及优化航速，为船东及航运公司提供相关决策建议，从而提高船舶能效。

丹麦 GreenSteam 公司开发的 GreenSteam Optimizer 软件[14]如图 3-1 所示。该软件集成了实时监控、分析及优化等功能，能够提供纵倾优化服务。同时在软件界面实时显示实际纵倾、最佳纵倾执行率、实际能效、优化能效及瞬时油耗等数据，从而为船东及航运公司提供相关操作建议,提高船舶能效。

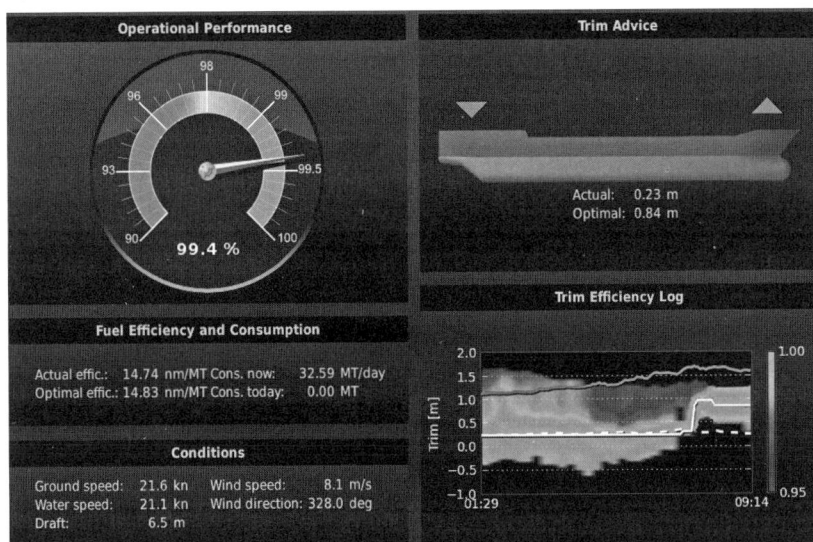

图 3-1   GreenSteam Optimizer 能效优化软件

美国 Kyma 公司开发了 KSP 综合性能监控软件。该软件集成了实时性能监控、报告及可视化、历史数据分析及优化等功能,能够提供能效监测、纵倾优化、副机负荷优化等服务,为船东和营运公司提供相关航行建议,以提高船舶能效。

美国 Jeppesen Marine 公司开发了 Vessel and Voyage Optimization Solution(VVOS)软件。该软件集成了实时天气数据、海洋环境信息和船舶性能模型,通过动态调整航行策略,为船东及航运公司提供航速优化、航线优化[15]建议,提高船舶的能效。

瑞士 ABB 公司研发了 Energy Management Marine Advisory(EMMA)软件。该软件可进行推进器效率、纵倾优化率、转速优化率、电站优化率、总油耗、总功率等功能的可视化及相关分析,能够提供船舶电站功率优化、纵倾优化、转速优化等功能,为船东和航运公司进行节能操作提供指导,以提高船舶能效。

芬兰 NAPA 海事软件公司开发了 NAPA Fleet Intelligence 软件[16]。该软件提供了一个全面的船舶性能评估和管理工具,能够集成航行监控、报告、分析和优化等多种功能,将航行监控、报告、分析和优化等功能整合到一个基于网页(Web)的平台。NAPA Voyage Optimization 作为 NAPA Fleet Intelligence 的一部分,能够提供航线优化服务,包括航速建议、航线规划以及实时的天气和海洋状况信息,帮助船东和运营商优化航行计划,提高能效。

芬兰瓦锡兰旗下子公司 Eniram 开发了智能能效管理软件,如图 3-2 所示。该软件给出了当前纵倾、需要优化的纵倾幅度、当前主机转速、需要优化的主机转速幅度、当前发电机的实际负荷和发电机最佳的负荷区间,可实现船舶的主机转速优化、纵倾优化和发动机负荷组合优化方案。

冰岛 Marorka 公司开发了 EM300 软件[17]。该软件提供了船舶运行数据采集、分析及优化功能。该软件能够针对不同的航行条件,提供航速优化、转速优化、纵倾优化、设备优化服务。同时能够实时显示航速优化执行率、转速优化执行率、纵倾优化执行率及非航行状态比例,从而为船东及航运公司提供相关优化建议,提高船舶能效。

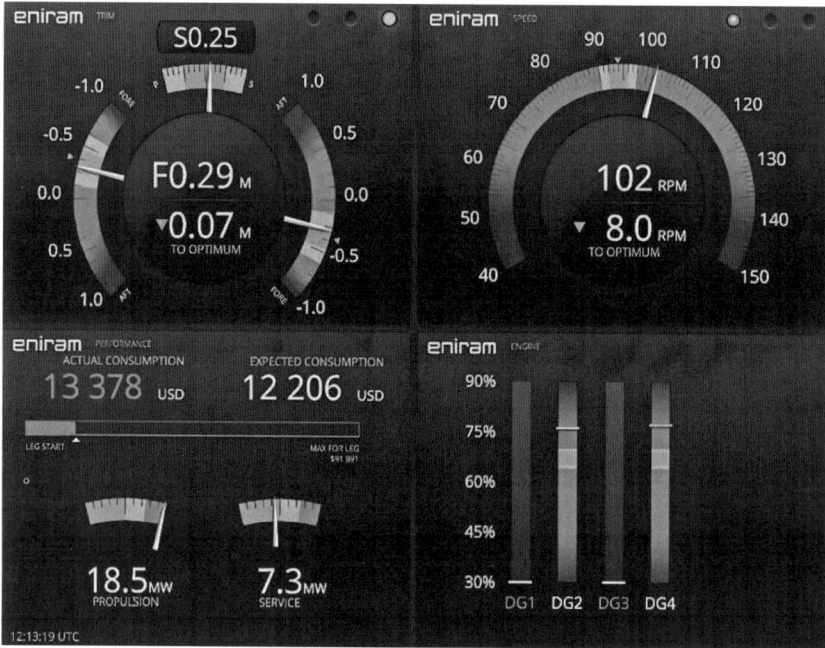

图3-2　Eniram能效优化软件

英国 Rolls-Royce 公司开发了 Energy Management(EM)软件,该软件具有船上界面
(Onboard Interface)和岸上界面(Onshore Interface)两个功能模块,提供对燃油消耗、推进系统、
辅助设备和船舶运行状况等数据的分析和管理功能,并通过航速优化方法提高船舶能效。

美国 Devex Mechatronics 公司开发了大型船舶燃油优化控制系统,可优化控制螺旋桨、
主机转速和航行路径[18]。

法国 SeaTechnik 公司开发的船舶能效监控系统[19],可实时监测船舶性能及航行数据,
并在线分析关键性能指标和趋势。

2)日本、韩国

日本船级社发布的 PrimeShip-GREEN/EEOI 能效分析软件旨在减少 CO_2 排放。它由两
个部分组成:船端 EEOI-Onboard 和网页端 EEOI-Web。船端用于输入船载数据,如航程信
息、运行数据(航行距离、燃料消耗等)。网页端则用于计算和分析船端数据,比较不同船只
的营运效率,设定排放目标。

韩国三星能效管理系统 EN-Saver[20]通过收集和分析船舶的能源信息,分析和评估船上
能源流动效率,能够监督主要装备的能源利用信息,分析各部分装备的能源效率和损失等,
提供纵倾、航线、速度的最佳解决方案。

3)中国

上海船舶运输研究所开发了船舶能效管理系统[21]。该系统由船端及岸端两部分组成。
船端集成了监测、分析、优化及报告等功能,能够提供航线优化、航速优化和负荷优化相关服
务,给出各个航段建议航速、电机负荷分配建议,为船东和航运公司提供相关优化建议,提高
船舶能效。

中国船级社开发了船舶能效采集监测软件、在线智能管理系统以及 CCS-OTA 纵倾优化软件[22]。该软件可实时监测船舶能效参数及船舶航行状态,并通过纵倾优化的方法提高船舶能效。

南通中远川崎公司开发了智能船舶能效系统(Sport Event Management and Organization Seminar,SEMOS),该系统具备数据监测、分析、优化等功能,能够针对不同的航行条件,提供纵倾优化和航速优化服务[23]。

武汉理工大学开发了内河船舶智能能效管理系统[24]。该系统同时提供了 WinForm 版、B/S 版和手机 App 三个版本,可在船端和岸端实现船舶能效监测、能效分析和主机转速动态优化,并能实现通航环境预警。在能效分析功能中,该软件除了 EEOI、EEXI 等基本的能效分析功能外,还具有以下功能:能输出不同时段、不同航次、不同航段的能效对比;能通过相邻航次的主机和全船的能效变化判断主机或船舶能效是否异常;能通过能效优化执行率来对船员的节能驾驶行为进行评估;能向用户定时发送每日/月/季度/年能效分析报告;能实现当前能效值与历史能效值的对比。而且,该软件采用数据配置化呈现方法,可适用于内河多种船型,减少新船型智能能效管理系统开发成本和开发时间。

哈尔滨工程大学开发了船舶综合能效智能管理系统(IMSMEE)[25],该系统具有数据监测、分析、优化和评估等功能。该系统能够为船舶提供航线优化、航速优化、纵倾优化相关服务,指导船东及航运公司进行节能操作。

上海海事大学开发了船舶能效管理系统[26],该系统集成了数据监测、分析、优化和评估功能。该系统提供了航速优化、吃水优化及主机油耗优化相关服务,并且能够实时计算和预测船舶 CII 评级,为船东和航运公司提供营运参考。

中国船舶集团有限公司第七一一研究所开发了船舶智能能效管理系统平台[27],实现了数据监测、分析和航速优化功能。中国船舶集团有限公司第七〇四研究所开发了船舶能效管理系统,该系统提供了对能效数据监测、分析功能,并通过航速优化方法提高船舶能效。

此外,震兑工业智能科技有限公司[28]、中海网络科技股份有限公司[29]等公司也开发了船舶能效管理系统。这些研究和产品从早期的能效在线监测逐步发展到能效在线分析、评估和优化。

3.2.3　发展趋势

尽管近些年船舶智能能效研究取得了很大的进步,开发了大量的智能能效产品并在实船上应用,但从应用效果来看,还存在很多不足,未来将会进一步发展。

(1)能效监测传感器的精度还需要进一步提升。尽管当前智能能效管理系统采集了非常多的能效相关数据,但由于部分数据的精度还不够高,影响了能效模型的精度和优化效果。例如:柴油机发动机低负荷时流量精度较低;船舶吃水监测传感器刚安装时精度通常很高,但运行一段时间后,由于导管堵塞等原因将导致船舶吃水测不准;对于海船,目前还没有精度较高的实时监测海浪的传感器,无法构建海浪对能效影响的较精确的模型。

(2)智能能效管理系统的成本需要进一步降低。当前油耗、轴功率等部分能效监测传感器的价格较高,造成智能能效管理系统的成本较高,不利于智能能效管理系统在船舶上的推广应用。随着柴油机共轨供油技术的发展,越来越多的共轨柴油机可以直接输出比较准确的瞬时油耗值和轴功率值,这将会大大降低能效管理系统的成本。

(3)能效分析和评估还不够全面。当前关于船舶能效的分析和评估主要针对全船、主机以及副机,所开展的优化也是主要是围绕全船、主机和副机的。很少针对船舶其他能耗设备(如锅炉、泵、空调系统等)的能耗开展分析和评估。随着国际标准化组织关于船舶系统和船舶设备方面的能效标准的颁布,未来将会针对船舶除主机和副机以外的其他能耗设备和系统开展监测、分析和评估,这将会进一步推进船舶能效的提升。

(4)能效模型的精度还需要进一步提升。尽管在国内外学者的努力下,当前船舶能效模型的精度已经得到了很大的提升,但目前能效模型的精度仍还有很大的提升空间。尤其是船舶航速预测模型,受当前通航环境预测预报技术精度的限制以及船舶驾驶行为的不确定性的影响,当前模型的精度普遍较低。随着通航环境预测预报技术以及人工智能技术的进一步发展,未来在能效预测模型的精度方面将会进一步提升。

(5)能效优化算法性能还需要进一步提升。随着近些年人工智能技术的发展,模拟退火算法、粒子群算法以及麻雀搜索算法等一系列优化算法不断涌现,这些优化算法对船舶能效优化模型的优化求解起到了很好的推动作用。当前这些算法中,有部分算法求解过程中可能会陷入局部最优;有部分算法求解时间较长,不能满足实时优化的需求。随着人工智能技术的进一步发展,未来必定会涌现出越来越多的更好的优化算法。

总之,随着未来传感器技术、通信技术、大数据技术以及人工智能算法的不断发展,船舶智能能效管理系统监测的数据会更准确、能效分析和评估会更全面、能效模型的精度会更高,能效优化效果会更好、智能能效管理系统的成本会更低。

→3.3 关键技术

3.3.1 船舶智能能效管理系统技术体系

船舶智能能效管理系统所包含的技术主要有能效数据采集技术、能效数据分析技术、能效数据建模技术和能效数据优化技术[30]。其中,能效数据采集技术包括传感器选型、传感器安装和数据通信等;能效数据分析技术包括船舶主要能耗设备能效分析、全船能效分析和驾驶行为人因分析;能效数据建模技术包括营运前期机理建模技术、营运中期机理与数据结合建模技术以及营运后期基于数据建模技术;能效数据优化技术包括航线优化、航速优化、纵倾优化和副机负荷优化等技术。船舶智能能效管理系统技术体系见图3-3。

3.3.2 船舶能效数据采集技术

船舶能效数据采集的目的是为能效分析、能效建模和能效优化提供高质量的数据支持。在船舶智能能效管理系统中,所采集的能效数据的质量将会直接影响能效模型的精度、能效分析的准确性以及能效优化的效果。在能效数据采集阶段,影响船舶能效数据质量的因素主要有能效数据监测传感器的精度、传感器的安装方式和数据通信方式。本小节将分别从传感器的精度和传感器的安装方式对能效模型精度的影响进行分析。

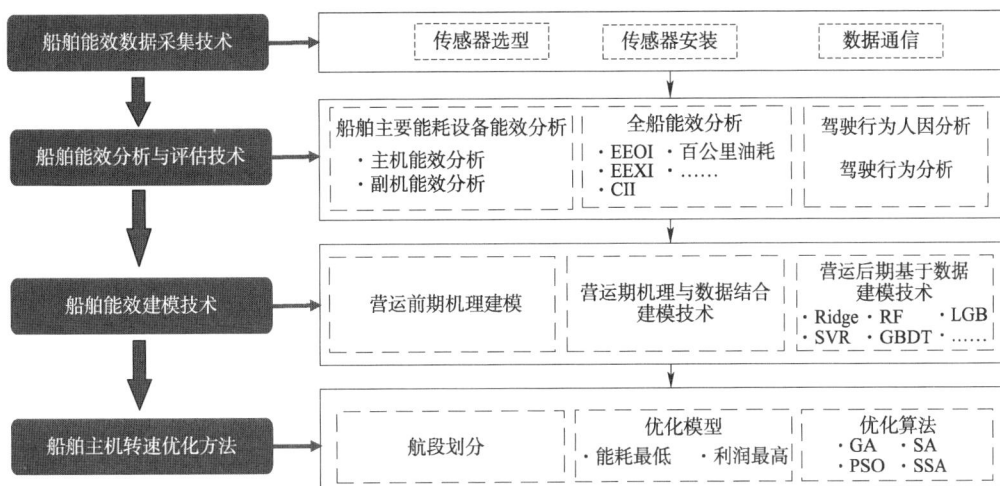

图 3-3 船舶智能能效管理系统技术体系

1)传感器的精度

能效数据的获取依赖于安装在船上的各种传感器,而对于同一能效数据,往往可利用多种类型传感器来采集,不同类型的传感器测量原理和结构不同,测量精度也有所差别。

2)传感器安装方式

虽然传感器在出厂时通常会标明传感器精度,但如果在安装过程中安装方式不当,会降低测量精度,甚至出现较大误差。因此,传感器的安装方式对能效数据质量的影响也很大。

在安装传感器时,一般应注意以下 3 点:

(1)确保传感器准确牢固安装在被测位置;

(2)确保传感器的安装环境的温度、湿度、压力等参数符合传感器的正常工作需求;

(3)确保传感器的安装环境中没有对被测物理量产生干扰的因素。

除此之外,不同传感器在安装过程中还会有一些特别的要求和注意点,如果在安装时没有遵守,会影响测量精度。表3-1 总结了常用于监测船舶能效相关数据的各类传感器及影响其测量精度的主要因素。

各类传感器及影响其测量精度的主要因素 表 3-1

传感器	主要影响因素
椭圆齿轮流量传感器	流量传感器前未安装滤器或者安装的滤器不能有效过滤燃油中固体颗粒
质量流量传感器	安装时减振措施不到位,使得外界振动与流量传感器的拾振线圈形成共振
浮子式流量传感器	安装管道的上下倾斜度超过5°时影响测量精度
机械式风速风向仪	风速风向仪1.5m 范围内有遮挡物;传感器未竖直安装
超声波风速风向仪	风速风向仪1.5m 范围内的遮挡物;周围有其他超声波信号、电磁信号干扰
回声测深仪	安装位置与螺旋桨、计程仪换能器距离较近,产生干扰

续上表

传感器	主要影响因素
多普勒计程仪	安装位置与螺旋桨、测深仪换能器距离较近,产生干扰
电子倾斜仪	安装位置的水平度、初次安装好后是否调零
应变式轴功率仪	应变片的粘贴方式
钢弦式轴功率仪	安装时的减振措施不到位进而影响钢弦的振动频率
光电式轴功率仪	光电码盘安装的偏心度和垂直度
压力吃水传感器	测孔位置有无防水草和防污堵装置

3.3.3 船舶能效分析与评估技术

船舶能效分析与评估技术主要包括船舶能效分析技术和船舶能效评估技术。

船舶能效分析技术主要包括能效及排放指标分析、主要耗能设备指标分析、碳强度指标及相关参数分析三类[31]。其中,能效及排放指标主要包括 EEOI、单位航行距离燃料消耗量、单位运输功燃油消耗量、单位航行距离 CO_2 排放量、单位运输功 CO_2 排放量;主要耗能设备指标主要包括燃料小时消耗量、燃料日消耗量、燃料航次(航段)消耗量汇总;碳强度指标及相关参数主要包括 CII、年度总燃料消耗量、年度总 CO_2 排放量。对于纯电池动力推进船舶,计算的能效及排放指标为单位运输电能消耗量、单位航行距离电能消耗量、单位小时消耗量、日消耗量、航次/航段耗电量。

船舶能效评估技术包括船舶能效及排放指标评估和主要耗能设备能耗评估。其中,CII 是船舶能效及排放主要指标;船舶柴油机是船舶主要耗能设备,本小节将介绍 CII 计算方法和船舶柴油机能耗评估方法。

1)CII 计算及分级

CII[32] 是 IMO 为了减少航运业的温室气体排放而引入的一项衡量指标,用于衡量船舶在实际营运中每运输单位货物每海里所产生的 CO_2 排放量,其目的是通过定量的方式评估船舶在一定时间内的碳排放强度,计算公式见式(3-1)。

$$\text{attained CII}_{\text{ship}} = \frac{M}{W} = \frac{FC_j \times C_{F_j}}{C \times D_t} \tag{3-1}$$

式中,M 表示一年内排放的 CO_2 总质量;W 表示所承担的总运输力;FC_j 为一年内消耗的 j 型燃油的总质量(g);C_{F_j} 代表 j 型燃油质量与 CO_2 质量转换系数;C 表示船舶的运载能力;D_t 表示总航行距离(n mile)。

根据计算出的船舶 CII 值,IMO 对船舶的排放表现进行分级[33],分别为 A 级、B 级、C 级、D 级、E 级,能效表现从好到差,分别表示优秀、良好、中等、稍差、低劣。同时基于基准线制定年份单个船舶 CII 分布,年度船舶评级分布比例划分为:A 级占 15%;B 级占 20%;C 级占 30%;D 级占 20% 和 E 级占 15%。对于 CII 等级为 E 级的船舶,需要采取改进措施以达到法规要求。

2）船舶柴油机能耗评估

船舶柴油机作为船舶的主要能耗设备，是船舶能效管理的重要对象。通过对船舶主机的能效状态进行评估，有助于船舶管理人员及时了解柴油机性能变化趋势，制定柴油机运行、维修计划，这对于保证船舶柴油机正常、稳定和高效地运行具有重要意义。

船舶柴油机能效状态评估流程如图 3-4 所示，主要包含以下两步：首先，对表征柴油机状态的相关参数数据进行采集与清洗；其次，利用相关评价指标对柴油机的能效状态展开评估。其中，数据清洗部分主要通过初步数据清洗和深度数据清洗方法对采集的船舶柴油机转速、功率和油耗率数据进行处理，得到柴油机稳定工况下的能效数据；柴油机能效状态评估部分主要在转速划分的基础上，选取柴油机评估工况点，通过对比当前航次和历史航次下船舶柴油机相同工况的油耗率变化，对柴油机当前能效状态进行评估。

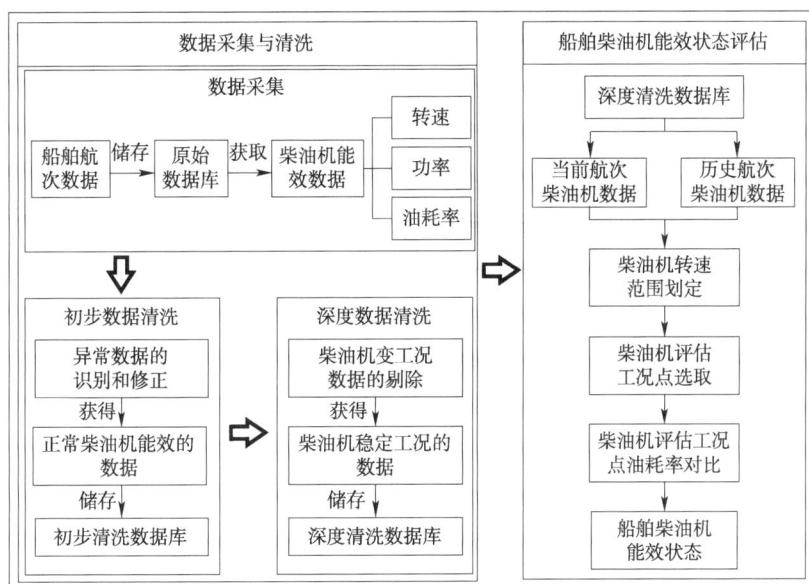

图 3-4　船舶柴油机能效状态评估流程

（1）数据清洗。

数据清洗包含初步数据清洗和深度数据清洗。其中，初步数据清洗对传感器采集的部分不准确数据进行修正[34]，得到正常的船舶柴油机能效数据；深度数据清洗通过数据筛选方式剔除柴油机变工况数据，获取稳定工况下的船舶柴油机能效数据。相较于基础的初步数据清洗，深度数据清洗是保障船舶柴油机能效状态评估准确性的关键。具体步骤如下：

步骤 1：从初步清洗数据库中获取船舶柴油机能效数据。

步骤 2：筛选处于稳定转速下的柴油机数据。选择转速变化为 0 的数据，转速稳定的时间至少连续 3s，转速变化量见式（3-2）。

$$S_n = |n_t - n_{t-1}| = 0 \tag{3-2}$$

式中，S_n 为柴油机转速变化量；n_t 为当前时刻 t 柴油机转速（r/min）；n_{t-1} 为前一个时刻柴油机转速（r/min）。

步骤 3：筛选处于稳定功率下的柴油机数据。在转速持续不变的基础上，选择功率变化为 0 的数据,功率稳定的时间至少连续 3s,功率变化量见式(3-3)。

$$S_P = |P_t - P_{t-1}| = 0 \tag{3-3}$$

式中,S_P 为柴油机功率变化量;P_t 为当前时刻 t 柴油机功率(kW);P_{t-1} 为前一个时刻柴油机功率(kW)。

步骤4:筛选油耗率稳定的柴油机数据,在转速和功率不变的基础上,判断该区间油耗率变化值是否小于 2g/(kW·h)。

步骤5:输出稳定工况下的船舶柴油机转速、功率和油耗率数据。

(2)船舶柴油机能效状态评估。

船舶柴油机能效状态评估以处于稳定工况下的柴油机转速、功率和油耗率数据为基础,首先,通过筛选的方式获取不同转速区间内船舶柴油机在当前航次和历史航次中相同工况下的能效数据作为评估工况点;其次,以两航次各自的工况点为基点形成柴油机推进特性曲线;最后,通过分析当前航次柴油机推进特性曲线相较于历史航次的变化,评估船舶柴油机当前的能效状态。

①柴油机转速范围的划定。

转速范围的划定是为了保证船舶柴油机常用工况区域内存在对应的工况点用于评估。船舶柴油机作为船舶主机工作时,主要通过可变速控制的方法对转速进行控制,可变速控制的船舶柴油机可分为挡位控制和无级调速控制两种类型。挡位控制是指通过挡位来控制船舶柴油机转速,这类船舶柴油机只在挡位对应的设定转速附近运行;无级调速控制是指船舶柴油机可以在限制的最低和最高转速之间的任何转速下运行。两种类型船舶柴油机转速范围划定方法如下:

a. 挡位船舶柴油机转速范围的划定。根据各挡位下的设定转速,以挡位下的设定转速 n 为中心,z 为波动范围,对柴油机转速范围进行划定,各挡位划定的对应转速范围为$(n-z, n+z)$。其中,挡位设定转速 n 根据厂家设定的转速确定,转速波动范围 z 以相邻设定挡位转速中最小间隔的一半进行取值。

b. 无级调速船舶柴油机转速范围的划定。由于船舶柴油机部分航次实际运行过程中不一定存在高转速工况,因此需要识别航次中柴油机最低转速 n_{min} 和最高转速 n_{max},并以最低转速 n_{min} 为初始点,每间隔 i 为一个区间,对柴油机转速范围进行划定,直到覆盖柴油机最高转速 n_{max}。其中,i 的初始值设为 50r/min,根据最终评估工况点数量,适当增大或者减小。

②柴油机评估工况点选取。

船舶柴油机能效状态评估工况点的选取是通过筛选方式获取评估对象柴油机在当前航次与历史航次中相同工况的柴油机转速、功率和油耗率数据。用于柴油机评估的工况点需要满足分布均匀且数据量充足的条件,这也就要求用于评估的历史航次柴油机能效数据需要能够充分覆盖柴油机的运行工况,确保评估结果的合理性。柴油机评估工况点选取流程如图3-5所示。

柴油机评估工况点选取过程中,首先从深度清洗数据库中获取柴油机处于稳定工况下的转速、功率数据;然后对当前航次和历史航次的柴油机转速、功率进行排序,并计算各转速、功率的频数;最后基于柴油机转速和功率的频数,确定各划定转速范围区间的转速和功率。对柴油机转速进行选择时,在每一个划定的转速范围内选择出当前航次和历史航次中都存在且转速频数较大的柴油机转速。在确定柴油机转速的基础上,选择柴油机功率。由于通航环境等因素的影响,柴油机不同稳定工况下的同一转速会存在不同的功率。根据确定的各划定范围柴油机转速,选择出当前航次和历史航次中确定转速下都存在且频数较大的功率。

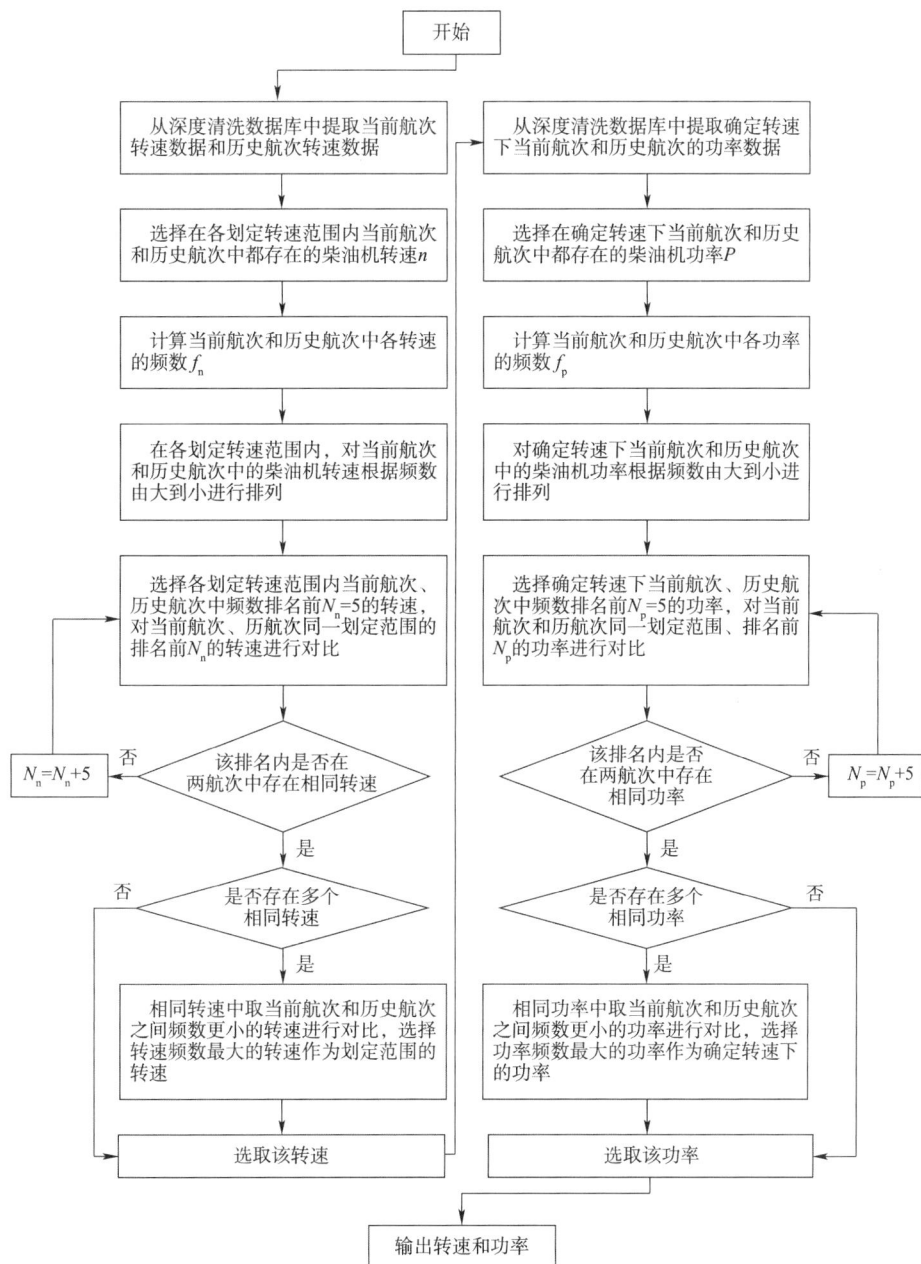

图 3-5　柴油机评估工况点选取流程

选定柴油机转速和功率之后,可以获取当前航次和历史航次中柴油机在该转速和功率下的油耗率。由于船舶主机在实际运行过程中,该转速和功率下会存在多个不同的油耗率。当同一转速和功率下出现多个不同油耗率时,需要对同一转速和功率下的油耗率进行平均,采用该平均值作为该转速和功率下的油耗率。

3.3.4 船舶能效建模技术

船舶能效模型主要包括油耗预测模型和航速预测模型。船舶能效建模所用到的方法主要有机理建模、基于数据的能效建模方法以及机理和数据结合建模方法。

1)机理建模

机理建模是一种基于船-机-桨相互关联理论及船舶运动学原理,建立用于反映船舶在各种不同工况下营运能效水平的仿真模型的建模方法。

在构建机理模型的过程中,为了充分考虑各研究部分的独立性及相互间作用关系,可将整个能效机理模型划分为4个子模块分别进行搭建,主要包括能量消耗计算模块、动力计算模块、阻力计算模块、运动模块。各模块的功能和主要内容如下:

(1)能量消耗计算模块:该模块用于反映船舶航行过程中在各种不同运行工况下能量消耗情况计算的过程。主要包括对船舶主机、副机及燃油锅炉的燃料消耗计算。

(2)动力计算模块:该模块用于反映船舶在航行过程中以一定主机转速运行时能量传递并带动螺旋桨旋转产生对应有效推力的过程。其中主要包括对螺旋桨推力、螺旋桨转矩、敞水效率、船身效率、减速齿轮器效率、轴系部件效率等的描述。

(3)阻力计算模块:该模块用于反映船舶在航行中受通航环境影响产生航行阻力的过程。其中主要包括对静水阻力、水文条件影响增阻、气象条件影响增阻、航道条件影响增阻等的描述。

(4)运动模块:该模块用于反映船舶受螺旋桨推力及通航环境影响所产生阻力的共同作用而产生稳定航速航行的过程。其中主要包括对附加质量、运动加速度等的描述。

各模块的相互作用机理见图3-6。

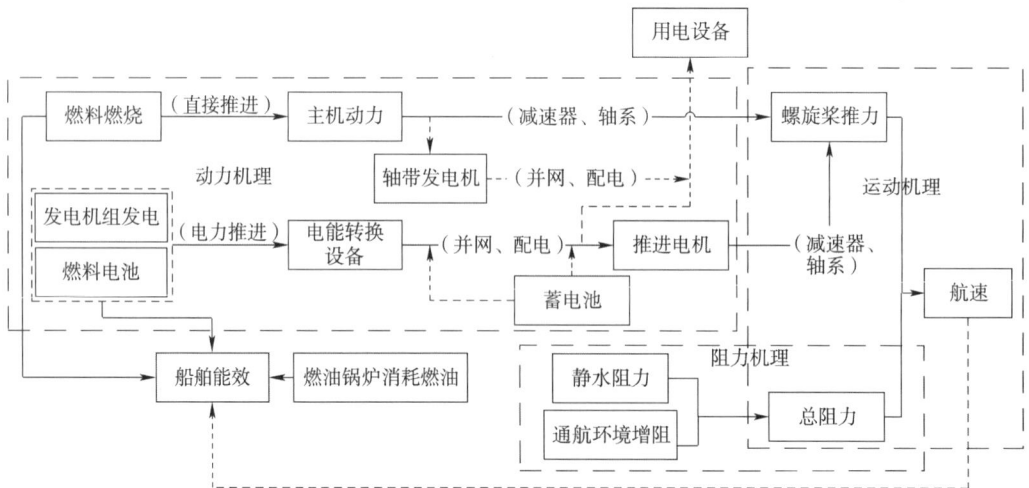

图3-6 各模块的相互作用机理

各模块的具体建模方法见文献[35]。

2）基于数据的能效建模方法

基于数据的能效建模方法是使用船舶智能能效管理系统采集的能效相关数据,运用人工智能算法构建主机转速、通航环境与油耗以及航速的数学模型。

在机器学习领域中,通过通航环境数据和船舶运行参数等能效相关数据来预测船舶油耗或者航速属于有监督学习中的回归问题,常用于回归分析的机器学习算法包括传统机器学习算法、深度学习算法以及集成学习算法三类[36]。

（1）传统机器学习算法。

传统机器学习算法是在深度学习（神经网络）兴起之前使用的一类机器学习方法。这些算法通常依赖于特征工程和统计技巧,而不是深度神经网络的端到端学习方法。

当前,可用于回归分析的传统机器学习算法主要包括 Ridge、SVR（Support Vector Regression）、MLR（Multiple Linear Regression）、DT（Decision Tree）和 GPR（Gaussian Process Regression）等。虽然以上算法都能用于构建船舶能效模型,但部分算法在建模时存在一定的局限性。例如:MLR 会受到模型输入特征之间的多重共线性的影响,模型的预测结果容易失真[37];DT 在对树的深度不加限制的情况下,容易产生过拟合现象[38];GPR 在处理输入特征较多的问题时计算效率较低[39]。

（2）深度学习算法。

深度学习算法是一类通过多层非线性变换对高维数据进行特征学习的机器学习算法。当前,可用于船舶能效建模的深度学习算法较多,其中,BP 神经网络（Back Propagation Neural Network,BPNN）使用较为广泛且最具代表性。

BPNN 是以误差反向传播为基础的前向神经网络,该算法的非线性映射能力较强,在处理非线性回归问题时具有明显优势[40]。

（3）集成学习算法。

集成学习算法是一种通过组合多个模型来提升预测性能的技术。它的基本思想是构建多个学习器（模型）,每个学习器独立学习和作出预测,然后将这些预测结果通过某种策略结合起来,以获得更准确的最终预测结果。当前,常用于船舶能效建模的集成学习算法有 RF（Random Forest）、GBDT（Gradient Boosting Decision Tree）和 LightGBM（Light Gradient Boosting Machine）。

相关的研究表明,在基于机器学习算法构建船舶油耗预测模型和航速预测模型时,RF 的精度相对较高,因此常用 RF 算法来构建能效模型。

3）机理和数据结合建模方法

在船舶营运前期,船舶能效数据的数量较少,通航环境覆盖率低,如果直接采用基于数据的能效模型构建方法建模,会导致在部分通航环境没有覆盖的航段,能效模型的误差大,影响优化效果。为了提升该阶段的船舶能效模型精度,可采用机理和数据相结合的建模方法。

具体建模方法是:在第一航次运行过程中,在确保船舶安全的前提下操纵主机在不同转速和负荷下运行一段时间,基于这段时间的主机转速、功率和油耗数据构建船舶主机转速-

功率-油耗的关联模型,用该模型代替原机理建模中主机厂家提供的试验台架上的主机转速-功率-油耗。因为船舶实际运行的工况与柴油机厂家在试验台架上开展油耗率特性曲线测试的工况可能会有区别,而且柴油机的搬运和安装过程中柴油机的油耗性能可能发生了变化,因此,柴油机实际运行的油耗率特性曲线可能与柴油机厂家在台架试验上得到的油耗特性数据有所差别。因此,采用船舶柴油机在船舶营运中的主机能效数据构建船舶主机转速-功率-油耗的关联模型,要比根据柴油机厂家提供的油耗率特性曲线构建的关联模型精度要高。

3.3.5 船舶主机转速优化方法

船舶能效优化主要包括航线优化、航速优化、纵倾优化和发电机负荷优化。在航速优化中,由于大部分船舶驾驶员控制船舶速度时实际上是控制船舶主机的转速,所以船舶航速优化实际上是船舶主机转速的优化。本小节介绍船舶主机转速优化方法。

1)主机转速优化流程

基于能效数据的船舶主机转速优化通常需要进行以下 5 个步骤:清洗后的通航环境数据归一化处理、航段划分、建立各航段船舶能效预测模型、建立船舶航速优化模型、船舶航速优化模型求解。

(1)清洗后的通航环境数据归一化处理。

由于所采集的船舶能效相关数据的数量级差别较大,若直接将这些数据用于航段划分和能效建模,将导致计算结果主要由数量级决定,部分相关性较弱而数量级较大的因素影响提高,而相关性强但数量级较小的因素影响降低,影响航段划分和能效建模的科学性和准确性。因此,在获得清洗后的船舶通航环境数据后,需要对数据进行归一化处理,将所有参数缩放到同一数量级。

(2)航段划分。

船舶的能效水平受通航环境的影响较大。在实际航行过程中,不同的通航环境会导致同样转速下的船舶所需的推进功率不同,船舶的航行状态和燃料的消耗量也不同,使得不同通航环境条件下的船舶最优转速也不同。因此,为了在船舶实际航行过程中针对不同通航环境给予相应的建议转速,在进行船舶航速优化时必须考虑通航环境对船舶的影响。但是由于航线中不同区域的通航环境都是不同的,如果要将航线上全部位置的通航环境全部纳入航速优化模型,一方面信息获取难度较大,另一方面会导致计算量过大、计算时间过长。考虑到内河航道风速、风向、水流速度、水深等通航环境因素的数值呈现整体波动较大、相邻区域变化较小的规律[36],在进行船舶航速优化前对航线上通航环境进行聚类,将相似的通航环境分为一类,然后基于各类通航环境的分界点进行分段,把每个航段内所有位置的通航环境统一,基于每段统一的通航环境分别构建每段的油耗预测模型和航速预测模型,从而减小航速优化模型求解的复杂程度。

(3)建立各航段船舶能效预测模型。

在船舶航速优化模型的计算中,会涉及航速和油耗两个变量,由于某段的航速优化是在船舶航行到该段之前完成,因此,需要构建各航段的船舶航速预测模型和油耗预测模型来预测未来船舶在该航段的航速和油耗。

(4)建立船舶航速优化模型。

船舶航速优化的最终目的是得到船舶处于各位置时的最优转速,因此,需要在以上步骤的基础上,建立相应的船舶航速优化模型。船舶航速优化模型是基于航段划分结果以及所建立的船舶能效模型,根据研究对象的具体情况,以各航段主机转速为优化变量的表示不同优化目标的函数。

(5)船舶航速优化模型求解。

在建立船舶航速优化模型后,需要对所建立的船舶航速优化模型进行求解,即通过优化算法对模型进行寻优,找到使目标函数最优的最优解,即船舶处于各航段时对应的最优转速,实现航速优化。

下面将分别介绍各个流程的实现方法。

2)航段划分方法

(1)航段划分方法的选择。

当前常用的航段划分依据有基于港口、基于航行时间和基于通航环境数据。

航段划分实际上是对航线上的通航环境进行划分。港口和航行时间与通航环境的相关性较小,因此,以港口和航行时间作为航段划分的依据可能会导致分段不准确。而基于通航环境数据的航段划分方法直接对实船采集的通航环境数据进行分析,深入挖掘通航环境数据间的内在关联,更有利于进行准确的航段划分。

基于以上分析,采用基于通航环境数据的航段划分方法进行航段划分。而基于通航环境数据的航段划分一般需要采用聚类算法对通航环境进行聚类,根据航道中不同通航环境类型区域之间的分界点对航段进行划分。目前比较常用的聚类算法有基于距离的 K-means 聚类、基于密度的 DBSCAN 聚类以及模糊聚类等。其中,K-means 聚类算法是一种基于相似理论的聚类分析方法,与其他聚类算法相比,K-means 聚类算法具有算法结构简单、对大数据量样本处理效率高、可扩展性强等优势,非常适合大规模数据集的挖掘。因此,采用 K-means 聚类算法进行通航环境聚类及航段划分的工作。

(2)基于 K-means 聚类算法的航段划分方法。

在实际应用,不同通航环境因素对船舶油耗和航速的影响存在差异,但 K-means 聚类算法在进行聚类时并未考虑不同因素对船舶油耗和航速影响程度的差异,影响了聚类结果。因此,本书对 K-means 聚类算法进行了以下改进:将通航环境因素与船舶油耗和船舶航速相关性的平均值作为能效影响权重,在聚类前将不同通航环境数据乘以相对应的能效影响权重,以提高聚类的效果和真实性。改进后 K-means 聚类算法流程如图 3-7 所示,具体步骤如下:

①第一步,进行航道风速、风向、水深、水流速度与油耗和航速的相关性分析,得到不同通航环境因素分别与船舶油耗和航速相关性的平均值,将其作为权重系数从而体现不同通航环境参数对油耗和航速的影响差别。

采用 Pearson 相关系数 r 来表示不同因素之间的相关程度,其计算方法可用式(3-4)表示:

$$r(x_1,x_2) = \frac{\mathrm{Cov}(x_1,x_2)}{\sqrt{\mathrm{Var}(x_1)\mathrm{Var}(x_2)}} = \frac{\sum_{i=1}^{n}(x_1-\bar{x_1})(x_2-\bar{x_2})}{\sum_{i=1}^{n}(x_1-\bar{x_1})^2\sum_{i=1}^{n}(x_2-\bar{x_2})^2} \tag{3-4}$$

式中,x_1、x_2为任意两变量;$\mathrm{Cov}(x_1,x_2)$为x_1参数与x_2参数之间的协方差;$\mathrm{Var}(x_1)$、$\mathrm{Var}(x_2)$分别为x_1参数与x_2参数的方差;$\bar{x_1}$、$\bar{x_2}$分别为x_1参数和x_2参数的均值;n为样本数量大小。

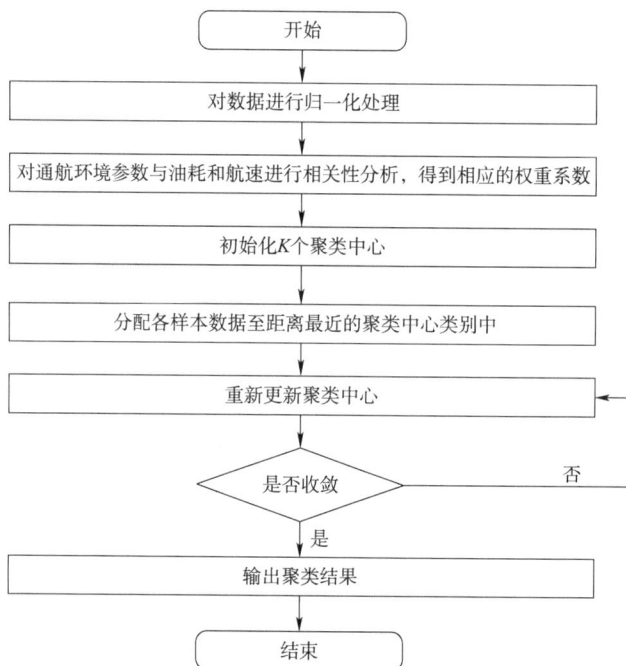

图 3-7　改进后 K-means 聚类算法流程

②第二步,对船舶的通航环境数据进行归一化处理,由于船舶通航环境数据之间的数量级不同,为了避免数量级的影响,更好地表示各对象之间的"距离",需要根据通航环境数据的特点选择合适的区间进行归一化。在归一化后,将不同影响因素乘其相对应的权重,从而在聚类的过程中考虑到不同因素影响程度的问题,提高聚类分析的效果。

③在第一步、第二步的基础上进行聚类分析处理,将整个航段的通航环境数据划分为若干个数据簇,每一个簇代表一种被分出的一种通航环境。K-means 聚类算法的流程如下:

步骤一:初始化,即设定初始化种群数 K,确定将整个航线的通航环境数据分成 K 类,并随机在数据中选择 K 个个体作为聚类中心 u_K。

步骤二:迭代计算,计算全部个体分别对聚类中心点的距离,将每个个体归类到距离最近的聚类中心所属的类中。

步骤三:更新聚类中心的位置,将步骤二完成以后,计算每个类中的数据的平均值,并将这个值作为新的聚类中心点。

步骤四:停止迭代,重复进行步骤二、步骤三的过程,直到达到最大迭代次数或者聚类中心的位置不再改变为止。

3) 各航段船舶能效预测模型构建方法

(1) 分段建模。

分段建模方法的建模思路为:使用每一航段内的能效相关数据运用机器学习算法构建对应航段基于风速、风向、水深、水流速度和转速的油耗预测模型和航速预测模型;再将每个航段的风速、风向、水深、水流速度等通航环境求平均;然后将得到的各航段通航环境平均值和不同转速值,代入对应航段基于风速、风向、水深、水流速度和转速的油耗预测模型和航速预测模型,得到每个航段不同转速与油耗和航速的数组;最后通过拟合的方法得到各航段基于转速的油耗预测模型和航速预测模型。

分段建模方法的具体步骤如下:

步骤一:运用机器学习算法基于航线中各航段内的数据分别建立对应航段基于风速、风向、水深、水流速度和转速的油耗预测模型和基于风速、风向、水深、水流速度和转速的航速预测模型。

步骤二:将各航段的风速、风向、水流速度、水深这些通航环境数据分别进行平均。

步骤三:将各航段平均的风速、风向、水流速度、水深以及$[n_{min}, n_{max}]$区间内不同转速代入各航段对应的基于风速、风向、水深、水流速度和转速的油耗预测模型和基于风速、风向、水深、水流速度和转速的航速预测模型,得到每个航段不同转速与油耗一一对应的数组以及转速与航速一一对应的数组。其中,不同转速的选取方法为,对最低转速n_{min}和最高转速n_{max}取整,分别得到$[n_{min}]$和$[n_{max}]$,转速的第一个值为取整后的最低转速$[n_{min}]$,第二个值在该值的基础上加1,依此类推,一直选取到取整后的最高转速$[n_{max}]$为止。

步骤四:对步骤三得到的各航段转速和油耗的数组进行三次方拟合,得到各航段基于转速的油耗预测模型。对步骤三得到的各航段转速和航速的数组进行二次方拟合,得到各航段基于转速的航速预测模型。

(2) 分类建模。

分类建模方法的建模思路为:使用每个通航环境类别的能效相关数据运用机器学习算法构建对应通航环境类别基于风速、风向、水深、水流速度和转速的油耗预测模型和航速预测模型;再将每个航段的风速、风向、水深、水流速度等通航环境求平均;然后将得到的各航段通航环境平均值和不同转速值,代入对应通航环境类别基于风速、风向、水深、水流速度和转速的油耗预测模型和航速预测模型,得到每个航段不同转速与油耗和航速的数组;最后通过拟合的方法得到各航段基于转速的油耗预测模型和航速预测模型。

分类建模方法的具体步骤如下:

步骤一:使用机器学习算法基于航线中不同通航环境类型数据分别建立对应通航环境类别基于风速、风向、水深、水流速度和转速的油耗预测模型和基于风速、风向、水深、水流速度和转速的航速预测模型。

步骤二:将各航段的风速、风向、水流速度、水深这些通航环境数据分别进行平均。

步骤三:将各航段平均的风速、风向、水流速度、水深以及$[n_{min}, n_{max}]$区间内不同转速代入航段所对应通航环境类别的基于风速、风向、水深、水流速度和转速的油耗预测模型和基于风速、风向、水深、水流速度和转速的航速预测模型,得到每个航段不同转速与油耗一一对应的数组以及转速与航速——对应的数组。其中,不同转速的选取方法与分段建模方法中相同。

步骤四:对步骤三得到的各航段转速和油耗的数组进行三次方拟合,得到各航段基于转速的油耗预测模型。对步骤三得到的各航段转速和航速的数组进行二次方拟合,得到各航段基于转速的航速预测模型。

分段建模和分类建模相比各有其优缺点。与分类建模相比,分段建模的优点是建模的数据来源于各段的历史数据,更能体现该段通航环境特征,但其缺点是由于建模数据量比分类建模少,有可能因工况覆盖率低导致模型精度不高。因此,当分段数据的工况覆盖率高时,采用分段建模要比分类建模模型的精度更高;反之,当分段数据的工况覆盖率低时,采用分类建模要比分段建模模型的精度更高。

4)船舶航速优化模型构建方法

本小节在航段划分和船舶能效建模的基础上,假设船舶在各航段为定转速航行,对船舶实际营运过程中需要考虑的各项因素进行分析和研究,得到基于最小排放的航速优化模型和基于最大利润的航速优化模型的构建方法。

(1)基于最小排放的航速优化模型。

基于最小排放的航速优化模型是以船舶排放最小为目标构建的,该模型将船舶排放量放在首位,航速优化的目标是使船舶在单航次中排放量最少。由于船舶排放主要与燃料类型和燃料消耗量有关,在燃料种类不变的情况下,单航次燃料消耗量越低,则单航次船舶排放量越低,因此以单航次船舶排放最低为目标也是以单航次船舶油耗最低为目标。为了构建基于最小排放的航速优化模型,需要对船舶排放量的计算方法进行分析和研究。

船舶 CO_2 排放量为船舶燃油消耗量与燃料碳排放系数的乘积。因此,船舶某一时刻至航行结束过程中的船舶 CO_2 排放量可用式(3-5)表示:

$$\begin{cases} \min Q_C = C_{fo} \times \left[\sum_{x=m}^{k} \frac{1000 \times d_x}{60 \times V_{x(n)}} \times f_{mx} + (f_a + f_b) \times T_i \times 24 \times 60 \right] \\ n_{min} \leqslant n \leqslant n_{max} \\ T_e - T_n - T_i \geqslant 0 \end{cases} \tag{3-5}$$

式中, Q_C 为船舶航次 CO_2 排放量(kg); C_{fo} 为燃料碳排放系数; m 为航速优化起点的航段编号; d_x 为第 x 个航段的距离(km); V_x 为船舶在第 x 个航段行驶时船舶的对地航速(m/s); f_{mx} 为第 x 个航段的主机油耗水平(kg/min); f_a 为副机油耗量水平(kg/min); f_b 为锅炉油耗量水平(kg/min); T_i 为船舶预计抵达耗费时间(d); n_{min}、n_{max} 分别为主机转速最大值和最小值(r/min); T_e 为船舶预计抵达时刻; T_n 为当前时刻。

船舶预计抵达耗费时间 T_i 可通过式(3-6)计算:

$$T_i = \sum_{x=m}^{k} \frac{1000 \times d_x}{24 \times 3600 \times V_x(n)} + \frac{T_p}{24} \tag{3-6}$$

式中, T_p 为未来预计在港口的停留时间(h)。

(2)基于最大利润的航速优化模型。

基于最大利润的航速优化模型是以船舶最大航行利润为目标构建的,该模型将船公司或船舶承租人的经济利益放在首位,航速优化的目标是使船舶单位营运时间内经济收益最大化。

为了构建基于最大利润的航速优化模型,需要对船舶利润的计算方法进行分析和研究。

船舶每日利润等于船舶每日营运收入与每日平均税金及每日平均船舶营运成本的差额。其中,船舶营运收入为船舶所运货物的单位质量运费与运货量的乘积;税金为船舶须缴纳的车船税;而船舶营运成本是船舶在一定时期内从事货物运输所支付的一切费用的总和。一般将船舶营运成本划分为资本成本、经营成本和航次成本三部分。具体如下:

①资本成本指购买、租赁或建造船舶所产生的费用,包括折旧费和贷款利息等。其中,折旧费是资产在使用过程中因磨损而转移到产品成本中的价值,也就是以货币形式反映船舶的年度损耗值;贷款利息是融资贷款产生的费用。

②经营成本指为了保持船舶适航状态所需的经营性维持费用,包括船舶运营、维修、休息等全部状态下的固定支出,以及船员工资及附加费、保险费、润料费、物料费、管理费、修理费、其他营运费用。其中,船员工资及附加费包括船员工资、航行津贴、伙食补贴和奖金等;保险费包括船舶保险和额外附加保险的费用;润料费包括船舶使用的各种润料的费用;物料费包括船舶使用的各种材料、备品以及配件的费用;管理费包括船公司管理人员工资以及办公、行政管理产生的费用,这些费用分摊到各船中去;修理费包括由于船舶日常维护与修理所产生的经常性维修费用和船舶定期进厂修理所产生的定期费用;其他营运费用指不属于上述项目的船舶日常营运费用。

③航次成本指船舶从事特定航次运输所发生的费用,包括燃料费、货物装卸费以及港口和运河费用。其中,燃料费是指船舶在航行、停泊、装卸作业时所耗用各种燃料费用之和,包括重油费用、轻油费用、LNG 费用等;货物装卸费指与装卸货物有关的一切费用,包括开、关仓费和货机工力费等;港口和运河费指船舶停靠港口、通过运河或特定水道所产生的各项费用,包括:代理费、拖轮费、港务综合费、岸电费用等。

此外,在进行航速优化时,根据船舶每日利润计算过程中各成本计算方法的不同,也可以将船舶营运成本分为航次外固定成本、航次固定成本和航次变动成本 3 种。具体如下:

①航次外固定成本。这种成本的总数通常不变,每日平均值不随时间和船舶航行状况改变,在进行每日利润计算时需要除以固定的时间范围,主要包括保险费、贷款利息、船员工资及附加费、保险费、润料费、物料费、管理费、修理费、其他营运费用等。

②航次固定成本。这种成本的总数在每个航次内通常不变,但是每日平均值与船舶航行时间有关,在进行每日利润计算时需要除以总航行时间,主要包括货物装卸费、港口和运河费等。

③航次变动成本。这种成本总数随着船舶航行时间和航行状况不断改变,每日平均值与剩余航行时间有关,在进行每日利润计算时需要除以剩余航行时间,这种成本主要为燃油费用。

通过分析可以发现,船舶的资本成本、经营成本为航次外固定成本,船舶的航次成本除燃油费以外均为航次固定成本,燃油费为航次变动成本。

综合以上分析,在某一时刻船舶每天的利润可用式(3-7)表示:

$$
\begin{cases}
\max Q = \dfrac{F \times M}{T} - \dfrac{C_t + C_d + C_l + C_w + C_{lu} + C_{mm} + C_r + C_m + O}{365} - \dfrac{C_h + C_p}{T} - \dfrac{C_{f(n)}}{T_i} \\
n_{\min} \leq n \leq n_{\max} \\
T_e - T_n - T_i \geq 0
\end{cases}
\tag{3-7}
$$

式中,Q 为船舶每天的利润(元/d);F 为单位质量运费(元/t);M 为船舶运货量(t);C_t 为税金(元/年);C_d 为折旧费(元/年);C_l 为贷款利息(元/年);C_w 为船员工资(元/年);C_i 为船舶保险费(元/年);C_{lu} 为润料费(元/年);C_{mm} 为物料费(元/年);C_m 为管理费(元/年);C_r 为修理费(元/年);O 为其他营运费用(元/年);$C_{f(n)}$ 为船舶燃料费用(元/航次);C_h 为货物装卸费用(元/航次);C_p 为港口和运河费用(元/航次);T 为预计航次时间(d);T_e、T_n、T_i、n_{min}、n_{max} 等参数与其在基于最小排放的航速优化模型中代表的含义和计算方法相同。

预计航次时间 T 可通过式(3-8)计算:

$$T = T_i + T_n - T_0 \tag{3-8}$$

式中,T_0 为船舶出发时刻。

燃油费用可通过式(3-9)计算:

$$C_f = \frac{R_s}{1000} \left[\sum_{x=m}^{k} \frac{1000 \times d_x}{60 \times V_x(n)} \times f_{mx} + (f_a + f_b) \times T_i \times 24 \times 60 \right] \tag{3-9}$$

式中,R_s 为单位质量燃料价格(元/t);m、d_x、V_x、f_{mx}、f_a、f_b 等参数与其在基于最小排放的航速优化模型中代表的含义和计算方法相同。

5)船舶航速优化模型的求解方法

当前常用的船舶航速优化算法有模拟退火算法、遗传算法、粒子群算法、禁忌搜索算法以及麻雀搜索算法。有关研究表明,在运用以上5种算法开展船舶能效优化中,麻雀搜索算法的综合性能最好[40]。下面将介绍麻雀搜索算法的工作原理。

麻雀搜索算法是 Xue 和 Shen 在 2020 年模拟麻雀觅食行为的一种新型智能优化算法[41],该算法具有收敛速度快、搜索能力强的优点,但容易陷入局部最优。

麻雀搜索算法根据种群个体对环境的适应性将种群分为发现者和加入者。发现者所占比例为 r_d,掌握整个种群的搜索方向,加入者跟随发现者获取食物。除此之外,麻雀种群会随机分配一定数量的个体进行检测预警,当预警个体的适应度值超过安全值时,发现者会将加入者带到其他区域。

假设麻雀的位置可用式(3-10)表示:

$$X = \begin{bmatrix} x_{1,1} & x_{1,2} & \cdots & \cdots & x_{1,z} \\ x_{2,1} & x_{2,2} & \cdots & \cdots & x_{2,z} \\ \vdots & \vdots & \vdots & \vdots & \vdots \\ x_{n,1} & x_{n,2} & \cdots & \cdots & x_{n,z} \end{bmatrix} \tag{3-10}$$

式中,n 为麻雀的数量,即种群数量;z 为优化的变量的维度。

那么,麻雀的适应度值可以用式(3-11)表示:

$$F_X = \begin{bmatrix} f([\begin{matrix} x_{1,1} & x_{1,2} & \cdots & \cdots & x_{1,z} \end{matrix}]) \\ f([\begin{matrix} x_{2,1} & x_{2,2} & \cdots & \cdots & x_{2,z} \end{matrix}]) \\ \vdots & \vdots & \vdots & \vdots & \vdots \\ f([\begin{matrix} x_{n,1} & x_{n,2} & \cdots & \cdots & x_{n,z} \end{matrix}]) \end{bmatrix} \tag{3-11}$$

式中, F_X 中每一行的值表示一个个体的适应度值。

在每次迭代期间, 发现者的位置更新方法可用式(3-12)表示:

$$X_{i,j}^{t+1} = \begin{cases} X_{i,j}^{t} \cdot \exp\left(\dfrac{-i}{\alpha \cdot \text{iter}_{\max}}\right), R_2 < \text{ST} \\ X_{i,j}^{t} + Q \cdot \boldsymbol{L}, R_2 \geqslant \text{ST} \end{cases} \tag{3-12}$$

式中, t 为当前迭代次数; $X_{i,j}^{t}$ 为在 t 次迭代时第 i 只麻雀在第 j 个维度上的值; $\text{iter}_{\max}$ 为算法的最大迭代次数; α 为 $0 \sim 1$ 之间的随机数; R_2 和 ST 分别为警报值和安全阈值; Q 为服从正态分布的随机数; $\boldsymbol{L}$ 为每个元素均为 1 的 $1 \times z$ 的矩阵。

加入者的位置按式(3-13)表示的方法进行更新:

$$X_{i,j}^{t+1} = \begin{cases} Q \cdot \exp\left(\dfrac{X_{\text{worst}}^{t} - X_{i,j}^{t}}{i^2}\right), i > \dfrac{n}{2} \\ X_{\text{p}}^{t+1} + |X_{i,j}^{t} - X_{\text{p}}^{t+1}| \cdot \boldsymbol{A}^{+} \cdot \boldsymbol{L}, 其他 \end{cases} \tag{3-13}$$

式中, X_{p} 为发现者占据的最优位置; X_{worst} 为当前全局最差位置; $\boldsymbol{A}$ 为元素随机设为 1 或 -1 的 $1 \times z$ 的矩阵, $\boldsymbol{A}^{+} = \boldsymbol{A}^{\mathrm{T}}(\boldsymbol{A}\boldsymbol{A}^{\mathrm{T}})^{-1}$。

进行危险预警的麻雀是在种群中随机选择的, 警戒的麻雀位置更新方式可用式(3-14)表示:

$$X_{i,j}^{t+1} = \begin{cases} X_{\text{best}}^{t} + \beta \cdot |X_{i,j}^{t} - X_{\text{best}}^{t}|, f_{\text{i}} > f_{\text{g}} \\ X_{i,j}^{t} + K \cdot \left(\dfrac{|X_{i,j}^{t} - X_{\text{worst}}^{t}|}{(f_{\text{i}} - f_{\text{w}}) + \varepsilon}\right), f_{\text{i}} = f_{\text{g}} \end{cases} \tag{3-14}$$

式中, X_{best} 为当前全局最优位置; β 是均值为 0、方差为 1 的正态分布函数, 用于控制步长; K 为 $-1 \sim 1$ 之间的随机数; f_{i} 是当前麻雀的适应度值; f_{g} 和 f_{w} 分别为当前最佳和最差的适应度值; ε 为一个非常小的常数, 以避免出现分母为 0 的情况。

通过以上方法, 使麻雀种群不断向全局最优方向移动, 直到达到终止条件。

3.4 应用案例

船舶智能能效设备与系统应用场景广泛, 可应用于传统柴油动力船、混合动力船等各种类型的船舶。

3.4.1 典型应用场景一:船舶能效管理系统——"长航货运001"7500t混合动力散货船

"长航货运001"轮是在长江干线航行的7500t散货船, 也是中国内河首艘绿色智能船舶。针对长江船舶上下水推进负荷差异大、动力系统效率低、智能控制水平不足的问题, "长航货运001"轮综合利用混合动力技术、能量管理技术、切换控制技术、能效管理技术, 实现了不同工况下最佳混合动力模式决策、最佳功率输出、航速优化等功能。

该船通过搭载中国船舶集团有限公司第七一一研究所开发的智能能效管理系统, 实现了对混合动力系统能耗参数、通航环境等参数的在线监测,具备了航速优化、纵倾优化等能效优化功能,并取得了中国船级社智能能效标志。智能能效系统通过结合混合动力系统模式切换控制策略和能量管理控制策略,可以实现该船在航行、停泊等不同状态下动力系统的智能模式切换,高效地利用不同能源,降低燃油消耗(图 3-8)。应用结果表明,通过使用智能能效管理系统等节能技术和装备该船综合节能 13%。

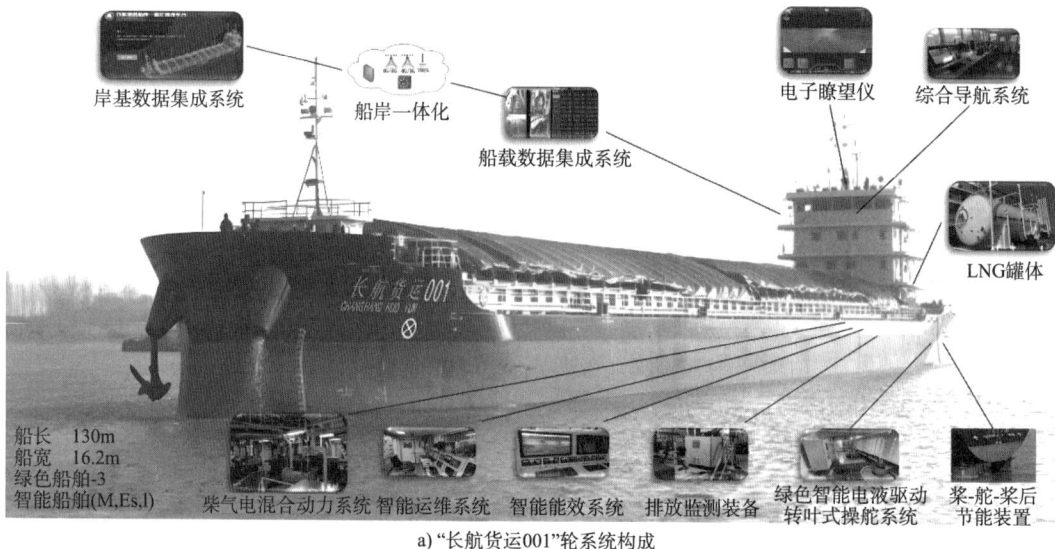

a) "长航货运001"轮系统构成

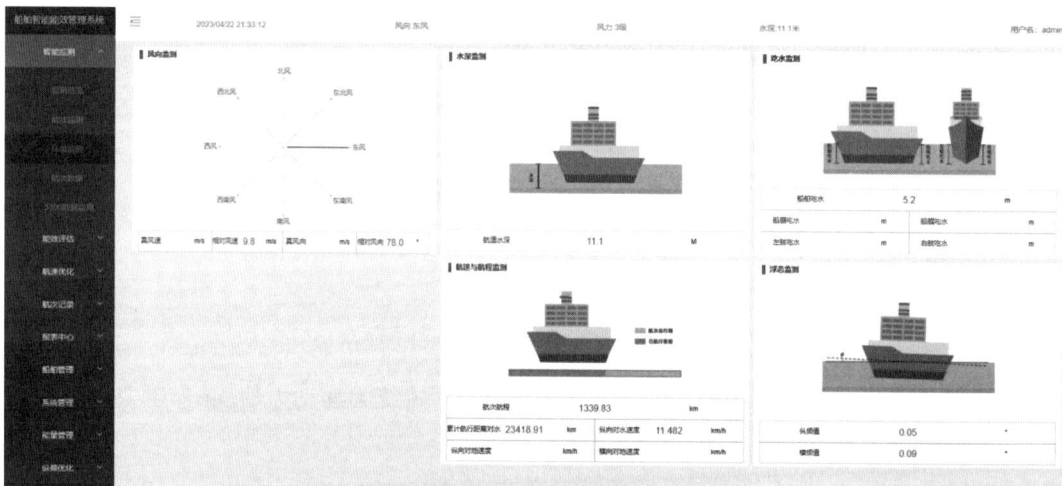

b) 智能能效管理系统示意图

图 3-8 "长航货运001"轮及其智能能效管理系统[42]

3.4.2 典型应用场景二:船舶综合能效智能管理系统——"远鲲洋"轮

"远鲲洋"轮是一艘30.8万 t 的无限航区油轮,该船舶在前期超大型智能原油船船型的基础上进行了大量优化,是最新一代节能、环保、智能型超大型智能原油船。该船装载了上海船舶运输科学研究所开发的船舶综合能效智能管理系统,可实现对船舶能效相关参数的监测、分析和优化,如图 3-9 所示。与市场上相同主尺度的船舶相比,搭载船舶综合智能能效管理系统的"远鲲洋"日均油耗同比降低了 3% ,更加智能节能环保。

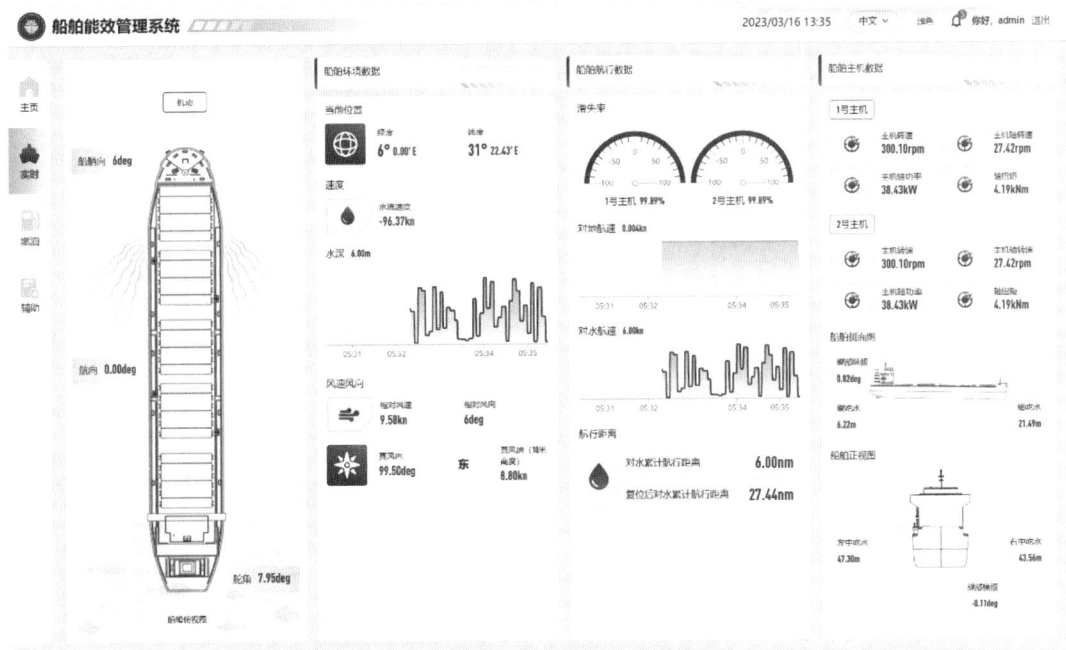

图 3-9 "远鲲洋"船舶综合智能能效管理系统[43]

3.4.3 典型应用场景三:船舶智能能效管理系统——"佳鑫 8999"轮

"佳鑫 8999"轮是在长江以及长江支流航行的一艘 6000t 散货船。该船搭载了武汉理工大学和潍柴集团合作开发的智能能效管理系统,如图 3-10 所示。该系统的主要功能包括主机转速优化、能效对比、气象水文预警、EEXI 能效指数分析、能耗可视化、全船能效对比分析、历史能效对比、负荷能效对比、能效异常报警以及生成详细的能效报表。此外,系统还能对驾驶员的驾驶行为进行分析,展示油耗率的变化,并提供主机不同转速下的能耗比例,从而帮助船员优化船舶的能源消耗,降低营运成本,并支持环保的航运实践。

此外,该系统能生成包括日、月、季、年和航次在内的详细报表,如:不同航次、不同时间、不同航段的全船能效对比,全船实际能效与历史能效的对比以及不同负荷下全船能效对比,当能效异常时能发出报警提示;生成日/月/季/年/航次报表;驾驶员驾驶行为分析;日/月/季/年/航次主机油耗率变化;日/月/季/年/航次副机油耗率变化;主机不同转速比例。

该系统自 2023 年 9 月在"佳鑫 8999"轮投入运行,应用该产品前后的对比表明,采用该系统后上水航次节油率达到 30% ,经济性提升 118% ;下水航次节油率达到 16% ,经济性提升 3% 。

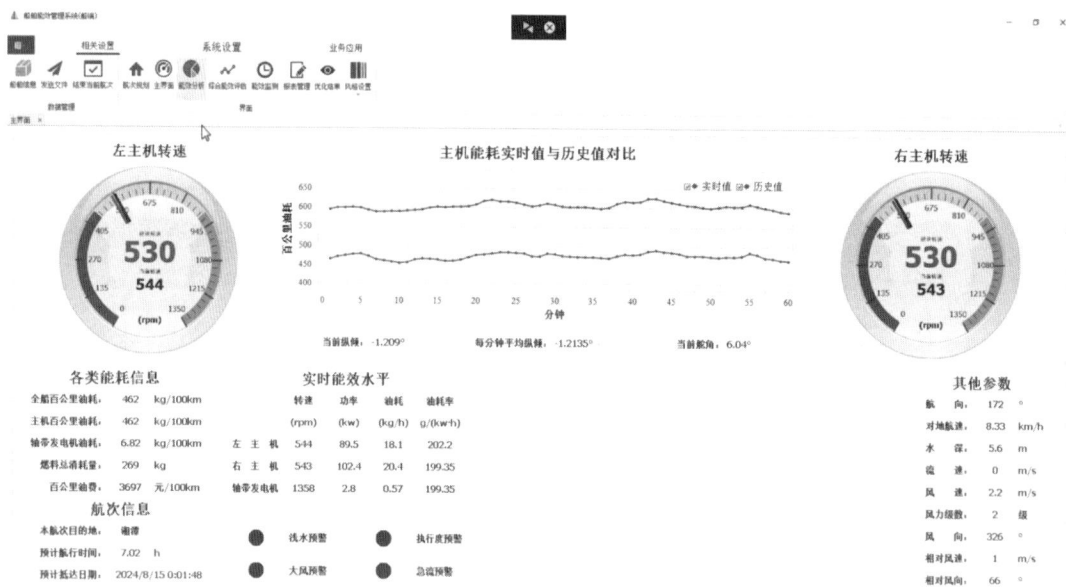

图 3-10　"佳鑫 8999"轮船舶智能能效管理系统

→ 思政课堂

打造"绿色船舶"：中国远洋海运集团推动航运领域低碳转型

作为交通运输业的重要组成部分,航运所承载的贸易规模占世界贸易总量的80%以上。航运在作为世界贸易和经济发展的助推器的同时,也是重要的温室气体和污染物排放源。在国际海事组织(IMO)"2050净零"目标日趋明确的背景下,绿色低碳已经成为重塑全球航运业竞争格局的主轴线,中国远洋海运集团坚持将绿色转型提升至战略层面,确立"构建全球领先的低碳航运生态圈"的发展目标,通过顶层设计、资源统筹和创新驱动,形成"造船—改船—用绿燃料—控碳排放—建生态圈"清晰的绿色发展路径。

节能改造提速:近年来,中国远洋海运集团对大型集装箱船实施节能升级,主要包括脱硫塔加装、螺旋桨优化、球鼻艏升级等技术手段。实测数据显示,单船年均碳减排效果提升超15%。

新能源船订造加码:除"中远海运洋浦"轮成功完成甲醇动力改造并进入商业运营外,正在建造12艘24000TEU甲醇双燃料集装箱船。这批船舶建成后将成为全球最大的甲醇动力集装箱船队,预计2026年全面投入运营,年CO_2减排量将达到120万t。

绿色甲醇形成闭环生态:"中远海运洋浦"轮在大连港完成500t保税国产绿色甲醇加注,打通了从生物质制备到港口加注的全流程。该绿色甲醇获得国际可持续发展与碳认证(International Sustainability & Carbon Certification,ISCC),标志着"中国建造船＋中国制造燃料"的全国产化低碳解决方案已具备商业化能力。

深化绿色服务能力:推出"Hi ECO"绿色航运产品,通过全球航运商业网络(Global Shipment Business Network,GSBN)区块链技术对燃料碳足迹进行全程可溯源管理,为客户提供定量化、可验证的碳排放数据支持。

从节能改造到新船订造,从燃料切换到服务延伸,从示范项目到产业协同,中国远洋海运集团正用一套结构完整、路径清晰的绿色转型实践,回应全球航运业日益严峻的减碳挑战。中国远洋海运集团的绿色转型,正是中国践行"共建清洁美丽世界"承诺的缩影,彰显从被动跟随到主动引领的强国担当,中国远洋海运集团将在"净零航运"的全球竞赛中持续发挥引领作用。

(部分内容参考大语言模型"豆包"相关检索结果)

➡ 本章思考题

(1)船舶排放对环境的危害有哪些? 讨论IMO和我国政府在推进船舶节能减排方面采取的主要措施及其意义。

(2)智能能效设备与系统未来的发展趋势如何? 分析其在节能减排领域的潜在作用及其对航运业发展的影响。

(3)船舶智能能效管理系统的关键技术包括哪些方面? 讨论这些关键技术的具体内容及其在系统运行中的重要作用。

(4)船舶能效模型的构建方法有哪些? 比较不同构建方法的特点,并分析其适用性及优势。

(5)智能能效设备与系统的能效评估方法有哪些? 分析常用能效评估方法的原理、优缺点及其应用场景。

(6)智能能效设备与系统常用的能效优化方法是什么? 讨论这些优化方法的基本原理及其在提升船舶能效中的应用效果。

➡ 本章参考文献

[1] 中华航运网.关于海运业发展联合国披露大量重要数据[EB/OL].(2023-10-09)[2025-01-11].https://info.chineseshipping.com.cn/cninfo/News/202310/t20231009_1381892.shtml.

[2] RMI.机遇之海—航运零排放转型专题系列综述篇:全球航运市场及清洁能源技术现状[EB/OL].(2024-08-26)[2025-01-11].https://rmi.org.cn/机遇之海-航运零排放转型专题系列综述篇:全球/.

[3] DENG JJ,WANG X C,et al. A review of NO_x and SO_x emission reduction technologies for marine diesel engines and the potential evaluation of liquefied natural gas fuelled vessels[J].

Science of The Total Environment,2021(766):144319.

[4] 袁裕鹏,王康豫,尹奇志,等.船舶航速优化综述[J].交通运输工程学报,2020,20(6):18-34.

[5] 张爽.国际海运船舶营运能效评价方法研究[D].大连:大连海事大学,2020.

[6] IMO. 2023 IMO Strategy on Reduction of GHG Emissions from Ships[R/OL]. (2023-07-07) [2025-01-11]. https://www. imo. org/en/OurWork/Environment/Pages/2023-IMO-Strategy-on-Reduction-of-GHG-Emissions-from-Ships. aspx.

[7] IMO. Revised GHG reduction strategy for global shipping adopted[R/OL]. (2023-07-07) [2025-01-11]. https://www. imo. org/en/MediaCentre/PressBriefings/Pages/Revised-GHG-reduction-strategy-for-global-shipping-adopted-. aspx.

[8] 中华人民共和国交通运输部.关于发布营运船舶燃料消耗限值及验证方法等4项交通运输行业标准的公告[EB/OL]. (2012-07-02)[2025-01-11]. https://xxgk. mot. gov. cn/2020/jigou/kjs/202006/t20200623_3316810. html.

[9] 中华人民共和国海事局.中华人民共和国海事局关于印发《船舶能耗数据收集管理办法》的通知[EB/OL]. (2018-11-08)[2025-01-11]. https://www. msa. gov. cn/page/article. do? articleId = 31C1CCE6-6310-4BB0-A703-A61E7E7CE172&channelId = 8CC0AFA9-D107-4890-9A70-6F1090800B13.

[10] 中华人民共和国海事局.关于印发船舶能耗数据和碳强度管理办法的通知[EB/OL]. (2022-11-24)[2025-01-11]. https://www. msa. gov. cn/page/article. do? articleId = E40C898D-11DD-41E4-8D97-72062C28D65B&wd = &eqid = 916a935d000ca83b000000046469ccf4.

[11] 中华人民共和国海事局.《海事系统"十四五"发展规划》解读[EB/OL]. (2021-05-31) [2025-01-11]. https://www. msa. gov. cn/html/HDJL/zcfgjd/20210531/33BE9CA1-EF8D-44F2-A3F1-3CE3CF22246A. html.

[12] 中华人民共和国中央人民政府.国务院关于印发"十四五"节能减排综合工作方案的通知[EB/OL]. (2022-01-24). [2025-01-11]. https://www. gov. cn/zhengce/content/2022-01/24/content_5670202. htm.

[13] BMT. Smart port software[R/OL]. (2019-04-16)[2025-01-11]. https://www. bmt. org/insights/smart-port-software/.

[14] MARINELINK. GreenSteam Optimizer[R/OL]. (2014-10-03)[2025-01-11]. https://www. marinelink. com/news/greensteam-optimizer378432.

[15] IAANEWS. ABB launches complete marine advisory and automation system toimprovefuelefficiency[R/OL]. (2012-09-19)[2025-01-11]. https://maritime-executive. com/article/abb-launches-complete-marine-advisory-automation-system-to-improve-fuel-efficiency.

[16] NAPA. Software and Data Services for Ship Design and Operation[R/OL]. (2022-04-19) [2025-01-11]. https://www. napa. fi/software-and-services/ship-operations/napa-fleet-intelligence/.

[17] ASCENZMARORKA. Vessel performance management［R/OL］.（2023-03-06）［2025-01-11］. https://ascenzmarorka. com/vessel-performance-management/.

[18] BMT. BMT MATE. Monitor your Vessel's Condition with MATE™［R/OL］.（2024-10-07）［2025-01-11］. https://www. bmt. org/innovations/bmt-mate/.

[19] Trelleborg Marine and Infrastructure. Ship Performance Technology［R/OL］.（2020-10-19）［2025-01-11］. https://www. trelleborg. cn/zh-cn/marine-and-infrastructure/products-solutions-and-services/marine/ship-performance-monitoring.

[20] KOMARINE. Energy Efficiency Management System EN-Saver［R/OL］.（2025-01-11）［2025-01-11］. https://www. komarine. com/en/companies/samsung-heavy-industries/products/39289-Energy-Efficiency-Management-System-EN-Saver.

[21] 上海船研所.智能船舶体系架构及关键系统技术研究［EB/OL］.（2022-05-31）［2025-01-11］. https://mp. weixin. qq. com/s? __biz = MzUzNTA2NzcwMg = = &mid = 2247495695&idx = 1&sn = 2d158fb3e42971d079d96d79ffc131ca&chksm = fa899d56 cdfe14405c8080da09ea5e92792a1c966eaa8e5f911e5e18ab4ee9e123e95d69d416&scene = 27.

[22] 中国船级社. 船舶能效数据采集软件［EB/OL］.（2024-01-26）［2025-01-11］. https://www. ccs. org. cn/ccswz/columnDetail? columnid = 201900002000000551.

[23] 国际船舶网.南通中远川崎智能船舶能效系统进入实船应用阶段［EB/OL］.（2017-07-21）［2025-01-11］. https://www. eworldship.com/html/2017/Shipyards_0721/130267. html

[24] 贺亚鹏,严新平,范爱龙,等.船舶智能能效管理技术发展现状及展望［J］.哈尔滨工程大学学报,2021,42(3):317-324.

[25] 芜湖市产业创新中心. 船舶能源智能化管理系统［EB/OL］.（2022-09-21）［2025-01-11］. https://cczx. wuhu. gov. cn/jszy/kjcg/8376650. html.

[26] 上海海事大学技术转移中心. 船舶能效监控系统［EB/OL］.（2021-03-25）［2025-01-11］. https://jszy. shmtu. edu. cn/2021/0325/c8261a73068/page. htm.

[27] 国际船舶网.七一一所将打造船舶动力系统设备大数据平台［EB/OL］.（2021-01-12）［2025-01-11］. http://www. eworldship. com/html/2021/Manufacturer_0112/167055. html.

[28] 财经头条.震兑智能船舶系统登上"昊海龙"号［EB/OL］.（2021-12-20）［2025-01-11］. https://cj. sina. com. cn/articles/view/1895096900/70f4e24402001b43p.

[29] 王凯,胡唯唯,黄连忠,等.船舶智能能效优化关键技术研究现状与展望［J］.中国舰船研究,2021,16(1):181-192.

[30] 李猛.内河 690 客位电力推进游轮能效提升方法研究［D］.武汉:武汉理工大学,2020.

[31] IMO. 2022 GUIDELINES ON OPERATIONAL CARBON INTENSITY INDICATORS AND THE CALCULATION METHODS（CII GUIDELINES,G1）［R/OL］.（2022-06-10）［2025-01-11］. wwwcdn. imo. org/localresources/en/KnowledgeCentre/IndexofIMOResolutions/MEPCDocuments/MEPC. 352(78). pdf.

[32] IMO. Rules on ship carbon intensity and rating system enter into force［EB/PL］.（2022-11-01）［2025-01-11］. https://www. imo. org/en/MediaCentre/PressBriefings/pages/CII-and-

EEXI-entry-into-force. aspx

[33] 陈兴. 内河船舶不同营运阶段能效优化方法研究[D]. 武汉:武汉理工大学,2021.

[34] 中国船级社. 智能船舶规范(2024)[M]. 北京:人民交通出版社股份有限公司,2024.

[35] 张隅希,段宗涛,朱依水,等. 机动车油耗模型研究综述[J]. 计算机工程与应用,2021,57(24):14-26.

[36] 张凤莲. 多元线性回归中多重共线性问题的解决办法探讨[D]. 广州:华南理工大学,2010.

[37] 靖美元. 基于决策路径的决策树算法研究[D]. 淄博:山东理工大学,2022.

[38] 张江帆. 基于高斯过程回归模型的锂电池数据处理[D]. 北京:北京交通大学,2017.

[39] 肖建兵,惠子刚. 基于改进 PSO-BP 神经网络的船舶交通流预测分析[J]. 天津航海,2020(3):48-53.

[40] 乔磊. 内河船舶航速动态优化方法研究[D]. 武汉:武汉理工大学,2023.

[41] 长江日报. 我国内河首艘绿色智能货运船下水[EB/OL]. (2020-08-17)[2025-01-11]. https://baijiahao. baidu. com/s? id = 1708346683285367742&wfr = spider&for = pc.

[42] 国际船舶网. 上海船研所智能能效管理系统助力"远鲲洋"轮破浪远行[EB/OL]. (2020-11-17)[2025-01-11]. https://www. eworldship. com/html/2020/Manufacturer_1117/165332. html.

第4章

智能机舱设备与系统

→ 4.1 研究背景

　　船舶机舱是船舶的动力中心,一般位于桥楼正下部的主船体区域。通常货船设一个机舱(图4-1),个别大型客船设有主、副机舱,其中安置主机及其附属设备用的舱称主机舱,安置辅机的舱室称辅机舱。机舱内含有大量的动力设备、传动设备、管系及泵机设备、油液处理设备以及海水处理设备,机舱设备系统十分复杂,因此,船舶机舱的维护需要采集大量且多种类的设备状态数据。然而,机舱内的工作环境较为恶劣,海浪扰动伴随着机械运转的大量噪声使人工巡检和维护的难度较大。随着船舶工业的迅速发展和数字化技术的进步,智能机舱技术及其所包含的核心的智能运维技术已经成为船舶设计和营运的关键部分。这些技术的发展不仅提高了船舶的操作效率和安全性,降低了巡检和维护难度。

图4-1　船舶机舱布置图

智能机舱与普通的机舱自动化存在显著差异,其并非仅具备远程遥控、自动控制等基础功能。在实施智能机舱时,通常涵盖三个典型步骤:设备运行状态数据获取、状态判断与决策以及反馈执行。其中,状态判断与决策过程技术难度最高,是当前发展的核心要点,此环节亦属于智能运维研究的范畴。

从系统集成与应用实现的角度来看,智能机舱与智能运维之间存在着紧密且不可或缺的内在联系。智能机舱作为一个完整的系统,智能运维模块是其关键组成部分,从功能架构层面而言,若缺少智能运维模块,智能机舱将无法达成其预期的功能目标,难以在实际应用场景中有效运行。

智能机舱设备与系统是智能船舶的关键组成部分[1],由于船舶在水上航行这一特殊的运行环境,要求其可靠性处于非常高的等级,因此,还需有一套智能运维系统与智能机舱系统配套。现阶段,智能运维设备及系统是作为智能机舱的一部分与机舱设备并存的。由于智能机舱设备及其运维设备构成的系统对于船舶安全航行至关重要,故在全球范围内船舶工业和航运业等领域受到了极大的重视,其相关技术发展备受各国关注。

中国工程院与国家自然科学基金委员会在《中国工程科技 2035 发展战略(机械与运载领域报告)》[2]中指出,船舶制造业由生产制造向服务型制造转变,需要解决产品运行与应用状态报告的自动生成与推送、在线监测、远程诊断、云服务等业务问题,这促使船舶机舱智能化的发展成为船舶制造业下一步发展的重点。中国船级社在 2022 年发布的《智能船舶发展展望(2022)》[3]以及中国智能船舶创新联盟在 2023 年发布的《智能船舶发展白皮书——远洋船舶篇(2023)》[4]均强调了智能机舱发展的重要性。特别是在新一代航运系统[5]架构下关于"岸基驾控、船端值守"的新模式研究,为智能机舱技术的发展和应用提供了新的方向,尤其是船舶机舱集控室转移到岸基机舱集控中心问题。中国船级社在《船舶智能机舱检验指南 2022》中对智能机舱的测量与监测技术、状态监测与健康评估系统、决策辅助、事情维护等方面提出了指导性的研究框架。在《智能船舶规范 2024》中明确了智能机舱应具有能综合利用状态监测所获得的各种信息和数据,对机舱内设备与系统的运行状态、健康状况进行分析和评估,为设备与系统的使用、操作和控制、检修、管理等方面的决策提供支持等功能。

日本在智能机舱领域取得显著进展。2015 年 8 月,日本在国际标准化组织船舶与海洋技术委员会成功立项《船载海上工况数据服务器》和《船载机械和设备标准数据》两项国际标准。在此之前,日本已主导提出并推动 10 余项国际标准,涵盖船舶通导、航向控制、航行记录、信息传输等领域,并将"智能机舱"作为其国际海事立法发展战略的核心目标及振兴造船工业的重要举措。

为支持智能机舱及船舶智能化发展,日本政府于 2016 年推出"i-Shipping"政策,旨在通过提升产品和服务能力、开拓商业领域、增强制造能力和加强人力资源储备,推动船舶工业创新,扩大出口,提升产业价值。政府计划通过改革生产现场,建设高效生产体系,提高智能机舱设备的整体效率和可靠性。

韩国政府与企业深入联动,制定多份智能船舶发展指导性文件。2018 年,韩国政府在明确的 100 个国家课题中提出,要挖掘培育高附加值未来新型产业——智能船舶,协同海运和造船行业共同建设海运强国。2019 年,韩国政府发布《智能自航船舶及航运港口应用服务开发》(*Intelligent Self-propelled Ship and Shipping Port Application Service Development*),表明韩国将依靠高新技术来推动高附加值智能船舶研发,抢占国际造船市场新的制高点。2022 年,韩国现代重工集团发布《2030 年愿景》,提出到 2030 年建成"智能型自主航行造船厂"、成为未来全球智能船舶领域领军企业的发展愿景。

　　智能运维是智能机舱发展的落脚点,是复杂机电设备智能化、服务化发展必然趋势,是实现降本增效的关键手段之一,也是我国船舶及船载设备工业领域重点布局方向。一系列支持智能运维相关研究的国家战略计划和文件相继颁布,如《中国制造 2025》[6-7]明确指出"坚持把质量为先作为建设制造强国的生命线",实施故障预测与健康管理 (Prognostics Health Management,PHM) 技术是国产设备实现质量升级的一个重要方向。《国家中长期规划(2006—2020 年)》重点指出发展"重大产品重大设施预测技术"[8]。在国家高技术发展计划(863 计划)中,专门设立了"重大产品和重大设施寿命预测专题",是该计划的四大专题之一。该专题理念认为"运用重大产品和重大设施寿命预测技术是提高运行可靠性、安全性、可维护性的关键技术"。国家自然科学基金委分别在工程与材料科学部、信息科学部、数理科学部和管理科学部等多个学部设立了可靠性及故障预测的相关方向。

　　中国科学院先进制造领域战略研究组针对复杂设备的智能运维发展趋势指出[9]:至2030 年,泛在网络和泛在感知技术的成熟,将会降低控制实施的成本,一方面,促进制造装备控制应用的普及;另一方面,多维度、多数率、多尺度信息的综合控制应用会极大地提高控制应用的水平;在装备的安全与健康维护方面,装备的自诊断、自维护、自恢复将成为现实。至2050 年,装备的智能化水平将得到本质性的提高,体现在根据环境和任务的变化,装备不仅具有参数调节的适应能力,同时也具有结构适应能力;结合材料、信息技术的进步,装备的自我进化和升级的能力,将会促使装备的智能水平由可控化、自动化真正实现自维护、自适应和自进化的高级智能阶段。

　　中国工程院和国家自然科学基金委员会联合组织开展了"中国工程科技 2035 发展战略研究"研究,其中的机械与载运领域报告指出[2]:船舶制造业由生产制造向服务型制造转变是船舶工程科技发展趋势之一。随着船舶制造与新一代信息技术、智能算法与理论等融合,船舶及船载设备运行与应用相关设备状态报告自动生成与推送、在线监测、远程诊断、云服务等业务发展潜力巨大。MAN PrimeSer 提出主机管理概念(Engine Manage Concept,EMC)的服务模式,该服务基于远程监控、离岸诊断等手段为船舶发动机、动力系统提供健康可靠运行保障。

　　智能机舱与智能运维构成"感知—决策—执行"的闭环生态体系。智能机舱通过传感器网络实时采集设备振动、温度、压力等多维度数据,形成机舱运行的动态数字画像;智能运维则基于数据分析构建故障预测模型与健康评估算法,输出设备维护策略及优化指令。两者的协同体现在:智能机舱为运维提供数据基础与执行终端,智能运维通过算法赋能机舱实现从被动响应到主动干预的升级。这种融合使传统机舱自动化系统进阶为具有自诊断、自优化能力的有机体,既保障船舶动力系统的可靠性与能效,又为"船岸协同"运维模式提供技术支撑,形成船舶全生命周期管理的核心能力。

在智能化机舱及智能运维系统与技术飞速发展的当下，各个国家和地区在技术发展和政策推进上均取得了显著的进步，但仍面临技术不成熟、实际应用难度大、安全问题难以保证等问题。如法国必维公司在《自主化航运指南2019》和《无人水面船舶NR681-2022》中对智能机舱的运行安全、数据安全以及网络安全提出了多项要求和考核指标。船舶智能机舱的发展除机舱自动化、运维自动化等自身技术之外，还需要信息交互、数据传输、网络安全等技术的发展来支撑。

→ 4.2 研究现状

4.2.1 智能机舱技术发展现状

1）国外船舶智能机舱产品研发现状

欧洲、韩国、日本、美国以及中国等多个国家和地区不断加强智能机舱设备与系统研发，并取得了较好的成绩。

（1）欧洲。

挪威 Kongsberg 的 K-IMS 系统[10]整合了船舶机舱的设备、传感器和数据网络，能够实时监测机舱状态，以及对船舶各个子系统的数据采集、存储和分析，进行故障诊断和性能评估。K-Chief 系统[11]集成了主机控制、发电机控制、泵站控制和阀门控制等船舶机舱设备和系统，通过控制算法和监测功能，实现对机舱设备的自动化控制。

Kongsberg Digital 的动态数字孪生平台 Kongnitwin[12]，运用"数据模型 + 机模型"的混合式解决方案，以客户感知为核心，突破功能边界，实现了"全局洞察，局部透视"，能够实时掌握工作流程各点实时动态，实时预测并计划未来。同时，KogniTwin 通过虚拟再现技术，为客户提供了先进的数字化分析框架和系列个性化定制解决方案，以满足客户的各种需求，有助于实现数据驱动决策，提升远程作业水平，加快数字化转型。

芬兰 Wartsila 开发了数据驱动的动态维护计划（Data-Driven DMP）[13]，能够融合 Wartsila Expert Insight、Wartsila Fluid Management 系统以维护和检查历史，分析发动机数据以延长/优化大修间隔，降低生命周期成本。在船舶检验方面，经过指定的专家经过数据分析和检查，芬兰 Wartsila 将为船级社提供 OEM 声明，包括延长维护间隔的建议，大多数情况下，至少可以延长 6000h。其中，Expert Insight 预测性维护服务系统持续监测运行数据的偏差和异常设备行为，通过使用人工智能和先进诊断经验规则来实现数据驱动的维护计划、优化维护需求以及实时监测设备和系统，主动检测潜在问题，并提供可行建议和解决方法，从而最大程度地延长系统正常运转时间，降低船舶营运成本。Expert Insight 预测性维护服务系统打通了船舶维护服务船岸信息通道，来自专家中心的专职专家可监测偏差、诊断问题，并通过在线应用程序直接向终端用户提供建议（图4-2）。

瑞士 ABB 提供的全套健康状态管理系统解决方案具有以下功能：基本状态监测，包括船上状态监测、船上故障检测和报警；高级状况评估，包括状态等级评估、故障原因分析、故障处理建议、定期综合健康状态报告、视情维护建议、岸上远程状态跟踪、岸上远程支持。其中,RDS4Marine 诊断工具用于船载电气和机械系统的故障排除和状态监测。ABB 船岸运维体系结构分为岸上运营——ABB Ability 联合运营中心、船上综合用户站——集成平台/ABB Ability 远程诊断系统 UI&AO、现场数据处理站 ABB Ability 远程诊断系统机柜、现场数据采集站——DAUs& 传感器 4 个层级。ABB Ability Marine Pilot 系统通过传感器、控制器和自动化算法,实现对船舶机舱各种设备和系统的监测、控制和优化,包含发动机控制、泵站管理、阀门操作等功能。

图 4-2　Wartsila Expert Insight[14] 系统工作场景

德国 SIEMENS 公司开发了 SISHIP EcoMAIN、IPMS 等系统。其中,SISHIP EcoMAIN 数据平台提供所有船上相关系统和设备的运行数据,实现船舶管理决策,支持远程访问,通过获取能耗、排放、加油、服务计划、文档和信息管理,优化能源效率、环境兼容性和运维。IPMS 集成自动化系统对推进系统和其他船上子系统进行监测和控制,包括柴油发动机、燃气轮机、变速器、泵、排气系统等在内的所有功率模块。德国 MAN 公司开发的柴油机监测诊断系统(Computer Controlled Surveillance Engine Diagnostics System,COCOS-EDS),主要监测柴油机各系统及运行状态参数,如涡轮增压器及滤器、燃油滤器、空气冷却、废气锅炉等系统及滑油温度、冷却水温度、排温、气缸爆压等状态参数(图 4-3)。该系统集数据记录、监测、诊断和趋势分析等功能于一体,能够监测微小故障,对重大故障进行预警。系统通过比较当前的柴油机状态参数与正常状态的故障参数,当故障发生时,系统自动咨询诊断数据库,生成诊断报告并提示可能的故障原因、建议应采取的维护措施。EDS 进行初步诊断后,有时会要求船员提供更多的信息,以便进一步诊断故障。此外,还可将数据监测结果上传云端,由柴油机公司或生产厂家的专家进行分析评估,快速定位故障位置,并提供相应的维修维护建议。

德国 EUB-CDS(Complex Diagnosis System)柴油机故障诊断系统用于对船用发动机的状态进行全面诊断,包括 7 个分析诊断子系统,涵盖气缸压力、活塞环磨损、燃烧喷射压力、气阀漏气、发动机气缸拉缸报警、轴功率和机-桨匹配性能等部件和性能的监测。

法国 Naval Group 主要研究军舰和潜艇领域,其研发的综合平台管理系统(Integrated Platform Management System,IPMS)集成了船舶的主要控制和监控功能,能够实现对机舱设备的实时状态监测和故障预测。该系统自动调整主机和辅助设备的工作状态,以优化燃料消耗并减少排放,并通过实时数据分析确保设备运行在最佳状态,显著提升了船舶智能机舱的操作效率和安全性。2020 年 1 月 20 日正式启动 Bureau Veritas 推出的 Cyber Managed 认证,这是一个针对船舶制造商和运营商的网络安全认证,以此确保船舶的智能系统在设计和运营过程中具备有效的网络安全措施,如数据加密、访问控制和持续的安全监测,保护船舶免受未经授权的访问和网络攻击以及船舶智能机舱系统潜在面临的网络威胁。

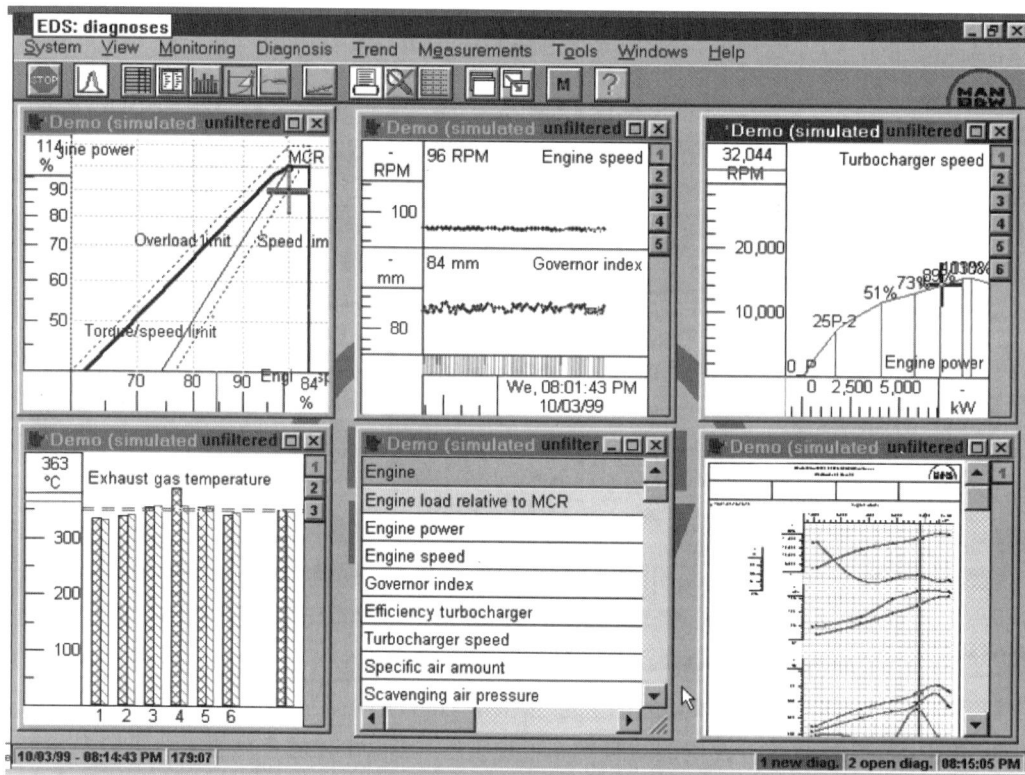

图 4-3 MAN B&W 公司 COCOS-EDS 软件界面[15]

波兰 Remontowa Shipbuilding 对于船舶智能机舱的研究主要聚焦于提升机舱操作的自动化和智能化。其研发的智能机舱设备与系统通过集成传感器网络、数据处理单元和自动控制系统,实现对主要机舱设备如主发动机、辅助发动机、泵和阀门的实时监控与控制,优化机舱操作和维护策略。系统能够根据发动机的实时数据调整燃料供应,提高燃烧效率和减少排放。通过连续的性能监测,提前预警潜在的机械故障,有效优化了机舱的操作效率,减少了停机时间和维护成本。

希腊 METIS 公司研发的船舶智能监控系统集成了数据采集、实时监控和预测分析功能,支持对船舶设备状态的实时监测和远程控制。船舶智能监控系统利用先进的人工智能(Artificial Intelligence,AI)和机器学习技术,提供设备的预测性维护和性能优化,提高船舶运行效率,减少维护成本,并增强营运安全性。船舶智能监控系统获得了 Lloyd's Register 和 Bureau Veritas 的双重认证,确保其在数据传输和处理方面的可靠性和安全性。希腊 ERMA FIRST 公司开发的压载水管理系统,采用了高效的过滤和紫外线消毒技术,能够自动监测和处理压载水,符合国际海事组织的环保标准并已在全球多个船队中成功应用,显著提高了压载水处理的效率和可靠性。希腊 Propulsion Analytics 公司为 Tsakos Columbia Shipmanagement 公司提供了船舶发动机性能优化系统,通过实时数据监控和分析,优化燃油消耗和排放,延长发动机寿命,通过利用物联网和大数据技术,实现了对发动机状态的精准监测和智能维护。

克罗地亚船级社研发的智能船舶监控系统,通过集成多种传感器和数据分析平台,实现了对船舶各项运行参数的实时监控和分析,能够有效帮助 Adriatic 航运公司提高运营效率,减少因设备故障导致的停航时间。

(2)韩国。

在发动机远程监测与控制方面,2011 年,韩国三星重工开发了 VPS 系统,在岸上监控船上设备的运行状态,判断船舶故障状态,远程支持船舶运营。三星重工还开发了船舶能效管理系统(Ship Energy Efficiency Management System,SEEMS),使船舶能效管理高度智能化、集成化。2017 年,韩国现代重工推出的综合智能船舶解决方案(Integrated Smart Ship Solution,ISSS),通过收集并分析能源数据、监控发动机和螺旋桨状态,帮助提高船舶安全性和管理效率,并将 Hi-NAS 现代智能导航辅助系统安装到散货船上,实现了从控制塔远程工作,实时监控船舶和发动机的运行。大宇造船提出了 DSME Smart Ship Platform 智能船舶解决方案,该方案能使船东在陆地上远程监控和故障诊断航行中的船舶主要动力系统、空调通风系统、冷冻集装箱等运行状况,为船舶的维护和保养工作提供支撑,该方案适用于可设计船舶最佳航线、节省航运费用的智能导航系统和基于开放型物联网技术的智能平台,能够轻松与多种软件连接、兼容。此外,该方案具备保护航行中船舶的各种数据和软件免受黑客、病毒等外部威胁的网络安全技术。

在数据通信及网络安全领域,韩国现代重工在"智能船舶 1.0"计划下研发基于有/无线船舶综合管理网通信技术的船舶主机远程监控系统,被国际电工委员会选为国际标准。此外,现代重工还计划推出实时预警、预测性维护和更高效的航期规划等服务。大宇造船在业界首次从英国劳氏船级社获得了智能船舶网络安全技术的最高等级认证,通过该智能船舶解决方案,大宇造船可采集自己建造的在实际运行中的船舶产生的庞大数据,并确认船上主要设备的状态,实时传送到公司的岸基控制中心。岸基控制中心通过收集并监控来自全球各海域的多个船舶的航行数据,同时对气象及港口信息、燃料价格、运费指数、经济指标等外部数据进行综合分析,为各船东提供定制化的服务。同时,岸基控制中心可以实时共享船舱内的发动机和液化天然气储罐等主要设备状态的数据,灵活应对各种突发情况,并对出现各种缺陷的可能性作出早期诊断。

在基于状态的故障诊断/预测技术及远程维护支持领域,韩国船级社、大宇造船联合推进 KASS 项目,通过实时监控船舶推进和发电系统的状态,减少船舶机构的故障时间,从而诊断故障和预测,支持决策,预防/响应事故(图 4-4)。基于增强现实的智能船舶远程维护支持系统能够维护关键数据,实现基于增强现实的工程信息可视化,为船舶机构系统设备的维护和故障需求提供最佳维护。

智能船舶系统集成船舶通信系统、智能导航系统和物联网技术,以高效实现船舶管理和联网运营。韩国结合自身优势,聚焦于系统集成、能效与环境保护,致力于研发绿色能源技术,如液化天然气和燃料电池等,以减少碳排放和环境影响。2021 年,大宇造船与韩国实时影像处理平台企业 N3N 合作,旨在共同研发出更高水平的智能船舶平台。2022 年,三星重工与美国船级社签署联合开发协议,双方将联合开发新型 HSMS 船体应力监测系统,以进一步提升船舶安全性。目前,三星重工的智能船舶解决方案、现代重工的综合智能船舶解决方案等智能船舶技术平台体系均处在世界前列,并广泛应用到多艘商船之上。此外,大宇造船于 2018 年推出了"智能船舶 4.0 服务架构"计划,希望构建出基于云计算、物联网等技术,实时收集数据并基于数据分析来管理船舶的架构体系,该计划使其有望成为全球智能船舶物联网基础设施服务市场的领导者。

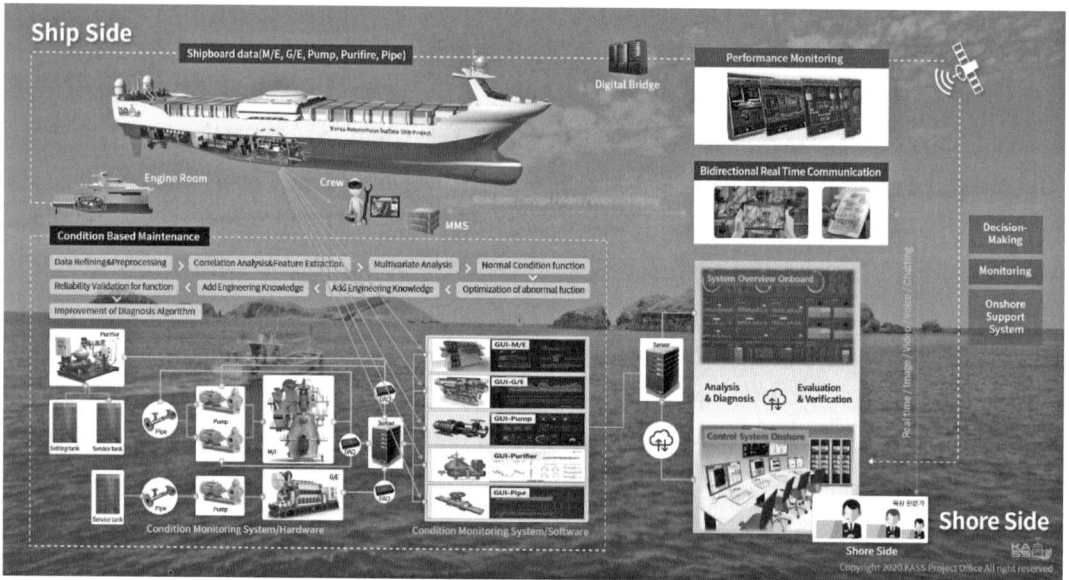

图 4-4　KASS PROJECT 项目界面

(3) 日本。

日本川崎汽船与川崎重工签署共同研发协议,合作创建船舶设备操作支持系统,并计划将此系统部署在未来的自主船舶运营中,该系统具备故障预测/诊断、状态基础维护和最佳操作支持等功能,能够利用人工智能对船舶设备运营数据进行分析,管理包括主机和发电机在内的整个船舶设备,如以柴油动力船舶为研究目标,通过人工智能控制的机械系统,避免主要发动机故障,达到提高能效和减排的效果。船用人工智能将部署在船上和云系统中,通过船用人工智能来分析船舶的运营数据,并进行实时诊断。同时,云系统则将定期收集每艘船上积累的数据,进行集中学习,以提升系统的智能化水平,为船舶故障预测、故障诊断以及最佳操作提供支持。通过集成式船舶航行与性能管理系统从不同船舶上收集的信息以及从传感器上获得的数据,川崎重工和川崎汽船将开发适用于任何类型船舶的船用人工智能。

2012 年,日本启动了日本智能船舶应用平台(SSAP)项目,由日本船舶机械与设备协会牵头,三菱重工、川崎重工、日本大发柴油机株式会社、东京计器株式会社、日本邮船、商船三井和日本船级社等 27 家造船、配套、航运和检验单位共同参与。项目旨在建立船舶和岸端获取船舶设备数据的标准化方法,为智能航运所要求的船-岸高效信息交互奠定基础,解决智能导航问题,研发包括综合船舶航运系统、陆上保障系统、恶劣条件航行系统、异常事态处理系统等智能系统,通过这些系统自选最合适的航线、速度,航行中自我判断风暴,避免撞船危险。该项目从2014年1月开始实施,2017年3月结束,日本当时计划向该项目投入120万美元研究经费。同时,该项目团队也在推动智能船舶应用平台成为国际海事组织 E-Navigation 的测试版,并在IMO、ISO、IEC 等层面积极推动关于系统模型、系统安全、数据结构等内容的标准化工作。

日本船级社也将研发智能船舶作为重点工作,创设了"海事业大数据中心",与 IBM 联合开发有关软件,对收集机舱内的实时数据加以处理、分析,进而为设备维护、优化等提供合理的建议。此外,日本船级社还与芬兰 NAPA 公司联合研制了船舶航行路线优化支持系统,帮助船舶运行企业改善航行规划及航行路线,已成功运用于日本的智能船舶上。

(4)美国。

美国 Honeywell 的船舶自动化监控系统集成了船舶机舱的监测设备、传感器和控制器,实时监测关键参数和设备状态,通过可视化的操作界面和智能化的控制算法,远程控制机舱设备,进行故障诊断和性能优化。

美国 Rockwell Automation 船舶智能机舱自动化系统集成了主机控制、泵站控制、通风系统和消防系统等船舶机舱设备和系统,通过控制算法和监测功能,实现了对机舱设备的自动化控制、状态监测和故障诊断。

美国智能船舶发展主要聚焦于高性能计算、数据分析和人工智能与自学习系统。其中,在船舶高性能计算领域,美国在智能船舶方面侧重于高性能计算和数据分析技术的发展,以应对大数据量和复杂性,提高船舶的性能、安全性和可靠性。在人工智能和自学习系统领域,美国致力于利用人工智能和机器学习技术,开发智能船舶系统,实现船舶的智能决策和自学习能力,以提高航行安全和效率。

智能机舱技术在航运业的应用正成为推动航运业发展的关键动力,随着数字化和自动化技术的快速发展,市场正迅速向更高级别的综合解决方案转变。

2)中国智能船舶机舱产品研发现状

中国智能机舱设备与系统研究主要围绕船舶主机监测控制、辅机设备监测与控制、在船舶机舱远程监测、远程运维和远程管控等方面展开,并取得了较好的成果。

海兰信智能机舱系统 BW-SMS 600 获得 CCS(i-Ship M)船级社认证,在实现船舶机舱主推进柴油机、发电机、推进轴系统评估的同时,额外增加了对燃油系统、滑油系统、冷却水系统、电力推进、伺服油系统、起动和控制空气系统等评估,在满足 CCS《智能船舶规范(2020)》的新要求下,进一步扩展了对锅炉、压载系统的评估。BW-SMS 600 能够通过智能集成平台建设、数据分析实现智能化机舱,为船员提供机舱状态、健康情况、辅助决策,提供机舱设备监控、报警管理,设备健康评估以及维护建议等功能,可在机舱关键设备和系统的相关运行信息采集获取后,运用数字孪生技术,评估设备和部件的健康状况,及时反馈影响设备健康的可能原因,提供专家建议和解决措施,为船舶的维修保养提供辅助决策和视情维护计划。海兰信智能机舱系统界面如图4-5所示。

山东青岛联通联合山东港口青岛港共同研发的轮驳船5G机舱远程监测系统(图4-6),通过5G+智能集成管理平台为智能航行、智能机舱和智能能耗管理提供支持,实现了对船岸两端63个设备、350个能耗指标进行实时管控,结合大数据分析、AI等实现节能减排、设备异常分析。岸端平台则是将所有船舶的作业状态、航行状态和能耗数据进行整合,提供基于智能算法的船舶智能调度,并针对智能航行、智能能耗管理,实现公司级的数据汇总、分析、历史数据对比和潜在危险预警。该应用将智能机舱的监测诊断功能与船舶绿色化结合,提供统一平台整合数据,并采用了基于船舶作业、航行和能耗状态的运行调度计划。

图 4-5　海兰信智能机舱系统界面

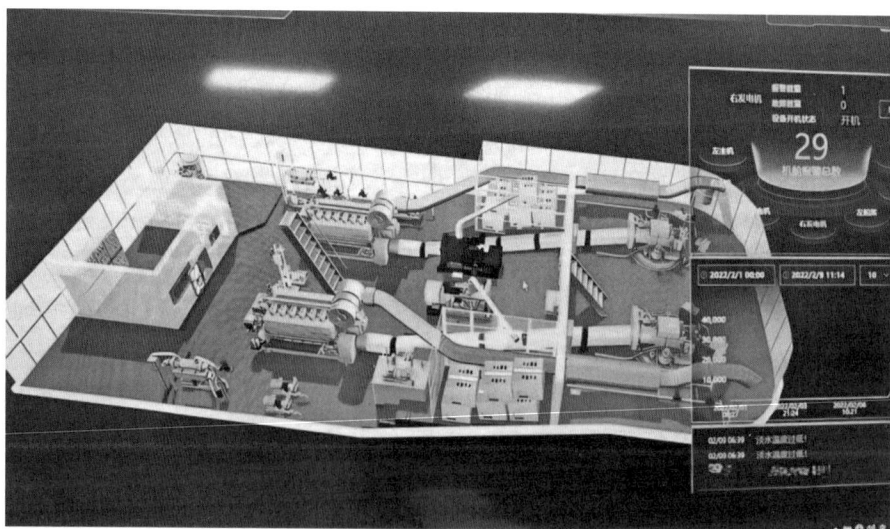

图 4-6　轮驳船 5G 机舱远程监测系统界面

　　ABB(中国)有限公司为"雪龙 2"号提供电力推进健康状态管理系统,实现了在船上和岸上对电力及推进设备运行监测、诊断和维护建议,在集成平台上对包括推进变频器、中压配电板、Azipod 推进系统在内的所有的设备数据进行管理。

在船舶辅助设备远程控制领域,武汉船机开发了智能锚机系统,具备一键备锚、一键抛锚和一键收锚功能,并首次在大型散货船——21 万 t 散货船"山东新时代"号上实现了锚机的远程操控。该智能锚机系统在传统锚机、止链器手动控制功能基础上,增加了独立的液压控制系统,操控人员可根据指令,按下相应按钮,设备则全自动执行备锚、抛锚和收锚的全过程作业,提高锚机操控的效率和准确性,具备机旁操控、驾驶室操控和岸基远程操控 3 种控制功能,且 3 种控制模式分级分权管理。武汉船机对于船用辅助机械设备智能化的技术研发水平处于国内智能船舶发展前列。

对于智能机舱,单纯运用某一种监测诊断方法只能诊断某个零部件的故障,要实现对整个机舱进行智能监测,需要综合应用多种诊断方法来实现。武汉理工大学研发了综合状态监测诊断系统,为智能机舱主推进发动机、辅助发电用发动机及轴系关键零部件状态的监测与诊断提供技术解决方案,为掌握船舶健康状态并最终实现视情维护提供决策依据(图 4-7)。综合状态监测诊断系统各子系统的组成如下:瞬时转速监测子系统,通过在主、辅发动机飞轮端安装的上止点和曲轴转角传感器来测取;热力参数监测系统直接通过 MODBUS 通信获取集控室监测到的热力参数数据,传输到热力参数监测模块中;气缸压力监测子系统通过缸压力传感器配合示功图测控制器实现;热-电监测子系统通过热-电传感器输出电信号,经放大调理后输入到采集卡中进行测量;轴系振动监测子系统通过测取的瞬时转速波形提取发动机转过每两个齿间对应的扭角,进行轴系扭振计算;轴功率监测子系统通过在轴系两端安装磁阻传感器,测取轴系两端的相位差来计算轴功率和轴输出转矩;船舶运行性能监测子系统结合船舶油耗、船舶航速和轴功率等来评估船舶的运行性能。

表 4-1 为智能机舱市场的主要厂商及产品。智能机舱技术的发展不仅受到数据驱动决策的推动,例如通过数据分析和人工智能实现的预测性维护和操作优化,也受到日益严格的国际环保法规的影响,法规的制定规范了对低排放和高效率技术的需求。国际市场对于能够提供全面船舶管理的集成化智能机舱设备与系统需求不断增加。主要体现在以下方面:①数字化与自动化:随着技术的不断发展,市场趋向于更高级别的数字化和自动化解决方案。②环保和可持续性:国际环保法规严格推动了对低排放和高效率技术的需求。③数据驱动的决策:利用数据分析和人工智能进行预测性维护和操作优化。④集成化解决方案:市场对于能够提供全面船舶管理功能的综合系统需求增加。

4.2.2 船舶智能运维技术发展现状

智能运维通过对设备进行监测、诊断、预测和调控实现对设备的健康运行状态的保障与恢复。其主要过程包括:传感器设计或选型与部署、数据采集与传输、标识解析与数据集成、故障诊断与退化预测、运维决策与运行调控,以及支持上述过程的软硬件系统;并通过基于人工智能的持续数据分析和学习,实现对智能运维系统自身的优化调整。智能运维不仅提高了运维的效率和反应速度,还帮助企业降低了成本和运营风险,通过持续学习和适应来改进决策过程,从而提升整体的服务质量和系统稳定性。一般来说,船用智能运维系统工作涉及的技术主要包括传感与状态监测技术、失效模式与运维建模、数据分析与知识表示方法、智能运维系统等。智能运维相关技术及信息处理流程如图4-8所示。

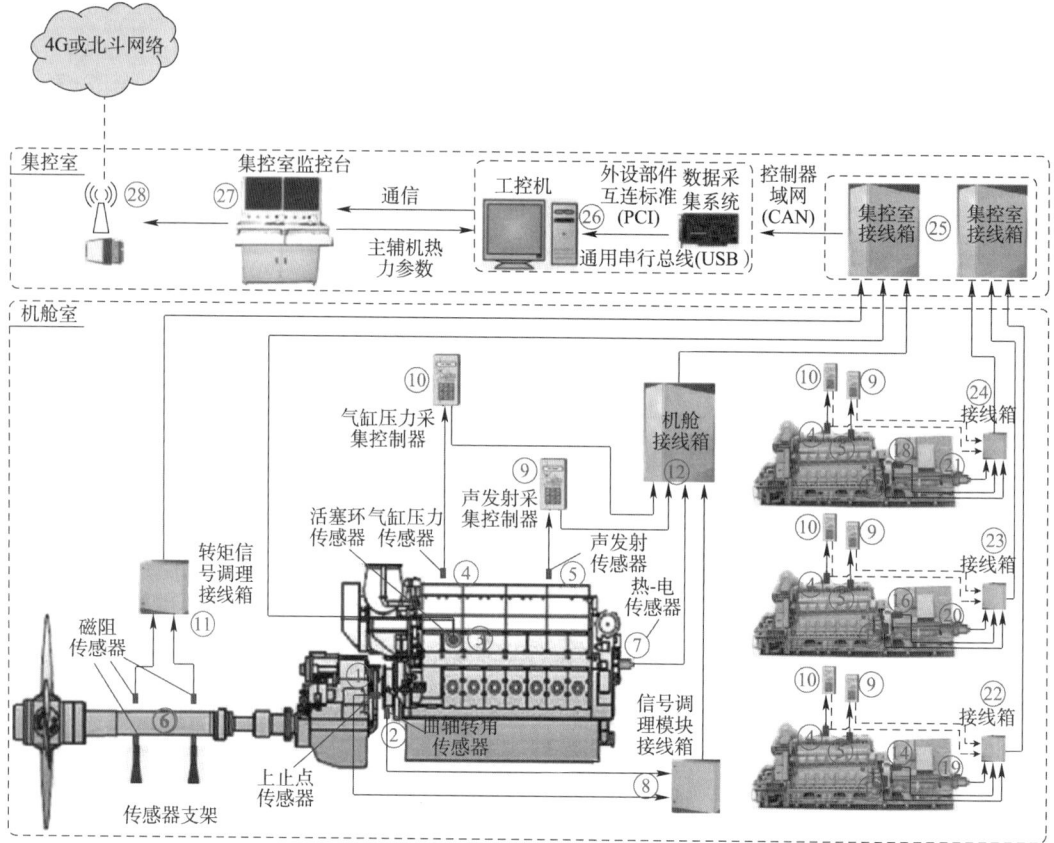

图 4-7 综合诊断系统架构图[16]

1,14,16,18-止点传感器;2,13,15,17-曲轴转角传感器;3-活塞环传感器;4-气缸压力传感器;5-声发射传感器;6-磁阻传感器;7,19,20,21-热-电传感器;8-信号调理及接线箱;9-声发射采集控制器;10-气缸压力采集控制器;11-转矩信号调理接线箱;12-机舱总接线箱;22,23,24-辅机机旁接线箱;25-集控室接线箱;26-工控机及采集模块;27-集控室监控台;28-4G或北斗发射模块

智能机舱设备与系统主要厂商及产品

表 4-1

厂家	国别	产品
Kongsberg	挪威	信息管理系统 K-IMS; 船舶自动化系统 K-Chief
Kongsberg Digital	挪威	数字孪生系统 Kognitwin
Wärtsilä 公司	芬兰	MAPEX 监测系统
ABB(中国)有限公司	瑞士	健康状态管理系统(HMS)
SIEMENS	德国	EcoMAIN 数据平台
MANDiesel&Turbo	德国	COCOS-EDS
Naval Group	法国	综合平台管理系统(IPMS)
METIS	希腊	船舶智能监控系统

厂家	国别	产品
Rolls-Royce	英国	设备健康管理(EHM)
三星重工	韩国	虚拟专用服务器(VPS); 船舶能效管理系统(SEEMS)
现代重工	韩国	综合智能船舶解决方案(ISSS)
大宇造船	韩国	DSME Smart Ship Platform 智能船舶解决方案
现代重工;埃森哲	韩国	OceanLinkTM 智能船舶
川崎汽船	日本	集成式船舶航行与性能管理
Honeywell	美国	船舶自动化监控系统
Rockwell Automation	美国	船舶智能机舱自动化系统
中国船舶重工集团有限公司	中国	智能机舱自动化系统
海兰信	中国	智能机舱系统 BW-SMS 600

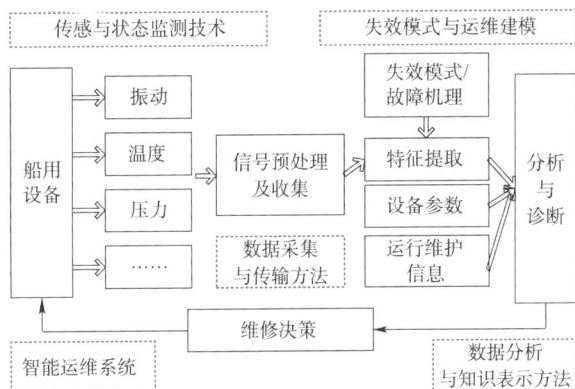

图 4-8　智能运维相关技术及信息处理流程

(1)传感与状态监测技术:获取相关设备或部件的运行状态数据是智能机舱和智能运维工作的前提。目前借助各类传感器或相关辅助测试仪器获取船舶及船用设备运行状态是主要技术手段。对于船舶及船用设备运行状态数据获取来说,目前常用的状态信息来源主要有油液分析、振动及噪声、压力、功率、转速、温度和排放等手段。目前有些状态量的传感手段还存在欠缺或不足,如实时监测轴承的负荷、实时测量轴承的磨损等,此外,缺乏可靠的经济手段也是目前研究的难点。

对于船舶及船用设备运维而言,因船舶在水上运行远离岸基,其传感与状态监测技术中还需要重点关注数据传输方法。相对于陆上设备而言,需要解决船岸数据的可靠传输问题,而船用环境下的网络条件相对较差,因此,在船用环境下的远程运维的数据采集与传输方法也很重要,现在也有很多不同的解决方案,但在性能、稳定性等方面还在持续研究。

(2)失效模式与运维建模:船舶及船用设备的智能运维需要分析其失效模式与行为机理,并根据失效模式分析运维监测参数的敏感性与进行运维建模,在此基础上提炼总结出健康运行状态判断的诊断知识,为有效实施智能运维提供基础。

(3)数据分析与知识表示方法:由于多种复杂因素的相互影响,船舶及船用设备的真实状态信息总是混杂在大量的干扰信号中,必须利用现有的信号分析方法和处理技术对其进行一定的过滤,去除原始数据中的干扰信号,才能得到船舶及船用设备的真实信息。目前对数据进行特征提取采用的方法主要有性能参数法、振动分析法、油液分析法、瞬时转速法等几个大类。

状态判断是运用判据知识,结合提取的特征参数进行评判,得出设备当前运行状态是否正常的结论,可以是设备正常、设备单一或复合故障等,这与医生根据就医验血后血液中的成分及其变化得出患者是否生病的结论类似。

这一过程的难点是判据知识的获取和故障机理的研究。故障机理的研究是设备故障诊断的基础,需要多门基础学科的支撑,还受到设备自身结构及工作环境与工作状态的影响。

(4)智能运维系统:现阶段,智能运维系统主要关注怎样得出相应的维修决策建议。制定与实施维修决策是对船舶及船用设备开展监测工作的目的。其本质是依据监测判断出的设备当前状态特征,结合历史监测数据,运用一定的预测模型来预测所监测设备的状态发展趋势,在此基础上合理安排维修保养计划,制定相应的维修措施和维修内容。

1)国外船舶智能运维产品研发现状

(1)欧洲。

挪威 Kongsberg Maritime 公司的 HOLISTIC CONDITION MONITORING SERVICES,是一套全面的状态监测服务,利用 Kongsberg Maritime 深厚的产品知识和专业知识来帮助客户提高运营可预测性和维护计划。该解决方案适用于所有船舶类型,具备以下优势:在优化维护方面,加强维护计划并最大程度地提高可用性;降低资产所有权风险,避免计划外维护,减少运营中断和由此产生的成本,并提高保险评级;改善可持续性概况,基于状态和预测性维护,以最大限度地减少浪费并最大程度地延长组件寿命。该公司的状态监测系统(Kongsberg Maritime Condition Monitoring System,K-CMS)是一个整体解决方案,适用于评估船上和岸上核心机械的所有旋转机械的状态。该系统由作为健康管理服务仪器的传感器硬件和软件组成,适用于柴油和双燃料发动机、发电机组、压缩机、推进器、泵、风扇、鼓风机和冷却器、齿轮和轴承以及所有旋转机械的整体解决方案。该公司的转矩测量服务(TORQUE-AS-A-SERV-ICE)系统,针对投资成本有限情况下的用户,采用服务模式,让用户获取准确且关键的性能数据,无须进行巨额前期投资,用户可以在船上或岸上查看对应设备的性能数据。

挪威 IKM 公司基于状态监测设计了 IKM Instructed 系统,该系统用于监测陆上和海上的推进器、齿轮、电动机、发电机、涡轮机、压缩机、钻井顶驱和其他旋转设备。在预测性维护和状态监测方面,通过识别磨损、撕裂和损坏的早期迹象,可以制订最佳维护计划,从而确保最长的正常运行时间和计划内停机时间。挪威 IKM 公司已被挪威船级社(Det Norske Veritas, DNV)、德国船级社(Germanischer Lloyd,GL)、美国船级社(American Bureau of Shipping, ABS)和劳埃德船级社(Lloyd's Register of Shipping,LR)认证为服务提供商,其产品主要有: ACCUREX™自动诊断系统,针对船上船员工程师中状态监测团队人员数量少和振动技能普遍欠缺的情况,该系统帮助工程师将工作重点放在真正需要人工解决问题的机器设备上;

ONEPROD ACCUREX™系统,该系统成功管理了各行业中约 80% 的机器和 80% 的缺陷。针对的机器类型有电动机(同步、异步、直流)、泵、压缩机(离心机、叶轮)、风扇、变速器、滚筒、轴等,针对的缺陷类型有轴承缺陷、不平衡、不对中、润滑、安装、间隙、摩擦、齿轮缺陷、气蚀等;ONEPROD Shock Finder™系统,该系统于 2008 年开发,其基于实际工业应用,分析时域(获得无变化指示)以自动检测低速和变速器上的异常冲击现象的特定指标。

挪威 KYMA 公司的整船性能监视系统,具备船舶航行的在线性能信息和未来性能变化趋势图,且变化趋势得到了实际运营数据的不断迭代修正。

希腊 Propulsion Analytics 公司的 ENGINE HYPER CUBE 系统,用于进行连续发动机性能评估、故障诊断和故障排除,支持先进的基于模型的解决方案。基于模型的方法可以在任何运行条件下及早识别故障,有助于避免发动机性能不佳和停机,系统具备减少故障排除时间、自动识别有问题的组件并区分实际故障和传感器错误、获得由每个故障和故障预测引起的燃油损失,以改进维护决策等优势。希腊 Propulsion Analytics 公司的 VESSELQUAD 系统,构建了船舶主机的热力学数字孪生体,可实现完整的船舶和发动机性能分析和维护决策支持应用程序,以确保高性能和减少排放。

德国 Simens 的 IPMS EcoMAIN 数据平台可提供所有相关船上系统和设备的运行数据,实现船舶管理决策,并可以实现远程访问和运行优化。IPMS 集成自动化系统监控所有功率模块,从柴油发动机和燃气轮机到变速器和泵、排气系统,包括辅助模块,如燃料供应、通风和火灾报警系统,可实现岸基控制,获得 LR 智能船舶网络安全技术的最高等级认证。

(2)美国。

美国 ioCurrents 公司的 MARINEINSIGHT 系统,可实现基于 AI 的预测性维护、基于状态的维护和机载能效优化。MarineInsight 提供报告以跟踪和优化燃料和排放,通过 ML 和 AI 驱动航行优化;MarineInsight 还可以帮助平衡燃油消耗和时间,从而降低营运成本节省时间。

美国霍尼韦尔视情维护系统(Honeywell CBM)工具不仅可提供客户实现最佳性能所需的实时性能诊断和预测信息,还能降低成本,同时提高安全性和可靠性。工具包包括用于趋势、分析和预测的快速低成本软件开发流程、智能数据采集和知识管理。早期检测故障与智能推荐行动项相结合,不仅缩短了故障排除时间,还提高了操作可用性。

美国海军的综合状态评估系统(Integrated Condition Assessment System,ICAS)使总维修费下降了 32%,系统更偏向于整船级的状态监测、状态评估和多船之间的协调控制。

(3)日本、韩国和迪拜。

日本三菱重工的超先进船舶作业支持系统 (Super Advanced Ship Operation Support System,SUPER-ASOS)是整船级故障预测与健康管理(PHM)系统,该系统由导航支持系统、机械装备诊断维护支持系统和货物规划处理支持系统构成。

韩国大宇造船 DSME 的智能船舶解决方案 DS4 ®(DSME Smart Ship Platform),支持向船东提供能够帮助船舶实现最佳航行的各种数据维护、维修所需的系统和保证外部网络威胁安全的智能技术解决方案。

迪拜 SteelCorr 设计的 DIGITAL PAINT REPORT (DPR)© APP 系统,可实现由人工智能提供支持的腐蚀监测和油漆维护。仪表板根据不同区域的腐蚀程度显示设备资产状况的图形概览,从而能够及时对关键区域采取行动。根据腐蚀程度将特定区域将显示为绿色、橙色或红色,且最多可同时显示3个图形调查报告,以进行腐蚀趋势分析。系统会自动扫描上传的照片,评估每个区域的腐蚀破坏百分比;每个区域的增量腐蚀水平也将根据阈值发出警报,以便在必要时采取行动。

2)中国船舶智能运维产品研发现状

中国震兑工业智能科技有限公司的智能机舱系统以智能运维为核心驱动,构建了"数据感知—预测诊断—动态优化"的全链路技术闭环。其智能机舱通过多源传感器网络实时采集主机、辅机及关键设备的振动、温度、油液状态等运行参数,为智能运维提供高精度数据基底;而智能运维模块则依托机器学习算法对设备劣化趋势建模,结合历史维护数据与实时工况分析,实现零部件剩余寿命预测及故障模式识别。通过动态评估设备健康度,系统可自主生成差异化维护策略,将传统定期维护升级为"按需维护",并联动机舱控制系统优化设备运行参数阈值,形成"监测—诊断—决策—执行"的主动干预机制。

在智能决策支持和维护领域,中国船舶集团第七〇八研究所研发设计"海巡156"轮(图4-9)是目前国内信息化、智能化水平最高的大型航标船,具备智能决策支持和维护功能,可降低碳排放,节约营运成本,展现了良好的营运经济性。

图4-9 "海巡156"轮

武汉船机构建了"1个平台+N个智能应用"的智能集成与远程运维平台,实现了全船30个类别设备的智能集成、设备运维、能效管理、增强视觉辅助航行、3D影像智能辅助靠泊、锚机远程一键抛锚、岸基远程管控、岸基数据分析服务等功能,并首次实现了远程监测、远程运维和远程管控3个维度的船岸交互。

4.2.3 发展趋势

1)智能机舱设备与系统发展趋势

在船舶智能化、绿色化、高效化需求背景下,智能机舱设备与系统的发展必须考虑技术革新如何塑造并优化船舶的营运和管理。这一转变的核心,在于智能机舱技术如何重新定义船舶的操作效率、安全性和环境适应性。

具体而言,智能机舱设备与系统的发展主要体现三项主要趋势:集成化发展,旨在通过综合各类系统和设备的功能,实现更高效的能源管理和运营协调。通信技术的突破,远程式发展,使得岸基机舱集控中心成为可能,为船舶管理提供了前所未有的灵活性和实时性。智能型发展,通过引入人工智能和大数据等技术,为船舶自主性和决策效率的提升开辟了新的路径。

集成化船舶机舱是系统思维的应用,它通过整合动力系统、导航系统、通信系统等各种船舶设备和系统,以实现高效的能源管理和决策支持。这不仅是对现有技术的优化,更是对船舶营运模式的重塑。

远程式船舶机舱是对船岸通信技术进步的直接响应,不仅改变了船舶管理的空间局限性,还提供了对紧急情况的更快响应能力和减轻船员负担的可能性。这种战略的实施,特别是在数据传输和处理能力上的创新,是船舶机舱向数字化和网络化转型的关键一步。

智能型船舶机舱,其核心在于应用前沿技术,如人工智能和大数据分析,以提高船舶操作自主性和营运效率,赋予健康状态监测和管理能力。这种战略的实施不仅对船舶机舱的实时操作有显著影响,更重要的是为预测性维护、能源管理优化等长时决策提供了支持。

基于状态监测的方法为智能机舱提供更全面的监测与管控视野,将传统的船舶营运方式转变为更加智能化和数据驱动的方法。实时的状态监测,实现涵盖船舶机舱中关键设备及其相关配套设备的全面、连续的监控,并提供了基于数据分析与应用的基础。这些数据通过数据分析及机器学习等智能算法,来识别潜在的故障和维护需求。基于状态监测方法,不仅仅局限于单个设备或系统,一方面将收集的数据与船舶机舱的管理与自动化决策过程相结合,另一方面支持实施预测性维护策略,从而提高船舶运行的效率,使得能源管理、航行安全和营运效率得到优化。

船舶机舱的深度、前沿技术应用,不仅是对现有机舱操作模式的改进,更是对未来船舶及航运业发展的奠基。尽管集成化、远程式与智能型发展战略为船舶营运和管理带来了诸多优势,但同时也面临着一系列挑战。例如,技术应用的可靠性、安全性保障,特别是在数据安全和网络攻击方面的风险;先进技术的引入也要求对船员的技能进行重新评估和培训;对组织结构进行适应性调整,尤其是决策流程优化、角色与职责的重新定义。这些挑战要求不仅关注技术的开发和应用,更要深入理解它们在实际操作中的复杂性和多样性。

2)智能运维技术发展趋势

随着信息技术的迅速发展,智能机舱中的智能运维模块进入了数字化时代。这个阶段主要依靠大数据、数字孪生、边缘计算等新型技术手段来实现船舶的远程运维。

在国内,杨丽[17]等将现代大数据处理的分布式架构及并行处理技术运用于运维系统数据处理中,提出了流式日志检测手段,提升了船舶自动运维系统性能;洪学武[18]等基于大数据分析和数字孪生技术,对船端设备的数据采集、数据传输、故障诊断、维修决策进行研究,建立了船舶主要关键设备实时运行状态的综合分析、故障预测和视情维护虚拟交互模型,实现船舶设备的监测和远程智能维护;王延之[19]等提出了一种基于边缘计算的船舶轴系智能监测技术,实现了对船舶轴系的状态监测与寿命预测,保障了船舶轴系长时间的安全稳定运行。

在国外,Park[20]利用主成分分析和K近邻检查预处理数据是否根据发动机控制特性进行分类,构建并验证了能够检测异常数据的算法,为基于机器学习的船舶推进发动机预测性维护奠定了基础;Perera[21]等通过收集船舶性能和航行数据,利用主成分分析(Principal

Component Analysis,PCA)对船舶性能和航行参数进行结构分析,实现了船舶发动机频繁工作区域的智能监测与运维管理。

关于船舶智能运维的理论研究,涉及早期的状态监测、故障诊断,到近年来的数字孪生、数字交付等广泛的内容。1995 年,YAN X P 和 XIAO H L[22]的研究聚焦于船舶机械的状态监测和故障诊断,尤其是油液分析方法。进入 2000 年,JONES N B 与 LI Y[23]综述了柴油机的常见故障和失效机制,以及这些故障对柴油机性能的影响,并详细介绍了监测参数和测量方法。到了 2008 年,JIANG R 和 YAN X P[24]研究了 1983—2003 年关于柴油机,特别是船舶柴油机的基于状态的维护(Condition-based Maintenance,CBM)研究,强调了油液分析方法的重要性。同年,KORCZEWSKI Z[25]关注波兰海军船舶内燃机(活塞式和涡轮式)的诊断问题。2011 年,严新平和袁成清[26]提出了船舶动力系统运用工程的基础理论体系。紧随其后,2012 年,KHELIL Y 等[27]探讨了使用人工智能技术进行船用柴油机的故障检测和隔离。2015 年,SORBIE S[28]回顾了 1999—2015 年的船用发动机故障检测技术,比较了不同传感器类型及其检测故障能力的发展。2018 年,ZHIBIN W 等[29]详细分析了柴油机常见的故障诊断方法,包括性能参数、油液分析、振动噪声分析及瞬时转速法。进入 2020 年,多篇论文相继发表,如 KIMERA D 等[30]对船舶机械系统的维护实践进行了全面综述,包括维护策略、方法、工具和设计。LAN F 等[31]和柯赟[32]等则分别从物理模型、统计模型、人工智能模型和深度学习模型的角度探讨了船用柴油机的故障预测与健康管理性能预测方法。至 2021 年,NEJAD A R 等[33]及 Xu X J[34]等分别对船舶推进系统的状态监测和船舶动力系统状态监测与故障诊断进行了综述,强调了标准、规范、事故统计和数字孪生技术的应用。而 2022—2023 年,ZHANG P 等[35]、Ç. Karatuğ 等[36]以及 M. Orhan 等[37]则关注于海洋系统和设备的预测与健康管理、船舶机械维护策略问题以及船舶机械系统故障检测与诊断的未来发展。这一系列的研究不仅展示了船舶智能运维领域的理论进展,同时也揭示了各项技术的应用前景和发展趋势,为未来的研究方向提供了宝贵的参考。

未来的发展趋势集中在以下几点:面向新一代航运系统的集控智能运维;面向智能自动驾驶船舶的自主智能运维;大数据背景下船舶及船载设备的动态监测、诊断与维护理论基础研究;面向智能运维任务的船载机器人基础研究。

(1)面向新一代航运系统的集控智能运维。在远程驾驶、新一代航运体系背景下,远程智能运维需要更进一步发展。研究面向新一代航运系统、远程驾驶船舶的集控智能运维,在云计算、大数据、数字孪生等技术支持下,实现运维工作的岸基集控模式、多船协同、数据与判据共享机制。

(2)面向智能自动驾驶船舶的自主智能运维。在船舶自动驾驶自主驾驶场景下,要求运维工作实现自诊断、自维护、自恢复。现有运维模式无法满足智能自动驾驶船舶场景下的需求,针对其无人化核心特征,开展船舶及船载设备自主智能运维理论研究及模型设计工作。

(3)大数据背景下船舶及船载设备的动态监测、诊断与维护理论基础研究。船舶及船载设备大数据涵盖了复杂工况下多源海量健康状态信息,如何利用新一代人工智能理论与方法表征隐喻在大数据中的故障特征信息及演化机理,是发挥大数据信息价值、支持精准运维决策的关键。

(4)面向智能运维任务的船载机器人基础研究。船载机器人与常规机器人在使用场景上存在显著差异,如服役环境动态多变且极端恶劣、服役场景结构复杂但环境特征单一、作业环境信号屏蔽、识别与定位精度要求高、协同作业任务复杂等。需要针对船载场景,在理论、方法与建模等多个层级开展研究。

→ 4.3 关键技术

船舶智能机舱设备与系统的集成化、远程式与智能型发展,不仅是对现代科技发展潮流的响应,也是对未来航运模式的深刻洞察和战略规划[38]。这些进步为船舶及航运业的可持续发展和长期竞争力提供了坚实基础,特别是在提高能效和减少环境影响方面,这些技术的应用展示了船舶及航运业适应全球市场动态变化的能力。图4-10所示为船舶机舱主要组成部分。

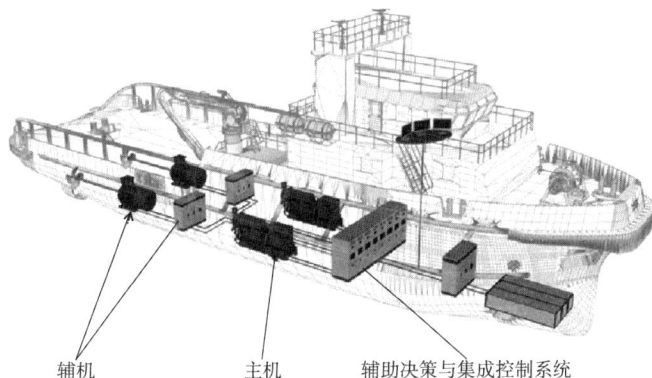

辅机　　　　　主机　　　辅助决策与集成控制系统

图4-10　船舶机舱主要组成部分

4.3.1 智能主机关键技术

1)主机智能监测机状态评估技术

船舶主机如图4-11所示,主机船舶主要动力机械所使用的状态监测包含设备及部件的振动监测、油液分析、无损检测、机械结构参数监测、性能参数监测、瞬时转速监测等技术手段[39]。

振动状态监测的目的是评定机器持续运行期间的"健康"状态,应依据被监测的设备类型和关键部件,选择一个或多个监测参数与合适的监测系统。振动监测主要包括时域分析、频谱分析、包络分析、谱辐射能量分析、相位测量、高频检测等方法。

油液分析是通过分析油样中磨料磨粒的不同信息,得到设备的不同状态信息。机械状态监测中的油液分析技术主要是指光谱分析、铁谱分析、理化分析、磁塞检查法、颗粒计数法等。每一种方法的检测指标、优势、局限各不相同,实际应用中可根据不同需求选择适当的分析方法。

无损检测是在不损害或不影响被检测对象使用性能、不伤害被检测对象内部组织的前提下,对试件内部及表面的结构、性质、状态及缺陷的类型、性质、数量、形状、位置、尺寸、分布及其变化进行检查和测试的方法,主要检测方法有射线检测、超声波检测、磁粉检测、渗透检测、涡流检测、声发射检测等。

图 4-11　船舶主机示意图

机械结构参数监测是对不同的设备,其结构参数不同,可监测的参数主要有刚度和阻尼。

性能参数监测是用一定的指标来衡量设备与系统的功能好坏,如位移、速度、功率、压力、输出转矩、流量、温度等。

瞬时转速监测是通过转速信号反映设备运行状态好坏,分析转速的波动可以得到其运行状态和相关的故障信息。

当前,船舶主机主要采用低速柴油主机直接推进船舶,为满足船级社智能船舶中智能机舱(M)的功能,低速柴油主机至少应按照表 4-2 中所列的项目进行状态监测。上述低速柴油主机的监测目的和状态是智能船舶规范的基本要求,除此以外,还可以根据设计或监测的需要,满足智能船舶检验指南或者船东额外的技术要求。

智能船舶低速柴油主机状态监测表　　　　　　　　　　　　　　　　　表 4-2

主机监测范围部件名称	监测目的(如状态、功能、性能等)	监测内容
气缸燃烧	燃烧状态	单缸动态压力、单缸排烟温度、单缸冷却水出口温度、振动
气缸套	密封、换热	温度、冷却水压力、气缸油参数
活塞头(含活塞环)	活塞头密封、换热	冷却水温度、活塞图像(二冲程柴油机)、气缸油参数
	活塞环密封、换热	冷却水温度、活塞图像(二冲程柴油机)、气缸油参数
气缸盖(含进、排气阀)	气缸盖密封、换热	冷却水温度、冷却水压力
	进气阀、排气阀、安全阀、示功阀、启动阀	振动、温度、压力
燃料喷嘴/阀	喷射、雾化	排气温度、振动
摩擦部件,如主轴承、曲柄销轴承等	十字头轴承(如适用)磨损、润滑状态	滑油温度
	连杆轴承	振动、温度、轴承磨损量
	曲柄销轴承(如适用)	滑油温度、轴承磨损量
	主轴承及轴颈	振动、滑油温度、轴承磨损量

主机监测范围 部件名称	监测目的 （如状态、功能、性能等）	监测内容
曲轴箱	防爆	油雾浓度、曲轴箱压力
增压器	增压性能	转速、压力、振动、温度、进出口压差

针对上述船舶低速柴油主机组的结构部件监测内容配置相应的振动状态监测、油液分析、无损检测、机械结构参数监测、性能参数监测和瞬时转速监测的传感器和监测设备等感知系统技术来实现智能船舶的智能机舱的要求，才能实现对主机的运行进行健康评估、辅助决策和视情维护。除上述针对主机部件配置的传感器外，还需要进行主机传感器的设置，以某型号船舶低速柴油机为例，具体见表4-3。

低速柴油主机部分智能监测传感器配置和健康评估结果　　　　表4-3

监测部件	监测传感器	监测内容	报警值	健康评估	辅助决策	视情维护
气缸	气缸动态压力传感器	单缸动态压力	压力低	输出功率不足、熄火爆震	降速	检查
			压力高		降速	检查
	气缸排气阀后排烟温度传感器	单缸排烟温度	温度高（490℃）	排烟温度异常	报警	检查
			温度高（510℃）	排烟温度异常	降速	检查
	主机缸套冷却水进口温度	单缸冷却水进口温度	温度低（62℃）	输出功率不足	报警	检查
	主机缸套冷却水出口温度	单缸冷却水出口温度	温度高（90℃）	温度异常	报警	检查
			温度高（95℃）	温度异常	降速	检查
	振动传感器	气缸振动	频率	爆震和喘振	报警	检查
燃料喷嘴/阀	主机每缸排气阀后排烟温度	温度	温度高（490℃）	燃油喷嘴脏堵、磨损、泄漏、雾化不良	报警	检查
			温度高（510℃）		停车	检测维护
摩擦部件	十字头轴承润滑油温度	温度	75℃	十字头销轴承、导板白合金裂纹、过热、擦伤、脱壳、接触不良	—	监测
	主机各主轴承磨损监测	磨损量	偏离量（3%~8%）	（1）轴承裂纹、脱壳、过热、擦伤、磨损； （2）轴承颈擦伤、蚀坑； （3）轴承轴瓦烧蚀、磨损等	—	定期检查
		十字头温度	温度（29~42℃）		—	定期检查
		转速	转速（42r/min）		—	定期检查
	主轴承润滑油温度	温度	通常31℃		—	定期测量
	主机润滑油金属颗粒浓度	颗粒物	定量测量记录		—	定期测量
曲轴箱	主机曲轴箱油雾浓度高，降速预报警	浓度	浓度高0.5mg/l	爆炸	报警	检查
			浓度高高0.7mg/l	爆炸	降速	检查维护

2）主机智能控制技术

（1）燃烧智能控制。

柴油机是最为常见的船舶动力主机，其通过燃烧完成能量形式的转化，对燃烧阶段进行合理控制是实现高效率和高性能的关键。主机气缸内燃烧状况智能分析流程如图 4-12 所示，燃烧过程的油气组织形式、可燃混合气组分的变化、各缸间以及不同循环工况间燃烧的一致性均需要严格而稳健的控制才能在不同的工况下达到最佳性能，智能控制可以有效地处理柴油机高度非线性的动态实时控制问题[40]。

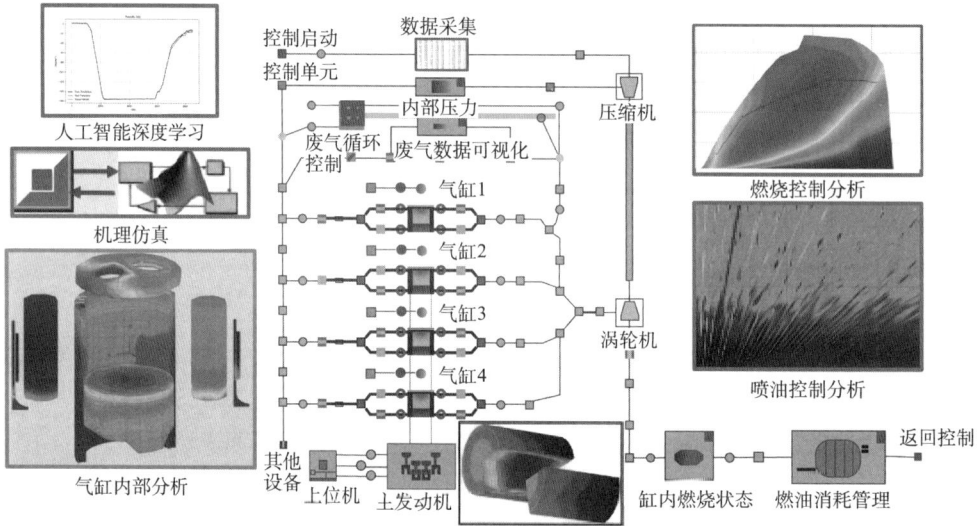

图 4-12　主机气缸内燃烧状况智能分析流程图

（2）气系统智能控制。

柴油机气系统需要满足柴油机不同工况下的进气需求，随着柴油机性能与排放要求的提高，对气系统控制提出了更高的要求。柴油机气系统常见的控制问题有可变配气正时控制、废气再循环（Exhaust Gas Recirculation，EGR）阀的启闭正时和运动规律控制、增压发动机变截面涡轮（Variable Geometry Turbocharger，VGT）控制，以及混合增压系统旁通阀的控制问题等。受流体流动性质的影响，柴油机气系统有明显的迟滞及控制参数耦合现象，并受发动机循环工况及内外扰动的剧烈影响，面向控制的柴油机气系统精准建模无法实现，对船舶柴油机气系统控制提出了较大的挑战。

滑模控制（Sliding Mode Control，SMC）为船舶柴油机复杂气系统控制最常采用的非线性智能控制方法之一。滑模控制又称变结构控制，是根据系统状态偏离滑模的程度来切换控制器的结构及参数，从而使系统按照滑模规定的规律运行的控制方法。目前滑模控制已经成为用于抑制柴油机状态切换过程颤振现象和容错控制的一种重要而又有效的智能控制形式。滑模控制器对模型的不确定性及系统内外扰动具有鲁棒性。

（3）转速智能控制。

柴油机转速调节系统目前多采用传统 PID 闭环控制系统，由于柴油机本身具有强非线性、响应滞后性和强耦合性，以及船舶航行工况变化频繁，经常受外界扰动的影响，如上节所述,传统 PID 控制算法由于其增益系数不能实时调整,很难达到很好的控制效果。而自适应控制算法可根据运行工况和工作环境自动调整控制器的结构和参数,例如通过实现控制器控制参数自整定和控制律自校正等,调整控制作用,从而实现控制器的实时控制性能更优,因此,通常将神经网络算法和模糊逻辑算法等智能控制算法与经典 PID 控制算法相结合,应用于柴油机燃烧、进排气、转速等子系统智能控制器设计中,不仅保持了 PID 控制原理简单、使用方便、控制精度高等特点,而且显著提高了控制器的自适应能力。

柴油机转速控制系统如图 4-13 所示,调速器根据转速偏差,计算控制量,通过执行器驱动高压油泵齿条,改变供油量,使其与外部负荷变化相适应,从而使柴油机的转速保持在给定的范围内。

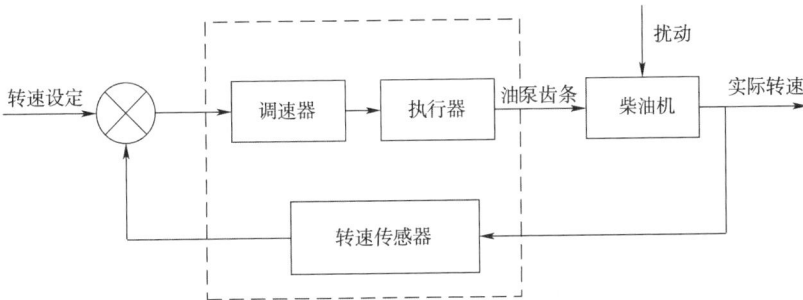

图 4-13　柴油机转速控制系统

柴油机智能模糊神经网络 PID 控制系统结构如图 4-14 所示。控制器包括常规 PID 控制器和模糊神经网络控制器 2 个部分,将常规 PID 控制、模糊控制与神经网络有效结合,神经网络通过训练后可以生成模糊规则和调整隶属函数,具有较强的自学习和自适应能力,控制系统将转速偏差 $e(t)$ 以及偏差变化率 $ec(t)$ 传送到模糊神经网络 PID 控制器中,经过模糊化、模糊推理、反模糊化输出,计算得到对应于柴油机运行工况的 3 个修正值 ΔK_p、ΔK_i、ΔK_d,在线自动调整 PID 参数 K_p、K_i、K_d,使转速控制性能指标最优。

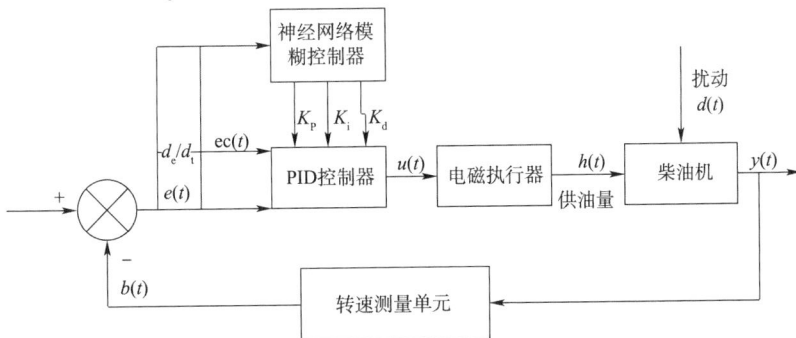

图 4-14　柴油机智能模糊神经网络 PID 控制系统结构

4.3.2　智能辅机关键技术

船舶辅机是指在船舶主机以外,为船舶提供动力、支持运行及保障各项设备正常工作的辅助性机械设备[41]。常见的船舶辅机包括发电机组(为船舶提供电力)、空气压缩机(为控制系统及气动工具提供压缩空气)、海水淡化装置(将海水转化为淡水供船员使用)、冷却水泵(为主机和其他设备提供冷却水循环)、锅炉(用于产生蒸汽驱动涡轮机或加热水)、各类泵(如油泵、给水泵、排水泵等)以及润滑油系统(为主机及辅机提供润滑,减少摩擦)。此外,舱内通风机也用于保持船舶内部空气流通和舒适。尽管这些辅机不像主机那样直接驱动船舶,但它们对于确保船舶的安全、高效与长期营运至关重要。本小节将从电控系统、滑油净化系统、冷却水系统、空气压缩系统 4 个方面进行阐述。

1)电控系统

(1)电控系统概述。

电控系统在船舶智能辅机中起着核心作用,负责对船舶各类电气设备进行监控、管理和协调,确保船舶设备在最佳工作状态下运行。随着船舶自动化和智能化水平的提升,电控系统逐渐向智能化、自动化发展,利用数字化控制系统(Digital Control System,DCS)、物联网(Internet of Things,IoT)等技术提高了船舶运行效率和安全性。图 4-15 为电力系统分配示意图。

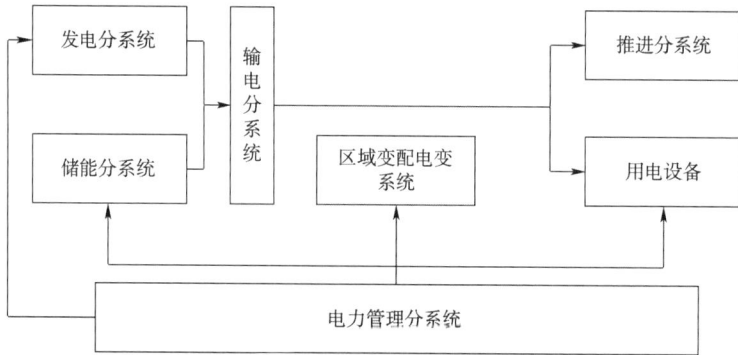

图 4-15　电力系统分配示意图

(2)智能电控系统。

智能电控系统通过数字化控制平台集中监控船舶的所有电控设备,包括发电机、起重机、泵、风机、舵机等。这些设备的数据(如电压、电流、温度、振动等)通过传感器实时采集[42],并传输至中央控制系统,系统根据需要对各个设备进行动态调节,同时具备自诊断与自适应控制与远程监控功能。系统能够自动检测电气设备是否出现故障,并根据运行情况调整设备的工作模式。例如,在负荷增加时,系统可以自动调整发电机输出的电压和频率,以保持船舶电力系统的稳定。

系统通过应用物联网技术使得船舶的电控系统能够实现远程监控,船舶公司可以在陆地上监控船舶的电力系统状态,提前发现潜在的故障并进行维护。

(3)电控智能能效管理系统。

电控智能能效管理系统通过优化能源的使用,降低燃料消耗,提高船舶的整体能效。系统通过预测和实时调度来优化负载分配。例如,在航行过程中,根据航速、天气条件和船舶负载,电控智能能效管理系统能够自动调节不同辅机的功率,避免产生能耗。

2)滑油净化系统

(1)滑油净化系统概述。

滑油净化系统主要负责清除船舶发动机滑油中的污染物,如水分、固体颗粒、酸性物质等,保证发动机的润滑系统有效运行[43]。智能化的滑油净化系统能够实时监测油质,自动进行净化处理,并提供油品质量的反馈。

(2)智能滑油净化技术。

①智能油水分离技术。

智能油水分离技术是滑油净化系统中的关键技术,旨在解决船舶发动机运转过程中滑油与水分混合的问题,这种混合会导致油品劣化并增加发动机故障的风险。该系统通过离心分离原理,利用高速旋转将水分从滑油中有效分离。系统配备智能控制单元,可以实时监控分离过程,并根据油水比例自动调整旋转速度和分离时间,从而优化分离效率,确保分离效果达到最佳水平。这种智能化控制不仅提高了分离的精确性,也增强了系统的自动化和可靠性。

②智能监测与调节技术。

通过智能监测与调节技术,系统能够实时检测滑油的状态,并将数据传输至中央控制系统。系统通过智能传感器获取油品质量变化信息,根据监测数据自动调整净化参数,如过滤速度和处理时间,以确保滑油始终保持在最佳工作状态。同时,系统还具备油质自诊断与预警功能,通过算法分析油品质量,预测污染趋势,并在污染严重或设备出现异常时及时启动净化程序,自动发出警报,提醒维护人员进行检查。这种智能化的监控和调节机制不仅提高了滑油净化的效率,还增强了船舶发动机的可靠性与安全性。

3)冷却水系统

(1)冷却水系统概述。

冷却水系统用于为船舶内的高温设备(如主机、发电机、锅炉等)提供有效的散热。传统的冷却水系统存在能效低、维护难度大等问题,而智能冷却水系统通过自动化和数据分析技术,可以显著提高冷却效果和节能效率。图4-16所示为智能冷却水系统构成。

(2)智能冷却水系统。

智能冷却水系统能够根据设备负荷、环境温度、船舶速度等因素,自动调节冷却水流量和温度,确保船舶设备在最佳的温度范围内运行。通过实时监测设备温度,系统能够预测设备的冷却需求,并自动调整冷却水的供应。

智能冷却水系统通过实时监测船舶设备的温度,能够自动调节冷却液流量,以确保设备在合适的温度下运行。当设备温度升高时,系统会自动增加冷却水流量;而在温度较低时,则减少流量,从而避免浪费能源。同时,系统还具备冷却水温度控制与优化功能,能够根据外界环境变化智能选择冷却方案。例如,当海水温度较低时,系统优先使用海水进行冷却;而在海水温度较高时,则切换至淡水冷却系统,从而优化能源使用。为了确保系统的稳定性与高效运行,智能冷却水系统还具备故障诊断与预警功能。通过对设备温度的实时监控与分析,系统可以提前发现冷却效果下降的迹象,并通过智能预警系统及时提醒操作人员进行检查或修复。此外,系统还能够预测冷却水系统的潜在故障,如泵浦失效或过滤器堵塞,并自动进行诊断和故障排除,有效减少停机时间并提高船舶的营运可靠性。

4)空气压缩系统

(1)空气压缩系统概述。

空气压缩系统是船舶辅机系统中的重要组成部分,主要用于为船舶上的各类气动设备提供压缩空气。智能化的空气压缩系统不仅能够提高压缩效率,还能节约能源并优化设备使用寿命。

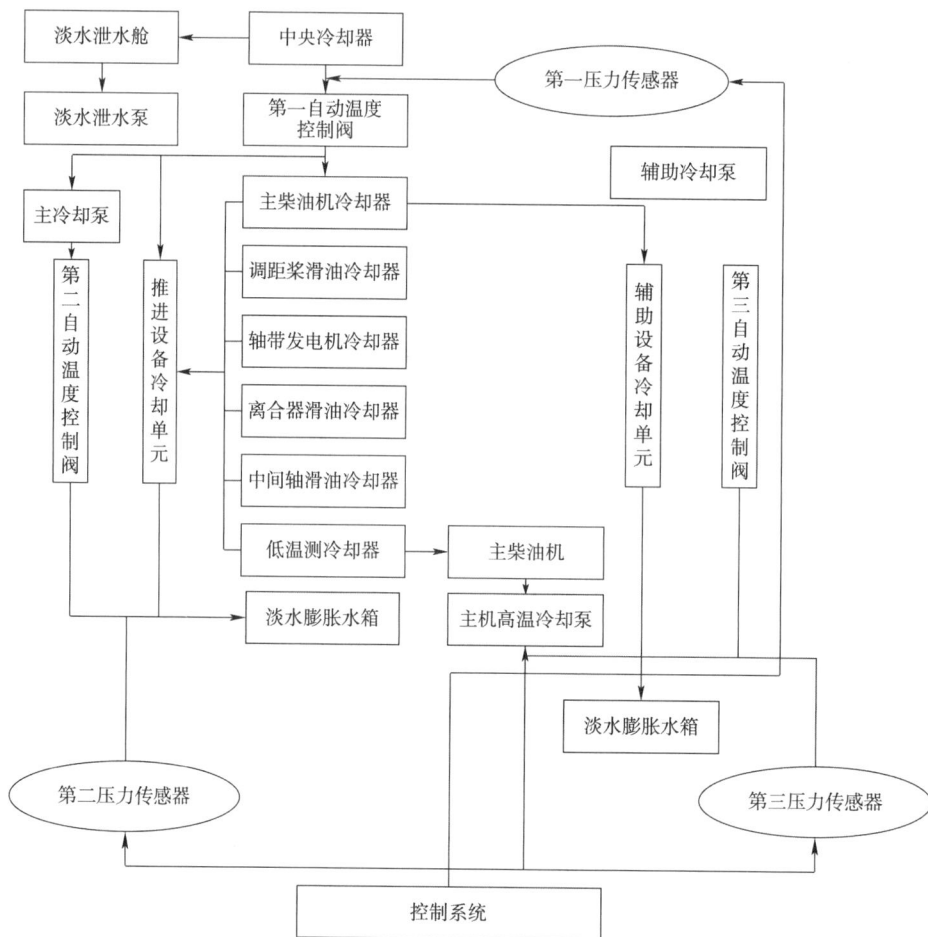

图 4-16　智能冷却水系统构成

(2)智能空气压缩系统。

　　智能空气压缩技术依赖于传感器和自动化控制技术,能实时监测船舶对空气的需求,并根据实际需求动态调节压缩机的运行状态。系统通过智能负载控制,根据气动设备的需求自动调整压缩机负荷,避免空转或过度运行,从而提高效率并减少能源浪费。配备变频驱动(Variable Frequency Drive,VFD)技术后,系统能够精确控制压缩机的转速,实时根据负荷变化调整运行速度,以优化能源消耗。与此同时,系统具备故障监测与自适应调整功能,通过实时监控压缩机的温度、压力、振动等运行参数,数据分析系统会自动调整设备设置,确保压缩机始终处于最佳工作状态。这种智能化的监测与调节机制有效提高了系统的运行效率和可靠性,减少了故障发生和维修成本。图 4-17 为船用空气压缩系统实物图。

　　压缩空气通常需要通过储气瓶存储以备后续使用。智能空气储气管理技术可以监控储气瓶的压力和剩余量,合理调度压缩空气的使用,确保船舶气动设备在任何时刻都能获得稳定的压缩空气供应,系统能够自动调节储气瓶的充气和放气周期,确保储气瓶内气压始终处于安全范围。通过智能压力控制,系统避免了气压过高或过低对设备的影响。

图 4-17　船用空气压缩系统实物图

4.3.3　状态识别关键技术

获取到机械设备运行的原始数据后,要得出相应的运维结论或建议,需要有相应的知识或模型算法。在船舶动力设备的状态监测诊断中,需要大量的定量判据。传统上,这些数据大都依赖某些专家的经验总结,这极大地限制了诊断系统的实际应用。造成这种现象的原因之一是受信息技术发展程度的制约,大量同型设备的实际运行检测数据及发生故障的信息无法集成共享,就无法从中找出规律,并进而提炼成判据知识。目前,远程通信、传感器和数据库等技术的发展解决了设备检测数据和其他相关数据的集成问题,这就为利用知识挖掘方法从集成的大量数据中找到判据知识建立了必要的基础。这一思想其实与人类生活中医生诊治过程所需要的判定知识获取是相同的,医生的知识来源于大量诊断个体案例的概括总结,这一过程由人来完成;而船舶动力设备的判据知识获取在集成大量同型设备监测信息的基础上,由数据分析算法等来完成。

1)数据特征提取方法

振动分析法是比较典型的数据特征提取方法。结构的振动特性取决于它本身的刚度、质量和阻尼这三种物理参数和外加激励。因此,当结构发生故障时,引起这些参数的变化,导致振动特性发生变化。船舶及船用设备的结构故障振动诊断的方法大致有三种:直接分析法、参数识别法和时序分析法。

直接分析法从具有故障结构的数学模型出发,研究故障引起的响应的变化规律,为更有效地诊断故障提供基础,它属于数值方法。但是在多数情况下,建立具有故障结构的数学模型是很困难的。

参数识别法直接从测量的输入输出信号(或仅有输出信号)识别模态参数或物理参数的变化情况,具有很大的方便性。但从数学上看,问题往往不唯一和不确定,从而使识别结果可能不唯一,而需辅以经验判断。

时序分析法,从信息论和统计的观点看,实际上是信号的变换与凝聚,所以对判别是否有故障特别有效。但是由于时序模型中的参数没有明确的物理意义,因而很难判断故障的位置,也需综合其他技术方能见效。

船舶滚动轴承的典型振动数据时域波形如图 4-18 所示。船舶滚动轴承在运行过程中都会出现明显的衰退过程,一般可分为稳定阶段、衰退阶段和故障阶段,不同阶段下的轴承健康指数具有明显的差异。处于稳定阶段的轴承性能变化不明显,然而在运行至衰退阶段具有较大性能差异。在这样的数据分布下,基于监测到的振动信号可以开展基于机器学习、深度学习、强化学习的振动信号分析方法。

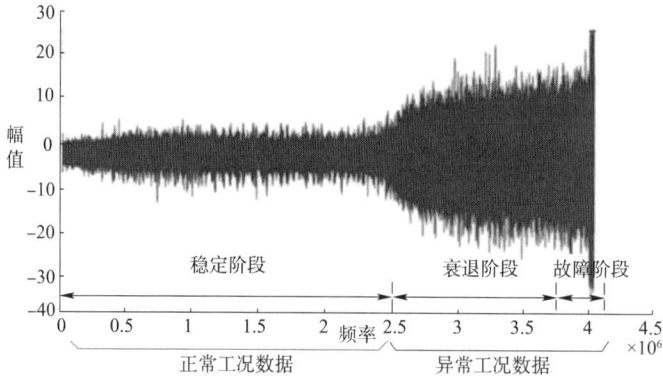

图 4-18　船舶滚动轴承的典型振动数据时域波形

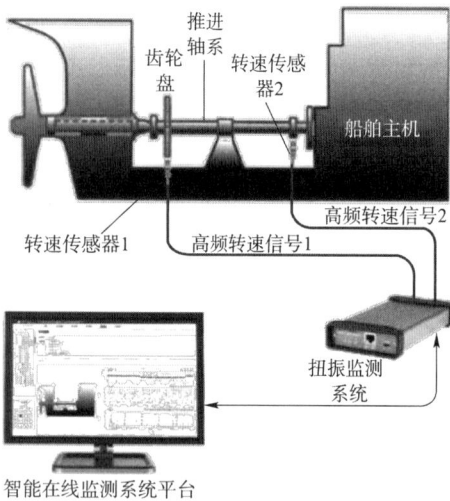

智能在线监测系统平台

图 4-19　扭转振动信号采集系统示意

例如,船舶轴系的振动分为纵向振动、回旋振动和扭转振动。其中最容易导致故障的是扭转振动。扭转振动的信号采集系统示意如图 4-19 所示,这种采集是选取轴系的 2 个截面,通过测量 2 个截面扭转角度的相位差来获得信号,并经过分析得出相应结论。

其他比较典型的数据特征处理方法还有油液分析中的磨粒图像特征分析,如表面纹理、轮廓特征分析等。

2)判据基线提取方法

在振动分析方法中,也可以获取到一些以有效个数值来表征的量,如峰值、峰峰值等;在油液分析中,这种量就更多了,如油液中的水分值、黏度值、不同元素的浓度含量值等。对这种数值型参数,如何直观地用一个判据知识来区分其状态,是智能运维中的一个关键技术。比较常见的方法如下。

(1)正态分布三线值法。

常用的获取判定准则的方法是"正态分布三线值法"。假设对某一对象进行了 n 次采样,有采样值 $\{x_1, x_2, \cdots, x_n\}$,则样本均值 $\bar{x}$ 和准则差 S 可分别由式(4-1)和式(4-2)来表示:

$$\bar{x} = \frac{1}{n} \sum_{i=1}^{n} x_i \tag{4-1}$$

$$S = \sqrt{\frac{1}{n-1}\sum_{i=1}^{n}(x_i - \bar{x})^2} \tag{4-2}$$

据此,可以分别列出正常线[式(4-3)]、警告线[式(4-4)]和危险线[式(4-5)]:

$$V_1 = \bar{x} + S \tag{4-3}$$

$$V_2 = \bar{x} + 2S \tag{4-4}$$

$$V_3 = \bar{x} + 3S \tag{4-5}$$

(2)最大熵方法。

最大熵方法主要通过信息论方法以一系列矩约束来解决概率分布估计问题。最大熵原理指出,在需要对一个随机事件的概率分布进行预测时,对未知的情况不作任何主观假设。

具体过程如下:

在最大熵方法中,要求解的未知概率分布要满足一定的约束,但该约束应带有最少的主观假设,常用矩约束方法,具体如下:

设有样本数据 $\{x_1, x_2, \cdots, x_k\}$,取 a 为略小于样本数据最小值 $\min(x_i)(i=1,2,\cdots,k)$,$b$ 为略大于样本数据的最大值 $\max(x_i)(i=1,2,\cdots,k)$,则获得一个区间 (a,b),将区间 (a,b) 等分为 n 个子区间,等分点如式(4-6)所示:

$$t_i = a + i\frac{b-a}{n} \quad (i=0,1,\cdots,n) \tag{4-6}$$

统计样本数据落入每个区间 $(t_i, t_{i+1}], (i=0,1,\cdots,n)$ 的频数分布 $\{f_1, f_2, \cdots, f_n\}$,相应得到概率分布为 $\{f_1/k, f_2/k, \cdots, f_n/k\}$,以 $\{z_1, z_2, \cdots, z_n\}$ 代表对应的 n 个子区间的中点值。定义约束集:

$$\{g_{ri}(z) = z_i^r, r=1,2,\cdots,m; i=1,2,\cdots,n\} \tag{4-7}$$

相应的矩值如式(4-8)表示:

$$a_r = E[g_{ri}(z)] = \sum_{i=1}^{n}p_i g_{ri} = \sum_{i=1}^{n}\frac{f_i}{k}g_{ri}, (i=1,2,\cdots,n; r=1,2,\cdots,m) \tag{4-8}$$

式中,r 为矩值的阶数,如 1 阶矩、2 阶矩等。

对样本数据 $\{x_1, x_2, \cdots, x_k\}$ 将其等分为 n 个区间后,相应的概率 $p=\{p_1, p_2, \cdots, p_n\}$,在 m 个矩约束下可表示为式(4-9)和式(4-10)的形式:

$$\sum_{i=1}^{n}p_i = 1 \tag{4-9}$$

$$\sum_{i=1}^{n}g_{ri}p_i = a_r, (r=1,2,\cdots,m) \tag{4-10}$$

熵的定义如下:

$$S(p) = -\sum_{i=1}^{n}p_i \ln p_i \tag{4-11}$$

应用拉格朗日乘子法,将式(4-11)结合约束方程式(4-10),并引入 $m+1$ 个系数,可表示为式(4-12)形式:

$$F(p_i) = -\lambda_0 \sum_{i=1}^{n}p_i \ln p_i + \lambda_1\left(a_1 - \sum_{i=1}^{n}g_{1i}p_i\right) + \cdots + \lambda_m\left(a_m - \sum_{i=1}^{n}g_{mi}p_i\right) \tag{4-12}$$

根据无约束条件时具有极值的必要条件 $\dfrac{\partial F}{\partial p_i} = 0$，可求出要满足的 p_i 值如式(4-13)所示：

$$\begin{cases} p_1 = \dfrac{\exp\left(-\sum\limits_{j=1}^{m}\lambda_j g_{j1}\right)}{\exp(\lambda_0)} \\[3mm] p_2 = \dfrac{\exp\left(-\sum\limits_{j=1}^{m}\lambda_j g_{j2}\right)}{\exp(\lambda_0)} \\[3mm] \qquad\qquad \vdots \\[2mm] p_n = \dfrac{\exp\left(-\sum\limits_{j=1}^{m}\lambda_j g_{jn}\right)}{\exp(\lambda_0)} \end{cases} \tag{4-13}$$

将式(4-13)代入式(4-9)，可求出 λ_0 的值如式(4-14)所示：

$$\lambda_0 = \ln\left[\sum_{i=1}^{n}\exp\left(-\sum_{j=1}^{m}\lambda_j g_{ji}\right)\right] \tag{4-14}$$

将式(4-13)代入式(4-10)，可求解出如式(4-15)所示的表示式：

$$a_r = \frac{\sum\limits_{i=1}^{n} g_{ri}\exp\left(-\sum\limits_{j=1}^{m}\lambda_j g_{ji}\right)}{\sum\limits_{i=1}^{n}\exp\left(-\sum\limits_{j=1}^{m}\lambda_j g_{ji}\right)} \quad (r=1,2,\cdots,m) \tag{4-15}$$

方程(4-15)是有 m 个待求解量的非线性方程组，可以用优化方法、迭代方法来求解。在求出 $\lambda_i (i=0,1,2,\cdots,m)$ 后，代入式(4-13)就可得到相应的概率密度分布曲线。

在"正态分布三线值"方法中，偏离两个标准差为警告分界线，偏离三个则为危险分界线。对正态分布，对概率密度函数进行积分；从 $-\infty$ 开始，到一倍标准差的积分值等于 0.8413，到二倍标准差的积分值等于 0.9772，到三倍标准差的积分值等于 0.9987。

在通过最大熵方法求得一个概率密度分布曲线后，虽然和正态分布的曲线不同，但相应的概率划分准则应是相同的。设 $f(x)$ 是通过最大熵方法求出的概率密度分布函数，因为设备状态监测和故障诊断领域，监测值一般都为非负数，即 $x \geqslant 0$，则区间 $[0,y]$ 的概率如式(4-16)所示：

$$p(y) = \int_0^y f(x)\,\mathrm{d}x \tag{4-16}$$

根据式(4-16)就可以求出 $p(y)$ 分别等于 0.8413、0.9772 和 0.9987 时的 y 值，即相应的正常分界线、警告分界线和危险分界线。

3)模型识别算法

通过模型进行状态识别也是发展非常迅速的状态识别方法，当然也是关键技术之一。比较典型的有聚类分析算法、神经网络方法等。

(1)聚类分析算法。

聚类分析算法是一种分类方法，在聚类时对未知类型的个数没有任何假设，而完全依据相互间的距离关系来实现划分。聚类的依据是相似或距离，因此需要引进一些能够刻画相似性的度量指标或数据。

传统的系统聚类法的基本步骤如下：

①对 n 个样本构造 n 个类，每个类只包含一个样品。

②计算 n 个样品两两之间的距离 $\{d_{ij}\}$，记作 $D0 = (d_{ij}^{(0)})_{n \times n}$。

③合并距离最近的两类成为一个新类，记为第 $n+1$ 类，并取消刚合并的那两类，这样得到 $n-1$ 个类。

④计算新类与剩余各类的距离，其他各类之间距离不变，得到降一阶的新距离矩阵 $D1 = (d_{ij}^{(1)})_{(n-1) \times (n-1)}$。

如果剩余类的个数已等于 1，则转到步骤⑤；否则，回到步骤③。

⑤生成聚类谱系图。

计算新类与剩余各类的距离，一般采用最短距离法，即如果新类 p 是由 k，m 两个类合并而成，则新类 p 与类 j 的距离是类 k 与类 j 的距离及类 m 与类 j 的距离中的最小值：

$$d_{p,j} = \min\{d_{k,j}, d_{m,j}\} \qquad (4\text{-}17)$$

（2）神经网络方法。

神经网络的结构如图 4-20 所示。神经网络一般分为输入层、隐含层和输出层，其中可以有一个或多个隐含层。

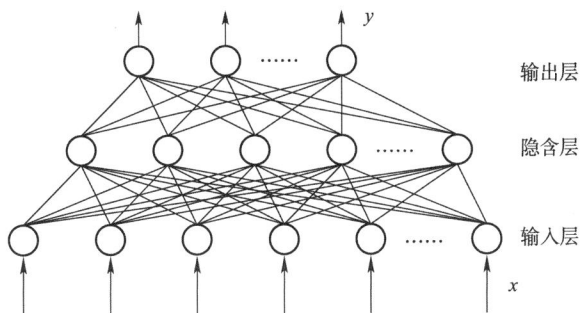

图 4-20　神经网络结构

神经网络是模拟人类大脑特性而提出的一种模型，通过大量的处理单元（神经元）互相连接形成网络结构，由神经元的相互作用来实现信息处理，信息与知识的存储表现为神经元之间分布式互连的物理联系。目前神经网络在医学、图像处理、模式识别等工业领域应用广泛，主要有如下特点：

①并行信息处理。

神经网络用一定的空间复杂性来有效地降低时间复杂性。按串行顺序执行已编译程序的解题过程可以称为排队投票，而神经网络的信息处理方式相当于众多神经元同时举手表决，因此作出判断或求得解答更迅速。

②信息处理和存储合二为一。

单个神经元既是信息处理单元，又是信息存储单元。作为神经元间连接键的突触，既是信号转换站，又是信息存储器。信息处理和存储合一，使得不用先找存储地址，然后再提取存储内容，效率更高。

③调整学习方便。

神经网络可以根据新的样本输入信息,改变突触连接强度,重新安排神经元的相互关系,从而达到适应新训练样本的目的。

神经网络的调整学习需要通过一定数量的样本训练神经网络成功后才能使用,训练样本通常由输入矢量和目标矢量组成。在训练过程中,被训练的神经网络根据实际输出与期望输出进行比较来调整连接权值和阈值。对只有一个隐含层的神经网络,可由式(4-18)在一轮训练后计算判别指标,并通过和预先给定的精度比较来判定训练是否可以结束。

$$E = \frac{1}{2}\sum_{i=1}^{k}(T_i - y_i)^2 \tag{4-18}$$

式中,T_i 为输出层第 i 个神经元的期望输出,输出层一共 k 个神经元;y_i 为输出层第 i 个神经元本轮训练输出。

4.3.4 数据集成与标识解析关键技术

目前,远程通信、传感器和数据库等技术的发展解决了设备检测数据和其他相关数据的集成问题。这就为利用知识挖掘方法从集成的大量数据中找到判据知识建立了必要的基础。这一思想与人类医生诊治过程所需要的判定知识获取是相似的,医生的知识来源于大量诊断个体案例的概括总结,这一过程由人来完成;而船舶及船用设备判据知识的获取,在集成大量同型设备监测信息的基础上,由知识挖掘、人工智能、因果学习等来完成。

要更好地完成数据挖掘等相关分析,需要有一套机制将不同船舶的同类型设备的数据集成在一起。

船用设备远程运维信息的集成,面临着设备类型繁杂、配套系统多样、数据类型不统一等诸多问题,同时由于各船舶业务系统在建设过程中缺乏统一的标识体系与数据标准,使得配套厂商通常采用不同的标识规范进行设备、信息等各类要素的标记。一方面,不同的标识编码体系也使得船舶设备及其数据资源难以实现集中管理;另一方面,不同的标识解析方式造成了数据资源跨系统、跨企业的流通共享存在障碍。

面向船舶及船用设备运维信息的集成亟须一套规范化、标准化的平台信息标识解析体系,实现运维数据跨系统、跨层级、跨地域的共享与集成。基于工业互联网思想,围绕船舶及船用设备的运维数据集成需求,通过建立标准化的平台标识解析体系,可以对各设备、各系统信息元进行唯一识别,实现运维数据资源的统一管控。

1)工业互联网标识解析体系

工业互联网标识解析体系是指为了实现工业互联网中设备、产品、服务等各个要素之间的互联互通而建立的标识识别和解析体系。它通过为每个参与者赋予唯一的信息标识,实现对其进行准确识别和定位,从而支持数据交换、资源管理、服务协作等功能。

工业互联网标识解析体系主要包括以下三个部分。

标识编码:工业互联网的标识编码是为工业设备、产品或资源在互联网及物联网中进行唯一标识和识别而制定的一套编码体系,保障了机器、产品等物理资源和算法、数据等虚拟资源的唯一性和可识别性。

标识解析:工业互联网的标识解析是为实现工业互联网系统之间的互操作性和信息交换而进行的标识体系建设和数据解析工作。在工业互联网中,不同的设备、系统或平台需要能够相互识别、理解和交换数据,因此,需要一个统一的标识体系来确保数据的准确解析和传递。

标识数据服务:工业互联网的标识数据服务是指借助标识编码和标识解析进行物理世界中设备、产品的唯一标识和信息采集,并通过互联网的连接,实现相关数据的采集、传输、存储和分析处理,为工业生产和管理提供支持。借助工业互联网标识数据服务,可以实现生产过程、设备状态、物流信息的实时监测和管理,同时也保障了数据资源跨行业、跨地域的流通与共享。

2)平台标识编码结构的设计

船用配套设备集成设计云服务平台的信息标识编码由标识前缀、标识中缀和标识后缀三部分组成,标识前缀、标识中缀与标识后缀之间以 UTF-8 字符"/"分隔,内部以 UTF-8 字符"."分隔。其中标识前缀由国家代码、行业代码、企业代码组成,用于唯一标识企业主体(包括配套设备厂商、船东、科研院所及相关单位);标识中缀由品类代码、基础分类代码、顺序代码组成,用于唯一识别标识对象(包括配套设备及其他服务资源);标识后缀由平台统一定义,包括类代码、属性代码、保留代码,用于唯一设备标识配套设备等服务资源的相关接口、属性、方法及与平台其他标识对象的关系,其编码结构如图 4-21 所示。

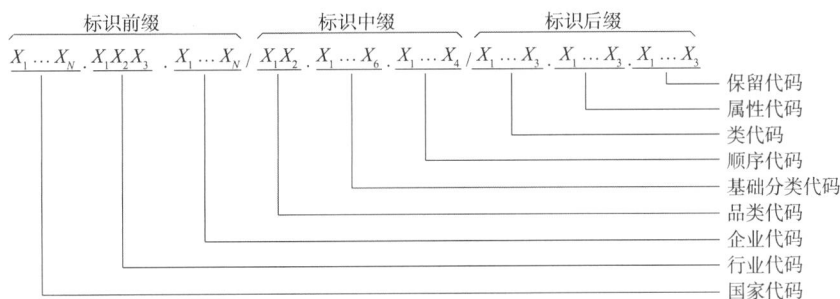

图 4-21　平台标识编码结构

标识前缀由相关规范定义,需遵从标识注册管理机构相关要求。标识中缀由行业定义。其中:①品类代码,是对船用配套设备行业需要标识对象的类别进行划分,包括生产原材料、制造场地、制造设施设备等;②基础分类代码,用于描述船用配套设备的类别到名称等详细信息,如船用配套设备的类别分为动力设备、舾装设备等,而动力设备类别中分为柴油机、汽轮机等,柴油机则分为低速柴油机、中速柴油机、高速柴油机等;③顺序代码用以标识在产品的名称、型号、规格等属性相同的情况下的设备编号。

标识后缀由云服务平台定义。从云服务平台的管控角度来看,一方面是对船用配套设备进行管理,通过配套设备的编码支撑智能运维、集成数据服务等;另一方面,云平台利用标识编码体系,完成对集成设计等平台的服务资源进行管理。因此需要标识后缀灵活定义,其具备两种功能。

(1)配套设备及系统的信息标识编码。从配套设备管理角度来看,标识后缀完成对配套设备更为详细的表述。类编码是对配套设备中的组成部件的标识。属性编码为了更好兼容后续平台的发展而定义,目前可以不启用;属性编码标识配套设备组成部件的属性信息,属性可分为静态属性和动态属性,静态属性是对船用配套设备静态性质及关系的概括描述,一般与船用配套设备描述相关,如轴系长度、主机额定功率等;动态属性是对船用配套设备动态性质及关系的描述,一般与环境、业务描述相关,如轴承温度、主机瞬时功率等。保留代码为平台标识码的预留位,用于标识扩展等。

(2)云平台服务资源编码。从服务资源管理角度来看,标识后缀所定义的类编码和属性编码具备功能如下。类编码是对平台集成设计服务资源所表达或代表的具有共同特征的服务的抽象,包括但不仅限于行业分类、产品分类、采集类、通信类、工程类、配置类、报警事件类、网络安全类、控制类等。属性编码涵盖船舶配套设备集成设计服务的属性信息,包括数据、接口、状态、关系等,体现对服务资源的专业描述。保留代码为平台标识码的预留位,用于标识扩展等。

3)平台标识的分配与解析

参考工业互联网标识解析实施架构,设计船用配套设备集成设计云服务平台的信息标识解析实施架构,以船用配套设备设计阶段、运维阶段数据为例说明,如图4-22所示。

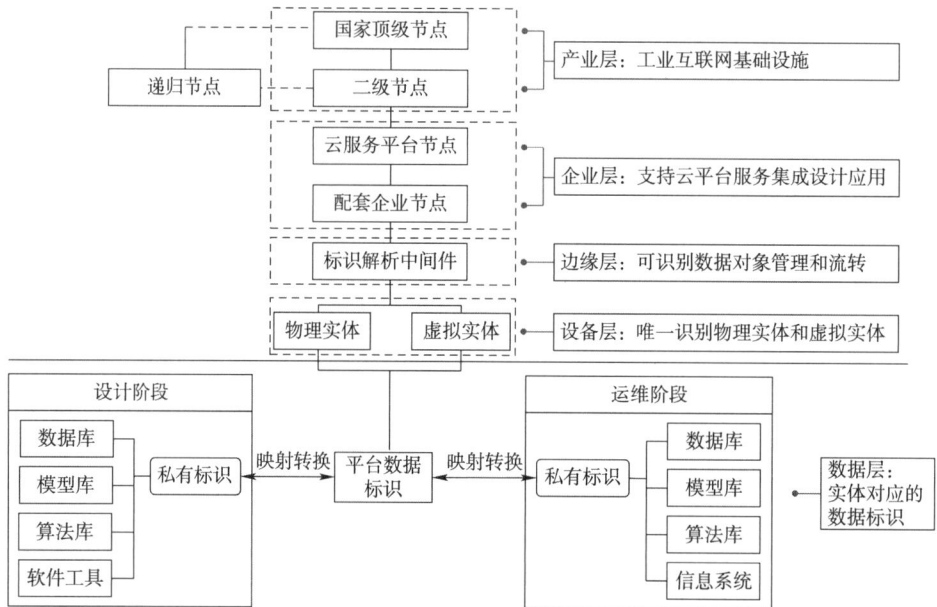

图4-22　标识解析实施架构图

数据层中,船用配套设备全生命周期过程中,不同阶段、不同软件系统中,存在语义异构、数据库异构等典型问题。其中,语义异构是指词语和概念在不同的上下文中有不同的含义,即不同的信息源中相同或相关数据在含义或解释、用途方面的不同,典型表现如命名冲突:包括同义词和同形异义词;类型冲突:相同概念用不同的编码表示;关键字冲突:相同概念用不同的关键字。而数据库异构则是数据源采用关系模式、对象模式等的不同存储模式所带来的问题。

若平台所构建的标识解析体系仅只到设备层,那么在船用配套设备所包括的不同设备、相同设备不同型号、不同生命阶段等所产生的数据,仍然是语义异构,无法进行集成。为此,需要将标识解析体系进一步扩展,深入到数据层级,通过私有标识(这里是广义下的标识,可以包括元数据、数据库字段等)与平台信息标识进行映射转换,消除数据之间的异构问题。其实现原理举例分析如图4-23所示,通过为数据库中字段进行标识,并利用"元数据库"概念构建不同数据库之间的映射转换关系,从而解决云平台涉及的不同软件系统之间的分布式信息集成问题。

图4-23　标识映射转换原理示例

4.3.5　智能机舱辅助决策技术

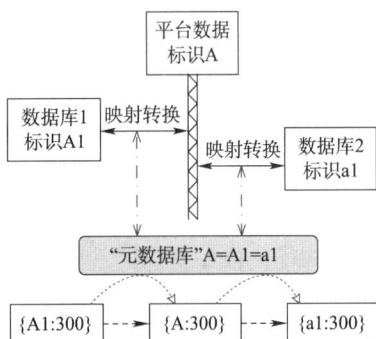

智能辅助决策(Intelligent Decision Support,IDS)是指利用先进的人工智能(AI)、机器学习(Machine Learning,ML)、数据分析等技术,帮助决策者在面对复杂问题时作出更高效、更科学的决策[44]。智能辅助决策系统可以通过处理大量的数据、模拟不同情境、提供决策建议等方式,支持决策者作出更有信息支持、更加合理的决策。智能辅助决策技术是智能船舶中实现高效、安全运行的重要技术之一[45],它通过对机舱数据的分析和处理,帮助操作人员作出决策或直接自动化决策。智能辅助决策技术和智能机舱的结合,提高了船舶管理的智能化程度,还增强了船舶的整体性能和安全性[46]。

智能辅助决策系统一般由以下技术支撑:

(1)数据收集与处理:智能辅助决策的基础是海量的、各种类型的数据。这些数据可以来自内部数据库、外部网络、传感器等。通过数据清洗、数据挖掘、特征选择等技术,将原始数据转换成有用的信息。

智能辅助决策的基础是数据,尤其是海量、多样化的数据。数据收集与处理是整个系统的起点,涉及以下几个关键步骤:

①数据收集。数据可以来自多种来源,包括:

a. 内部数据库:例如,船舶的运行记录、机舱设备状态、历史航行数据、燃料消耗等。

b. 外部网络:如气象数据、海洋环境数据、航路信息等。

c. 传感器:船舶上的传感器能够实时采集设备状态(如温度、压力、转速、振动等)以及外部环境数据(如海况、风速、温度等)。

②数据清洗。由于实际采集的数据往往包含噪声、缺失值、重复数据等,因此,需要通过数据清洗技术进行预处理,确保数据的质量。这包括去除无效数据、填补缺失值、去除异常值等。

③数据挖掘与特征选择。在海量数据中,如何提取出有用的信息是数据处理的关键。数据挖掘技术如聚类分析、关联规则挖掘等,能够发现数据中的潜在模式和规律。特征选择技术则通过选择最有意义的特征,减少冗余数据,提高模型的准确性和效率。

通过数据收集和处理,系统能够获得结构化和非结构化的数据,并为后续的分析与建模奠定基础。

(2)模型与算法:智能决策系统通过建立不同的模型(如统计模型、预测模型、优化模型等)和算法对收集到的数据进行分析、预测、优化等处理,最终提供决策建议。常见的模型和算法包括：

①统计模型：例如，回归分析（线性回归、逻辑回归等），用于处理定量分析问题。回归分析可以帮助决策者预测某个变量的变化趋势，如燃料消耗、航速等。

②预测模型：这些模型基于历史数据，采用机器学习、深度学习等方法来进行未来趋势的预测。例如，使用时间序列分析模型或长短期记忆（Long Short-Term Memery，LSTM）网络来预测船舶在未来航程中的燃料需求、设备故障等。

③优化模型：例如，线性规划、整数规划等模型用于优化船舶的航行路径、调度任务等。优化算法能够帮助船舶在特定约束下（如最小燃料消耗、最短航程、最优速度等）找到最优解决方案。

④决策树与分类算法：决策树（如 CART 算法）是常用的分类与回归模型，用于分析复杂的决策问题。通过对数据进行划分，决策树可以提供基于规则的决策路径。

⑤神经网络与深度学习：神经网络，特别是深度神经网络（Deep Neural Networks，DNN）和卷积神经网络（Convolutional Neural Networks，CNN），适用于处理高维复杂的非结构化数据，如图像、语音、文本等。例如，深度学习模型可以用于船舶的故障检测和图像识别（如检测设备的损坏情况）。

⑥强化学习：强化学习特别适用于决策过程中有动态交互的环境。在智能船舶领域，强化学习可以用于路径规划、航速调节等任务，系统根据环境反馈进行自我学习和优化。

（3）决策支持系统（Decision Support System，DSS）：DSS 通常是实现智能辅助决策的具体应用工具，更是智能辅助决策技术的核心[47]，能够集成各类决策模型、分析工具和用户界面，帮助决策者快速了解当前情况、模拟不同方案的结果，并提供相应的决策建议。

DSS 构建在设备状态监测与健康评估系统（Machinery Condition Monitoring and Health Assessment System，MCM&HAS）的基础上。

DSS 可以作为视情维护（Condition-Based Maintenance，CBM）系统的组成部分，基于对设备与系统的历史与当前运行状况，以及未来运行状况趋势预测的综合考虑，为设备与系统提供合理、有效的维修方案；也可以与 MCM&HAS 结合形成独立的系统，为设备与系统的操作、维护等提供实施措施与决策建议。

按照执行决策支持的主体不同，DSS 可分为计算机 DSS、人工 DSS。

计算机 DSS：通过把人类判断能力和计算机化信息结合起来，由计算机自主完成分析与评估，为设备与系统提供操作决策建议或维护方案等信息。

人工 DSS：船/岸技术人员对 MCM&HAS 输出的设备与系统状态信息和/或分析与评估结果进行分析，为设备与系统的操作、维护等提供实施措施与决策建议。如条件限制，可由人工 DSS 协助计算机 DSS 完成决策支持的分析与评估工作。

按照组成结构的不同，DSS 可分为传统 DSS、智能决策支持系统（Intelligent Decision Support System，IDSS）、新决策支持系统（New Decision Support System，NDSS）、综合决策支持系统（Synthetic Decision Support System，SDSS）。常见的 DSS 分类参考图 4-24。

传统 DSS 主要由数据库系统、模型库系统、用户接口等系统子系统组成，参考图 4-25。

数据库系统：包括数据库和数据库管理系统（Data Base Management System，DBMS）。数据库中存储与实际问题相关的数据,它由数据库管理系统进行管理。

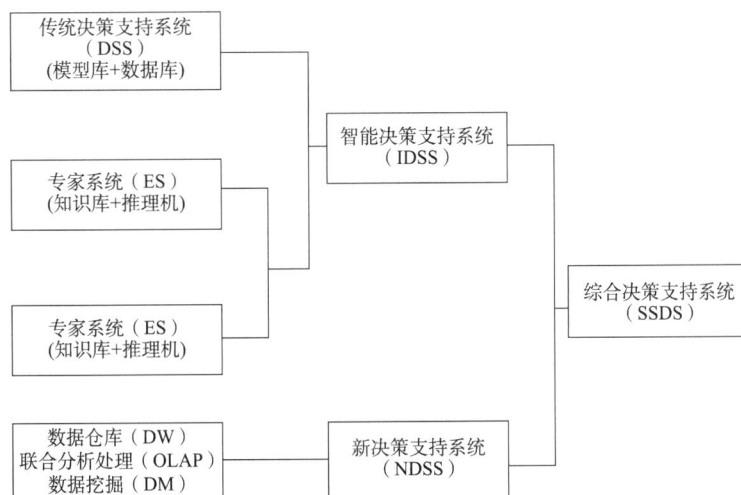

图 4-24 常见 DSS 分类

模型库系统:包括模型库,以及其他可提供决策分析能力的定量模型,由模型库管理系统(Model Base Management System,MBMS)为用户提供建模语言和功能以及模型库管理功能。

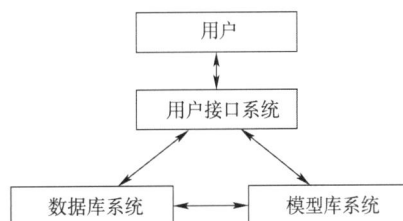

图 4-25 传统 DSS 基本结构

用户接口系统:是 DSS 与用户之间的交互界面,DSS 向用户提供决策建议;用户可以向 DSS 进行信息反馈帮助系统纠错、自学习。人机交互可以通过菜单、问答、表格、自然语言、窗口等信息化方式进行。

在传统 DSS 的基础上衍生出了诸多优化的决策支持系统:

①IDSS:IDSS 将人工智能技术融入传统 DSS 中,弥补传统 DSS 单纯依靠模型技术和数据处理技术,以及用户高度卷入可能出现意向性偏差的缺陷。与决策支持有关的人工智能技术主要有专家系统(Expert System,ES)、神经网络、遗传算法、机器学习、智能代理技术(Agent)、自然语言理解等技术。IDSS 基本结构参考图 4-26。

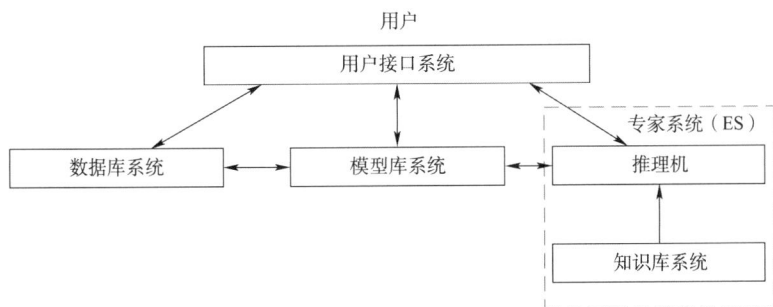

图 4-26 IDSS 基本结构

IDSS 由用户接口系统、数据库系统、模型库系统、知识库系统(Knowledge Base,KB)、推理机(Inference Engine)组成。

②NDSS:NDSS 是基于数据仓库的 DSS,由数据仓库、联机分析处理和数据挖掘 3 种技术结合而成。NDSS 基本结构参考图 4-27。

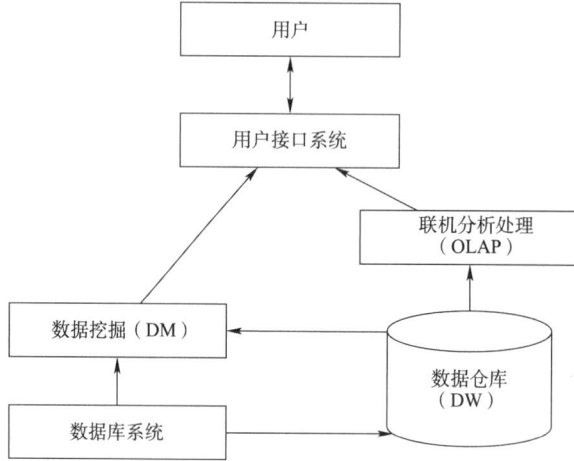

图 4-27　NDSS 基本结构

数据仓库(Data Warehouse,DW):将数据库中大量的历史数据、实时数据和综合数据等按决策需求进行重新组织,以数据仓库的形式进行存储,为用户提供辅助决策的随机查询、综合数据以及随时间变化的趋势分析信息等。

联机分析处理(Online Analytical Processing,OLAP):共享多维信息的、针对特定问题的联机数据访问和分析的快速信息技术。

数据挖掘(Data Mining,DM):从大量数据中提取出隐藏在数据中的有用信息,提供决策支持。

③SDSS 由 3 个主体组成,参考图 4-28。

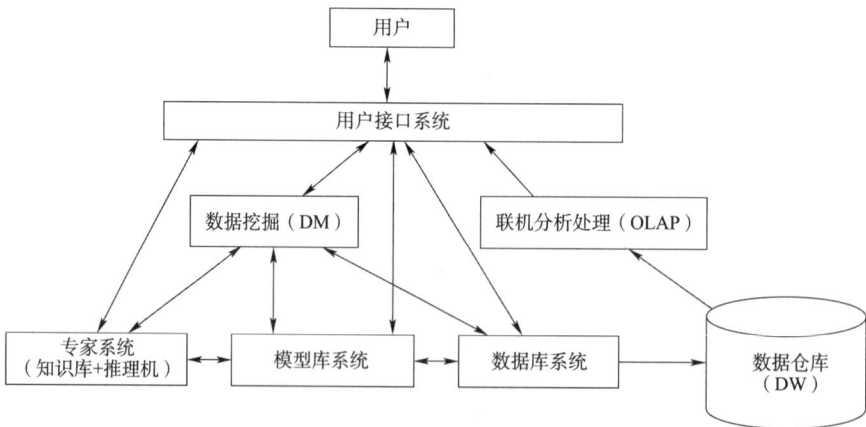

图 4-28　SDSS 基本结构

模型库系统和数据库系统结合的主体,完成多模型的组合与大量共享数据的处理,利用模型资源辅助决策。

数据仓库与联机分析处理结合的主体,完成对数据仓库中数据的综合、预测和多维数据分析,利用数据资源辅助决策。

知识库系统与数据挖掘技术结合的主体,完成知识推理,利用知识资源辅助决策。

(4)可视化界面。

可视化界面是智能辅助决策系统与决策者之间的交互桥梁,通过图表、仪表盘等形式将复杂的分析结果以直观、易懂的方式展示给用户。可视化界面的功能包括:

①实时数据展示:通过仪表盘展示船舶的实时状态,包括设备状态、航行参数、环境数据等,帮助决策者随时了解船舶的当前状况。

②趋势与预测分析:通过图表展示数据的变化趋势和预测结果。例如,展示船舶的燃料消耗、设备温度变化趋势,或预测未来航行中可能发生的风险。

③决策结果可视化:当决策者选择不同的方案时,系统会通过图形化界面展示各个方案的结果,如航行成本、燃料效率、安全性等。

④用户交互:用户可以通过可视化界面进行交互,如选择不同的决策参数、调整模拟条件、查看不同方案的结果等。这样能够帮助用户理解复杂的分析结果,并根据需求作出最合适的决策。

⑤图形与地理信息系统(Geographic Information System,GIS)集成:对于智能船舶,GIS可以用于展示船舶的当前位置、航线、附近的海洋环境等。通过与DSS结合,决策者可以在地图上直观地查看不同决策方案的地理影响。

4.3.6 智能机舱集成控制技术

船舶智能机舱集成控制技术是现代船舶智能化体系中的关键技术模块,涵盖了对机舱内复杂动力设备、传动系统、管路网络、液体处理系统及环境控制系统的全面监测、精准控制和优化管理[48]。作为船舶运行的"核心大脑",智能机舱集成控制系统通过整合传感技术、自动化控制、大数据分析、人工智能和通信技术,致力于提升船舶操作效率、设备可靠性以及运行的安全性和可持续性。

智能机舱集成控制技术的主要目标是实现船舶机舱系统的全面感知、智能分析、优化控制与协同运行。通过实时采集设备状态和运行参数(如温度、压力、振动、燃油消耗等),系统能够快速响应环境变化和设备状态异常,为船舶的高效运行和长周期稳定性提供保障。同时,借助预测性维护和能效优化策略,智能机舱集成控制技术能够有效降低燃料消耗和设备损耗,实现运行成本的显著降低。

随着人工智能、物联网、数字孪生和大数据技术的迅速发展,船舶智能机舱集成控制技术正朝着高度集成化、智能化和模块化的方向发展[49]。这不仅体现在硬件设备的性能提升和软件算法的优化,还包括系统间的高效数据融合与跨平台协同能力。此外,该技术还能够满足日益严格的国际环保法规要求,通过精准的能耗管理和排放控制策略,大幅提升船舶的绿色化和环保性能。

智能机舱集成控制技术的进一步发展,不仅为船舶营运带来了操作效率和经济效益的提升,还为现代海洋运输行业的数字化转型和低碳化发展提供了强有力的技术支持。作为一种复杂而系统化的解决方案,它正在逐步成为推动航运业创新发展的重要动力[50]。

船舶智能机舱集成控制技术的系统架构是一个多层次、多功能的集成体系,其核心组成包括感知与监测层、通信与数据传输层、处理与决策层以及控制与执行层。各层之间通过高效的协作和数据共享,实现对机舱内复杂设备和系统的全面监控、智能决策和精准控制。

1)感知与监测

感知与监测层是智能机舱集成控制技术的基础,主要通过布置在机舱内的多种传感器和监测设备,实时采集机舱运行的核心数据。这些传感器包括温度传感器、压力传感器、振动传感器、液位传感器、气体浓度检测设备等,用于监测主机、辅机、泵机、管路系统等关键设备的状态参数和环境条件。感知层不仅确保了设备运行数据的准确性,还为后续的数据分析与处理提供了可靠的基础。

此外,感知层还能够对数据进行初步的筛选和过滤,通过边缘计算技术减轻数据传输和中央处理的压力,提升系统的实时性和稳定性。

2)通信与数据传输

通信与数据传输层是连接各个系统模块的重要枢纽,负责实现数据的高速、稳定传输以及系统之间的无缝交互。该层利用船舶内部通信网络(如工业以太网、CAN 总线)和外部通信系统(如卫星通信、5G 网络),实现船舶机舱数据的多通道传输与远程共享(图 4-29)。

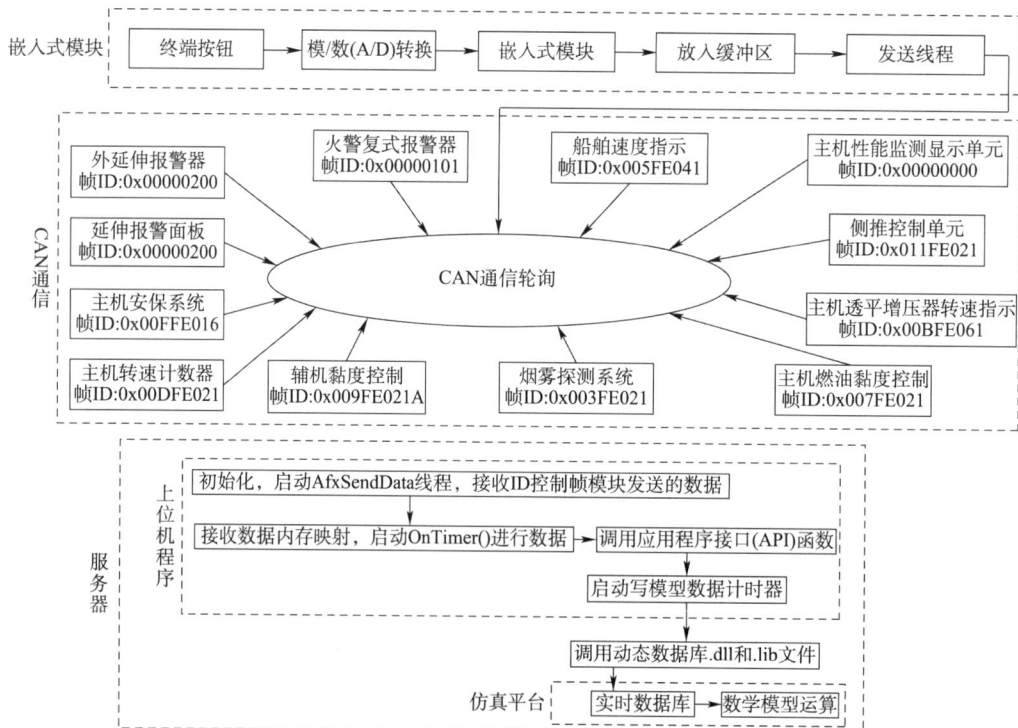

图 4-29　CAN 总线数据上行流程

为保证数据传输的可靠性和安全性,通信层集成了网络冗余设计、加密算法和访问控制策略,能够有效应对网络中断和数据泄露风险。此外,通信层还需兼容不同设备和厂商的接口协议,实现跨平台的数据互联与操作协同。

3)处理与决策

处理与决策层是智能机舱系统的"中枢大脑",负责对感知层采集的数据进行深度处理和分析。通过大数据技术、人工智能算法和数字孪生技术,处理层能够完成多源数据的融合与建模,生成设备状态诊断结果、预测性维护计划和操作优化方案。

例如,利用机器学习算法,系统可以提前识别设备运行中潜在的故障趋势,从而避免突发故障对船舶营运造成的影响。此外,基于实时数据和历史记录的综合分析,该层还可以为能源管理和航行优化提供决策支持,提高船舶的经济性和环保性。

4)控制与执行

控制与执行层是智能机舱集成控制技术的终端执行模块,负责将处理与决策层的指令转化为具体的操作行为。该层通过控制器、驱动器和执行机构,对主机、辅机、泵机、电力系统等设备进行精准控制,包括运行参数调节、能耗优化和应急响应等功能。

同时,该层还承担异常状况下的应急处理任务,例如通过自动化控制机制快速关闭故障设备或启动备用系统,确保机舱的安全运行。此外,控制与执行层具备一定的自适应能力,能够根据实时变化的运行条件调整控制策略,从而实现系统的动态优化。

智能机舱集成控制技术的系统架构通过感知、通信、处理与执行4个核心层次的有机结合,构成了一套高效、智能、可靠的综合管理系统。这种分层式架构不仅提升了系统的模块化设计水平,还为实现跨系统协同和未来的技术升级奠定了坚实的基础。

智能机舱集成控制技术作为船舶智能化的核心组成部分,其功能涵盖了从实时监测到优化决策、从能效管理到安全保障的全方位体系化管理。这些功能通过先进的技术手段得以实现,为船舶的高效、安全、环保运行提供了全面支持[51]。

(1)实时监测与报警。实时监测与报警是智能机舱系统的基础功能,通过布置在主机、辅机、泵机、管系等关键设备上的传感器网络,系统能够实时采集温度、压力、振动、液位等参数,并对设备的运行状态进行全面监控。一旦检测到参数异常或设备异常行为,系统会立即触发多级报警机制,通知操作人员采取相应措施[52]。

该功能结合边缘计算和物联网技术,不仅能够提高数据采集的准确性和实时性,还通过智能化的数据预处理,减少报警误报或漏报现象,提高船舶运行的可靠性。

(2)能效管理与优化控制。能效管理是船舶智能机舱集成控制技术的核心目标之一,通过对动力系统、发电系统、冷却系统等的运行参数进行综合分析和动态优化,系统能够实现燃油消耗的最小化,同时减少二氧化碳、硫氧化物等污染物的排放。

具体技术实现包括基于能量管理模型的优化算法、船舶运行负载分配的智能调控以及设备运行模式的自适应优化。系统还能够根据实时环境和航行条件,动态调整燃油消耗策略和设备运行状态,确保在保证性能的前提下实现最高的能源效率。

(3)智能辅助决策。智能辅助决策系统通过大数据分析、机器学习和数字孪生技术,为船舶操作提供数据驱动的优化建议。系统能够结合实时监测数据、历史运行数据以及外部环境信息(如天气、海况),对设备运行状态进行预测性分析,生成维护计划和操作调整方案[53]。

同时,该功能还支持仿真技术,通过虚拟模型模拟不同操作方案的效果,为船员和岸基管理人员提供全面的决策支持。这种智能化的辅助功能不仅提升了船舶运行的效率,还减少了因人为决策失误导致的营运风险。

(4)远程监控与协同操作。远程监控与协同操作功能通过船舶内部通信网络和船岸数据传输通道,实现了机舱系统的远程实时管理和操作支持[54]。通过卫星通信或5G网络,岸基团队可以实时访问船舶的运行数据,进行远程故障诊断、操作调整以及维护指导。

此外,系统还支持船舶多部门间的协同操作,通过共享数据和统一的操作平台,实现机舱、驾驶台与岸基管理团队的无缝协作。这种功能极大地提高了船舶运行的灵活性和问题解决的时效性,尤其在远洋航行中表现尤为突出。

(5)安全保障与应急响应。安全保障与应急响应功能是智能机舱系统的重要组成部分,通过冗余设计和自动化控制技术,系统能够在设备故障或紧急情况下迅速采取有效措施,确保船舶的安全运行。

安全保障与应急响应功能包括故障预测与诊断、设备自动切换、火灾检测与灭火系统联动等。系统还集成了网络安全模块,通过数据加密、访问权限管理和防火墙技术,抵御网络攻击和数据泄露。此外,应急响应机制通过自动化控制和操作指南支持船员在紧急情况下的快速反应,最大限度降低事故风险。

智能机舱集成控制技术的主要功能与技术实现以数据驱动为核心,涵盖了从监测、控制到决策支持的全方位智能化管理。这些功能通过先进的传感器网络、优化算法、远程通信和人工智能技术得以实现,为船舶营运提供了高效、安全和可持续的解决方案[55]。

→ 4.4 应用案例

4.4.1 典型应用场景一:基于人在回路与岸基中心的船舶发动机状态监测

在2020年,日本船级社在菲律宾建立了远程诊断中心,并开发一个基于大数据的异常检测系统。远程诊断中心汇集了具有丰富船上经验和专业知识的专家团队,专家负责根据异常检测系统的警报,对船舶状况进行诊断,并与船员进行沟通,以预防事故和故障的发生。其开发的异常检测系统旨在实时监控船舶的各项关键指标,通过卫星通信收集船上各种传感器的数据,并将这些数据传输回陆地上的监控中心,利用机器学习模型分析回传数据,识别出任何偏离正常模式的迹象,以及时发出警报(图4-30)。

图4-30 基于人在回路与岸基中心的船舶
发动机状态监测[56]

4.4.2　典型应用场景二:RH Marine 船舶智能机舱自动化系统

荷兰 RH Marine 船舶智能机舱自动化系统集成了主机控制、发电机控制、润滑系统和冷却系统等船舶机舱设备和系统,通过控制逻辑和监控功能,实现了对机舱设备的自动化控制、状态监测和故障诊断(图 4-31)。

图 4-31　RH Marine 公司船舶智能机舱自动化系统[57]

4.4.3　典型应用场景三:2017 年全球第一艘智能船舶"大智"号完成交付

相比常规货轮,"大智"号最大的特点就是拥有全自动化的船舶控制系统和高度智能化的学习控制系统,其中船舶控制系统是指"大智"号中央控制系统对船体的姿态感知和控制系统。"大智"号船体内一共安装了超过 350 个拥有不同功能的探测点,能够对船舱内的温度、湿度、结构状态等随时进行监控。同时,"大智"号也整合了多项航行过程中所需要的仪器,并将数据实时传递到数据库显示并记录下来,令在船上的人员较为直观清晰地掌控整艘货轮情况。根据已经输入的相关程序,在船只发生特殊情况的时候,"大智"号也可以发出警报并自行处理。图 4-32 为"大智"号 SOMS 集成信息平台架构及界面,SOMS 集成信息平台继承了智能航行、智能机舱、智能能效管理 3 套子系统,其中,智能航行系统综合获取船舶自身、海洋洋流、气象、港口和导航等信息,提供航线优化决策辅助,以实现省时、省油、舒适和低成本的航行体验;智能机舱系统能够实时评估设备状况,提前发现潜在安全隐患,提供高效的解决方案,实现接近零故障的可靠运营;智能能效系统通过监控和分析船舶能源消耗和设备性能,提供基于数据的能效分析和优化建议,以降低整体能源成本。

在 SOMS 集成信息平台的架构下,智能机舱系统与智能运维技术深度融合,形成"数据驱动-闭环管控"的协同机制。智能机舱通过 350 余个探测点实时获取主机振动波形、滑油品质指数、冷却管路压差等关键参数,构建设备全生命周期数字孪生体;智能运维则依托知识图谱与深度学习算法,将实时数据与历史故障库、维护规程进行多维关联分析,实现设备性能衰退的动态建模。例如,当系统检测到轴承温度异常但未达报警阈值时,智能运维模块可同步分析润滑系统供油曲线与负载波动数据,精准定位早期磨损迹象,并自动生成维护工单推送至岸基管理中心,同时调整设备运行参数以延缓劣化进程。这种耦合机制使"大智"号机舱系统具备自诊断、自适应的能力,运维效率得到明显提升,非计划停机时间明显减少,形成从状态感知到维护决策的完整智能闭环。

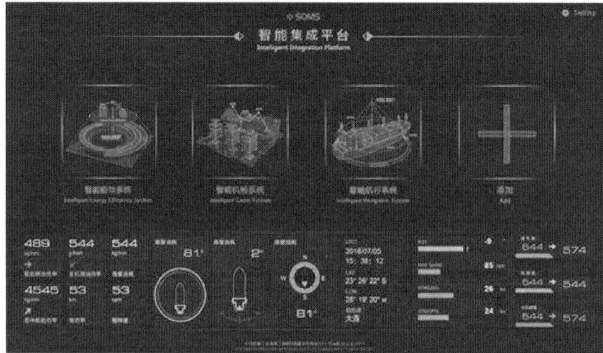

图 4-32 "大智"号 SOMS 集成信息平台

4.4.4 典型应用场景四:船舶动力装置磨损状态在线监测与远程故障诊断

磨损是船舶动力装置的主要故障类型。针对传统的定期取样送检模式,发明船舶动力装置磨损状态信息的实时在线监测方法与装置;针对现有的机舱自动化系统不能实现磨损故障分类与定量描述,发明多参数耦合的磨损状态定量识别技术;针对单一参数诊断精度低、故障类型少,集成摩擦学、动力学和性能参数,构建船舶动力装置一体化综合诊断体系;针对工程化应用,形成模块化、分布式的船舶动力装置磨损状态在线监测、远程诊断与维修技术。其技术路线如图 4-33 所示。

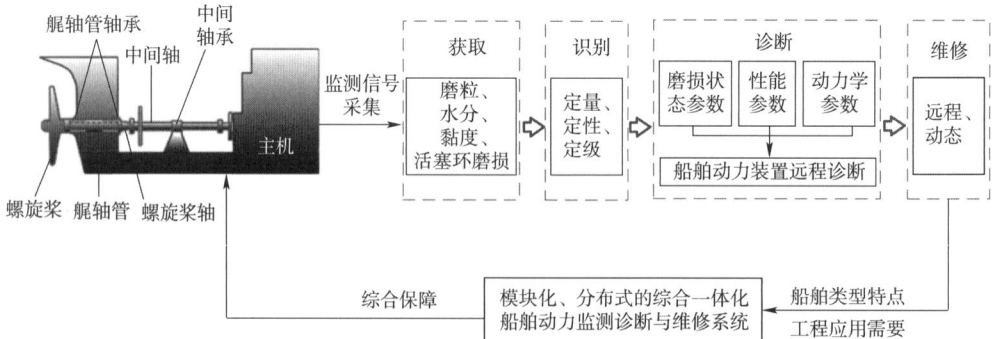

图 4-33 船舶动力装置磨损状态在线监测与远程故障诊断技术路线

2005 年 5 月投入使用的一艘 300m³ 首冲耙吸挖泥船"航竣 20",其监测主机、主机增压器、副机、液压系统等四类设备,通过瞬时转速传感器、振动传感器、液压颗粒传感器等采集数据,支持在驾驶室、机舱集控室、轮机长等多个位置开展运行监测与分析诊断。"航竣 20"监测报警与诊断系统如图 4-34 所示。

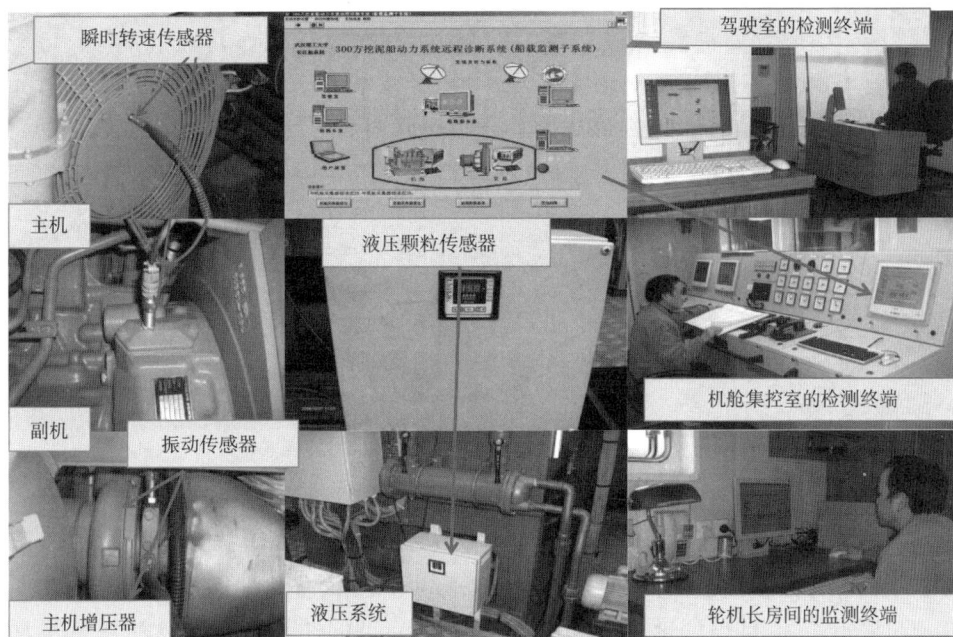

图 4-34 "航竣 20"监测报警与诊断系统

4.4.5 典型应用场景五:面向船体的结构监测系统

船舶在运行过程中,不同的装载状态、海况以及船舶自身的运行状态,都可能对船体结构产生不同程度的应力影响。这些应力如果长时间超过结构的承受能力,可能导致结构损伤甚至航运事故。因此,监测船体的结构应力,对于保障船舶的安全性和延长使用寿命具有非常重要的意义。

针对船体状态监测与结构维护问题需求,上海海事大学开发了一种船舶结构应力监测系统,如图 4-35 所示。该系统由应力传感器、加速度传感器、应变采集器、接线箱、监测主机和结构应力监测评估软件组成。系统为分布式架构,可实现传感测点大规模布置,底层传感数据总线传输,上层信息通过以太网与监控平台无缝连接,可对船舶结构应力进行实时监测和评估分析。当评估结果超出标准时发出预警信息时,监测数据和预警信息可长期存储。

4.4.6 典型应用场景六:基于运维服务的船舶轴系扭矩监测

在当前的船舶营运和维护领域,新兴的服务模式逐渐引起了行业的广泛关注。特别是运维服务模式的变革,将技术服务与客户需求更紧密地结合起来,提供了更加高效且成本可控的解决方案。

随着技术的进步和市场需求的变化,船舶行业正在逐步从传统的购买和自行维护设备的模式转向以服务为基础的运维模式。这种模式允许船舶运营商通过订阅服务来使用先进的监测工具,而无须承担高额的设备投资和维护成本。

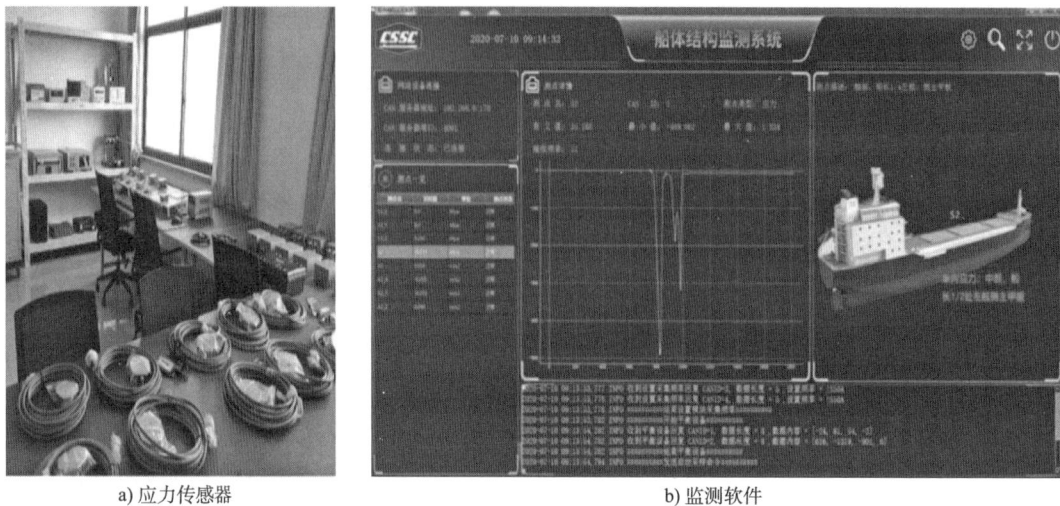

a) 应力传感器   b) 监测软件

图 4-35　船舶结构应力监测系统

在这一转变中,挪威 Kongsberg Maritime 推出了"转矩测量即服务",如图 4-36 所示。该服务专注于为船舶运营商提供精确且高效的转矩测量,从而优化船舶性能和燃油效率。客户只需支付服务费用,即可享受到持续的技术支持和定期的性能优化,这大大降低了营运的复杂性和成本。"转矩测量即服务"的主要优势在于其有限的前期投资成本和零维护费用,这为船舶运营商提供了显著的经济灵活性和成本效益。此外,此服务模式还有助于快速部署先进技术,实现船舶性能的即时优化和故障预防。

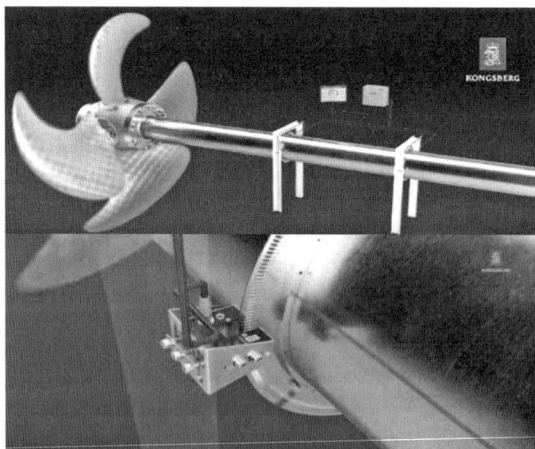

图 4-36　转矩测量即服务[58]

随着更多的船舶运营商认识到这种服务模式的价值,预计未来将有更多类似的创新服务涌现,这将进一步推动船舶行业向更加数字化和服务化的方向发展。通过这种模式,船舶运营商不仅能够减少初期的资本支出,还能通过持续的技术更新和专业服务,提升营运效率和安全性,最终实现更为可持续的海上运输解决方案。

4.4.7　典型应用场景七:船舶与海洋设备状态监测解决方案

在船舶与海洋设备运营中,高效的状态监测和智能维护策略是保障设备持续可靠运行的关键。设备的性能直接影响到整个操作的安全性和经济效益。

IKM Instrutek AS 为船东和造船业提供了一种全面的基于状态监测的智能运维解决方案。该系统专为优化海上和陆地机械设备的维护而设计,适用于各种旋转设备,如推进器、齿轮、电机、发电机、涡轮、压缩机和钻井顶驱等。系统主要特点体现为:Accurex™自动诊断(能够管理约 80% 的机器和缺陷,例如电机、泵、风扇、压缩机、齿轮箱、辊筒和轴等);ONEPROD 震动分析;可靠的冲击检测等。该系统适用于海洋和陆地的船舶与机械设备,可帮助用户通过早期识别磨损、撕裂和损伤迹象,规划最佳维护策略,确保设备的最大正常运行时间和计划停机时间。其应用示例如图 4-37 所示。

图 4-37　IKM Instrutek AS 状态监测解决方案[59]

随着技术的进步,进一步集成更多的数据分析和机器学习能力,实现更高级的预测性维护,将使船舶和海洋设备运营商能够更有效地管理其资产,确保操作的最高效率和安全性。基于状态监测的智能运维解决方案不仅提高了船舶和海洋设备的运行可靠性,还通过精确的维护时间规划,大大提升了营运效率,减少了维护成本,从而为船东和运营商带来显著的经济利益。

⊙ 思政课堂

智舱强国:从技术追赶到创新引领的航运担当

智能机舱的发展历程,不仅是一部技术迭代史,更是各国科技实力与产业情怀的生动注脚。从蒸汽机轰鸣的工业革命时代,那一个个靠人工调节的阀门、凭经验判断的工况,到如今传感器网络织就"神经末梢"、人工智能化身"智慧大脑"的智能时代,船舶机舱的每一次升级,都镌刻着人类对安全、效率与可持续发展的不懈追求——从减少机械故障的朴素愿望,到降低碳排放的全球担当,技术演进的背后,始终是对"让航行更可靠、让海洋更清洁"的坚守。

中国在智能机舱领域的探索,始终与民族复兴的征程同频共振。20世纪,我国船舶机舱设备多依赖进口,核心运维技术被少数国家垄断,老一辈航运人带着"造中国人自己的机舱"的执念,在闷热嘈杂的机舱里记录数据、反复试验,为国产技术积累第一手资料。如今,这份坚守结出硕果:武汉船机的智能锚机在"山东新时代"号上实现远程操控,从"手动操作"到"一键完成",不仅刷新了大型散货船锚机控制的效率纪录,更打破了国外在远程操控算法上的技术壁垒;海兰信BW-SMS600系统通过数字孪生技术构建设备"虚拟镜像",让故障预判精度达到国际领先水平,其核心算法完全自主研发,成为国产智能机舱系统走向世界的名片;"大智"号以350个探测点织就全自动化管控网络,从机舱温度调节到主机性能优化,实现"感知—决策—执行"闭环,其集成技术已输出至"一带一路"共建国家的多艘货轮,让中国智慧护航全球航运。这些突破不仅是技术的胜利,更是一代代航运人"科技报国"信念的结晶。《中国制造2025》中"质量为先"的理念,在智能运维的故障预测技术中落地生根——通过故障预测与健康管理(PHM)系统提前发现轴承磨损,使设备寿命延长30%;"一带一路"倡议下的国际合作,更使中国智能机舱技术与共建国家共享发展机遇,从与希腊船东联合开发能效管理系统,到为东南亚港口提供岸基集控解决方案,绿色与智能的融合实践,彰显着负责任大国的担当。

回望全球,日本的"i-Shipping"政策以标准化推动技术输出,韩国现代重工的"2030愿景"聚焦自主航行与智能船厂,与中国的技术突破共同勾勒出智能航运的全球图景。这提醒我们,技术竞争的背后,是开放包容的胸怀——挪威Kongsberg的数字孪生平台为我们提供了跨域协同的思路,芬兰Wartsila的预测性维护系统启发我们优化运维策略,而中国的实践也在为全球航运智能化贡献"中国方案":在中马钦州产业园,中国与马来西亚联合研发的智能机舱实训平台,已培养出数百名专业技术人才;在亚丁湾,配备中国智能监测系统的多国商船,通过数据共享提升了护航效率。

从机舱里的传感器到跨越重洋的船岸协同,智能机舱的每一个数据节点,都连接着"海洋强国"的梦想与"人类命运共同体"的愿景。作为新时代的航运人,唯有以自主创新为笔,在核心算法、关键传感器等"卡脖子"领域持续攻坚;以开放合作为墨,在技术标准、环保理念等方面与世界同行共商共建,方能在智能航运的浪潮中,续写属于中国的新篇章,让智慧之光照亮更广阔的深蓝航道。

(部分内容参考大语言模型"豆包"相关检索结果)

→ 本章思考题

(1)智能机舱设备与系统的主要功能包括哪些?分析这些功能在船舶运行与管理中的作用及其意义。

(2)智能机舱设备与系统在技术发展上面临哪些挑战?讨论这些挑战的技术难点及其

对智能机舱设备与系统推广应用的影响。

（3）智能机舱设备与系统的实现需要应用哪些监测与诊断方法？分析这些方法在系统运行中的关键作用及其应用前景。

（4）数据驱动的决策对智能机舱设备与系统发展有何重要性？讨论数据驱动决策在优化船舶运行效率和安全性方面的具体应用。

（5）什么是预测性维护？分析预测性维护的基本原理，并讨论其在智能机舱设备与系统中的实现路径及应用效果。

（6）故障诊断技术的发展对船员培训需求有何影响？讨论船舶智能机舱设备与系统中故障诊断技术进步对船员技能和职业发展的要求。

→ 本章参考文献

[1] CCS. Rules for intelligent ships [R]. Beijing, CCS, 2015.

[2] "中国工程科技 2035 发展战略研究"项目组. 中国工程科技 2035 发展战略·机械与运载领域报告[M]. 北京:科学出版社,2019.

[3] 中国船级社. 智能船舶发展展望 2022 [R]. 北京:中国船级社,2022.

[4] 中国智能船舶创新联盟. 智能船舶发展白皮书——远洋船舶篇(2023)[R]. 上海:中国智能船舶创新联盟,2023.

[5] 严新平. 内河新一代航运系统构建的思考[J]. 中国水运,2021(5):6-8.

[6] 国务院. 国务院关于印发《中国制造 2025》的通知[EB/OL]. (2015-05-19)[2024-01-11]. https://m. mofcom. gov. cn/article/b/g/201507/20150701059524. shtml.

[7] 周济. 智能制造——"中国制造 2025"的主攻方向[J]. 中国机械工程,2015,26(17):2273.

[8] 佚名. 国家中长期科学和技术发展规划纲要. 前沿技术[EB/OL]. (2006-02-09)[2024-01-11].

[9] 中国科学院先进制造领域战略研究组. 中国至 2050 年先进制造科技发展路线图[M]. 北京:科学出版社,2009.

[10] KONGSBERG MARITIME. Information Management System, K-IMS [EB/OL]. [2024-01-11]. https://www. kongsberg. com/maritime/products/digital/k_ims_applications/k-ims/.

[11] KONGSBERG MARITIME. Marine automation system, K-Chief [EB/OL]. [2024-01-11]. https://www. kongsberg. com/maritime/products/engines-engine-room-and-automation-systems/automation-safety-and-control/vessel-automation-k-chief/.

[12] KONGSBERG. Maximise business performance with Kognitwin [EB/OL]. [2024-01-11]. https://www. kongsbergdigital. com/industrial-work-surface/kognitwin.

[13] WÄRTSILÄ. Data driven maintenance-why less is more [EB/OL]. (2021-01-28)[2024-01-11]. https://www. hellenicshippingnews. com/data-driven-maintenance-why-less-is-

more/.

[14] WÄRTSILÄ. Wärtsilä Expert Insight-The continuing evolution of our next-level predictive maintenance service [EB/OL]. (2021-11-03) [2024-01-11]. https://www. hellenicship-ingnews. com/data-driven-maintenance-why-less-is-more/.

[15] MAN ENERGY SOLUTIONS. Strategic-Expertise of Efficiency-Control [R]. MAN Energy Solutions SE:Copenhagen,Denmark,2021.

[16] 余永华,杨建国,胡闹.智能机舱关键部件状态监测诊断技术研究[J].船舶,2018,29 (1):98-105.

[17] 杨丽.大数据与 B/S 技术在船舶自动运维系统中的应用[J].舰船科学技术,2018,40 (16):115-117.

[18] 洪学武,李军,曾骥,等.基于数字孪生的船舶远程运维系统分析[J].船舶物资与市场, 2021,29(7):17-20.

[19] 王延之,吴军,陈作懿,等.基于边缘计算的船舶轴系智能监测技术[J].兵器装备工程 学报,2021,42(8):287-291.

[20] PARK J,OH J. Analysis of collected data and establishment of an abnormal data detection algorithm using principal component analysis and K-Nearest neighbors for predictive mainte-nance of ship propulsionengine[J]. Processes,2022,10(11):2392.

[21] PERERA P L,MO B. Data analysis on marine engine operating regions in relation to shipn-avigation[J]. Ocean Engineering,2016:128163-128172.

[22] YAN X P,XIAO H L. Discussion on ship machinery maintenance based on oilmonitoring [J]. WIT Transactions on The Built Environment,1995(11):5-7.

[23] ONES N B,LI Y. Review of condition monitoring and fault diagnosis for dieselengines[J]. Lubrication Science,2000(6):267-291.

[24] JIANG R,YAN X. Condition Monitoring of Diesel Engines[M]. Complex System Maintenance Handbook. London:Springer London,2008.

[25] KORCZEWSKI Z. Contemporary diagnostic methods for ship engines:a report on scientific research activity of Polish Naval Academy in thisfield[J]. Polish Maritime Research,2008, 15(2):46-58.

[26] 严新平,袁成清.船舶动力系统运用工程的基础理论体系[J].中国造船,2011,52(2): 176-179.

[27] KHELIL Y,GRATON G,DJEZIRI M,et al. Fault Detection and Isolation in Marine Diesel Engines:A GenericMethodology[J]. IFAC Proceedings Volumes,2012,45(20):964-969.

[28] SORBIE S. An Overview of Marine Diesel Engine Fault Detection Methods Profile image of-Jamie[EB/OL]. (2015)[2025-05-17]. https://www. academia. edu/14112010/An_Over-view_of_Marine_Diesel_Engine_Fault_Detection_Methods.

[29] WANG Z,ZHAO Y,YAN J,et al. The Common Fault Diagnosis Method of Diesel Engine [C]//2018 2nd International Conference on Applied Mathematics,Modelling and Statistics

Application（AMMSA 2018）. Atlantis Press,2018:390-392.

[30] KIMERA D,NANGOLO F N. Maintenance practices and parameters for marine mechanical systems:areview [J]. Journal of Quality in Maintenance Engineering, 2020, 26（3）: 459-488.

[31] LAN F,JIANG Y,WANG H. Performance Prediction Method of Prognostics and Health Management of Marine DieselEngine[J]. Journal of Physics:Conference Series,2020,1670(1): 12014.

[32] 柯赟,宋恩哲,姚崇,等.船舶柴油机故障预测与健康管理技术综述[J].哈尔滨工程大学学报,2020,41(1):125-131.

[33] NEJAD A R,PURCELL E,VALAVI M,et al. Condition monitoring of ship propulsion systems:State-of-the-art,development trend and role of digital Twin[C]//International Conference on Offshore Mechanics and Arctic Engineering. American Society of Mechanical Engineers,2021:85178.

[34] XU X,YAN X,YANG K,et al. Review of condition monitoring and fault diagnosis for marine powersystems[J]. Transportation Safety and Environment,2021,3(2):85-102.

[35] ZHANG P,GAO Z,CAO L,et al. Marine systems and equipment prognostics and health management:a systematic review from health condition monitoring to maintenancestrategy [J]. Machines,2022,10(2):72.

[36] KARATUǦ Ç,ARSLANOǦLU Y,SOARES C G. Review of maintenance strategies for ship machinerysystems[J]. Journal of Marine Engineering & Technology,2023(6):1-15.

[37] ORHAN M,CELIK M. A literature review and future research agenda on fault detection and diagnosis studies in marine machinerysystems[J]. Proceedings of the Institution of Mechanical Engineers,Part M:Journal of Engineering for the Maritime Environment,2024,238(1): 3-21.

[38] 徐亮,郭力峰,钟琮玮,等.无人舰船机舱智能化技术应用探析[J].中国舰船研究,2022,17(6):15-21.

[39] 汪炫妍.智能船舶低速柴油主机监测系统配置[J].中国科技信息,2023(15):66-69.

[40] 贾富,廉建秀.智能型柴油机实船应用及控制系统优化研究[J].中国水运(下半月),2017,17(6):139-149.

[41] 毛俊皓,何宝,焦侬,等.船舶辅机智能化技术应用现状及发展趋势[J].船舶工程,2021,43(8):13-19.

[42] 王侃,李琳.船舶辅机电气设备节能技术探析[J].船舶物资与市场,2022,30(1):22-24.

[43] 赵豫.船舶动力辅助系统协同能效管理[D].镇江:江苏科技大学,2023.

[44] 张雪芳,夏雯婷.智能机舱监测和健康诊断的设计与实现[J].网络新媒体技术,2021,10(4):45-49.

[45] 时光志,石峰,李永杰,等.智能船舶机舱设备健康状态评估技术及应用[J].船海工程,

2024,53(5):20-24.

[46] 罗杰.海上船舶智能机舱综述[J].化工管理,2024(11):13-26.

[47] 中国船级社.船舶智能机舱 2024[R].北京:中国船级社,2024.

[48] 田庆林.基于双 CAN 总线船舶机舱监测及控制系统[J].自动化与仪表,2016,31(3):53-55.

[49] 马登云,李昊达.船舶机舱设备检测报警控制系统分析[J].船舶标准化与质量,2023(6):29-32.

[50] 张吉.船舶机舱设备的双层网络控制系统设计[J].中国市场,2016(6):62-64.

[51] 许永成.船舶主机推进控制系统的故障分析[J].珠江水运,2019(24):96-97.

[52] 王延涛,祁贝贝.船舶机舱监测的智能报警系统[J].舰船科学技术,2019,41(12):187-189.

[53] 庞路,何沁园.《智能船舶规范》下的机舱智能化探究[J].船舶,2018,29(1):63-67.

[54] 王祺.基于模糊信息融合的船舶除锈机器人远程监控系统[J].舰船科学技术,2021,43(24):217-219.

[55] 马勇,胡祖硕,王雯琦,等.船用智能设备与系统的发展现状与展望[J].机械工程学报,2024,60(20):181-192.

[56] MTI. Domain Experts x AI to Support Safe Vessel Operation-Expert-in-the-Loop-[EB/OL].(2022-08-23)[2024-01-11]. https://www. monohakobi. com/en/news/mtijournal/masa-ki/.

[57] RH Marine. Maximising your performance[EB/OL].[2024-01-11]. https://rhmarine. com/.

[58] KONGSBERG MARITIME. TORQUE-AS-A-SERVICE[EB/OL].[2024-01-11]. https://kognifai. com/product/torque-as-a-service/.

[59] IKM Instrutek AS. CONDITIONMONITORING[EB/OL].[2024-01-11]. https://www. ikm. com/ikm-instrut.

第 5 章
智能集成平台设备与系统

→ 5.1 研究背景

随着信息技术的高速发展和计算资源的标准化,以及一系列智能功能的研究突破与应用推广,船舶智能平台的构建显著加快。船舶智能集成平台将整艘船舶视为智能整体,从算力、算法和数据三大要素进行分析,旨在实现船舶航运过程的安全、经济、高效,提升船舶以及航司市场竞争力。算力负责处理和分析船舶智能功能所需的大量实时数据,确保船舶在复杂海况下能够快速作出决策,但目前船舶领域对算力研究较少。算法主要与智能功能研究相结合,负责将收集到的数据转化为有用的信息,并通过机器学习、深度学习等技术不断优化智能功能对应的船舶业务模型。通过传感器、物联网、无线通信等技术,收集船舶的运行状态、海洋环境、货物信息、港口和航司运营调度等数据,为算力和业务模型算法研究提供支持。智能集成平台作为船舶在智能化应用的高级形式,打破了传统船端自动化系统之间的垂直整合及有限互通,通过综合多系统的数据,进行数据挖掘,提供辅助决策及故障分析等功能,得到了全球高度关注[1]。

2013 年,韩国首次提出智能船舶概念,并开展智能集成平台的应用研究,主要集中在网络架构、数据采集与治理、信息安全等方面。网络架构方面主要研究船岸高效传输方式、船舶内部多区域、异构数据交互模式等。数据采集与治理方面主要解决船舶多种类型、多种接口的数据采集、船岸多类型运营数据统一与交互,以及数据融合、验证、清洗和检索等问题。信息安全方面主要涵盖用户身份、访问介质、通信信道、信令完整性等网络和数据安全的预防措施。近 10 年,智能集成平台的网络架构基本相同,但由于智能功能复杂度、内容部署、数据覆盖范围等差异,在冗余设计、数据空间、应用数量方面呈现出部分技术差异。为有效缩小上述差异,船舶数据采集、船舶内外通信交互和信息安全等领域制定了多项国际标准。

2018 年,中国船级社制定《智能集成平台检验指南(2018)》,细化和补充了船舶智能集成平台的建设规范[2]。2019 年,工业和信息化部、交通运输部、国防科工局联合印发《智能船舶发展行动计划(2019—2021 年)》[3],明确提出推动船用设备智能化升级,围绕智能船舶辅助决策、自主控制等功能需求,系统梳理感知与控制基础元器件技术要求,着重补齐短板,强化综合集成。推动船舶航行、作业、动力等相关设备的智能化升级,研制信息和控制高度集成的新型船用设备,全面提升船舶智能化水平,强调扩大典型智能船舶"1 个平台 + N 个智能应用"的示范推广[4],初步形成智能船舶虚实结合、船岸一体化的综合测试与验证能力,保持我国智能船舶发展与世界先进水平同步。

2023 年,中国船级社对《船舶网络系统要求及安全评估指南》进行修订,调整船舶网络安全分级,细化船舶及系统的网络安全技术要求及检验验证要求,形成了《船舶网络安全指南》(2023),进一步提升船舶网络安全防御能力[5]。2023 年,交通运输部在《关于加快智慧港口和智慧航道建设的意见》中提到,强化港口和航道关键信息基础设施的网络安全防护能力建设。加强码头自动化控制、生产作业、通航建筑物运行调度等重要信息系统的网络安全管理、安全检测与风险评估;依法严格落实信息安全等级保护制度,强化网络安全监测预警和态势感知,加强攻击性测试手段应用[6]。

船舶智能集成平台应连接全船所有设备,实现设备数据采集、控制指令标准化、岸基远程管理与运营数据接口标准化以及全船多源、多模态数据的采集管理、融合验证与访问管理等。船舶数据集成是整个智能集成平台的"数据基座"和"流动血液",是各种智能算法运行的数据基础,对实现智能功能影响巨大。但船舶设备国际化程度高,装备类型多、数量大,信号类型和接口形态差别大,导致船舶数据集成平台技术设计复杂。因此,未来应长期关注船舶数据集成。

➡ 5.2 研究现状

船舶智能集成平台通过集成多种智能技术,如自动化导航、远程监控、数据分析和优化算法,实时收集和分析船舶位置、速度、燃料消耗、货物状态等船端数据,实现对船舶的全面管理和控制。国内外对于船舶智能集成平台设备与系统的研究已经取得了一定进展[7],并成功应用于数百艘船舶。

5.2.1 国际产品现状

船舶智能集成平台最早可追溯到 20 世纪 90 年代的综合导航系统,德国艾思玛太阳能技术股份公司(SMA Solar Technology AG,SMA)基于 Unix 操作系统的双冗余构架设计,在功能融合、设备备份、软件定义功能和系统可靠性方面取得了非常好的应用效果。在此基础上,SAM 公司推出开放式体系综合导航平台管理系统。在船舶网络框架下,各设备依据不同功能被分类集成为相应的系统[8]。综合导航平台管理系统遵循统一的操作和设计方式,使用通用的硬件平台,提供良好的人机交互界面,降低了设备安装维护难度、减少了备件数量和人员培训成本,从而实现降本增效[9]。

挪威康斯伯格海事公司(Kongsberg Maritime,Kongsberg)的综合平台管理系统通过冗余的大通信宽带网络系统集成了船舶导航、动态定位、舵系操纵、推进控制、机舱自动化和安全管理等独立子系统,采取分布式控制策略和通用的通信协议,实现了各子系统间的数据信息交互,具有较强的逻辑性,便于船员管理[10]。

德国西门子股份公司(SIEMENS AG,SIEMENS)开发了 EcoMain 船舶管理系统集成平台,可集成并综合分析船舶营运相关数据,具体包括水温、转速、吃水、航速以及外界环境数据,为船东和运营商提供经济高效的船舶管理方案。此外,EcoMain 船舶管理系统集成平台可以分析船舶相互影响的各项数据,以降低成本和排放的形式转化为对燃料消耗的优化使用[11]。

瑞典 CNS 系统公司(C. N. S. Systems AB,CNS)研发的机载电子海图系统提供完整的AIS 集成,能够在多种电子海图格式上实时显示静态、动态和其他相关信息。

日本未来科技公司(Future Corporation)推出船舶物联网(IoT)平台,利用物联网技术在亚马逊网络服务上实时积累数据,如航行路线、燃料消耗、天气和海洋信息等。该平台可以实现船岸一体的数据连接和分析,并设有对船舶相关信息可视化分析的应用程序[12]。船舶物联网平台以船舶数据为起点,提供安全、低油耗的航行路线和故障预兆检测等,最终实现船岸一体化的数据协作运营和船舶相关周边服务的优化。

韩国现代重工与埃森哲公司合作推出 OceanLink 智能船舶平台,构建了船舶大数据环境,并运用大数据为用户提供全价值链船舶营运优化服务。该平台向航运、设计、造船以及物流等公司开放,平台可通过传感器和数据分析软件,实时跟踪船舶的状态,获得船舶的位置、设备、货舱状态等信息[13],实现设备故障诊断和以气象导航的航线节能优化主要目标。

5.2.2 国内产品现状

国内的船舶智能集成平台起步较晚。中国船舶集团有限公司、北京海兰信数据科技股份有限公司、震兑工业智能科技有限公司、武汉理工大学和哈尔滨工程大学等联合推出的船舶智能集成平台集成和管理船舶各子系统和设备,具备数据采集、处理和分析能力。通过数据可视化和智能算法,全面监控船舶监控,能够为船东提供决策支持,实现各子系统之间的信息共享和协同工作,提高船舶整体性能和管理效率[14]。常熟瑞特电气股份有限公司开发智能船舶集成信息平台能够运行船舶各智能系统数据的信息模型,实现数据交互和信息可视化。中国船舶及海洋工程设计研究院为我国极地科考船研发并加装了智能机舱集成平台系统。该集成平台系统项目的实施,使我国极地科考破冰船迈入世界先进行列。震兑工业智能科技有限公司推出的旗云工业互联网船基平台,支持智能航行、智能运维、智能能效、智能货物等应用系统集成,并支持采集设备管理、采集协议配置和全船30类设备的集成,能与旗云工业互联网岸基平台实现无缝对接[15]。

广州红帆科技有限公司推出智能船舶系统,对收集的数据进行分析和应用,不对设备进行控制和干预。该系统将航行系统、监测报警系统、视频监控系统、局域网系统和装载计算机系统等集成到统一的网络环境中,并建立船舶数据中心,实现全船数据集中管理、互联互通和信息共享。各智能应用系统基于智能集成平台的数据,进行分析和处理,提供辅助决策功能,达到节能减排、降本增效的目的,提高船舶管控效率[16]。

2023 年,上海船舶运输科学研究所的智能集成平台 IIPS 获得挪威船级社(DNV AS,DNV)的数据采集基础设施及船岸互连[D-INF(S)]认可。该平台满足船载数据服务器、数据中继组件、远程数据服务器等数据收集基础设施的一系列要求,实现了数据传输和安全协议的标准化[17]。

5.2.3　发展趋势

尽管船舶智能集成平台在当前取得了一定的成果并得到了广泛应用,但从实际应用效果来看,仍存在一些不足,未来将朝着以下方向进一步发展:

(1)提升传感器精度和优化通信技术。目前部分用于采集船舶运行数据的传感器精度有待提高,如在监测船舶设备关键参数时,精度不够会影响数据的可靠性,进而影响平台对船舶状态的准确判断。未来需研发更精准的传感器,提高数据采集的准确性,确保船舶智能集成平台能获取更精确的船舶运行数据,为后续的分析和决策提供坚实基础。同时,现有的船岸数据交互技术,如 QUIC 等协议已在一定程度上提升了数据传输性能,但在复杂海况和通信环境下,数据传输的稳定性和速度仍面临挑战。未来应进一步优化通信协议,探索新型通信技术,提高船岸数据交互的效率和可靠性,满足船舶实时监控、远程操控对数据传输的严格要求。

(2)深化数据集成与治理并优化存储管理。船舶数据来源广泛、类型多样,当前的数据集成与治理手段虽能处理大部分数据,但在数据融合的深度和广度上仍有提升空间。例如,不同格式和标准的数据在集成过程中存在兼容性问题,影响数据价值的充分挖掘。未来需完善数据集成技术,加强数据治理,统一数据标准,提高数据质量,更有效地整合和利用船舶运营过程中产生的各类数据。同时,随着船舶数据量的持续增长,现有的存储架构和策略面临存储容量和管理效率的挑战。本地存储容量有限,云存储在安全性和隐私保护方面存在顾虑。未来需要探索更合理的存储架构,如采用混合存储模式,结合本地存储和云存储的优势,并制定更科学的存储策略。

(3)拓展智能功能与推进接口标准化。当前船舶智能集成平台的智能功能在智能决策的准确性和全面性上有待提高,对船舶复杂作业场景的支持能力不足。未来应加强智能功能的研发,利用人工智能、机器学习等先进技术,拓展智能功能的应用范围,提高智能决策的科学性和可靠性,更好地支持船舶的各类业务场景,提升船舶运行的智能化水平。同时,船舶配套装备接口标准化程度不高,限制了设备之间的协同工作和数据交互效率。未来需加快推动船舶配套装备接口标准化工作,促进船舶设备之间的无缝连接和高效协同,提升船舶机械设备的自动化和协同控制水平,实现全船一体化管理,推动船舶智能集成平台的发展。

(4)数据安全技术升级与完善安全规范。随着网络安全威胁的不断演变,现有的船舶数据安全技术面临新的挑战。虽然目前采取了防火墙、访问控制等安全措施,但面对日益复杂的网络攻击手段,数据安全防护能力仍需增强。未来应不断升级数据安全技术,采用更先进的加密算法、入侵检测和防御系统,加强对船舶网络信息安全的保护,确保船舶运行数据的安全性和完整性。同时,国际船级社协会等组织虽已颁布相关规范,但随着船舶智能化的发展,新的安全问题不断涌现,现有规范可能无法完全覆盖。未来需要持续完善船舶数据安全规范,明确更严格的数据安全标准和要求,加强对船舶智能集成平台开发、运营过程中的安全监管,保障船舶数据安全。

总之,随着未来传感器技术、通信技术、数据处理技术以及安全技术的不断发展,船舶智能集成平台将能够采集更准确的数据,实现更高效的数据处理和管理,拓展更强大的智能功能,并提供更可靠的数据安全保障,推动船舶航运业向更智能化、高效化和安全化的方向发展。

5.3 关键技术

船舶智能集成平台的关键技术涵盖了数据采集、传输、存储、处理以及安全等多个方面,旨在确保平台能够高效、可靠地运行,并为船舶智能功能的实现提供强有力的支撑。船舶设备接口标准化技术解决设备接口多样化和不兼容问题,提高数据采集效率和平台兼容性;船舶数据集成与治理技术整合、清洗、存储和管理数据,确保数据质量和可靠性;船舶智能功能与业务支持技术实现船舶运行的自动化、智能化和高效化;船岸数据可靠交互技术确保船舶数据及时、安全地传递到岸基,为远程监控和决策支持提供保障;船舶数据安全技术防止数据泄露和恶意攻击,确保船舶运行的安全性和可靠性。

5.3.1 船舶设备接口标准化技术

随着智能船舶数字化转型以及船舶行业对智能化解决方案的需求增加,行业应用不断增多。船舶智能集成平台的技术发展受到越来越多的关注。船舶运营商和船舶所有者对智能集成平台的需求主要体现在增强安全性、降低成本、提高运营效率等方面。客户越来越注重数字化和智能化解决方案的引入[18]。受工业基础、配套体系、智能功能价值导向等影响,欧美、日本、韩国和中国等国家和地区在该平台的发展道路上,虽网络架构基本相同,但为解决船舶设备接口标准化,采取了不同的技术路线。

船舶设备的接口可分为结构化、非结构化两种主要的形式。对结构化数据,美国发布的相关接口标准影响巨大。1983年,美国海上电子技术协会(National Marine Electronics Association,NMEA)发布了NMEA-0183的装备间异步串行通信接口协议,通信波特率为4800~38400bit/s。这是船舶导航系统目前普遍采用的接口标准。为可靠传输控制指令、支持更多设备连接和更多数据量,美国海上电子技术协会在2001年发布了基于控制器域网(Controller Area Network,CAN)总线通信的NMEA-2000的接口标准,推荐通信波特率为250kbit/s,传输距离可以拓展到10km。该技术在中小型游艇上大范围使用,可节约大量船用电缆,减少设备互联调试工作。

为拓展支持传输声音、图像、文件等非结构化数据,美国海上电子技术协会在 2013 年提出了基于以太网技术的 NMEA-OneNet 的船舶网络通信接口技术,并给出了全船网络拓扑的示意,如图 5-1 所示。目前,NMEA-OneNet 已成为船载数据集成平台网络设计的基础参考,在部分游艇和舰船上已有应用。中国、日本、韩国和欧洲的智能船项目中都采用了类似设计。

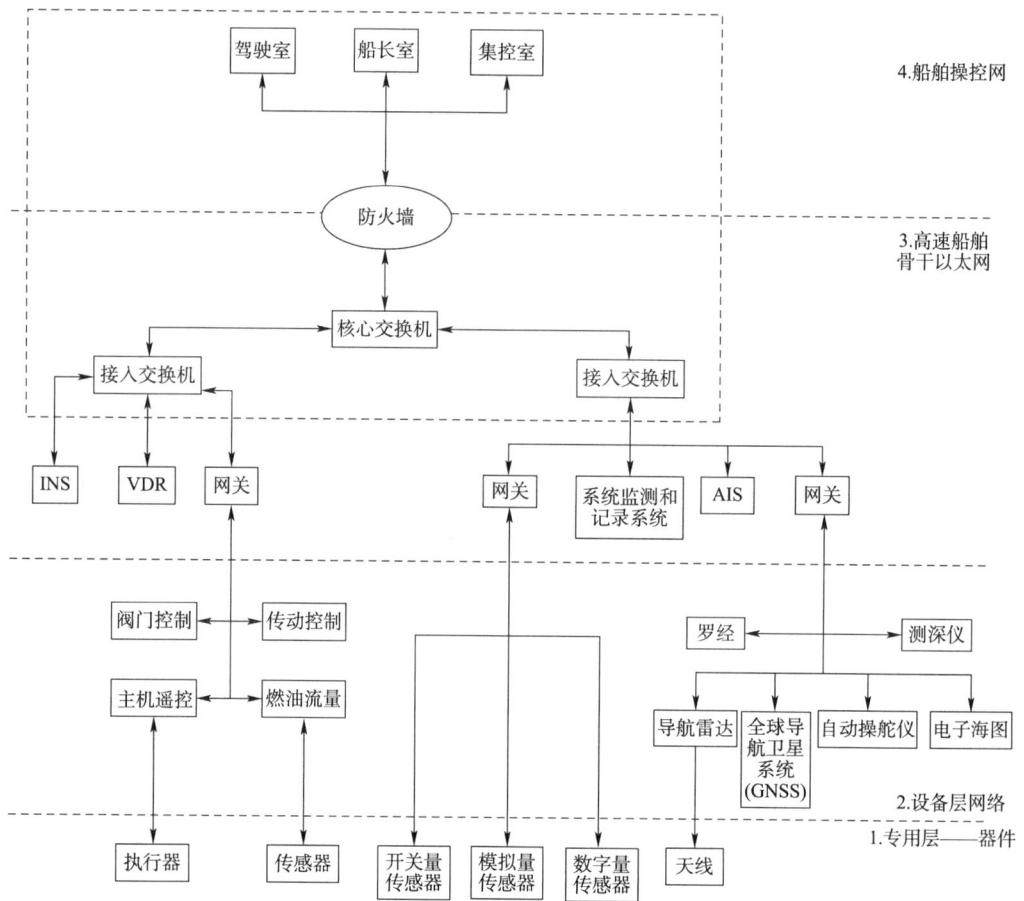

图 5-1　基于 NMEA-OneNet 协议的船舶网络拓扑示意图

2014 年,日本启动智能船舶应用平台项目(Smart Ship Application Platform,SSAP),该项目旨在建立船舶设备数据的标准化方法,不断提高船舶数据安全性和可靠性,最终通过了《船载海上工况数据服务器》和《船载机械和设备标准数据》两项国际标准[19]。日本的这两项标准是针对集成平台的服务器等信息技术(Information Technology,IT)设备、船舶内数据内容的接口的标准建议。

5.3.2　船舶数据集成与治理技术

船舶数据集成与治理,是提升航运效率与决策精度的关键,具体包括数据集成、数据库建设、存储管理以及数据清洗等关键方面。通过有效的船舶数据集成与治理,可以提高航运效率、优化运营决策、增强安全性,为航运业的可持续发展提供有力支持。

随着数字化的高速发展,数据已成为各个行业至关重要的战略资产。航运业作为全球贸易的重要支柱,也不可避免地面临着数据爆炸式增长的巨大挑战。船舶在航行过程中会产生大量数据,这些数据来源广泛且类型多样,包括船舶 AIS 提供的实时位置、航速、航向等信息;安装在船舶各个关键部位的传感器所监测到的设备运行参数和环境数据,如温度、压力、液位等;航海日志详细记录的船舶航行情况、设备维护记录以及货物装卸情况;电子海图系统提供的海域地理信息和航线规划数据等。如何有效地集成、管理和利用这些数据,成为提升航运效率、降低成本、确保安全的关键问题。

1)数据集成

船舶数据类型多种多样,主要包括船舶 AIS 数据、航海日志信息、电子海图系统资料、船员健康监测数据、船舶维修记录、港口管理信息以及气象预报服务数据。这些数据共同构成了船舶营运管理的全方位信息体系。全面收集船舶数据是建设船舶智能集成平台的基础和前提,对于推动航运业的数字化转型和智能化升级具有重要意义。

(1)船舶 AIS 数据:AIS 是一种船舶自动跟踪系统,以自组织时分多址(Self Organised Time Division Multiple Access,SO-TDMA)的通信方式,在 VHF 信道实现广播船舶的位置、航速、航向等关键信息,为船舶交通管理、海事监管以及航运企业的运营管理提供重要的数据支持。

(2)航海日志信息:航海日志是船舶航行过程中的重要记录文件,包含船舶的航行情况,如出发时间、到达时间、航线轨迹、遭遇的恶劣天气和海况等;设备维护记录,如机器设备的维修时间、维修内容和更换部件等;货物装卸情况,包括货物的种类、数量、装卸时间和地点等信息。

(3)电子海图系统资料:电子海图系统结合了 GPS 和 GIS 技术,为船舶提供高精度的海域地理信息和航线规划服务。该系统能够显示船舶实时位置和周围海域的地形地貌,并能够规划最优航线,避免在危险区域航行,提高航行效率和安全性。

(4)船员健康监测数据:随着对船员健康的重视,一些船舶配备了船员健康监测系统,可收集船员的生理指标数据,如心率、血压、体温等。这些数据对于保障船员健康和船舶安全运行至关重要。

(5)船舶维修记录:详细记录船舶维修的历史数据,包括维修时间、维修部位、维修内容、更换部件等信息。这些数据对于分析船舶设备的可靠性和制订维修计划具有重要价值。

(6)港口管理信息:当船舶停靠港口时,港口管理系统会记录船舶的到港时间、离港时间、货物装卸情况等信息。这些数据对于优化港口运营和船舶调度具有重要意义。

(7)气象预报服务数据:船舶航行受到气象条件的影响很大,通过接入气象预报服务,可以获取实时的气象数据,如风速、风向、海浪高度等,为航线规划和船舶安全运行提供参考。

在船舶智能运营平台的建设中,数据集成是关键环节之一。目前,常用的数据集成技术包括中间件技术、数据仓库、分布式数据库、大数据技术、实时数仓和数据湖。数据集成技术的应用,不仅为船舶智能运营平台提供了强大的数据处理能力,而且确保了数据的准确性和实时性,从而为航运业的智能化发展奠定了坚实的基础。现简要介绍各技术的应用情况。

（1）中间件技术：中间件是一种位于不同软件系统之间的软件层，它可以实现不同数据源之间的数据交换和集成。在船舶数据集成中，企业服务总线（Enterprise Service Bus，ESB）是一种常用的中间件技术。ESB可以连接船舶上的各种数据源，如AIS、传感器、航海日志系统和电子海图系统等，实现数据的实时传输和集成。它还可以对数据进行格式转换、协议适配和数据路由等操作，确保不同数据源的数据能够无缝集成到一起。

（2）数据仓库：数据仓库是一种面向主题的、集成的、相对稳定的、随时间变化的数据集合，用于支持管理决策。在船舶数据集成中，可以将来自不同数据源的数据抽取、转换、加载到数据仓库中，进行统一存储和管理。通过数据仓库，可以实现船舶数据的集中存储、历史数据分析和决策支持等功能。

（3）分布式数据库：随着船舶数据量的不断增长，传统的集中式数据库已经难以满足数据存储和处理的需求。分布式数据库技术可以将数据存储在多个节点上，实现数据的分布式存储和并行处理。它具有高可扩展性、高可用性和高性能等优点，可以有效地应对船舶数据的爆炸式增长。

（4）大数据技术：利用大数据技术，如Hadoop、Spark、Flink等，对船舶海量数据进行分布式存储和处理。通过大数据分析，挖掘数据中的潜在价值，为航运企业提供更精准的决策支持。例如，通过对船舶传感器数据的分析，预测设备故障，提前进行维护，避免因设备故障导致的航行中断。

（5）实时数据仓库：构建实时数据仓库，实现对船舶实时数据的快速处理和分析。实时数仓库可以接收来自各种数据源的实时数据，并进行实时清洗、转换和存储。通过实时数据仓库，航运企业可以实时监控船舶的运行状态，及时发现问题并采取相应的措施。

（6）数据湖：数据湖是一种存储和管理大规模数据的架构模式，如DeltaLake、Hudi、Iceberg，可存储多来源、多种类型数据，具有数据类型多样性、灵活存储结构、强大扩展性、多工作负载支持、丰富生态系统、促进数据共享协作、具备实时数据处理能力且成本较低等特点。与数据仓库相比，数据湖的数据处理更灵活，应用场景涵盖大数据分析、机器学习和人工智能、实时监控预警、数据整合治理等，但也面临数据质量、安全隐私保护以及管理维护困难等挑战。

2）数据库建设

在船舶数据集成与治理中，选择合适的数据库至关重要。船舶数据具有量大、种类多、实时性要求高等特点，因此，需要选择适合船舶数据存储和管理的数据库。常见的数据库类型包括关系型数据库、非关系型数据库、分布式数据库和时序数据库。现简要介绍各类型的应用情况。

（1）关系型数据库：如MySQL、Oracle等，具有成熟的技术和广泛的应用，适合存储结构化数据。但关系型数据库在处理大量非结构化数据和高并发访问时可能存在性能瓶颈。关系型数据库通过表结构来存储数据，具有严格的数据模式和事务处理能力。对于船舶的基本信息、船员信息、货物信息等结构化数据，可以使用关系型数据库进行存储和管理。

（2）非关系型数据库：如MongoDB、Redis等，具有灵活的数据模型和高可扩展性，适合存储非结构化数据和实时数据。但非关系型数据库在数据一致性和事务处理方面可能存在不足。非关系型数据库采用键值对、文档、列族等数据模型,能够存储和处理各种类型的数据。对于船舶的传感器数据、视频监控数据等非结构化数据,可以使用非关系型数据库进行存储。同时,非关系型数据库的高可扩展性和高性能使其适合处理高并发的实时数据。

(3)分布式数据库:如 Hadoop、HBase、Cassandra 等,具有高可扩展性和容错性,适合存储大规模数据。但分布式数据库的管理和维护成本较高,需要专业的技术人员进行管理。分布式数据库将数据分散存储在多个节点上,通过分布式计算技术实现数据的存储和处理。对于船舶行业的大规模数据,如历史航行数据、气象数据等,可以使用分布式数据库进行存储。分布式数据库的高可扩展性和容错性能够保证数据的安全性和可靠性。

(4)时序数据库:如 InfluxDB、OpenTSDB 等,专门用于存储时间序列数据,具有高效的写入和查询性能。

为船舶数据选择合适的数据库是一个复杂的过程,需要综合考虑数据特性、系统需求以及技术能力。因此,在设计船舶数据库时,除了选择合适的数据库类型,还需要考虑数据模型的设计、数据的安全性、系统的可扩展性以及长期的维护成本等因素,旨在构建一个高效、可靠的船舶数据管理系统,为船舶智能集成平台提供坚实的数据支持。

(1)数据模型设计:根据船舶数据的特点和应用需求,设计合适的数据模型,包括实体关系模型、文档模型、键值对模型等。数据模型的设计应考虑数据的完整性、一致性和可扩展性。例如,对于船舶的货物管理系统,可以设计实体关系模型,包括货物、船舶、港口等实体,以及它们之间的关系。对于船舶的传感器数据管理系统,可以设计文档模型,将传感器数据以文档的形式存储,方便查询和分析。

(2)数据库索引设计:为提高数据库的查询性能,需要设计合适的数据库索引。索引的设计应根据数据的查询模式和访问频率进行优化。例如,对于经常查询的字段,可以创建索引,提高查询速度。同时,需要注意索引的数量和类型,过多的索引会降低数据库的写入性能。

(3)数据库分区设计:对于大规模数据,可以采用数据库分区技术,将数据分散到不同的存储节点上,提高数据库的存储和查询性能。例如,可以根据时间、地理位置等因素对数据进行分区,将不同时间段或不同区域的数据存储在不同的分区中。这样可以提高数据的查询速度,同时也方便数据的管理和维护。

(4)数据备份与恢复:制定数据备份策略,确保数据的安全性和可恢复性。

3)存储管理

存储管理是根据船舶数据的特点和存储需求,选择合适的存储架构,包括本地存储、云存储和网络存储等。本地存储将数据存储在船舶上的存储设备中,如硬盘、固态硬盘等。本地存储具有较高的安全性和可控性,但存储容量有限,且数据备份和恢复较为困难。在船舶数据存储中,可以将一些关键数据,如航海日志、设备维护记录等存储在本地,以确保数据的安全性和可靠性。云存储将数据存储在云端服务器上,通过网络进行访问。云存储具有高可扩展性、高可用性和低成本等优点,但数据的安全性和隐私性需要得到保障。在船舶数据存储中,可以将一些非关键数据,如传感器数据、AIS 数据等存储在云端,以降低存储成本和提高数据的可用性。

因此,对于关键的船舶数据,如航行日志、设备状态数据等,可以采用本地存储和网络存储相结合的方式,确保数据的安全性和可靠性。同时,可以将一些非关键数据存储在云中,以降低存储成本和提高可扩展性。为有效地管理船舶数据的存储,需要制定合理的存储策略,包括数据备份、归档和删除等。数据备份可以保证数据的安全性和可靠性,归档可以减少存储空间的占用,删除可以清理无用数据,提高存储效率。以下是一些常见的存储策略:

(1)数据分层存储:根据数据的重要性和访问频率,将数据存储在不同的存储介质上,如高速缓存、磁盘、磁带等。对于频繁访问的关键数据,可以存储在高速缓存或磁盘中,以提高数据的访问速度;对于不经常访问的历史数据,可以存储在磁带等低成本的存储介质上,以降低存储成本。

(2)数据压缩:对数据进行压缩,减少存储空间的占用。在船舶数据存储中,可以采用无损压缩和有损压缩等技术,对数据进行压缩。无损压缩可以保证数据的完整性,但压缩比相对较低;有损压缩可以获得较高的压缩比,但会损失一定的数据精度。

(3)数据归档:将历史数据归档到低成本的存储介质上,如磁带库,以释放存储空间。在船舶数据管理中,可以定期将历史数据归档到磁带库中,以降低存储成本和提高数据的管理效率。

4)数据清洗

船舶数据在采集、传输和存储过程中,会出现各种质量问题。首先是数据不一致性,不同数据源如 AIS 与航海日志之间可能存在船舶位置信息的差异,或传感器数据与人工记录的不匹配。其次,数据时效性也是一个问题,传输延迟或存储系统故障可能导致数据过时,不能实时反映船舶当前状态。此外,数据准确性问题也不容忽视,传感器故障或误差可能导致温度等关键数据的不准确。数据缺失问题同样存在,例如在信号覆盖不到的区域,AIS 数据可能会出现中断。最后,数据冗余问题也会导致存储空间的浪费和数据处理难度的增加,多个数据源可能会重复采集相同的数据。

上述质量问题均会影响数据的可用性和准确性,因此,实施有效的数据清洗策略成为确保数据质量的关键步骤。常用的数据清洗方法包括数据去重、数据补缺、数据纠错和数据一致性检查等,这些方法共同构成了数据清洗的全面解决方案,为船舶智能集成平台提供了可靠的数据基础。

(1)数据去重:去除重复的数据记录,确保数据的唯一性。可以采用哈希算法、排序算法等方法进行数据去重。例如,可以对数据集中的每个数据项计算哈希值,然后根据哈希值进行去重;也可以对数据进行排序,然后逐行比较数据项,去除重复的数据记录。

(2)数据补缺:对于缺失的数据,通过插值、回归等方法进行填补。例如,如果船舶航行轨迹缺失,可以根据前后时间点的位置信息,采用线性插值或样条插值的方法估算缺失点的位置。如果传感器数据缺失,可以根据历史数据和其他相关传感器的数据,建立回归模型进行预测填补。

(3)数据纠错:对错误的数据进行纠正,如修正传感器数据的误差。可以采用阈值判断、数据校验等方法进行数据纠错。例如,可以设置传感器数据的合理范围,当数据超出范围时,判断为错误数据,并进行纠正;也可以采用数据校验码等方法,对数据进行校验,发现错误数据并进行纠正。

(4)数据一致性检查:检查数据的一致性,如确保不同数据源的数据一致。可以采用数据比对、数据验证等方法进行数据一致性检查。例如,可以对不同数据源的数据进行比对,发现不一致的数据项,并进行纠正;也可以采用数据验证规则,对数据进行验证,确保数据的一致性。

完成数据清洗后,应对数据质量进行评估,常用的数据质量评估指标包括准确性、完整性、一致性和及时性。准确性评估通过对比实际测量值和数据校验来确认数据是否真实反映情况,如传感器数据需通过标准仪器校准确保精确。完整性评估通过统计缺失率和检查必填字段来确保数据无遗漏,例如航海日志的完整性需保障所有必要信息齐全。一致性评估则通过比较不同系统和数据源中的数据来检查数据是否统一,如船舶基本信息应在各管理系统中保持一致。及时性评估关注数据的更新频率和时效性,以确保数据能够满足决策支持的需求,例如实时监控数据应实时更新以快速响应潜在问题。这些指标共同构成了评估数据质量的全套标准,确保了船舶数据的高标准和可靠性。

完成数据评估后,如果数据质量不理想,应及时对数据质量进行提升。常用的数据质量的提升方法包括:

(1)建立数据质量标准:制定数据质量标准和规范,明确数据的格式、内容和质量要求。例如,制定船舶数据的编码规范、数据格式标准、数据质量指标等,确保数据的一致性和准确性。

(2)数据质量监测:建立数据质量监测机制,定期对数据进行质量检查和评估,及时发现和解决数据质量问题。使用数据质量监测工具,如数据质量仪表盘、数据质量报告等,实时监控数据质量状况。同时,应建立数据质量问题反馈机制,及时处理用户反馈的问题。

(3)数据质量修复:对于发现的数据质量问题,及时进行修复和处理,确保数据的准确性和完整性。采用数据清洗、数据填充、数据纠正等方法进行数据质量修复。同时,应建立数据质量修复记录,跟踪问题的处理情况。

(4)数据质量管理流程:建立数据质量管理流程,明确数据质量的责任人和管理流程,确保数据质量的持续提升。例如,建立数据质量审核流程、数据质量问题处理流程等,规范数据质量管理工作。同时,应加强对数据质量管理人员的培训和考核,提高他们的数据质量管理能力。

随着技术的不断进步,船舶数据集成与治理将不断完善。大模型将在船舶数据治理中具有广阔的应用前景。例如,利用大模型对船舶的文本数据进行智能分析和处理,如航海日志、维修记录等,提取关键信息辅助决策。同时,通过大模型对船舶传感器数据进行异常检测和故障诊断,提前预警潜在的问题,提高船舶的安全性和可靠性。人工智能和机器学习技术的应用将使船舶数据的分析和预测更加准确和智能化。区块链技术的应用将提高船舶数据的安全性和可信度。边缘计算技术的应用将使船舶数据的处理更加实时和高效。船舶数据集成与治理是提升航运效率、优化运营决策、增强安全性的重要手段。有效的数据集成、数据库建设、存储管理和数据清洗,可以充分发挥船舶数据的价值。航运企业应积极拥抱数字化转型,加强船舶数据集成与治理,提升自身的竞争力和可持续发展能力。

5.3.3 船舶智能功能与业务支持技术

1) 智能功能技术

欧洲自 20 世纪 80 年代就开始研究船舶数字化平台管理系统,目前主要船舶自动化设备供应商,如阿西布朗勃法瑞公司(Asea Brown Boveri Ltd., ABB)、SAM、Konsberg 等研发的综合平台管理系统都较为成熟,且已占据大部分市场份额[20-22]。ABB 作为全球领先的工业自动化和电气设备公司之一,提供了一系列船舶智能化解决方案,在智能船舶领域有着广泛的经验和市场份额。日本、韩国近年来也开展了如 SSAP、ISSS、KASS 等项目,推动船舶智能集成平台发展[23]。但日本和韩国在具体技术措施上也有差异。日本的船舶装备产品化程度高,采取了传统装备升级提升智能功能、强化设备之间互联互通、以云端应用带动智能功能价值的技术路线,如图 5-2 所示;韩国则以通信和功能标准带动国产配套装备提升,逐步实现进口替代。

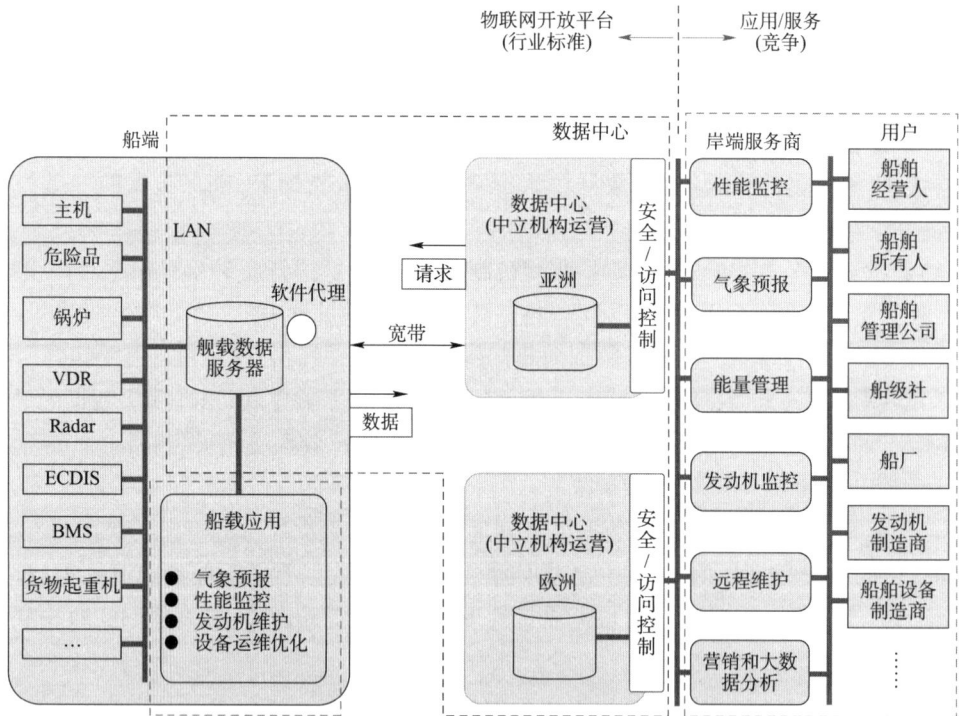

图 5-2　日本智能船舶数据平台框架

从图 5-2 中可以看到,日本的数据平台中仅在船端安装数据服务器;应用和服务功能均部署在岸基,通过云和船舶连接,并提供服务。该设计最大的益处是船舶上设备更改少、设备投资小,岸基、云端的智能能力拓展和发展空间巨大。该平台得到日本船东大力支持和积极评价,进一步提升了日本船舶在智能化领域的竞争力。

近几年,欧洲也开展了许多项目以发展船舶智能集成平台。2019 年,欧洲开展 Code Kilo项目,联手欧洲船东组织(European Shipowners' Organizations,EUROYARDS)成员协调数据管理解决方案和标准,以开发和展示互联船舶平台,以强大、安全和具有成本效益的方式应对不同利益相关者的数字化挑战[24]。2023 年 1 月,欧盟资助的新智能欧洲造船项目(Smart European Shipbuilding,SEUS)启动,旨在通过开发一个集成平台,为数据驱动的造船创建一个框架,该平台结合了船舶设计系统、数据管理和协作软件,希望将船舶工程所需的时间减少 30%,并将装配时间缩短多达 20%,结合以人为本的知识管理和数据驱动的人工智能设计元素的最新实践,为造船业创造"工业 5.0"概念[25]。

相比之下,国内的船舶智能集成平台虽起步较晚,但目前中国船级社颁布的《智能船舶规范》中也将智能集成平台归入其中[26],国内各企业和高校也逐渐开展大量有关船舶智能集成平台的研究。我国基本都采用了"1 + N"的设计,即一个船载智能集成平台(含网络),运行多个智能功能应用,如图 5-3 所示。

图 5-3 我国智能集成平台功能

在网络架构设计方面,我国与欧洲、日本、韩国基本相同,处于同等水平。我国智能集成平台双冗余网络架构如图 5-4 所示。

从图 5-4 中可以看出,我国的船舶智能集成平台产品能够采集分析船舶航行、机舱、能耗、船体、货物等实时信息,实现船舶的自主分析、评估、预测、决策优化;支持液体货物、航道疏浚作业、救助等业务场景能力。相比国外同类设计,我国对瓦锡兰和 MAN 等船舶动力设备数据覆盖不足。船舶机械设备的自动化、协同控制和全船一体化的程度不及欧洲,尤其是围绕船舶作业协同方面,限制了智能作业能力发展。未来应加快推动我国船舶配套装备接口标准化,以信息驱动自动、协同驱动智能为发展思路,加速推进我国船舶装备体系和协同发展,形成具有中国特色的智能系统装备能力。

2)智能功能支持技术

我国在"智能船 1.0"研发专项中,向 ISO TC8 WG10 提供船载数据网络订阅式交互技术(Data Subscription Communication Protocol,DSCP)的标准建议。这项技术支持船舶内多用户动态访问、大数据量交互的以太网高效率数据通信方式,尤其对视频、声音和文件类非结构化数据的交互过程效果显著,主要通信流程如图 5-5 所示。从图 5-5 中可以看到,我国在数据集成平台的设备接口标准化方面,对 Modbus、CAN、RS485/RS422 等非标准接口,都要配置接口转换网关,与 NMEA-OneNet 一致,变成以太网的标准结构化数据。

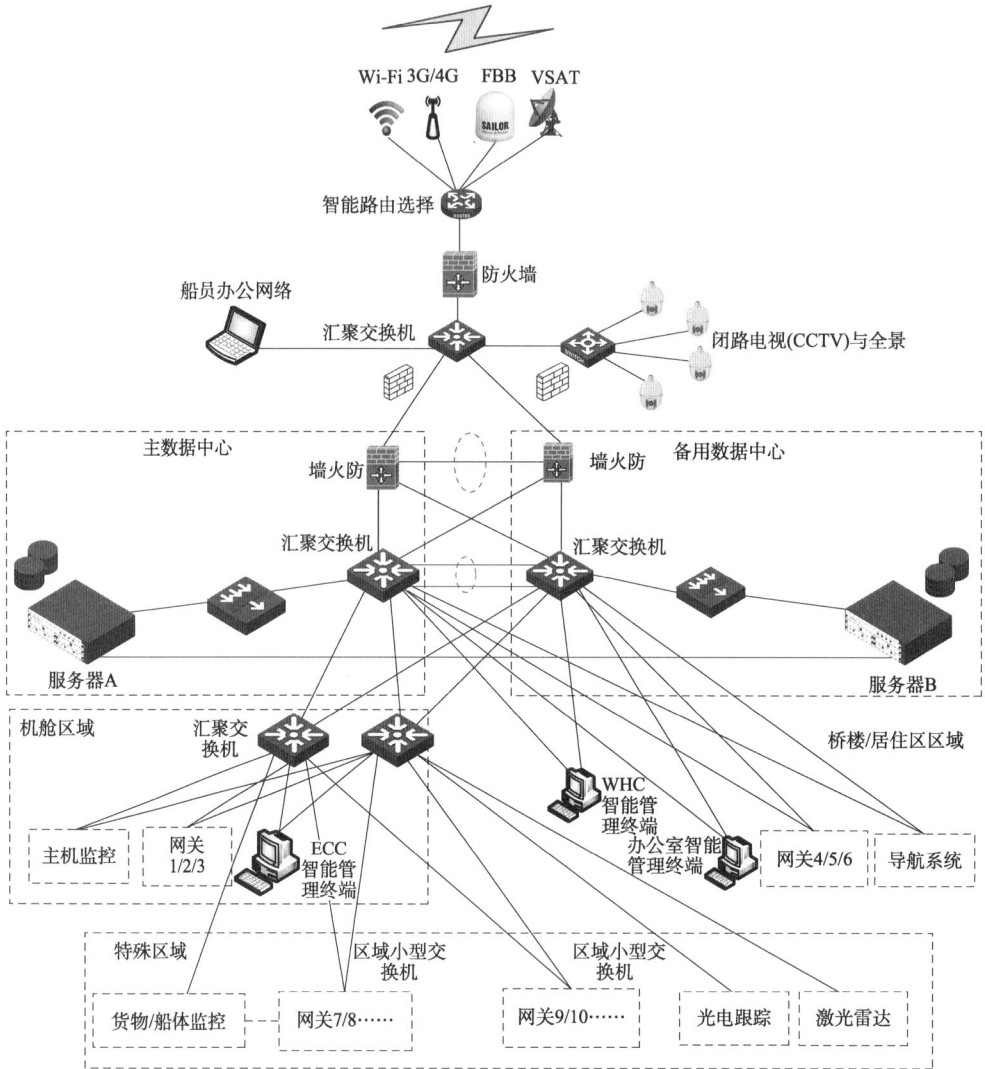

图 5-4　智能集成平台双冗余网络架构

船载数据系统需要处理大量来自不同设备或系统的实时数据,数据类型多、数据量大,数据需求用户弹性、动态,传统的数据请求-响应的交互模式,给服务器或者数据源设备带来巨大压力。而 DSCP 通过其独特的发布/订阅机制,能够有效满足这些需求。DSCP 的工作机制涉及多个关键组成部分:

(1)数据主题:在 DSCP 中,数据被组织成不同的主题,以标识不同类别的数据。这种结构化方式简化了数据管理和检索,使得订阅者可以通过选择相关主题获取所需的信息。

(2)发布/订阅机制:DSCP 采用发布者和订阅者松耦合的通信模型。发布者负责生成和发送数据,而订阅者通过订阅相应主题来接收数据,减少了系统间的直接依赖关系,提升了数据处理的灵活性。

(3)质量服务(Quality of Service,QoS)策略:通过 QoS 策略,DSCP 能够提供不同级别的服务质量,满足船载系统对数据的可靠性、延迟和吞吐量的多样化需求。例如,高优先级的导航数据可以被配置为低延迟传输,以确保决策的实时性。

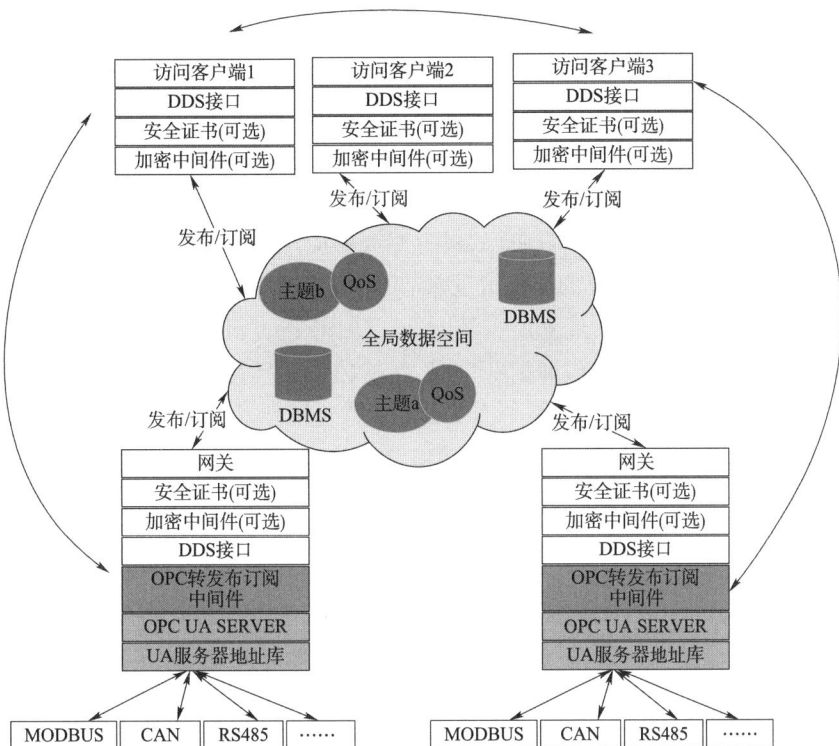

图 5-5 "智能船舶 1.0"研发专项提出的船载网络订阅式数据交互协议

DSCP 在高实时性、灵活性和扩展性方面更适合船载系统的数据环境。DSCP 通过以数据为中心的传输模式,能够高效分发大量实时数据,适合需要毫秒级响应时间的场景。同时,DSCP 通过 QoS 策略确保关键数据在网络波动中的传输稳定性。支持松耦合的发布/订阅机制,便于系统模块独立扩展和更新,减少相互依赖。此外,DSCP 的订阅者可动态调整订阅主题,无须大规模系统变更,适应多变的数据需求。因此,DSCP 在需要高实时性和数据灵活整合的系统(如导航和安全预警)表现出色。

综上,DSCP 显著提高了船载数据系统的可扩展性、实时性和灵活性。其解耦的发布/订阅模式为系统模块的独立发展提供了良好的基础,使得系统能够快速响应数据变化,非常适合需要处理高频实时数据、具备模块化设计要求的船载系统。其在导航、状态监测和安全预警等领域的应用表现尤为突出。但 DSCP 在实施过程中需要准确配置多层次的网络和 QoS 策略,这对系统架构师和工程师的专业能力提出了较高要求。此外,面对超大规模数据集成时,硬件基础设施可能成为性能瓶颈。因此,未来应加强对 DSCP 在船载环境下的实际应用研究,探索其与新兴技术结合的可能性,以持续优化船载数据系统的性能和智能化水平。

5.3.4 船岸数据可靠交互技术

除了数据采集、数据治理和内部数据交互之外,船舶数据集成平台还有一项非常重要的功能——船岸数据交互。在当前无线通信带宽相对来说受限、船舶作为移动端、用户地址不断变化的情况下,高效率、可靠地构建船岸之间的数据交互技术至关重要。我国在绿色智能船舶创新专项中采用了 Quick UDP Internet Connections(QUIC)技术。这是一种基于用户数据报协议(User Datagram Protocol,UDP)的传输协议,通过自定义的可靠性、流量控制和拥塞控制机制,实现了更低的延迟和更快的连接速度。QUIC 采用多路复用和零往返时间(0-RTT)技术,使得多个数据流能够在同一连接上进行传输,并且支持快速连接建立和高效的拥塞控制算法,保证了数据传输的高效性和可靠性,被广泛应用于网络通信领域。对于船舶智能集成平台,高效可靠的网络通信对于实时监控、远程操控和数据传输至关重要,因此,QUIC 作为一种具有优越性能的传输协议,具有重要的应用价值。QUIC 具备如下特性:

(1)具有较低的延迟和更快的连接速度:QUIC 使用 0-RTT 技术,能够在连接建立的同时进行数据传输,大幅缩短了连接建立所需的时间。QUIC 通过自定义的拥塞控制算法和数据包重传机制,能够更快地应对丢包和拥塞情况,保持较低的延迟。

(2)具有更高的数据传输吞吐量:QUIC 支持多路复用技术,在同一连接上可以传输多个数据流,提高了吞吐量和并行处理能力。TQUIC 的拥塞控制算法能够更精确地调整传输速度,充分利用网络带宽,提高数据传输吞吐量。

(3)可靠性和稳定性高:QUIC 在传输层面实现了前向纠错和自定义的拥塞控制机制,能够更好地适应网络环境和丢包情况,提高数据传输的可靠性和稳定性。在高丢包率的情况下,QUIC 通过自身的机制能够更好地应对丢包和拥塞,保持较稳定的传输性能。另外,为提供对移动性的支持,QUIC 使用一个全局唯一的随机生成的 ID(即连接 ID)来标识一条连接。当通信一方的物理网络发生变化时,例如从蜂窝网络切换到 Wi-Fi 网络,在原先网络中建立的 QUIC 连接就可以无缝迁移到新的网络下,从而保证网络服务在用户切换网络的过程中不被打断[27]。

QUIC 应用场景广泛,对于船舶智能集成平台的实时监控、远程操控和数据传输等场景,由于其低延迟、高吞吐量以及自适应性,能很好地满足快速、稳定和大容量数据传输的需求。

(1)实时监控:QUIC 具有较低的延迟和更快的连接速度,可以更快速地建立连接并传输实时数据,适用于船舶实时监控系统。QUIC 支持多路复用和快速连接建立,能够实时传输监控数据,并能够适应网络状况的变化。

(2)远程操控:QUIC 的快速连接建立和高效的数据传输能力,使其非常适合应用于远程对船舶设备进行操控和控制。QUIC 能够快速响应远程指令,实现远程操控。

(3)数据传输:QUIC 支持多路复用和高吞吐量,能够更快地传输大量数据,适合用于船舶数据传输的场景。其自定义的拥塞控制算法和前向纠错机制,也能够在不稳定的网络环境中保持较高的传输性能。

QUIC 作为一种高效可靠的传输协议,对船舶智能集成平台具有重要的应用价值。QUIC 为船舶数据传输带来更高效、可靠的解决方案,对于船舶营运和监控等方面具有重要意义。

5.3.5 船舶数据安全技术

近些年,马士基、中远海运等头部航运企业因网络安全导致船舶航运管理、订单管理等业务受损的事件在行业内引起巨大反响。国内外几乎所有航运企业都非常重视船舶网络信息安全,尤其是船舶设备与岸基之间的信息交互安全。国际船级社协会(International Association

of Classification Societies,IACS)颁发了强制规范：UR E26("*Cyber Resilience of Ships*")和 E27
"*Cyber Resilience of On-Board Systems and Equipment*"),并于 2024 年 8 月 1 日起强制实施。这
些规范约定了船舶网络化装备在用户身份验证、介质管理、密码管理、信道管理、IT 资产管理等
内容。船舶数据集成平台既有设备数据采集功能,还衔接船舶智能应用,同时还担负船舶对
岸的数据交互功能,因此网络信息风险大。响应 IACS 的要求,保证数据安全,必不可少。

船舶智能集成平台网络架构由数据采集单元、数据处理单元、工作站、防火墙、交换机等组
成。智能系统的服务器通过防火墙连接其小口径卫星终端站(Very Small Aperture Terminal,
VSAT)或其他无线通信设备进行对外通信。工作站可布置在驾驶室和集控室,直接连接电源
与网络平台即可。网络通信通过防火墙进行病毒防护、入侵检测与入侵防御,以预防网络遭
受外界攻击,保障整船网络安全和可靠性。船舶智能集成平台网络拓扑图如图 5-6 所示。

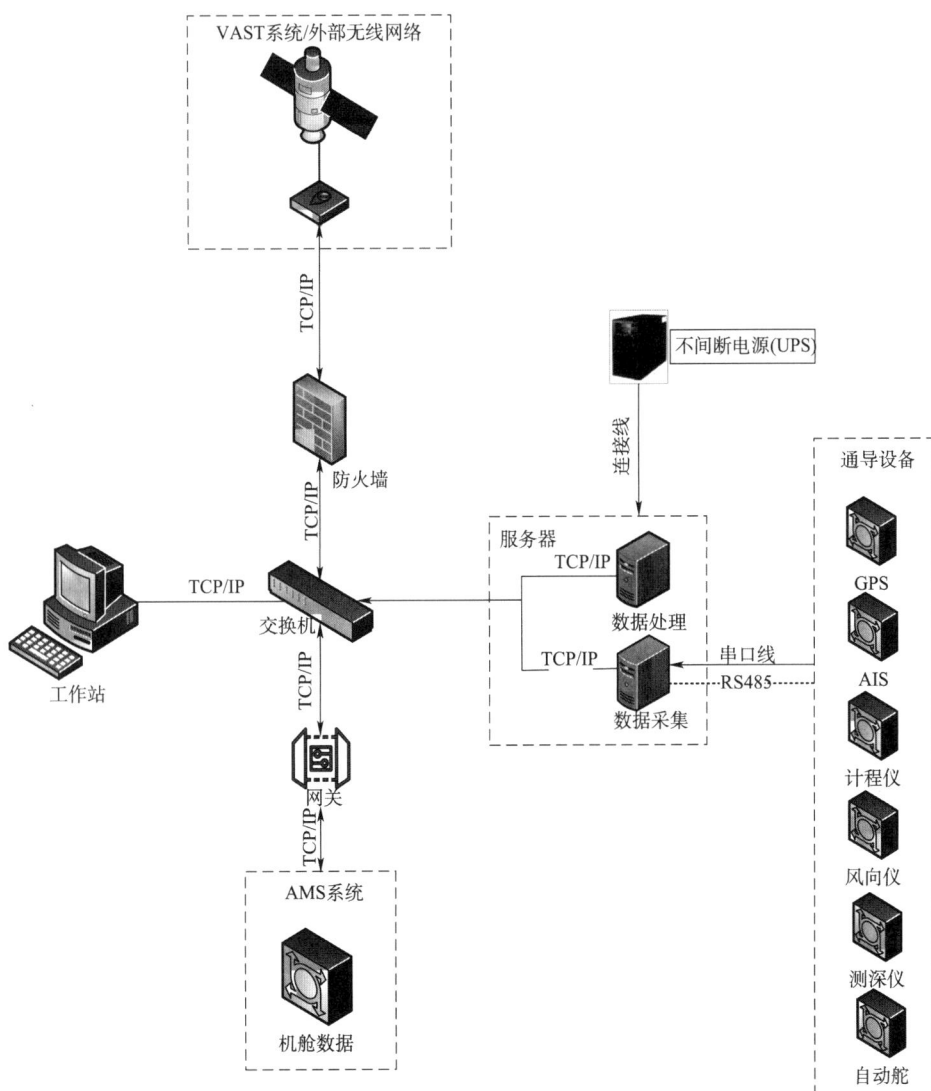

图 5-6　船舶智能集成平台网络拓扑图

全球导航卫星系统(Global Navigation Satellite System, GNSS)、计程仪、风速风向仪、测深仪、AIS、自动舵、电罗经、轴功率、流量传感器、电子海图、X波段雷达和24小时舱单系统(Automated Manifest System, AMS)等外部设备信号通过连接串口服务器实现数据采集;VSAT等外部设备信号通过网线连接到防火墙;串口服务器、交换机、服务器、工作站通过以太网连接实现数据交互。

因为采用了双冗余设计,所以每一种网络设备都配置至少2台,均部署在网络机柜内。每一个汇聚交换机都连接防火墙、服务器、工作站、数据采集服务器;2台汇聚交换机之间也形成直接连接。

根据E27的要求,网络安全主要包括用户账号、存储介质、网络和U盘、访问端口、访问策略和安全验证等内容。在网络信道的安全管理上,数据集成平台通过防火墙接VSAT卫星网络与岸端进行数据通信。防火墙内的接入方式设置为路由转发模式。即网络防火墙的对内所有接口均为交换工作,对外接口做网络地址变换(Network Address Translation, NAT)转换所有接口均作为交换工作。也就是说,对于同一虚拟局域网(Virtual Local Area Network, VLAN)的数据包在转发时不作任何改动,包括互联网协议地址(Internet Protocol Address, IP地址)和媒体存取控制位址(Media Access Control Address, MAC地址),对外转发时将内部地址转换为外部地址,再转发出去。这种设计,既增加了网络的安全性,又降低了用户管理的复杂程度。至于用户账号、存储介质、网络端口、U盘管理等,则可以在软件开发中进行限制。

→ 5.4 应用案例

从2013年至今,国内和国际已经交付了几百艘智能船舶。这些船舶基本都配备了船载数据集成平台。以我国智能船舶为例,简单介绍几个典型案例。

5.4.1 典型应用场景一:智能船舶网络集成平台

2016年,中国上海船研所依托国家第一个智能船舶重大项目,率先研究了智能船舶体系架构及关键系统技术,设计了智能船舶"1 + N"技术体系框架,提出智能船舶总体解决方案,并研制集成平台、智能航行、智能机舱和智能能效等关键应用系统[28],平台系统架构如图5-7所示。其中图5-7a)为智能船舶网络集成平台界面;图5-7b)为智能集成船载平台;图5-7c)为智能能效平台航行总览图。智能集成平台系统满足了船载数据服务器、数据中继组件、远程数据服务器等数据收集基础设施的一系列严苛要求,实现了在13500TEU大型集装箱船"荷花"号上的示范应用,为未来智能船舶的营运和航运智能转型奠定了坚实的基础。这是全球第一艘同时取得中国船级社i-ship(N, M, E, I)船级符号和英国劳氏船级社Smart Ship符合性证书的大型智能集装箱船。经过半年营运验证,"荷花"号构建的网络系统符合IACS网络信息安全保护要求,为智能船舶集成系统的稳定运行建立了保障条件。

a) 智能船舶网络集成平台界面

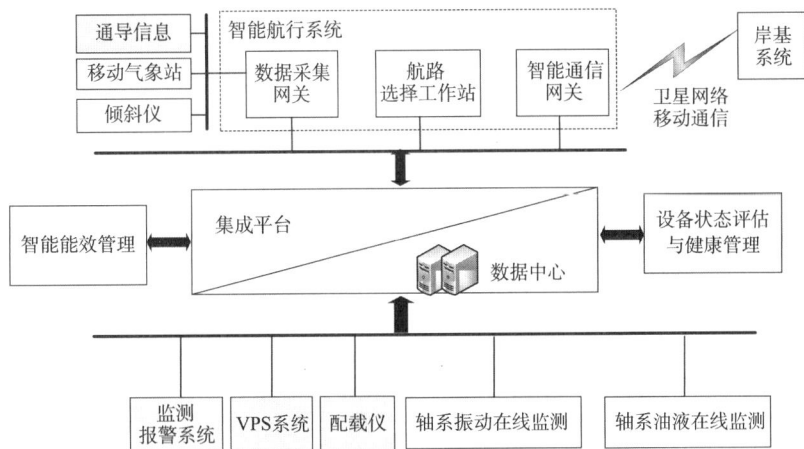

b) 智能集成——船载平台

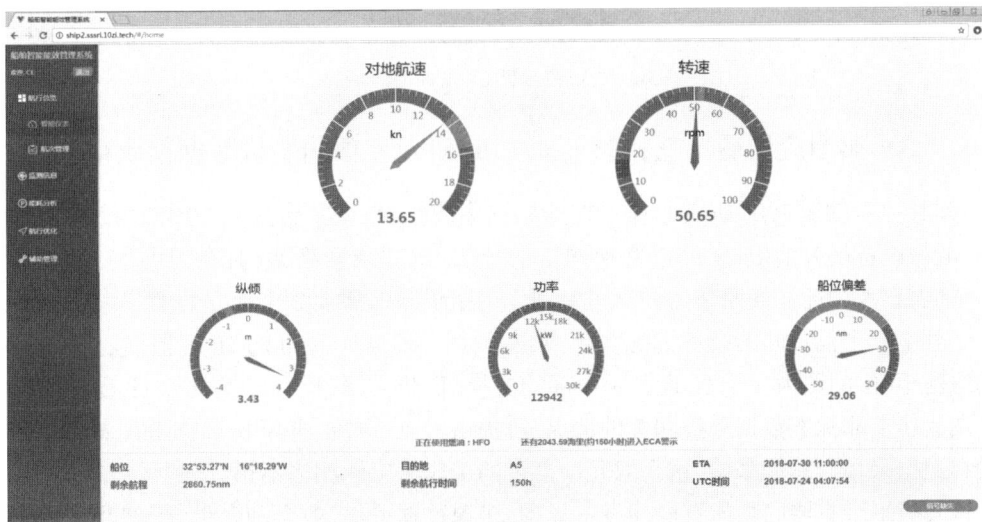

c) 智能能效——航行总览

图 5-7 "1 + N"智能船舶解决方案及示范应用

5.4.2 典型应用场景二:"大智"号智能船舶核心智能平台

2017 年,黄埔文冲承建的 iDolphin 38800t 智能散货船"大智"号获得中国船级社和英国劳氏船级社授予的智能船符号认证,成为首艘通过船级社认证的智能船舶[29]。基于全船网络信息集成平台构建了覆盖船舶设备、系统、运行、环境的数据模型,形成智能认知、分析与辅助决策能力以及智能船舶的网络信息标准。为全面实现船舶的多种智能功能,该标准基于多传感融合感知技术,提出了全面的、系统性的包含智能航行、智能船体、智能机舱、智能能效、智能货物在内的传感器布置处所和数量,确保对船舶航行环境、自身状态、营运状态、搭载货物的精准感知,实现了可靠的智能能效管理、避碰辅助决策、智能运维和货物管理。"大智"号智能船舶核心智能平台如图 5-8 所示。经两型四艘超大型运输船实船营运验证,达到船舶营运节能 5% ,节能效果显著。

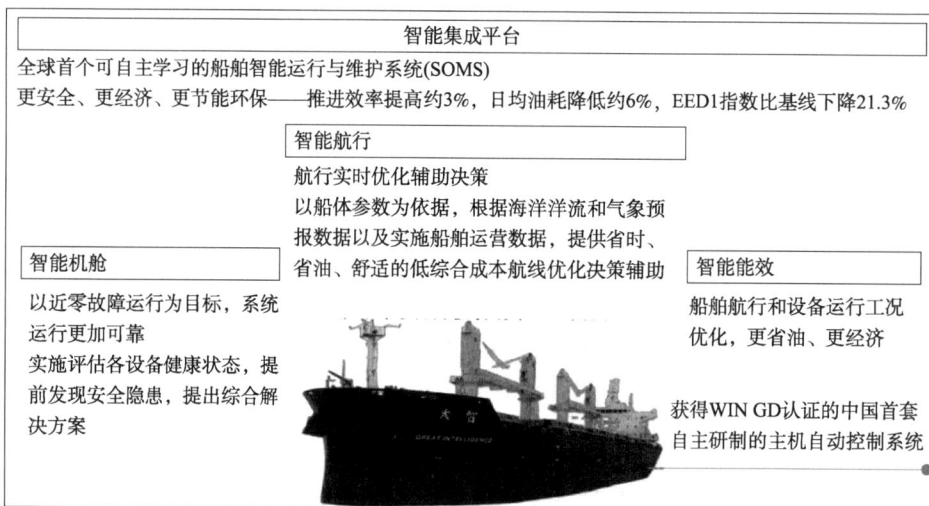

图 5-8 "大智"号智能船舶核心智能平台

5.4.3 典型应用场景三:"智能船 1.0"研发专项的船载数据集成平台

我国在"智能船 1.0"研发专项中推出数据集成平台,该平台采用 10Gbit/s 的光交换核心网、船舶设备端为 1Gbit/s 的电交换网络的分层、双冗余网络架构,在"明远""明卓""凯征""新海辽"4 艘远洋商船部署并交付使用。网络设备部署在 2 个独立的 IT 设备间,图 5-9 展示了其中一个设备间的设备情况。其中,左侧图共有 4 个标准的 IT 机柜,包括了备用电源的电池柜;中间图为一个 IT 设备柜内部的交换机、防火墙、核心交换机等 IT 设备等设施;右侧图为船上非标准数据采集网关的情况,可提供触点、电流、电压和 CAN-bus、Modbus RTU 等接口数据采集。总体来说,这套双冗余平台的工作稳定性相当不错。

该集成平台主要的功能有全船设备异构、多源数据采集、融合和存储、管理及应用支撑,并提供了设备数据管理、状态监测、应用功能扩展等主要的功能。驾控台和岸基数据集成平台看板界面和数据管理界面分别如图 5-10、图 5-11 所示。

图 5-9　"智能船 1.0"研发专项船载数据集成平台设备间

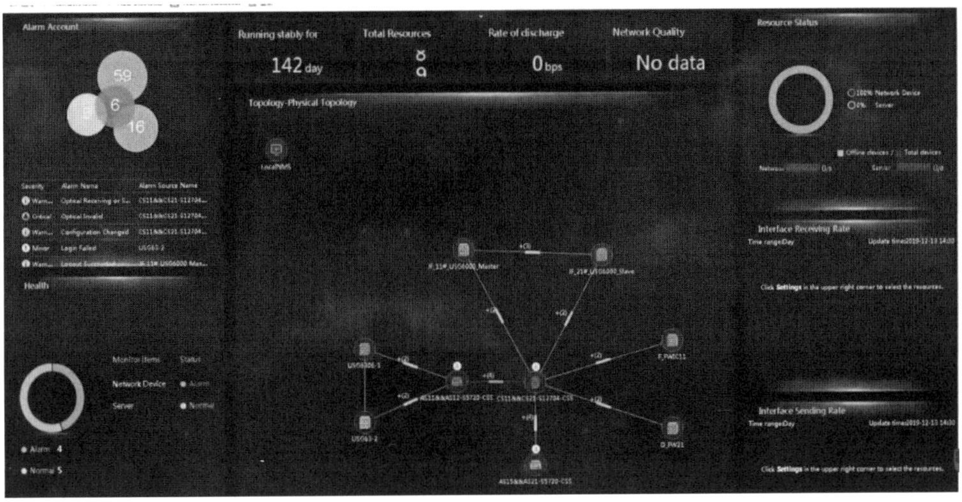

图 5-10　驾控台和岸基数据集成平台看板界面

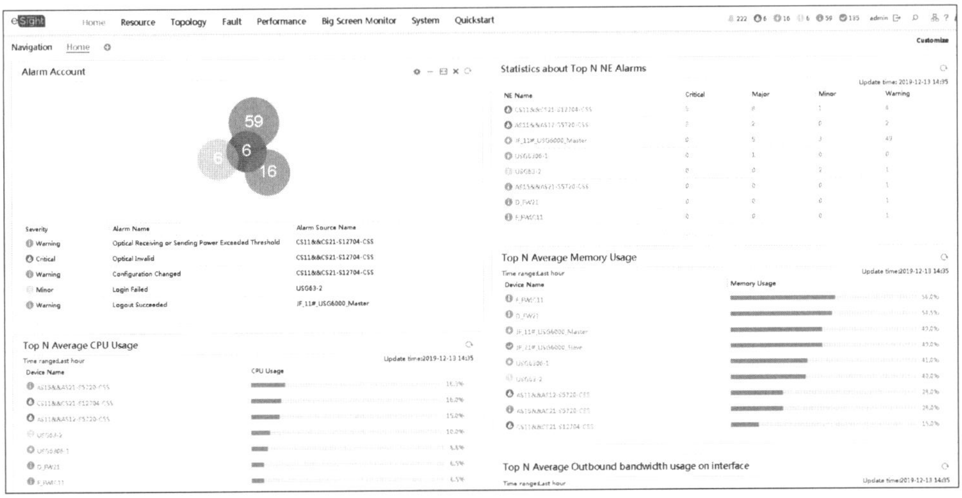

图 5-11　驾控台和岸基数据集成平台数据管理界面

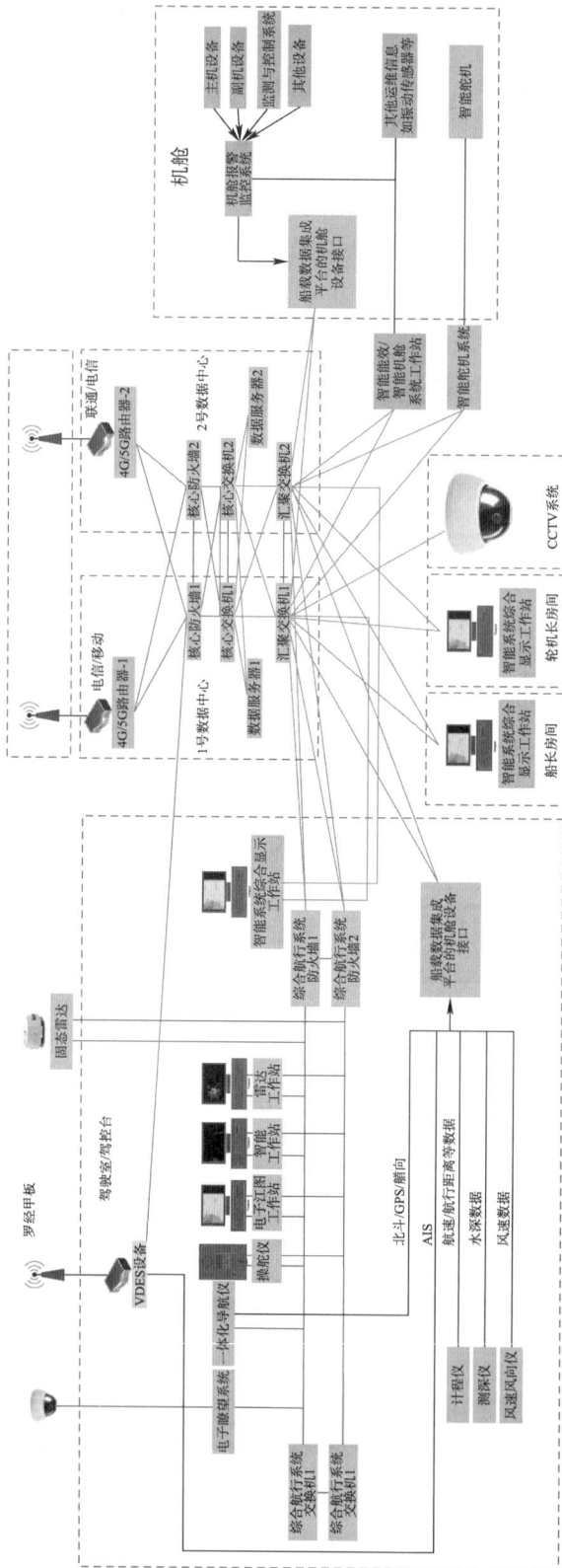

图 5-12 绿色智能内河船舶创新专项的数据集成平台拓扑图

5.4.4　典型应用场景四:内河绿色智能船舶数据集成平台

2020年,我国开展内河绿色智能船舶创新专项,在长江干线上散货船("新长江001")和油轮("华南六"号)上示范应用。相比"智能船1.0"研发专项,由于该船舶搭载混合动力系统,数据量和覆盖的设备更多,数据集成度更高。绿色智能内河船舶创新专项的数据集成平台拓扑图如图5-12所示。

该系统在示范船上部署了4个标准44U的IT机柜。平台运行界面如图5-13所示。其中图5-13a)为软件功能表格;图5-13b)为机舱设备信息看板;图5-13c)为岸基航司大数据看板。

a) 软件功能表格

b) 机舱设备信息看板

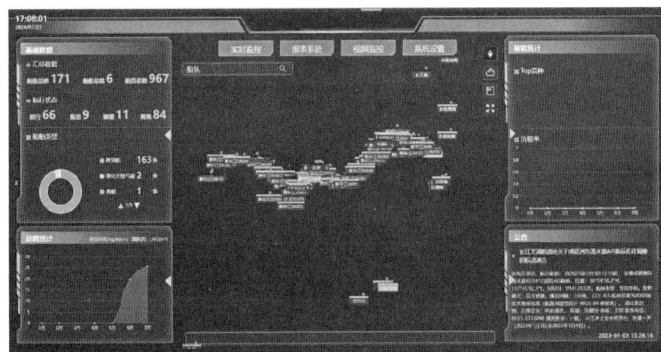

c) 岸基航司大数据看板

图5-13　内河绿色智能船舶数据集成平台运行界面

思政课堂

船舶智能集成平台：智能船舶的"神经中枢"

全球首艘智能散货船"大智"号的诞生，不仅是中国船舶工业的里程碑，更是践行《中国制造2025》、抢占全球智能航运制高点的关键一步。在研发建造过程中，上海船舶研究设计院勇于担当、自主创新，以"硬件标准化、软件模块化、系统集成化、船岸一体化、船舶智能化"为总体原则，突破性提出"一个数字化平台 + 多个智能应用"的全新模式，开创了船舶数字化实践的"中国方案"。其构建的全船网络信息集成平台，如同船舶的"神经中枢"与"智慧大脑"，不仅构建了覆盖设备、系统、运行、环境的精密数据模型，更形成了强大的智能认知、分析与辅助决策能力，为建立中国自主的智能船舶网络信息标准体系奠定了坚实基础，彰显了科技自立自强的决心。

紧随其后，"荷花"号智能船舶进一步深化和发展了这一中国路径，提出并实践了"1 + N"智能应用体系框架。该框架通过强大的集成平台，高效汇聚各类功能系统，成功实现了智能机舱、智能能效、智能航行等核心功能。尤为关键的是，面对远洋复杂多变的严峻挑战（如复杂海况与气候变化），"荷花"号展现出卓越的智能应对能力，有力保障了航行安全与效率，生动诠释了"人民至上、生命至上"的安全发展理念。智能集成平台的核心价值在于：它能够实时地捕获船舶全方位动态信息，为精准决策提供坚实数据支撑。更重要的是，"荷花"号的网络系统严格符合国际船级社协会网络信息安全保护要求，这不仅是技术能力的体现，更是对国家总体安全观中"网络安全是国家安全重要组成部分"的深刻理解和坚定贯彻，为智能船舶的稳定可靠运行构筑了坚强的"中国盾牌"。

（部分内容参考大语言模型"豆包"相关检索结果）

本章思考题

（1）智能集成平台设备与系统的核心功能包括哪些？分析这些核心功能在智能船舶运行与数据管理中的作用及意义。

（2）智能集成平台设备与系统的架构设计可以分为哪些主要层次？讨论各层次的功能特点及其在数据集成中的具体作用。

（3）智能集成平台设备与系统在船舶设备数据采集中常用的接口类型有哪些？分析这些接口的工作原理及其在数据传输中的重要性。

（4）我国在智能船舶项目中采用的智能集成平台设备与系统方案有哪些特点？分析当前方案的优势与不足，并讨论未来发展面临的主要挑战。

（5）智能集成平台设备与系统的网络安全风险主要有哪些？讨论这些风险的表现形式，并分析相应的防范措施及其实际应用。

（6）智能集成平台设备与系统涉及哪些关键技术？分析这些技术的基本原理及其在平台运行中的关键作用。

→ 本章参考文献

[1] 林晨,周晓梅,王敏.智能船舶集成平台数据采集技术研究与实践[J].上海船舶运输科学研究所学报,2018,41(2):59-64.

[2] 佚名.《智能集成平台检验指南(2018)》发布[J].船舶标准化工程师,2018,51(3):6.

[3] 佚名.三部门发布《智能船舶发展行动计划(2019～2021年)》[J].船舶标准化与质量,2019(1):61.

[4] 卢明剑,董胜节,汤敏,等.我国海洋运载装备产业发展研究[J].中国工程科学,2023,25(3):53-61.

[5] 宗山雨.中国船级社发布《船舶网络安全指南》(2023)[J].科技中国,2023(6):101.

[6] 佚名.交通运输部关于加快智慧港口和智慧航道建设的意见[J].中国水运,2024(3):27-29.

[7] 严新平,刘佳仑,范爱龙,等.智能船舶技术发展与趋势简述[J].船舶工程,2020,42(3):15-20.

[8] 许维明,瞿荣泽,薛国良,等.智能船舶系统研究现状及发展趋势[J].船舶,2023,34(4):46-55.

[9] 张志华,王凡.第五代指挥信息系统总体及其智能化技术设想[J].指挥控制与仿真,2021,43(5):1-7.

[10] KONGSBERG MARITIME. Integrated vessel management solutions for cruiseliners[EB/OL].(2024-06-24)[2024-12-18].https://www.kongsberg.com/maritime/.

[11] SIEMENS. Perfect vessel management with SISHIPEcoMAIN[EB/OL].(2024-05-06)[2024-12-18].https://www.siemens-energy.com/global/en/offerings/industrial-applications/marine/automation-and-control.html.

[12] 国际船舶网.日本IT公司推出船舶物联网平台助力日本造船业创新升级[EB/OL].(2021-09-18)[2024-12-18].http://wap.eworldship.com/index.php/eworldship/news/article?id=174900.

[13] 雷锋网.现代重工将与微软、英特尔等合力开发智能船舶[EB/OL].(2016-07-18)[2024-12-18].https://m.huanqiu.com/article/9CaKrnJWxU0.

[14] 央视网.记者探秘智能集成平台让船学会"思考"[EB/OL].(2017-12-06)[2024-12-18].https://www.sohu.com/a/208832441_428290.

[15] 震兑.更智能、更安全！震兑旗云工业互联网平台新实践[EB/OL].https://www.zdiai.com/aboutus/geng-zhi-nen-geng-an-quan-zhen-dui-qi-yun-gong-ye-hu-lian-wang-ping-tai-xin-shi-jian.

［16］红帆科技.智能船舶［EB/OL］.（2024）［2024-12-18］.https：//www.hongfan.cn/zncb

［17］CNSS.DNV awarded the world's first D-INF（S）Type approval certificate to COSCO Marine Intelligent Integrated PlatformSystem［EB/OL］.（2023-03-29）［2024-12-18］.https：//www.cnss.com.cn/html/shipbuilding/20230329/349299.html.

［18］马勇,王雯琦,严新平.水域无人系统平台自主航行及协同控制研究进展［J］.无人系统技术,2022,5（1）:1-16.

［19］刘佳仑,杨帆,马吉林,等.智能船舶及测试验证评估技术研究现状与展望［J］.中国船检,2021（7）:68-74.

［20］孙亮清.船舶集成平台管理系统的研究与嵌入式 CAN/Ethernet 网关的实现［D］.上海：上海海事大学,2004.

［21］郭蒙.海洋工程船综合平台管理系统研究［D］.大连:大连海事大学,2013.

［22］SAM.NACOS-5th Generation Integrated navigation and Command Systems［R］.［S.l.:s.n.］,2007.

［23］魏梅,潘放,张大蕾.日韩欧智能船舶的研究现状及对我国的启示［J］.船舶,2022,33（2）:13-21.

［24］SHIPPING NEWS.Biggest European Shipbuilders Collaborate On VesselConnectivity［EB/OL］.（2019-04-18）［2024-12-18］.https：//www.marineinsight.com/shipping-news/biggest-european-shipbuilders-collaborate-on-vessel-connectivity/.

［25］ROB O'DWYER.€7m EU project to create smart shipbuildingplatform［EB/OL］.（2017-12-05）［2024-12-18］.https：//smartmaritimenetwork.com/2023/01/13/e7m-eu-project-to-create-smart-shipbuilding-platform/.

［26］佚名.中国船级社（CCS）发布《船舶智能能效管理检验指南》（2024）［J］.船舶标准化工程师,2024,57（1）:3.

［27］李学兵,陈阳,周孟莹,等.互联网数据传输协议 QUIC 研究综述［J］.计算机研究与发展,2020,57（9）:1864-1876.

［28］俞凯.新时代新作为新篇章|从集装箱船"荷花"看上海的智能航运［EB/OL］.（2019-12-04）［2024-12-18］.https：//www.thepaper.cn/newsDetail_forward_5138342.

［29］国际船舶网.黄埔文冲交付全球首艘智能船舶［EB/OL］.（2017-12-05）［2024-12-18］.https：//www.eworldship.com/html/2017/NewShipUnderstrunction_1205/134379.html.

第6章

智能作业设备与系统

→ 6.1 研究背景

随着新一代航运系统概念的提出,航运业对船舶、港口、航道运行的智能化、绿色化、安全化的要求进一步提升[1]。目前,机器人技术已广泛应用于化工、航空、农业、医疗和教育等诸多行业领域[2-4]。近年来,机器人开始逐步应用于水路交通领域,通过完成船舶、港口、航道营运作业的维护任务以弥补人工作业的不足。"十四五"期间,政府持续深化智能制造领域,不断拓展其应用范围,加快制造强国建设[5]。智能化船舶作业技术作为其中的一种新业态新模式,已逐渐受到人们关注。2023 年,根据《中华人民共和国国民经济和社会发展第十四个五年规划和 2035 年远景目标纲要》[6]《"十四五"机器人产业发展规划》相关要求,工业和信息化部等十五部门联合提出"机器人 + "应用行动实施方案,有力地推进了我国机器人技术在船舶中的落地应用,加快机器人化生产装备向水路交通领域应用拓展[7]。这一系列政策文件的出台,为水路交通运维技术的发展指明了方向,推动了水路运维领域向智能化自动化转型,促进了智能作业设备与系统技术在船舶智能作业中的发展。目前,船舶设备与系统的智能技术已渐趋成熟,但涉及清舱、验舱、巡检等涉及复杂作业动作的船舶作业仍依赖于人工完成。

船舶作业设备与系统主要面向船舶维护和船舶营运作业两大任务。船舶维护主要指对船体关键部位或设备的监控与维护,例如机舱中的发动机与油路系统的巡检、船舶除锈喷漆等,目前该作业中部分设备的故障数据采集分析已实现自动化,但大多任务仍依靠人工完成[8]。船舶维护设备与系统无法较好实现各部件之间协调工作与相互配合,对作业场景的感知能力不足,难以根据不同作业情况进行路径规划与自主决策[9]。船舶营运作业是为保证船舶平稳、安全以及无污染地营运而进行的一系列船舶作业活动,过程中涉及大量与货物、泊位、航道等对象或场景的交互,例如船舶清舱、瞭望、搜救、系泊等关键任务[10-14],它们具有作业面积大、场景复杂、工作繁重和需要专业操作等特点。目前,营运作业任务基本依靠人工完成,导致该工作存在智能化程度低、成本高昂、船舶作业质量不可靠、危险性高等问题[15-18]。而不规范的营运作业对于船舶航行具有致命的威胁,以往的事故调查显示,人为失误造成的航运事故约占80%[19]。同时,随着社会的发展,船员近年来上船意愿逐渐降低,且不愿从事高危繁重的船舶作业。2019年中国船舶工业经济运行报告指出,船舶行业"招工难、留人难、用工贵"的问题愈发严峻,在新冠疫情时期船舶行业用工难问题尤为突出,不少船东都出现了船员用工荒的问题。因此,利用智能作业设备与系统人等智能化、自动化的新型船舶作业手段来替代人工作业与维护,可减少航运事故中人为因素,缓解船舶行业用工压力,是当前船舶行业的急迫需求和未来发展趋势。

随着智能作业设备与系统技术的不断进步,特别是在智能化、自动化、安全化和绿色化方面的突破,全球船舶作业行业近年来实现了显著的发展和创新。欧洲、美国、日本和新加坡等发达国家和地区对智能作业设备与系统的研究起步比较早,研究成果也正逐步向市场推广。例如,欧盟地平线计划2020(Horizon 2020)合作项目ROBINS重点资助了船舶验舱设备的研究,形成了以人工远程控制附壁机器、无人机的智能验舱新模式[20-21]。新加坡科技与设计大学ROAR Lab对船体除锈设备规划控制算法进行了大量的研究以及实机测试[22]。美国密西根大学针对水下船体检查设备开展了系统化研究,在仿真和实船验证方面取得了一定成果[23-24]。尽管国内在智能作业设备与系统领域的研究起步较晚,但近年来,随着国家对海洋工程和智能制造的重视,一些研究机构已经开始关注并投入到相关设备与技术的研究中。江苏科技大学设计了一种水下清洗设备与系统,并通过陆上试验和水池试验对水下清洗系统的有效性进行了验证[25]。哈尔滨工程大学对船舶与海工装备大型立面维护设备的吸附单元优化与控制系统开展了研究,并制成样机进行实物测试[26]。中国船舶集团有限公司第七一六研究所设计了一款大型船舶涂装爬壁设备与系统,同时集成了成套的涂装系统用于仿真场景测试。总体来看,虽然大多数智能作业设备与系统仍处于测试验证阶段,但随着技术的不断成熟和应用场景的不断拓展,智能作业设备与系统将在船舶作业与运维领域扮演着越来越重要的角色。

6.2 研究现状

6.2.1 技术发展现状

智能作业技术虽然处于发展初期,但是目前已在不少船舶作业领域进行测试应用。船舶作业设备与系统是保障船舶安全、可靠、无污染、高效运行的关键。如图6-1所示,根据不同的作业模式,船舶作业应用场景主要可以分为船舶检验作业、船体清洗作业、船体除锈作业、清舱作业以及巡检作业等。如图6-1a)所示,船舶检验作业通常是由验舱师深入船舶各个部件对船舶进行结构检验,验舱师通过临时搭建的梯子、照明设备等对船舶进行检验作业[27-28]，这种人工检验方式效率低下并且安全性无法得到保障；如图 6-1b) 所示，水下船底清洗作业一般是由潜水人员携带水下清洗作业工具潜入水底对船表面附着物进行勘测、清洗[29]，对于作业人员的专业性要求较高，且效率低下；人工清舱作业如图 6-1c) 所示，通常由多名工作人员操作挖掘机或装载机等设备进行，而这些船舶作业任务往往处于极其恶劣的环境中，例如面临粉尘飞扬和高空坠物等，严重威胁清舱人员的健康与生命安全。随着智能化作业在其他领域的普及以及船舶智能化作业需求的与日俱增，使用智能作业设备与系统替代船舶作业人员完成船舶的作业与维护已成为行业发展的重要趋势。

| a) 人工验舱作业 | b) 人工水下船底清洗作业 | c) 人工清舱作业 |

图 6-1　船舶人工营运作业维护

如图 6-2 所示，目前智能作业设备与系统涵盖自动化控制、传感技术、通信技术等领域，用来代替人工在船舶中的作业任务，提高作业效率和安全性。例如在船舶外板除锈、除漆的维护作业过程中，传统方法多采用喷砂的方式，会产生很大的灰尘，严重污染周边空气与水域，同时对操作者的健康也有很大的损害，船舶除锈机器人采用自动化作业技术，代替人工完成船体表面的除锈、除漆、清洗等作业，具有环保、健康、高效的优势，其底盘采用磁力和真空吸附相结合，具有强大的负载能力和越障能力，可应对船体表面凹凸不平和曲面等作业场景。船舶水下救援营运作业是一项突发性强、时间紧迫、技术要求高、救援难度大、危险系数高的作业项目，对救援装备提出更高要求。水下搜救机器人是一种能够在水下环境中执行救援任务的高级设备，它们集成了先进的传感器技术、人工智能和自主导航能力，能够代替搜救人员在复杂多变的水下环境中进行搜索、定位和救援作业。

目前智能作业设备与系统本体大，船舶内外结构复杂，在船舶作业场景下使用的智能作业设备与系统相比传统场景在结构上有一定差异。当智能作业设备与系统在执行作业任务时，通常处于船舱内部、舱壁、水下或空中等环境，表 6-1 展示了几种典型船舶作业场景下智能作业设备与系统类型、功能及运动方式。常见的智能作业设备与系统移动的结构形式有履带式、轮式、吸附式、腿式等。当智能作业设备与系统在船舱壁面作业时，由于船舶负载大、本体重，智能作业设备与系统需要具备在钢质船体的壁面上可靠的吸附能力、良好的沿船舶壁面上爬的能力[30]。如 HUANG 等为智能作业设备与系统配备了特殊的探头和夹紧装置，利用磁性，使船舶结构检测机器人可以爬上船舶表面，在人工难以作业的位置执行船舶检验任务[31]。

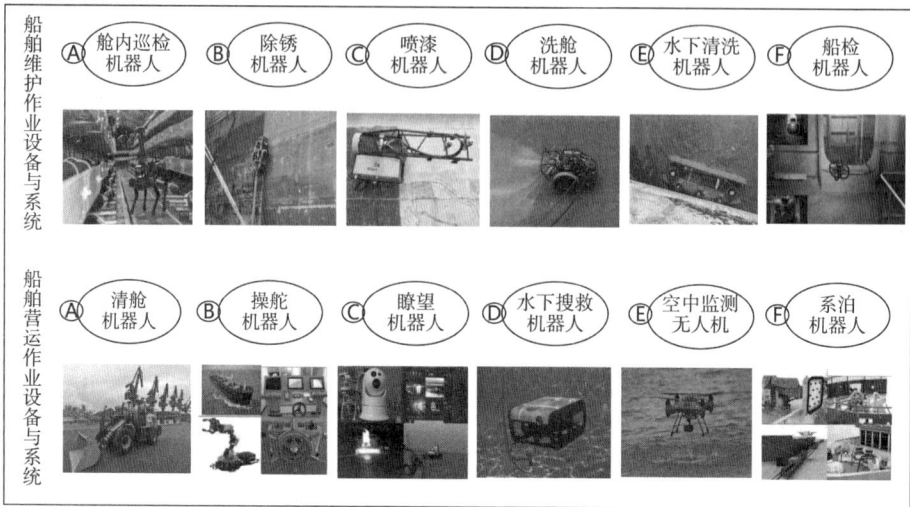

图 6-2　智能作业设备与系统类型

船舶智能作业设备与系统类型、功能及运动方式　　　　　　　　　　表 6-1

智能作业设备与系统主要类型	功能	运动方式						
		附壁履带式	足式	轮式	水下潜航式	飞行式	固定式	导轨式
船舶智能验舱机器人	船体结构检验	√	√	√	√	√		
船底智能清洗机器人	船底附着物清洗	√			√			
船体智能除锈喷漆机器人	船体除锈、喷漆	√		√				
船舶智能清舱机器人	船舱货物清理	√		√				
船舶智能巡检机器人	机舱巡检、设备检测		√	√	√	√		√
船舶智能瞭望机器人	船舶周围环境监测		√	√			√	√
船舶智能搜救机器人	危险事故下的人员搜救	√	√	√	√	√		
船舶智能系泊机器人	船舶停靠码头时的自动系泊						√	√
船舶智能监测机器人	船舶结构与设备状态监测	√		√	√	√		
船舶智能检验机器人	船舶环境与状态检验		√	√		√		
船舶智能操舵机器人	控制船舶移动						√	√

　　在电气结构方面,智能作业设备与系统普遍采取高性能、高可靠性的 CAN 总线协议,是国际标准化组织(International Organization for Standardization,ISO)的串行通信协议。此外,智能作业设备与系统的常见驱动方式有气压驱动、液压驱动和电机驱动等。气压驱动原理简单、便于操作、成本低,但控制困难;液压驱动动力大、响应速度高,但管路复杂、系统噪声大,存在油液泄漏的危险;电机驱动效率高、响应快、质量轻,但提供大推力时成本较高。因此,需要根据场景特点和要求为智能作业设备与系统选择合理的驱动方式。

6.2.2　产品研发现状

为推动航运业的自动化、智能化的发展,目前国内外诸多研究单位致力于智能作业设备与系统的研发,并向多样化的营运与维护作业场景拓展,具体如图6-3所示。

图6-3　智能作业设备与系统主要研究单位

在国内市场,彼合彼方机器人(天津)有限公司、中国船级社、中国船舶重工集团有限公司、武汉理工大学、哈尔滨工程大学、北京史河科技有限公司等机构和企业都在智能作业设备与系统领域取得了一定的成果。智能作业设备与系统具有多种功能,包括船舶智能清舱、清洗、除锈、喷涂等,已经在大型集装箱船、散货船、豪华游船等不同类型的船舶上得到了应用。

飞马滨(青岛)智能科技有限公司研发的"海若01"是一款非传统开架式无人遥控潜水器(Remotely Operated Vehicle,ROV),在机器人的底部搭载双空化射流装置且与本体之间柔性连接,设计有八矢量推进器以实现机器人的多自由度运动控制,装配有 6 台水下增强摄像机、水下声学定位系统、深度传感器、电子罗盘、GNSS 基站等相关传感设备。智能水下清洗机器人清洗效率最高可以达到 $2800\mathrm{m}^2/\mathrm{h}$,拥有较强的清洗效果,不伤船漆。整个过程较传统的清洗方案更加智能、环保、安全、高效。

武汉理工大学与武汉港迪智能科技有限公司合作,针对港口场景下智能清舱的需求,以提升清舱作业机器人的动态性能为核心目标,共同开展研究工作。首先,针对半封闭恶劣的船舱环境,搭建双向桥接的船-基-岸 Wi-Fi 6/5G 实时通信系统;其次,针对清舱机器人无盲区感知、智能化作业等需求,研究基于 CAN 的线控底盘与多传感器融合系统架构,完成清舱机器人的智能化改造,研究复杂船舱中的高动态环境360°全景成像、地图快速构建、目标感知与定位、高精度导航与控制等清舱机器人核心技术。随后,针对舱内环境的高动态与高危险特性,以云控平台为基础,采用云-边-端控制系统以提高机器人动态稳定性,并研究突破机器人结构动力特性、一体化系统集成、人机协同操作、在线轨迹规划等关键技术[32]。

彼合彼方机器人(天津)有限公司研发的履带式货舱清洗机器人适用于散货船的货舱清洗作业,机器人尺寸满足舱内复杂结构的通行需要,质量轻,可以单人进行搬运。机器人配有一个 3 自由度机械臂以及 2 组清洗喷头,满足货舱肋骨、横舱壁等复杂结构的清洗需求,最大清洗效率可达900m²/h;可选配高达40MPa压力的中压水清洗系统直接采用海水进行作业。

由清华大学与北京航空航天大学等机器人实验室组建的ROBOT++公司,针对船舶清洗、除锈、喷涂等作业需求,提供摆臂式除锈机器人、回收盘式除锈机器人与多喷头船舶喷涂机器人。其中,强力清洗系统由多喷头电动控制运动,实现作业全方位覆盖;控、驱一体集成系统由控制系统、驱动系统一体集成,占用空间小,防护等级高,稳定性强;越障专用磁吸附单元拥有专为翻越内外角设计的大吸力磁铁;越障自适应从动系统实现从动轮与驱动轮的柔性连接,翻越内外角时可以自动调节从动轮姿态。

中国舰船研究设计中心设计了一种导轨式船舱巡检机器人,通过设置固定轨道,搭载多源传感器,用于对船舶堆舱内状态进行定时巡检和应急状态探测[33]。导轨式巡检机器人占用空间少并且不需要机器人具备越障能力,受到了国内外科研机构和企业的关注。此外,针对船舶狭窄、动态的场景特点,其他领域的巡检机器人也具备一定的借鉴意义。

在国外市场,欧洲ECA集团、美国SEA Robotics、HullWiper、Hullbot公司与美国Carnegie Mellon University等也推出了一系列智能作业设备与系统。这些产品在环保、安全、高效作业方面具有一定的优势,能够有效控制装备的能源利用效率,分析智能作业设备与系统各传感器与作业装备的能效,并提供作业过程中最优化解决方案。相关产品研发现状描述如下。

1)欧洲

欧盟Horizon 2020合作项目ROBINS支持了系列化验舱智能设备的研发,如图6-4所示,项目提出了一种创新的船舶结构缺陷检测方案,该方案通过结合空中无人机和磁性履带式机器人来实现。其中,无人机可以在高空对船舶的外部结构进行全面感知,捕捉到人眼难以观察到的区域[34],而磁性履带式机器人则可以附着在船体上,对船体表面进行近距离的检测。无人机配合磁性履带式机器人的解决方案可以有效地检测出船体的腐蚀、裂纹和其他结构性缺陷,从而提高船舶的安全性和可靠性。

a) 货舱检测无人机

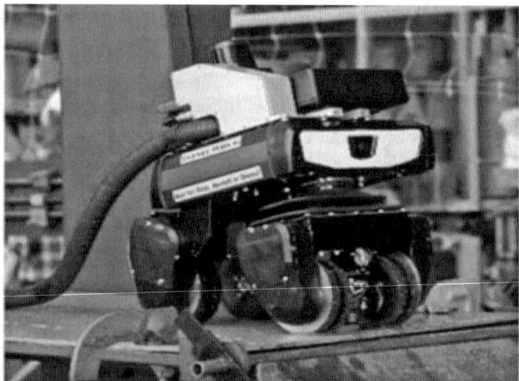

b) 磁性履带式机器人

图6-4 ROBINS项目中的各类智能作业设备与系统

船舶的水下区域检验也是船舶验舱智能设备的一个重要作业任务[35],围绕水下潜航器和船舶船底检验作业,ECA集团开发的水下智能机器人ROVINGBAT可以沿着船舶表面移动,进入水下区域替代潜水员完成船舶检验。

2)美国

SeaRobotics 公司设计了一款水下半自主船体清洁机器人 HullBUG,该机器人结合了无人潜水器与履带式机器人的运动形式和功能,可对船舶船底表面进行主动清理,如图 6-5a)所示。为完成船舶水下清理的特殊任务,该公司深入研究了设备的动力性能,包括功率、速度和扭矩特性,并分析了机器人在船体表面行驶时的摩擦阻力以及水中行进时的流体动力学阻力。基于这些研究成果,公司设计并开发了电机运动控制组件,以优化机器人的运动性能和能效。同时,该机器人融合了多种导航模块,如微型声学测距声呐、MEMS 速率传感器与基于编码器的里程计,使机器人能够获取即将到来的墙壁或边缘状况,如舭龙骨和船首推进器,并将船舶水下表面划分为多个区域,允许多个 HullBUG 机器人进行更高效的协同作业。

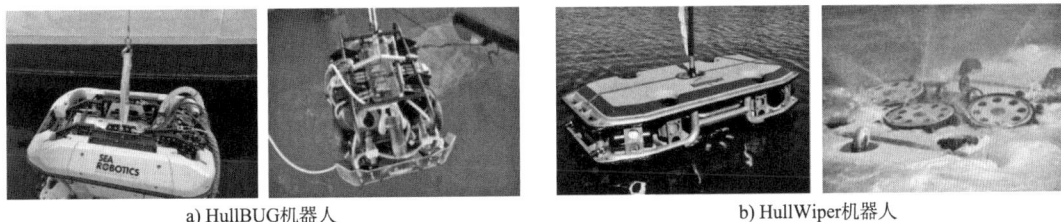

a) HullBUG机器人　　　　　　　　　　　　　b) HullWiper机器人

图 6-5　水下船体清洗机器人

HullWiper 公司设计了一款名为 HullWiper 的水下船底清洗机器人,能在清洗过程中收集从船体上清除的生物污损,避免了污染物直接排海,如图 6-5b)所示。该智能设备配备了可调节的高压海水喷射器,能够产生 50～450bar[①] 的高压水流,有效清除附着在船体上的生物污垢。整个清洗过程无直接物理接触,既能保护船体免受损伤,又能高效地完成清洗和收集任务。

美国航空航天局和加州理工学院喷气推进实验室(NASA-JPL)研制了用于搭载船舶除锈清洗器的永磁轮式爬壁机器人 M2000,质量为 216kg。随后联合卡耐基-梅隆大学机器人研究所研制了船舶除锈机器人 M3500,质量为 222kg,除锈宽度达到 380mm,除锈效率达 268m²/h[36]。两款 M 系列的除锈机器人负载能力强、除锈速度快、效率高,但是都存在本体质量大、难以适用在不规则壁面上的问题。

6.2.3　发展趋势

随着智能作业设备与系统技术的飞速发展,智能作业设备与系统与船舶领域的结合变得日益紧密。目前,智能作业设备与系统主要用于船尾的荷舱及货物操作、消防检查等任务,然而,随着它们的应用范围不断扩大,将逐渐涵盖更复杂的领域,如决策支持、巡航监控和应急救援等。由于这些智能设备和系统不受疲劳影响,无须休息和补给,能够持续不断地在航行过程中执行任务,这种特性预示着智能作业设备与系统有望成为未来船舶不可或缺

---

① 　1bar = 0.1MPa。

的重要组成部分。

在早期阶段,智能作业设备与系统主要用于简单的任务,如海洋勘测、水下作业等。这些智能作业设备与系统通常受限于传感器和计算能力,无法在复杂环境下作出智能决策。随着人工智能和自主控制技术的发展,智能作业设备与系统开始具备一定的智能化和自主化能力,可以通过传感器感知环境,作出一些简单的决策行为。智能作业设备与系统的船舶作业应用在作业场景、作业模式、作业范围上都具有一定的局限性。为了实现船舶无人化、智能化的整体发展目标,智能作业设备与系统向不同营运与维护场景的拓展至关重要。通过对智能作业设备与系统本体结构的不断优化,发展壁面吸附技术,提高驱动性能,改进能源供应,升级移动装置与结构材料,开发能够应用于各种船舶作业任务的智能作业设备与系统,尤其是针对特殊营运作业场景,设计特定的结构和作业模块是未来的研究重点。因此,针对不同场景的智能作业设备与系统,在结构设计、传感器搭载、驱动方式选择等方面的优化方案还需要进一步研究。其次,为优化智能作业设备与系统与船舶结构的适配性,在船体设计的初期阶段,应考虑作业设备与系统的需求,包括尺寸、重量、运动范围、传感器布局等,以避免后期改造带来的高成本和复杂性问题。船体结构应采用模块化设计,便于作业设备与系统的安装、维护和升级,提高系统的灵活性和可扩展性。船体结构可以采用自适应材料和技术,如智能材料、形状记忆合金等,以适应作业设备与系统的不同工作状态和环境变化。船体结构应集成各种传感器,如温度、压力、振动传感器等,以实时监控船体状态,并为作业设备与系统提供环境数据。

然而,无论是水下昏暗场景还是船舶多舱室、大尺度、高动态的特点,均对环境感知造成不小挑战。通过各类传感器感知船舱环境和设备状态等是智能作业设备与系统的重要工作内容。船舶设备的人工检查方法一般是耳听目测,而智能作业设备与系统可通过搭载可见光相机、红外热成像仪、温湿度传感器、声学传感器等感知船舶情况,检测到异常情况时及时通知工作人员进行现场检修维护,具有较高的灵敏度和准确性[37]。如智能作业设备与系统利用图像识别技术进行设备运行状态的检验[38-41],可识别包括设备外观、指示灯状态、读数等内容;利用红外热成像仪,在线测温,检测设备是否处于正常工作状态;利用温湿度传感器监测温湿度,当感应到温湿度不在正常范围内时,产生预警信号,防止发生安全事故;利用声学传感器,通过声音信号处理技术实现设备异常检测和环境噪声分析。

智能作业设备与系统常用的定位方法有 GNSS、视觉导航、超宽带(Ultra Wide Band,UWB)定位、同时定位与建图(Simultaneous Localization and Mapping, SLAM)等方法[42]。GNSS 一般用于开阔无遮挡环境中,在舱内、水下等作业场景,由于物体遮挡,易导致 GNSS 信号缺失,不适合采用基于 GNSS 的定位方法。视觉导航利用船舶环境的图像信息进行定位[43],但其易受光线变化影响,在船舱内和水下光线较暗的环境中导航误差较大。UWB 定位方法需要提前在船舱内布置信号发射装置,操作复杂、成本较高,且船舶内金属结构件会带来信号干扰,影响定位效果。SLAM 定位利用惯性导航与里程计定位进行位姿估计时存在累积误差,定位精度不高。船舱内部结构复杂、信号有屏蔽,采用多种定位方式进行融合定位效果更好,如结合 Wi-Fi、图像、激光雷达与船舱内地图的融合定位方法,可以提升船舱内智能作业设备与系统定位精度[44]。为解决实现深埋地下、空间封闭的水下环境中的智能作业设备与系统定位问题,祁宁春等提出依据惯性导航系统和 Doppler 计程仪联合定位,实现水下检测机器人自主导航定位,提高了定位精度[45]。针对智能水下机器人与水下基站近距离对接时,传统的光视觉引导方法在精度和鲁棒性方面难以满足要求的问题,可采用双目视觉引导方法。该方法对伪光源具有很好的鲁棒性,并且所得出的基站相对位置和角度有很高的精度[46-47]。在进行船舱内环境感知与融合定位时,需考虑船舶的结构特点和场景复杂性,因此如何针对船舶特定场景和作业模式提高环境感知和定位精度,是未来需要进一步研究的问题。

为了实现移动、避障、交互和操作等功能,智能作业设备与系统必须装备多种传感器(如摄像头、麦克风阵列、激光雷达、超声波等),补足其物理空间局限性。大部分数据需要在时间同步的前提下进行处理,并且调用不同复杂度的算法模块(例如 SLAM、图像处理、人和物体的识别等)。智能设备与系统硬件系统和边缘计算需要协同来支持多传感器数据同步和计算加速,因此应该采用能灵活组合中央处理单元(Central Processing Unit,CPU)、现场可编程门阵列(Field-Programmable Gate Array,FPGA)和特定领域架构(Domain-Specific Architecture,DSA)的异构计算平台。另一部分没有强实时性要求的感知任务(如舱内人员的行为识别、船舶检测等),可以由云计算支持。智能作业设备与系统在船舶环境中进行检测异常处理、船舶场景轨迹规划、辅助作业等自主任务时,需要提高智能作业设备与系统在工作时的自主决策能力。目前广泛应用的自主决策方法主要有人工神经网络、模糊推理、证据推理、贝叶斯网络等[48]。华中科技大学研制了智能自救决策系统[49],可以用于水下智能作业设备与系统的自主决策。

随着人工智能技术的蓬勃发展,深度学习、虚拟现实(Virtual Reality,VR)、数字孪生、大数据分析等人工智能新兴技术在智能作业设备与系统上的应用产生了更多的可能性。通过引入深度学习、强化学习、多模态 SLAM、多模态感知、智能控制等人工智能技术,提高智能作业设备与系统的自主定位、自主认知、自主学习、自主控制能力,对于实现智能作业设备与系统自主作业具有重要意义。而 VR 技术和数字孪生技术可提高远程控制等半自主技术的真实感和便捷性,作为向全自主作业的过渡。大数据分析技术可对船舶的总体性能及状态进行实时监测、评估、分析和预测,反馈到智能作业设备与系统中,使其根据船舶总体状态自主判断是否进行作业。

未来,智能作业设备与系统将朝智能化与云端化、协同作业及个性化服务等方向快速发展,以满足未来水路交通的高效、安全、环保需求。智能设备与系统云边端一体化与智能化通过智能云平台、边侧服务器和边缘计算终端,利用云、边、端的三体协同,支撑多台智能设备与系统协同作业。智能云平台将物理服务器的内存、输入/输出(I/O)、存储和计算能力通过网络集成为一个虚拟的 AI 资源池,对智能设备与系统上传的业务数据进行深度融合、分析,将最优执行方案和指令下发给端侧智能处理器,实现智能设备与系统的操控和统一调度。边侧服务器汇聚多台端侧边缘计算终端产生的视频流、图片流、信息流数据后统一接入智能云平台,实现端侧统一接入管理,可以将对象分析、行为分析等过程下沉至端侧预处理,处理后的结果数据统一汇聚到边侧服务器后再上传至智能云平台进行融合计算,极大程度上减轻了云端计算压力和流量压力,并提升了处理效率。

→ 6.3 关键技术

智能作业设备与系统关键技术组成及逻辑关系如图 6-6 所示,包括系统架构与电气结构、环境感知与融合定位、路径规划与自主决策、远程控制与人机交互四大关键技术,其中系统架构与电气结构为后续关键技术奠定基础,而环境感知与融合定位技术是智能作业设备与系统进行路径规划和自主决策的前提条件。通过具身智能理念,智能作业设备与系统能够通过与环境的实时交互,动态感知和理解复杂场景,从而优化其决策和执行能力。在路径规划与自主决策方面,具身智能使得设备能够基于实时感知数据,结合强化学习等算法,不断优化其行为策略,以适应多变的环境需求。此外,由于复杂场景下智能作业设备与系统自主运行难度较大,远程控制技术可在特定场景远程接管智能作业设备与系统,成为智能作业设备与系统关键技术之一。同时,具身智能的引入使得远程控制更加智能化,设备能够在远程操作的基础上,结合本地感知和决策能力,实现更高效的人机协作。

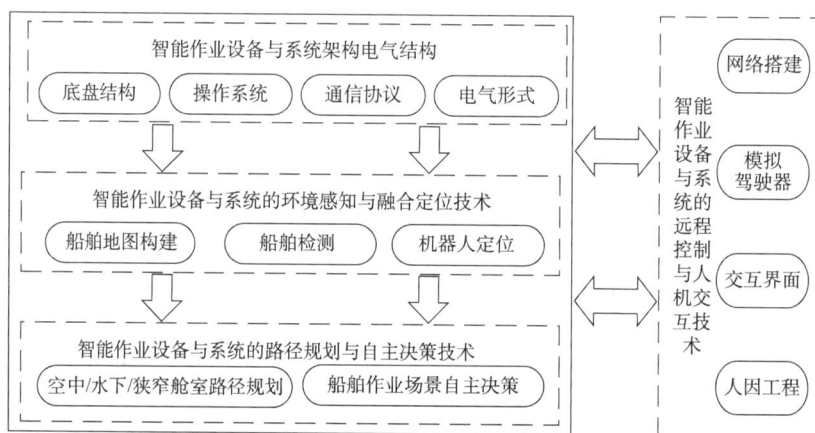

图 6-6 智能作业设备与系统关键技术组成及逻辑关系图

1)智能作业设备与系统架构与电气结构

智能作业设备与系统的驱动方式与一般机器人类似,需要搭载各种传感器和检测装置,以开展船舶作业任务,针对不同的作业场景搭载多种适配的传感器,如激光雷达、惯性测量单元(Inertial Measurement Unit,IMU)、鱼眼相机等,使用工控机作为作业设备与系统的中央处理单元。底盘电机驱动提供了 CAN 协议,采用 CAN 转以太网设备将 CAN 总线的协议直接通过网口进行传输,在 Ubuntu 系统中开发程序接收网口的数据。此外,目前智能作业设备与系统的操作系统架构普遍采用机器人操作系统(Robot Operating System,ROS),其兼具机器人硬件抽象描述、底层驱动程序管理、共用功能的执行、程序间消息传递等功能,并提供一些机器人编程工具和算法库,可提升作业设备与系统的研发速度和拓展性。使用标准ROS 消息进行控制,可为后续的作业设备与系统开发与控制提供基础条件。对于轮式的作业设备与系统,可以通过在底盘加装轮式里程计的方式来获得速度数据,这些数据可以用来辅助作业设备与系统实现自主定位,同时作业设备与系统还需要将控制指令发送给移动底盘,实现自主控制。

2)智能作业设备与系统的环境感知与融合定位

精确感知对于智能作业设备与系统执行任务至关重要。智能作业设备与系统在进行船舶作业时,需要靠近船舶结构拍摄船体图像数据。由于船舶舱室内部结构复杂,水下作业环境充满未知性,需要对船舱内及其周围环境进行精细感知,精确构建船舱模型[50],以合理规划智能作业设备与系统运动路径。在线控底盘四周,分别安装有摄像头、激光雷达、毫米波雷达等传感器。感知模块通过采集这些传感器的原始数据并加以处理分析,获得对外部运行环境的认知,如图6-7所示。通过对视觉图像和激光点云的处理和融合,感知模块可以识别运行环境中相对固定不变的对象,如舱壁、物料、集装箱、抓斗、起重机、护栏等。

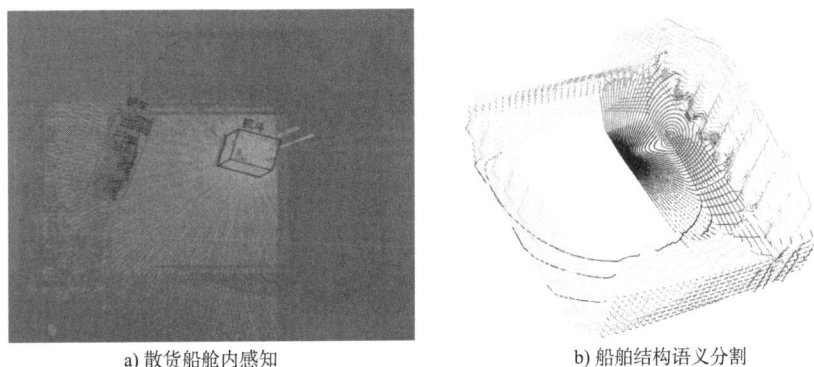

a) 散货船舱内感知　　　　　　　　　b) 船舶结构语义分割

图6-7　船舶作业场景感知

此外,通过视觉数据、激光雷达数据和毫米波雷达数据的融合,感知模块可以进行动态目标检测,获取船舶场景下动态目标的位置、速度和类型,并对目标的轨迹和行为进行跟踪预测,为规划控制提供依据。

在智能作业设备与系统作业过程中,船舶场景状态会实时发生变化,这就造成场景的高动态性。因此,作业设备与系统采用基于图优化的同时定位与建图技术构建场景地图。首先构建智能作业设备与系统多传感器紧耦合里程计,利用环视系统中连续的相机图像中的角点构建相机里程计,并以此作为激光雷达里程计提供初值。基于点特征和作业环境结构构建优化函数,进而获得前后激光雷达数据间的位姿转换,并由前一时刻的激光雷达位姿节点和当前位姿转换结果获得当前时刻作业设备与系统的定位结果。为快速地更新地图信息,使用位姿图边缘化算法,将与旧子图有关的消除团处理为稀疏树结构,避免在所有消除团变量对之间引入新的边,提升位姿图的稀疏性并增强局部地图更新的实时性。使用g2o优化库处理激光雷达里程计中所有位姿节点以得到最佳姿态,将与位姿节点中包含的点特征、船舶平面特征一起重新排列,以形成精准局部地图。最后依据感知模块获得的智能作业设备与系统的相对位姿,采用裁剪最近点迭代的方法融合全局与局部地图,从而完成船舶作业场景动态地图构建,并获得全局一致无盲区船舱地图。

3)智能作业设备与系统的路径规划与自主决策

船舶环境复杂,智能作业设备与系统在船舱内进行自主作业时需要在舱内找到一条由起点到目标作业点的无障碍路径。常见的路径规划算法有人工势场法、A^*算法、遗传算法等,随着智能作业设备与系统技术的发展,深度学习、人工智能等新思想也逐渐应用到智能作业设备与系统路径规划中。智能作业设备与系统所处的环境主要为船舱内部,船舱环境密闭、信号条件较差、舱内场景复杂,智能作业设备与系统需要面对船舶舱壁、船舶结构构件、船舱内货物等障碍物,这些特征给智能作业设备与系统路径规划带来了新的挑战。规划与决策模块应具备自主规划决策和接受中心集中式规划决策2个功能。智能作业设备与系统自主规划模块可以结合当前环境因素和作业工况,根据当前障碍物信息和行驶全局路线进行动态决策、实时规划行驶轨迹,并计算相应的横纵向控制指令。

通过建图定位算法构建场景地图后,智能作业设备与系统便可依据地图中的环境信息和激光雷达的传感数据进行自主定位与路径规划,从而实现作业过程中的自主导航。智能作业设备与系统的路径规划为局部路径规划,舱内的局部路径规划是指智能作业设备与系统在当前地图中根据自身定位与堆料位置规划一条最优的可行路径,在该路径下智能作业设备与系统能够成功到达指定地点且行驶代价最小[51]。已知船舶作业环境中的局部路径规划,即当周边环境的占据信息和行驶代价信息已知时,可根据当前起始位置和设定目标位置对行驶方案进行总体规划,以找到一条能够满足安全行驶条件的最优局部路径。在路径规划的过程中,路径节点的搜索方式在很大程度上决定了规划结果的优劣和算法的整体运行效率,在地图所转换成的二维栅格地图中,目前,针对通用的路径规划算法进行改进优化,可以提升其效率和准确性,以更好地应用到智能作业设备与系统路径规划中[52]。图6-8所示为清舱机器人舱内路径规划效果。不同于常见的关注移动路径质量的路径规划方法,该方法考虑了清舱需求与机器人作业性能,并引入了物料代价、距离代价以及能耗代价函数,从而能够让清舱机器人在船舱内进行高效的自主作业。在此基础上,采用深度强化学习进行自适应参数调节从而实时响应环境变化,实现路径规划中不同阶段权重的优化平衡,解决传统参数调节方法计算成本高、可能遗漏最佳组合,以及对模型假设的依赖性强的问题。

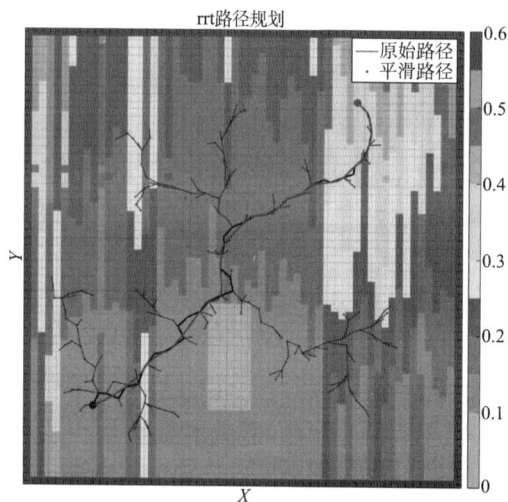

图6-8　清舱机器人舱内作业路径规划效果

4)智能作业设备与系统的远程控制与人机交互

远程控制和人机交互技术是智能作业设备与系统作业的关键,在较为复杂的作业环境下,人机交互式的远程控制仍然是当前智能作业设备与系统远程作业的主要技术手段[53]。智能作业设备与系统在封闭船舱环境内水下作业时,处于信号缺失、光照条件弱的条件下,场景复杂,智能作业设备与系统工作范围大,其远程控制和人机交互就显得尤为重要。智能作业设备与系统在工作过程中,需要确保设备与控制中心之间实时的信息交换[54]。远程控制和智能作业设备与系统自主作业相结合,操作端建立和智能作业设备与系统端的连接,计算机进行视觉和控制算法的处理,通过本地计算机发布控制指令和监测智能作业设备与系统状态,实现智能作业设备与系统运动控制,有助于智能作业设备与系统更好地完成任务[55]。

在进行智能作业设备与系统远程控制时,远程模拟驾驶器按真实驾驶台布置,包括人机交互接口屏、仪表及按钮等。远程模拟驾驶器与作业设备与系统远程操控系统连接,将驾驶员控制手柄、按钮、控制指令与智能作业设备与系统信息处理系统生成的控制指令传递给远程操控系统,同时与视景显示系统连接,接收并显示其转发的信息。图6-9所示为清舱作业设备的远程控制系统与船舶瞭望设备的人机交互界面。操作者可以实时获取智能作业设备与系统采集的数据并监测其状态量,智能作业设备与系统可以接收操作者的控制指令以变更工作任务,应对意外情况[56]。工作人员可以通过云控或遥控等远程控制智能作业设备与系统,无人机式的作业设备与系统主要用于与目视检查相关的任务,磁性履带式的作业设备与系统主要用于近距离检测。无人机配合磁性履带式作业设备与系统的解决方案基本可以满足常规船舶检验需求。数据最终传输到地面控制中心,船舶检验工作人员评估分析船舶情况,更好地完成船舶检验工作。

a) 清舱设备远控系统

b) 智能瞭望设备人机交互界面

图6-9 作业设备与系统的远程控制与人机交互界面

→ 6.4 应用案例

6.4.1 典型应用场景一:散货船智能清舱系统

散货船卸货过程通常分为两个阶段:第一阶段为卸货前期作业,通过岸基抓斗卸船机将散货抓运出舱,目前少数散货港口在该阶段已实现自动化作业;第二阶段为清舱作业,如图6-10a)所示,清舱系统通常由人工操作的装载机或推耙机等舱内清舱机械(机)以及岸端抓斗卸船机/门机(岸)组成,由于舱口尺寸和抓斗抓取范围的限制,卸货后期岸基抓斗卸船机难以将舱底和边缘的货物卸空,此时需工人驾驶清舱机械进入舱内进行堆料,通过机岸相互配合将残余货物卸空。清舱作业是散货船卸货过程中的重要一环,直接影响了散货港口的自动化水平和整体作业效率。随着人工智能技术的发展,众多工作繁重且危险的场景使用机器人代替人去实现高效、安全地作业。因此,结合机器人智能感知与轨迹规划技术,研发机岸协同式散货船智能清舱系统,对提高散货港口效率与安全性具有重要意义。

武汉理工大学与武汉港迪智能技术有限公司合作研发了智能清舱设备与系统,如图 6-10 所示。首先,它改进了现有清舱机械与岸基抓斗卸船机,增加了 ROS 标准算法接口、智能传感系统与机岸协同标定设备;研究了基于 SLAM 的舱内定位方法,融合船舱结构特征与门机端观测,实现智能清舱设备与系统舱内高精确定位;设计了包含行进规划层与物理急停层的自主避碰框架,实现清舱机器人舱内自主导航作业,增强复杂舱内作业场景下机器人的自主性和安全性;结合清舱机器人与门机抓斗的位置信息、作业状态以及清舱前、中、后期物料的分布特性,设计了一种效率最优的协同清舱策略,实时调整物料抓取点与作业轨迹,提升了智能作业效率。同时,设计了沉浸式交互远控平台,不仅能为管理者及时提供清舱设备的状态信息,提高管理效率,还能实现舱内一键辅助作业、碰准分线预警、自主/远控切换等智能化作业技术,实现机-岸协同作业,有效地提升了散货船清舱效率。

a) 清舱作业场景

b) 智能化清舱设备

c) 清舱机器人远控平台

d) 船-机-岸协同作业数字孪生系统

图 6-10 武汉理工大学与武汉港迪智能技术有限公司合作研发的智能清舱设备与系统

6.4.2 典型应用场景二:散货船洗舱机器人

相比于其他类型船舶,散货船装载的货物种类繁多、性质各异,为防止转运过程中对货物和海洋环境造成污染,在更换不同货物前或运输特殊化学品后一般都需要进行舱壁冲洗,即洗舱作业。散货船洗舱是巨量干散货物转运过程中关键且频繁出现的作业保障工作,其市场需求量庞大。然而,当前散货船洗舱智能化水平严重不足并且人工作业难以保证洗舱效率和安全性,是智能化海上作业保障技术中不可忽略的短板。

与依托人工清洗的传统洗舱作业不同,青岛中远海运洗舱机器人能够真正减少登高作业,实现智能控制和自适应清洗,如图 6-11 所示,其符合航运绿色发展需要主要体现在三方面:①必备的安全环保性能。产品能够通过远程控制,有效避免船员悬挂高空的作业风险,同时减少了化学清洗剂和防护服的用量,保持货舱涂料的防腐性,大幅降低了对海洋环境的污染,安全环保效益显著。②高效的精准作业。产品能够吸附在舱壁上,通过智能导航及路径规划技术,提高产品在多壁面、多钝角等复杂环境中的决策能力和作业稳定性,尤其是清洗难度最大的上部舱壁,产品最大清洗效率达$900m^2/h$,最高行走速度达到$30m/min$,洗舱时间最多可节省50%,有效规避了人工爬高清洗的水流弱、难度大、死角多等问题。③可靠的成本效益。产品每台仅需$1\sim2$名船员配合,可轻松进入并清洗货舱全部区域。相较于人工清洗的全员参与,极大节省了人力物力,也降低了船东洗舱费用的投入。同时,产品有效消除了人为疏漏、违规操作等隐患,降低了货舱清洁不良的高昂风险,洗舱质量提升显著,缩短了船舶周转时间。

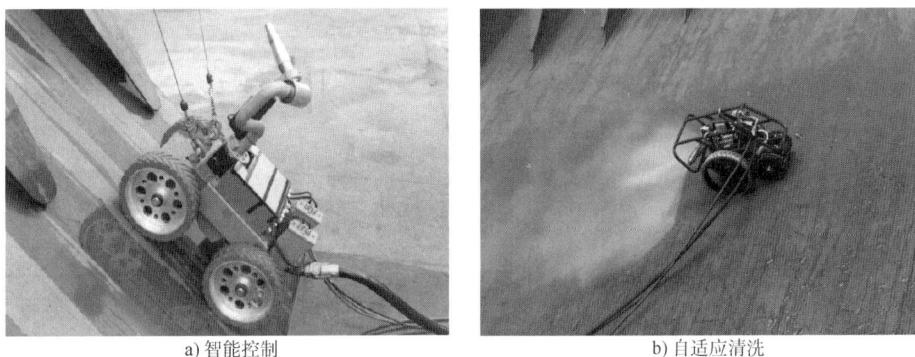

a) 智能控制   b) 自适应清洗

图6-11 船舶舱室清舱设备

6.4.3 典型应用场景三:水下船检机器人

船舶由于碰撞、触礁、螺旋桨绞入渔网等事故,需要进行特殊检验,这类检验通常需要派潜水员到水下进行观测和拍摄视频(或照片),以便根据实际损坏情况得出检验结论,供保险公司和船东参考。深圳鳍源科技有限公司的水下智能检测机器人的作业如图6-12所示,该机器人可以替代潜水员完成这项艰巨的任务。将拍摄(或其他探测方式)到的水下船体情况实时上传到水面分析,得到远比潜水员水下观测更为准确的信息。水下船检机器人的应用相较以往的船舶进坞上台检验方式,既缩短了起锚、进坞、检验、复泊的时间,还降低了相关环节费用成本;相比较潜水员水下探摸方式,也避免了水下作业可能存在的安全隐患。

a) 水下观测   b) 水下船体情况实时分析

图6-12 水下船检机器人

6.4.4 典型应用场景四:远控式船舶除锈机器人

长期以来,船舶受海洋环境侵蚀,产生的腐蚀和锈蚀现象一直是困扰各大船厂的问题。随着船舶工业的不断发展,对船体表面防腐、防锈方面的要求越来越高,因此,需要提供更严格的除锈喷涂方案,最大限度地为船体建立坚固防腐层,抵御海水腐蚀,延长船体的使用寿命。北京史河机器人科技有限公司研发的船舶智能除锈机器人如图6-13所示,它采用永磁型爬壁底盘,通过搭载超高压水射流等系统执行前端,主要用于船舶内外表面的清洗、除锈等作业。此外,作业设备与系统配备了真空回收盘,能够在除锈操作中同步回收污水。这款船舶智能除锈作业设备与系统已经为包括中船、中远、招商局在内的30多家大型修造船厂提供了服务。

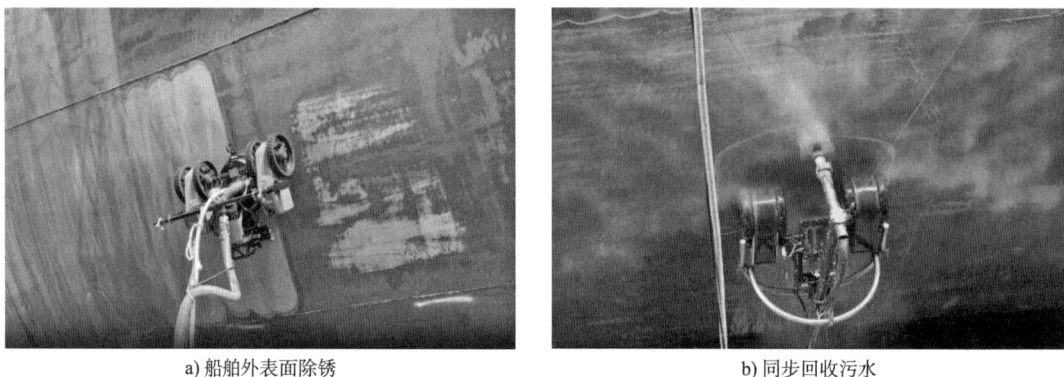

a) 船舶外表面除锈 　　　　　　　　　　　　　　b) 同步回收污水

图6-13　船舶除锈机器人

→ 思政课堂

平凡铸非凡:翟国成与辽宁舰的创新征程

在辽宁舰宽阔且承载着无数梦想的飞行甲板上,翟国成作为其中普通一员,以非凡的毅力与智慧书写着创新篇章。他是辽宁舰首位获得国家专利的航母舰员,更凭借卓越贡献荣获"全军士官优秀人才奖"等多项荣誉,这些奖项是对他多年辛勤付出和创新精神的高度认可。一把扳手成为他开启创新之门的钥匙,十多项专利和无数日夜的钻研,让他在钢铁巨舰上镌刻下独属于中国士兵的荣耀,既诠释着新时代军人的使命担当,也展现出平凡岗位铸就非凡业绩的伟大力量(图6-14)。

"翟国成扳手"的诞生,源于一次令人揪心的意外。飞行甲板作业时,战友使用工厂配发的航空供给盖扳手,因扳手滑脱导致手背被坚硬的甲板涂层擦伤。这一幕深深刺痛了翟国成的心,也点燃了他创新的决心。凭借多年机务保障经验,他敏锐发现老式扳手套头与把手在同一平面的设计缺陷,这不仅威胁战友安全,更制约着航母战斗力的生成效率。为攻克这一难题,学历不高的他从零开始:向战友虚心请教工程制图知识,日夜钻研,并在图纸上反复勾勒理想扳手形态;带领战友在甲板上模拟上千次用力姿势,只为找到最佳发力角度;对十几种材料的强度与密度进行细致比对,力求实现轻量化设计。历经无数次尝试,重量减半、效率提升 3 倍的立式扳手——"翟国成扳手"问世,这款扳手不仅获得国家专利,更成为航母上"小创新解决大问题"的典范,彰显出瞄准实战需求的创新力量。

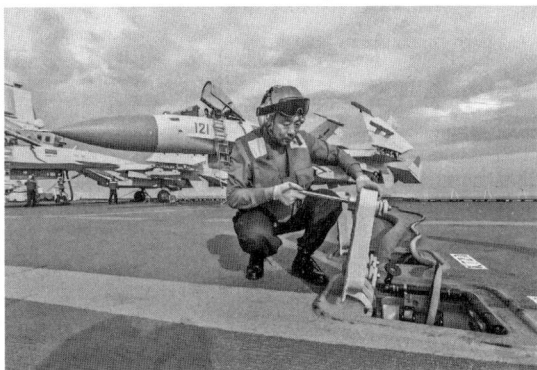

图 6-14　翟国成与辽宁舰(图片来源:人民海军微信公众号)

在翟国成的创新清单中,"翟国成扳手"仅是起点。舰面勤务保障时,线缆拉出操作的难题逐渐凸显。现有方式不仅费时费力,还严重磨损线缆,导致其使用寿命大幅缩短。为解决这一问题,他带领攻关小组,历经两个多月艰苦钻研,成功设计出滑轮导引装置和管线升降装置,使舰面线缆寿命延长 30%。此后,车辆应急启动装置、甲板专用警戒杆、自锁式接地线装置等十多项创新成果接连诞生,其中多项成果获得国家实用新型专利证书,每一项都紧紧围绕实战化需求,极大提升了航母装备的性能与效率。

而在保障航母安全的细节把控上,翟国成同样展现出高度的责任心与严谨性。当发现飞行甲板防滑涂层可能因温度返潮破裂,影响飞行安全时,他连夜查阅数十份资料,以精确数据说服厂家调整工期,避免了重大隐患,用严谨态度守护着航母的安全。他编写的《飞行甲板铺装和保养细则》填补了国内航母甲板维护空白,制定的武器使用规范为装备操作立起标杆,以实际行动践行对"打赢"目标的庄严承诺,而他也因这些突出贡献,多次被评为部队的"装备革新之星""优秀士兵"等。

"我这一辈子,就跟航母耗上了。"翟国成常把这句话挂在嘴边。从接舰初期跟着厂家师傅一点点摸索设备性能,到后来带领团队攻克一个又一个技术难关,他始终坚信:"装备改进一点,航母的战斗力就提高一点。"这份信念,让他在面对困难时从未退缩。他精通所带区队的 10 多个专业,先后保障过 4 型战机,每一次装备升级、每一次任务调整,他都带头钻研,把自己活成了一本"行走的装备说明书"。

翟国成的价值,更在于他成为辽宁舰创新的火种。在他的带动下,全舰上下掀起装备革新热潮,"人人都是创新者,人人都是研究员"的理念深入人心并转化为实践。三级军士长刘辉改造冷水阀门,消防中队长刘勇强带领团队突破训练纪录,舰载机飞行员创造"航母速度"……这些平凡岗位上的突破,汇聚成中国航母事业蓬勃发展的强大动力。翟国成用自己的行动证明,创新并非少数人的特权,而是每一位心怀使命、不甘平凡的军人在岗位上的必然选择。

(部分内容参考大语言模型"豆包"相关检索结果)

本章思考题

（1）船舶智能作业设备与系统的主要功能有哪些？列举至少3种核心功能，并结合实际案例分析其在船舶作业中的具体应用及成效。

（2）如何设计一个包含感知、规划和控制3个模块的智能作业设备与系统？详细描述每个模块的功能，并分析各模块之间的相互关系及其协同作用。

（3）智能作业设备与系统对航运业有哪些影响？从技术、经济和社会等多个角度进行分析，并预测其未来的发展趋势及其对行业的推动作用。

（4）智能作业设备与系统在船舶安全、节能、环保和高效运营中发挥了哪些作用？讨论这些作用对现代航运业的重要意义。

（5）针对一种特殊作业环境（如密闭舱室、高空作业等），探讨智能作业设备与系统在该环境下的应用场景。分析其所需的技术要求，并提出可能的技术解决方案及其实施路径。

本章参考文献

[1] 严新平,张笛,袁成清,等.水路交通控制的研究现状与发展趋势[J].水上安全,2022(4):34-43.

[2] 严新平.智能船舶的研究现状与发展趋势[J].交通与港航,2016,3(1):25-28.

[3] MOU J M,CHEN P F,HE Y X,et al. Vessel traffic safety in busy waterways:A case study of accidents in western shenzhen port [J]. Accident Analysis & Prevention, 2019 (123): 461-468.

[4] 严新平,贺亚鹏,贺宜,等.水路交通技术发展趋势[J].交通运输工程学报,2022,22(4):1-9.

[5] NCNA.国务院印发《"十四五"现代综合交通运输体系发展规划》[EB/OL].(2022-01-18)[2025-01-07].https://www.gov.cn/xinwen/2022-01/18/content_5669136.htm.

[6] NCNA.国务院印发《中华人民共和国国民经济和社会发展第十四个五年规划和2035年远景目标纲要》[EB/OL].(2021-03-13)[2025-01-07].https://www.gov.cn/xinwen/2021-03/13/content_5592681.htm.

[7] MIIT.十五部门关于印发《"十四五"机器人产业发展规划》[EB/OL].(2021-12-28)[2025-01-07].https://www.gov.cn/zhengce/zhengceku/2021-12/28/content_5664988.htm

[8] 柯赟,宋恩哲,姚崇,等.船舶柴油机故障预测与健康管理技术综述[J].哈尔滨工程大学学报,2020,41(1):125-131.

[9] DUAN Z L,CAO H,REN G,et al. Assessment method for engine-room resource management based on intelligent optimization[J]. Journal of Marine Science and Technology, 2017, 25

(5):571-580.

[10] 马御风,周世良,吴俊,等.内河船舶洗舱作业风险分析与安全管理[J].中国水运,2022,22(5):4-6.

[11] SONG C H,CUI W C. Review of underwater ship hull cleaning technologies[J]. Journal of Marine Science and Application,2020,19(3):415-429.

[12] AKYUZ E,CELIK M. A methodological extension to human reliability analysis for cargo tank cleaning operation on board chemical tanker ships[J]. Safety Science,2015(75):146-155.

[13] DONG Y,FRANGOPOL D M. Risk-Informed life-cycle optimum inspection and maintenance of ship structures considering corrosion and fatigue[J]. Ocean Engineering,2015(101):161-171.

[14] ERIKSEN S,UTNE I B,LUTZEN M. An RCM approach for assessing reliability challenges and maintenance needs of unmanned cargo ships[J]. Reliability Engineering & System Safety,2021(210):107550.

[15] 张瑞,田亚辉,汤敏,等.船用设备智能运维探究[J].珠江水运,2022(7):98-100.

[16] IVCE R,RUDAN M,Mišković D,et al. The cost assessment of hull coatings application done by ship's crew on dry cargo ships[J]. Pomorstvo,2020,34(1):156-165.

[17] ISLAM R,ANANTHARAMAN M,KHAN F,et al. A review of human error in marine engine maintenance[J]. TransNav:International Journal on Marine Navigation and Safety of Sea Transportation,2020,14(1):1-14.

[18] RAIHAN E A,PRABAKARAN V,NAY H L,et al. Sparrow:a magnetic climbing robot for autonomous thickness measurement in ship hull maintenance[J]. Journal of Marine Science and Engineering,2020,8(6):469.

[19] ISLAM R,KHAN F,ABBASSI R,et al. Human error probability assessment during maintenance activities of marine systems[J]. Safety and Health at Work,2018,9(1):42-52.

[20] BONNIN-PASCUAL F,Ortiz A. On the use of robots and vision technologies for the inspection of vessels:a survey on recent advances[J]. Ocean Engineering,2019(190):106420.

[21] EICH M,BONNIN P F,GARCIA F E,et al. A robot application for marine vessel inspection[J]. Journal of Field Robotics,2014,31(2):319-341.

[22] LE A V,KYAW P T,VEERAJAGADHESWAR P,et al. Reinforcement learning-based optimal complete water-blasting for autonomous ship hull corrosion cleaning system[J]. Ocean Engineering,2021(220):108477.

[23] OZOG P,CARLEVARIS B N,KIM A,et al. Long-term mapping techniques for ship hull inspection and surveillance using an autonomous underwater vehicle[J]. Journal of Field Robotics,2016,33(3):265-289.

[24] KIM A,EUSTICE R M. Real-time visual SLAM for autonomous underwater hull inspection using visual saliency[J]. IEEE Transactions on Robotics,2013,29(3):719-733.

[25] 殷宝吉,董亚鹏,唐文献,等.船舶螺旋桨水下清洗机器人推进器驱动及关键部件状态

监测研究[J].江苏科技大学学报(自然科学版),2019,33(4):31-37.

[26] 宋鹏.船舶与海工装备大型立面维护机器人吸附单元优化与控制系统设计[D].哈尔滨:哈尔滨工程大学,2020.

[27] 李国祥,王海燕.智能机器人在船舶检验中的应用[J].中国船检,2022(6):56-59.

[28] POGGI L,GAGGERO T,GAIOTTI M,et al. Recent developments in remote inspections of ship structures[J]. International Journal of Naval Architecture and Ocean Engineering,2020 (12):881-891.

[29] SONG C H,CUI W C. Review of underwater ship hull cleaning technologies[J]. Journal of Marine Science and Application,2020,19(3):415-429.

[30] 衣正尧,弓永军,王祖温,等.用于搭载船舶除锈清洗器的大型爬壁机器人[J].机器人, 2010,32(4):560-567.

[31] HUANG H,LI D,XUE Z,et al. Design and performance analysis of a tracked wall-climbing robot for ship inspection in shipbuilding[J]. Ocean Engineering,2017(131):224-230.

[32] 胡钊政,万金杰,孟杰,等.船载运维机器人关键技术与展望[J].中国航海,2024,47 (2):134-144.

[33] 路双莹,刘成洋,张翼,等.一种适用于船舶堆舱的导轨式巡检机器人系统[P].湖北省: CN216731794U,[2022-06-14].

[34] BONNIN P F,Ortiz A. On the use of robots and vision technologies for the inspection of vessels:a survey on recent advances[J]. Ocean Engineering,2019(190):106420.

[35] 张伟,叶聪,李德军,等.深海载人潜水器安全性研究进展[J].中国造船,2022,63(4): 83-92.

[36] ROSS B,BARES J,Fromme C. A semi-autonomous robot for stripping paint from large vessels[J]. The International Journal of Robotics Research,2003,22(7-8):617-626.

[37] XIAO H,MENG J,HU Z,TAN H. Robot-grabber cooperative localization under highly dynamic clearing operation of bulk carriers[C]//IEEE Intelligent Vehicles Symposium (IV), June 02-05,2024,Jeju Island,Korea,Republic of,c2024:900-905.

[38] BERGMANN P,LOWE S,FAUSER M,et al. Improving unsupervised defect segmentation by applying structural similarity to autoencoders[C]//IEEE Conference on Computer Vision and Pattern Recognition (CVPR),June 18-22,2018 Salt Lake City,Utah,c2018:1-8.

[39] YANG J,YANG G. Modified convolutional neural network based on dropout and the stochastic gradient descent optimizer[J]. Algorithms,2018,11(3):28.

[40] TAO X,WANG Z,ZHANG Z,et al. Wire defect recognition of spring-wire socket using multitask convolutional neural networks[J]. IEEE Transactions on Components,Packaging and Manufacturing Technology,2018,8(4):689-698.

[41] XUE Y,LI Y. A fast detection method via region-based fully convolutional neural networks for shield tunnel lining defects[J]. Computer-Aided Civil and Infrastructure Engineering, 2018,33(8):638-654.

[42] HUANG G, HU Z, WU J, et al. WIFI and vision-integrated fingerprint for smartphone-based self-localization in public indoor scenes[J]. IEEE Internet of Things Journal, 2020, 7(8): 6748-6761.

[43] 甘兴旺, 魏汉迪, 肖龙飞, 等. 基于视觉的船舶环境感知数据融合算法研究[J]. 中国造船, 2021, 62(2):201-210.

[44] 胡钊政, 刘佳蕙, 黄刚, 等. 融合 WiFi 激光雷达与地图的机器人室内定位[J]. 电子与信息学报, 2021, 43(8):2308-2316.

[45] 祁宁春, 聂强, 来记桃, 等. 水电站多元场景水下智能巡检关键技术与实践[J]. 清华大学学报(自然科学版):1-11.

[46] 徐硕, 姜言清, 李晔, 等. 智能水下机器人自主回收的双目视觉定位[J]. 哈尔滨工程大学学报, 2022, 43(8):1084-1090.

[47] 沈子超. 基于激光雷达探测的无人机室内避障导航技术研究[D]. 南京:南京理工大学, 2020.

[48] 熊良锦. 履带—桨式水陆两栖机器人自主决策及控制方法研究[D]. 哈尔滨:哈尔滨工程大学, 2021.

[49] 向先波, 徐国华, 蔡涛, 等. 水下机器人智能自救系统[J]. 华中科技大学学报:自然科学版, 2006, 34(7):111-114.

[50] 李坤. 基于机器视觉的船体缺陷检测技术研究[D]. 大连:大连理工大学, 2019.

[51] JIANG L, WANG S, MENG J, et al. Improved double-tree RRT * algorithm for efficient path planning of mobile robots[C]//IEEE REGION 10 CONFERENCE, November 16-19, 2020, Osaka, Japan, c2020:206-211.

[52] 赵思沛, 史成军, 王浩亮, 等. 基于改进 RRT 算法的船舶机舱巡检机器人路径规划[J]. 船舶工程, 2022, 44(7):109-114.

[53] 陈琼, 吴武豪, 陈少尉. 基于头戴设备和手柄的机械系统远程控制方法[J]. 计算机测量与控制, 2023, 31(1):113-119.

[54] ZUGNO T, CAMPAGNARO F, ZORZI M. Controlling in real-time an ASV-carried ROV for quay wall and ship hull inspection through wireless links in harbor environments[C]//Global Oceans 2020:Singapore, October 05-30, 2020, Biloxi, MS, USA, c2020:1-9.

[55] LIM J, LEE I, SHIM I, et al. Robot system of DRC-HUBO + and control strategy of team KAIST in DARPA robotics challenge finals[J]. Journal of Field Robotics, 2017, 34(4): 802-829.

[56] 赵宗雎. 基于云平台的森林巡检机器人远程监控系统设计[D]. 哈尔滨:东北林业大学, 2022.

第7章
船舶碳捕捉设备与系统

→ 7.1 研究背景

为了减少船舶和港口的温室气体排放,降低航运业对全球气候变化的影响,航运业积极推进碳减排。航运业碳减排涉及多个方面,包括船舶设计、建造、运营、管理、燃料选择、能源利用等。目前航运业主要从源头、过程及尾端 3 个方面实现 CO_2 减排。源头采用氢能、氨能等新能源技术但成熟度低,替代周期长。过程环节通过节能增效等方式,但难以匹配日益增长的碳减排压力。由于绝大多数远洋船舶在短期内无法放弃使用传统化石燃料,因此,尾端的碳捕捉、利用与封存技术(Carbon Capture,Utilization and Storage,CCUS)减排便至关重要。

为了推动航运业碳减排,国际和国内都制定了相关法规及政策措施。IMO 与海洋环境保护会(Maritime Environment Protection Committee,MEPC)第 72 届会议通过的《IMO 船舶温室气体减排初步战略》系统性地阐述其针对国际航运业推进温室气体减排的总体规划,2023年在 MEPC 80 会议上提出国际海运温室气体排放新目标,要求尽快实现航运业碳达峰,考虑到不同国情,在接近 2050 年前后达到净零排放。围绕航运碳减排,IMO 先后推出船舶能效设计指数(Energy Efficiency Design Index,EEDI)、现有船舶能效指数(Energy Efficiency Existing Ship Index,EEXI)、碳强度指数(Carbon Intensity Indicator,CII)、数据收集系统(Data Collecting System,DCS)及船舶能效管理计划(Ship Energy Efficiency Management Plan,SEEMP)五大方面的监管举措。

自 2021 年起,中共中央、国务院、国家部委和省级政府等发布的有关文件 198 项,正式形成了"1 + N"政策体系以实现"双碳"目标,我国在航运业碳减排方面积极采取了一系列规范和政策,为全球航运业提供了"中国方案"。借鉴 IMO 的做法,我国于 2012 年发布了《营运船舶燃料消耗限值及验证方法》和《营运船舶 CO_2 排放限值及验证方法》,以提升船舶节能减排设计水平。这些法规鼓励采用先进技术、改进设计,以降低燃料消耗和碳排放。我国借鉴《MARPOL 公约》中"船舶排放控制区"的政策,依据大气污染防治法,于 2015 年在沿海水域设立了船舶排放控制区。2016 年,我国发布了《船舶发动机排气污染物排放限值及测量方法(中国第一、二阶段)》,以更严格的标准控制船舶的大气污染物排放,有助于减少硫氧化物、氮氧化物等污染物的排放。从 2017 年起,我国不断增加限制船舶使用燃料油硫含量控制要求的水域范围。2018 年,中华人民共和国海事局发布了《船舶能耗数据收集管理办法》,要求进出我国港口 400 总吨及以上或者主推进动力装置 750kW 及以上的船舶按规定的方法和程序收集船舶油耗、航行时间、航行里程、货物周转量等数据,为构建船舶碳排放的监测、报告和核实体系打下了基础。中国船级社发布了《航运低碳发展展望 2023》报告,面向 IMO2023 年航运温室气体减排战略与最新减排政策,分析相关领域面临的挑战和机遇,研判主要减排方案适用性和应用前景,探索行业低碳发展路径。

从目前各项减碳技术的成熟度和减排潜力来看,满足 EEXI 和 CII 能效新规要求仅可作为短期减排措施。为满足未来更加严格的法规要求,必须采取使用低碳/零碳能源技术或船舶碳捕捉系统(Onboard Carbon capture System,OCCS)等中长期措施。

未来几十年内,航运业仍将高度依赖化石燃料,CCUS 成为实现碳减排目标不可或缺的技术。但该技术需要大量的能量来捕获和维持 CO_2 的船上储存。此外,系统的安装和储存对船上空间要求很高,这些问题制约了 CCUS 的实船化应用。当前,船舶设备商已经针对 CO_2 捕捉吸收过程开展了试验验证,碳捕捉效率高达 90% 以上,通过对油轮、散货船和集装箱船在不同碳捕捉比例下的货物损失和对船体纵向强度的影响等测算可以看出,碳捕捉装备在大型船舶上更具备可行性。其中 LNG 运输船具有更适宜的应用特性,可能成为早期全面商业化应用的船型。

船用碳捕捉技术整体产业还处在联合研究阶段,尚未形成与之前脱硫装置类似的火爆市场。但部分船厂已经开始围绕现有船厂造船订单,与船东、设备商等联合开展船用碳捕捉相关示范研究。随着试点项目的增多,预计在未来 2~3 年内,船用碳捕捉装置产业将从应用示范期向快速成长期迈进。

→ 7.2 研究现状

7.2.1 技术内涵

CCUS 主要包括 3 个部分:碳捕捉技术,即利用化学、物理等方法从废气中捕捉二氧化碳的技术;碳利用技术,将捕捉到的二氧化碳通过化学、生物等方法转化为其他物质;碳封存技术,通过把二氧化碳安全地储存于地质结构中,实现二氧化碳的长期储存。但船舶作为移动源,仅考虑碳捕捉技术的布局,在这种特殊环境中又细分为碳捕捉技术与压缩存储技术,用以分离尾气中的二氧化碳并临时储运。

碳捕捉技术按碳捕捉与燃烧过程主要分为燃烧前捕捉、富氧燃烧、燃烧后捕捉等方式。

燃烧后捕捉按照分离过程又可细分为化学吸收法、物理吸收法、化学/物理吸附、膜分离法,如表7-1所示。各类碳捕捉方式均在船舶上开展了相关研究,但化学吸收法是目前最适用于船舶的碳捕捉技术。

碳捕捉技术分类一览表

表7-1

按碳捕捉与燃烧过程的先后顺序进行分类	
方式	描述
燃烧前捕捉	指利用煤气化和重整反应,在燃烧前将燃料中的含碳组分离并转化为以 H_2、CO 和 CO_2 为主的水煤气,然后利用相应的分离技术将 CO_2 从中分离,剩余 H_2 等可作为清洁燃料使用
富氧燃烧	是指通过分离空气制取钝氧,以钝氧(而非空气)作为氧化剂进入燃烧系统,同时辅以烟气循环的燃烧技术,使废气中二氧化碳浓度增加,可视为燃烧中捕获技术
燃烧后捕捉	指直接从燃烧后烟气中分离 CO_2
按分离过程进行分类	
化学吸收法	利用二氧化碳的酸性气体的性质与弱碱性物质发生化学反应
物理吸收法	是指采用水、甲醇等作为吸收剂,利用二氧化碳在这些溶剂中的溶解度随压力而变化的原理物理吸收法来吸收的方法
化学/物理吸附	一种利用固态吸附剂(活性炭、天然沸石、分子易、活性氧化铝和硅胶等)对原料气中的二氧化碳进行有选择性的可逆吸附来分离回收二氧化碳
膜分离法	利用某些聚合材料如醋酸纤维、聚酰亚胺、聚砜等制成的薄膜,利用其对不同气体的不同渗透率来分离
化学键分离法	一种新型的燃烧技术,通过借助于氧载体的作用,可以实现 CO_2 的内在分离和避免 NO_x 污染物的产生,同时能实现更高的能量利用效率

燃烧前捕捉的主要原理是在燃烧之前从化石燃料中除去 CO_2,因此将燃烧前捕捉系统应用在船舶上,需要设置重整装置对燃料进行处理。燃烧前捕捉分离过程能耗较低,分离效率高,能捕捉90%左右的 CO_2,但改造成本太大且需要增加反应罐及系统,改装氢燃料发动机等,所以对现有船舶并不十分适用。尽管陆上用于 CO_2 去除和 H_2 生成的燃烧前捕捉技术已经成熟,但目前为止在内燃机上还没有应用,含碳燃料的燃烧前捕捉技术及随后的 H_2 在内燃机中燃烧的功能相互作用仍需要研究。燃烧前捕捉技术的子系统组件已经得到验证,根据技术就绪水平(Technology Readiness Level,TRL)1~9级的评级标准,该技术 TRL 等级为5级。燃烧前碳捕捉技术于船舶上的应用还处于研究阶段,距离船舶上成熟应用仍有很长距离要走。

富氧燃烧技术的主要原理是使用纯氧代替空气与化石燃料反应进行燃烧,确保废气中排放物主要包括 CO_2 和 H_2O,同时大大减少了其他氮氧化物的排放,通过冷凝回收水蒸气便几乎能够将 CO_2 完全从燃料中捕捉到。富氧燃烧受其技术及设备的限制大,其在船上应用需要对船舶的发动机结构、系统及材料进行相关改造或升级,还需解决低成本的制氧技术及复杂的工艺设备问题,目前实施困难而应用机会小。

燃料电池是一种不经过燃烧过程,直接运用电化学反应方式将燃料如氢气、天然气等和氧化剂中的化学能直接转化为电能的高效发电装置,其不受卡诺循环的约束,可以将燃料的化学能不经过热功转换过程直接转变为电能。燃料电池系统主要由阳极、阴极、离子交换膜以及外接电路等构成。燃料与空气(或氧气)分别供应至电池阳极和阴极,在不直接混合的条件下发生电化学反应。

燃料电池技术应用于船舶动力系统,具有显著优势:满足日益严格的污染物排放要求;燃料电池运行安静;燃料电池对于能源利用效率提升明显;由于无大惯性的旋转机械部件,燃料电池装置作为动力源对船舶安全运行的限制也较少。然而,燃料电池在成本和耐用性方面存在显著的缺点。

燃烧后捕捉是当前碳捕捉应用最成熟的方法,只需要对船舶尾气处理装置进行轻微改动即可,对船舶系统改造小、投资少,是最有可能在船舶上得到广泛应用的二氧化碳捕捉方法。目前出现的船舶碳捕捉项目或解决方案也都是采用燃烧后捕捉技术。但是,燃烧后捕捉系统体积较大,因为废气中二氧化碳含量较低(15% 以下),碳捕捉过程的能耗较大,运行成本较高,这些问题又为燃烧后捕捉上船增加了难度。

化学吸收法是所有燃烧后技术中最成熟的技术,已经被大规模应用于燃煤发电厂等,用于去除废气中的二氧化碳。虽然这项技术在陆基电厂中已开展了大规模的示范应用,但仍需解决能耗与运行成本高等问题,以推动该技术的商业化应用。化学吸收法通常采用胺类溶剂作为吸收介质,其中单乙醇胺(Monoethanolamine, MEA)凭借高稳定性及其低廉的购买价格被广泛应用于烟气碳捕捉技术中,30wt% MEA 溶液已经成了选择性吸收烟气中的二氧化碳的基准溶液。

要建立一个有效的二氧化碳捕捉循环,主要需要两个单元,如图 7-1 所示。首先是吸收单元,在工业中该单元,通常为吸收塔,包括一种贫吸收溶液;其次是用溶液再生的解吸单元,通常为解吸塔,吸收和溶液再生这两个过程分别基于二氧化碳从气体到液体或从液体到气体的质量转移。二氧化碳吸收塔安装在废气流中,因此,排气流中的流动阻力会更大可能需要额外的排气风扇或鼓风机来克服压降。烟气在到达进行碳捕捉处理的吸收单元之前,通常要经过复杂的烟气后处理系统,以去除氮氧化物、硫氧化物及其他烟气污染物(尤其适用于船用柴油发动机的废气)。根据可用空间的不同,吸收塔可能由多个含有吸收溶液的吸收塔组成。这些吸收塔由下方的烟气灌入。吸收塔采用了特定的结构以提高吸收塔的效率,吸收塔的结构化填料增大了吸收剂与烟气之间的接触面。特别是在燃烧后碳捕捉中,烟气预处理系统还包括一个直接接触冷却器,以便在进入吸收器之前降低气体混合物的温度。烟气中的污染物以及过多的热量会导致溶液降解。贫吸收液的进料点位于吸收塔装置的顶部,在废气和溶液流之间形成的逆流有助于改善两股气流之间的扩散。烟气中含有的二氧化碳与进料中的贫溶液发生反应从而从气体中去除,即溶质二氧化碳到吸收溶液的质量转移过程。富含二氧化碳的溶液(富液)从吸收塔底部被泵入解吸装置,而经过处理的低二氧化碳含量烟气从吸收塔的气体出口处被排出。富含二氧化碳的溶液从吸收器流向解吸塔,而再生的不含二氧化碳的溶液(贫液)则从解吸塔返回吸收器。为了在汽提塔前预热溶剂并防止汽提塔的热量损失,在贫液/富液循环中安装了一个交叉热交换器。在贫液经热交换器后注入吸收器之前,由冷却器对其进行冷却。

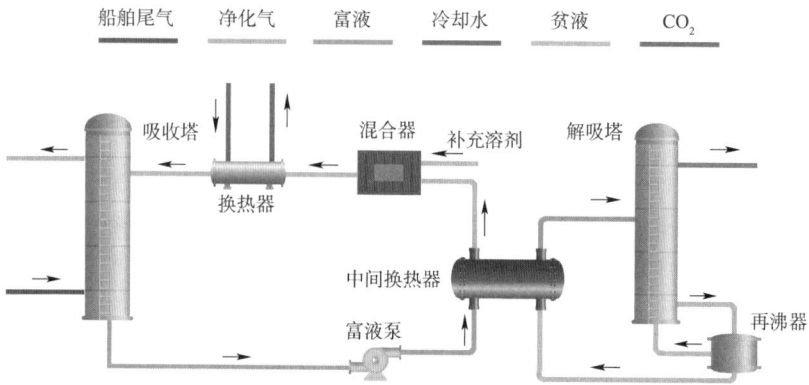

图 7-1　化学吸收过程简化示意图

与吸收塔相同,解吸塔内部也装有填料柱。不过,解吸塔的工作原理与吸收塔相反。当富液进入解吸塔上部时会通过填料塔,与下部再沸器产生的再生蒸汽与富液形成逆流。当两股气流汇合时,富液从所谓的解吸气流中吸收能量,而二氧化碳则从解吸塔上部释放出来。二氧化碳从液相到气相的质量转移被称为解吸过程。释放出的气态 CO_2 在解吸塔顶部排出。分离出二氧化碳后,富液再次变成贫液被收集到汽提塔的下部,并返回到吸收塔的进料循环中。解吸塔气体出口处的二氧化碳纯气流在压缩机中进一步加压至所需水平,最后被输送至专用的二氧化碳储存容器中。

除了已在市场上销售的 MEA 外,过去十年中还研究了多种替代化学吸收剂。其中有相当一部分是以胺为基础的,但氨溶剂、水基液体和离子液体也在考虑之列。各种化学溶液在不同的应用中都有各自的优点和缺点,不同的边界条件也限制了它们的应用领域。此外,还测试了复合溶液的使用以增加其优点,同时减少了单种化学品的缺点。在燃烧后应用中,利用胺的化学吸收技术的碳捕捉工厂已投入商业运营数年。工业应用甚至扩大到利用吸收技术去除发电厂中的二氧化碳。燃烧后吸收技术总体上处于 TRL 6～8 水平,而成熟应用的胺基化学吸收技术评估为 TRL 9。NH_3 和 PZ 溶液的吸收过程被评估为 TRL 6,离子液体在碳捕捉中的应用仍处于早期研究阶段。目前为止只进行了离子液体的试验室测试,其 TRL 被认为是 2～3 级。

二氧化碳在船舶上捕捉分离后,需要对分离出的 CO_2 进行暂时存储。此外,通过船舶开展 CO_2 运输对支持全球范围的 CCUS 至关重要,这也必涉及 CO_2 的存储问题。存储方式的选取主要受船舶运营、后续运输、利用与封存技术的影响。船舶运输 CO_2 的存储方式主要包括高压气态存储、液态存储及固态干冰存储。

1)高压气态储存

高压气态存储方式会占据较大的船舶空间,但能耗较低。液态 CO_2 体积仅为气态 CO_2 体积的五百分之一,1t CO_2 在 15bar 压力下的所占货舱体积约为 $2.4m^3$,而同等质量的 CO_2 在 CO_2 国标装气瓶所占体积约为 $1020m^3$(仅计算气瓶体积)。当前还暂时没有关于船舶 CO_2 气化储存的数据,同时高压气态储罐发生罐体破裂、爆炸也可能会对船员的生命财产造成巨大损失,引起窒息风险。受限于船舶 CO_2 气化储存的量及船舶极其有限的载货空间,气化储存技术应用性极低。

2）液化储存

由于 CO_2 液态存储具有成本低的优势,同时 CO_2 液化成本在运输成本中占据较大比重,目前围绕液态 CO_2 船舶存储展开了较多研究。液态 CO_2 在密相中具有高密度、低黏度的特点,通常通过多级压缩达到密相状态。此状态下 CO_2 存储体积小,所需运输压力低,使得船舶运输十分方便、高效,也有利于陆上通过管道方式运输。液化存储方式有利于下一环节,即 CO_2 利用或 CO_2 封存的进行,CO_2 的存储技术还可以借鉴 LNG 或液化石油气（Liquefied Petroleum Gas,LPG）船的成熟经验。

船舶存储液舱结构有 3 种:压力型、低温型和半制冷型。压力型旨在防止货物气体在环境空气条件下沸腾。低温型的设计是为了确保液舱内部能够维持极低的温度,以保持货物气体在大气压力下作为液体。大多数小型气体运输船为压力型,大型 LPG 和 LNG 运输船为低温型。低温型适合大批量运输,因为罐体尺寸限制并不严格。半制冷型包括现有的二氧化碳储罐（液舱）,其设计考虑到了货物气体作为液体保存所需的温度和压力的综合条件。一些油轮,如半冷冻 LPG 运输船,设计用于适用于常温/高压和低温/大气压之间的货物条件。CO_2 液态储存技术的快速发展得益于 CO_2 运输船日益的火热的发展趋势,关于通过船舶运输液态 CO_2 的技术已日趋成熟。液相被认为是储罐储存最节能的条件。为了实现这一目标,半冷冻式储气罐的温度最好在 54℃/6bar ~ 50℃/7bar 之间,这个温度接近二氧化碳的三相点。对于这种深冷工艺,需要大量的冷却公用工程。因此,这种半冷冻过程是在陆上站点或港口进行的,用于二氧化碳船运输场景。然而,低温工艺约50℃的冷却效用在船舶上受到限制,CO_2 通过压缩过程液化,对中冷器的冷却效用要求较低。

但是,海上极端天气频繁,CO_2 储罐或液舱内的 CO_2 因温度极端变化引起的相态变化可能引起船舶航行的不安全问题。低温液态 CO_2 泄漏会对船体结构及人员造成损伤,液态 CO_2 与海洋相互作用可能形成水合物和冰,温差会引起强烈的海流。部分未溶解的气体释放到大气中,在风速低及逆温影响下,大气中的 CO_2 气体可能导致船上人员窒息,还可能使得船舶的引擎停止。储罐中的液态 CO_2 产生的晃动效应可能会影响船舶的稳定性,降低航运性能。

3）固态干冰储存

固态干冰存储在空间上占优势,但 CO_2 液化、固化及维持相应存储条件都需要消耗较多的能量,如泵和压缩机会消耗船舶巨大电能,能耗较高。船舶碳捕捉设备与系统主要包括吸收单元、压缩液化单元及储存单元,其关键核心设备包括吸收塔、解吸塔、压缩机及 CO_2 储罐,而辅助部件由泵、控制系统、换热器等组成。欧洲、韩国、日本、中国等在内的国家和地区均已开展了船舶 CO_2 捕捉技术研究,推动碳捕捉设备与系统系列产品的产业化研发,开展工程以及试点应用,并取得了较好的成果。

7.2.2 国内外现状

1）欧洲

挪威海工龙头企业 Aker Solution 于 2020 年 8 月宣布剥离碳捕捉技术相关业务,成立专业碳捕捉公司 Aker Carbon Capture。目前该碳捕捉公司已经完成了模块化的碳捕捉系统,可灵活组合以满足不同规模的碳捕捉要求,其解决方案、服务和技术涵盖了整个 CCUS 价值链[1]。Ecospray 开发了一套试验设备,其中采用了两种创新的二氧化碳捕捉技术,即通过化学吸收(特别是使用胺或氢氧化钙)来捕获二氧化碳。在 Ecospray 测试设施中对这两种技术进行测试后,试验设备被安装在一艘商用船上,在真实条件下进行了约 2 个月的测试。测试阶段的目标已基本实现,捕获效率高达 80%。根据收集到的数据,对部件的设计和选择进行了优化,并改进了工艺流程,从而确保了项目对公司和市场的可持续性。当前,具体的设计已经完成,设备规模可达到单次航程捕获 2000t 二氧化碳。试验工厂证实了 Ecospray 开发的基于氨溶液吸收工艺的可行性,该工艺与陆地应用的传统工艺有很大不同。与传统的高温再生工艺相比,新系统易于应用于海洋领域,并可确保节约至少 10% ~15% 的能源。而用氢氧化钙捕获碳的情况下,二氧化碳与石灰乳发生反应,二氧化碳随后被"转化"为碳酸钙(一种固体材料)。在该技术的测试阶段,试剂转化率达到了很高的水平(90% ~95%)。

英国碳捕捉公司 Carbon Clean 已与韩国建设和项目管理公司三星工程正式签署联合开发协议,旨在共同探索船上碳捕捉解决方案项目的机会。根据协议,两家公司计划重点优化 Carbon Clean 的模块化碳捕捉技术 CycloneCC,以便在船上使用。据介绍,CycloneCC 装置体积是传统碳捕捉装置的 1/10,相比传统碳捕捉装置占地面积小 50%,非常适合空间极其有限的海洋环境[2]。ERMA FIRST 公司基于胺吸收技术的燃烧后碳捕捉与封存系统获得了英国劳氏船级社(Lloyd's Register of Shipping,LR)的原则性批准(Approval in Principle,AiP)。作为风险认证流程的一部分,LR 此次授予 AiP 标志着该型 CCS 系统实现了一个重要里程碑,并允许 ERMA FIRST 对该系统进行实船试点测试[3]。ERMA FIRST 的碳捕捉系统利用吸收技术将 CO_2 烟气与专有胺溶剂混合,然后将其加热以产生化学反应,从而逆转吸收并将 CO_2 与溶剂分离。分离出的 CO_2 会被液化,并在低温条件下与溶剂一起封存在船上,以便重复使用,从而形成再生循环。通过利用从废气排放中捕获大量 CO_2 的能力,船东和运营商可以达到甚至超过 IMO 设定的强化减排目标,同时延长船舶使用寿命。Carbon Ridge 于 2021年开始使用现有的气体分离技术和低温 CO_2 储存设计一种模块化化学吸收碳捕捉和储存技术。2022 年 3 月,Scorpio Tankers 和 Carbon Ridge 达成了一项协议,将在该公司的一艘含 120种产品的油轮上进行一个小规模测试装置的验证[4]。

2023 年 9 月 27 日,西班牙技术和工程集团 Sener 为德国 Grona Shipping 公司开发了两艘配备碳捕捉系统的新船的概念和基础工程设计。两艘船都将配备 LNG 推进系统,并配备 OCCS。该系统可以位于 LNG 罐的顶部或作为结构罐(在两个货舱之间)。同样,Sener 构思的设计考虑了优化的线条,这将有助于降低船舶的拖曳阻力,改善其在航行过程中的行为[5]。Sener 已经完成了一种新型可持续油轮的概念设计,该油轮可以运载重质燃料油、极低硫燃料油、生物燃料和船用瓦斯油,还可以储存从附近船只捕获的二氧化碳。据悉,该设计具有一个完整的减排和管理系统,由 CO_2 捕获和存储系统、选择性催化还原或在催化剂的帮助下将氮氧化物转化为氮气和水的过程系统和硫酸盐清洁系统组成[6]。瓦锡兰的洗涤塔系统于 2020 年获得了中国船级社的型式认可,此前,大连船舶重工订购了一套该系统安装在 VLCC"凯福"(New Treasure)号上,该船是为中国最大的 VLCC 船东招商轮船集团旗下的海宏轮船(香港)建造的。瓦锡兰首个碳捕捉系统就绪洗涤器系统——用于正在建造的 4 艘新造8200TEU集装箱船将安装瓦锡兰预留碳捕捉系统功能的35MW脱硫塔,系统采用开环设置,同时设计成与颗粒物过滤器相结合。该项设计将为未来安装OCCS预留足够空间[7]。

2)日本、韩国

日本川崎K Line于2020年8月31日宣布与三菱造船公司和日本海事协会合作"*Carbon Capture on the Ocean*"项目(CC-Ocean项目)[8]。该项目进行紧凑型碳捕捉装置的开发,并验证海上碳捕捉装置的可操作性和安全性,探索海上碳捕捉系统的紧凑性要求及稳定运行的规格要求[9]。CC-Ocean项目于2022年完成了全球首次海洋船舶碳捕捉的示范研究,在一个输出功率为8500kW的89000载重吨级运煤船上安装了50m³(长5m×宽2m×高5m)的碳捕捉系统,完成了近6个月的实船测试验证。2021年,阿法拉伐(Alfa Laval)和日本国家海事研究所宣布已经合作安装了一台阿法拉伐混合型PureSOx洗涤器[10]。一台经过改装的PureSOx洗涤器安装在一艘最近交付的船上并进行了测试,以确定该装置是否可以从港口的辅助发动机中捕获二氧化碳。经过改装的洗涤器在闭环循环中运行,证明洗涤器技术可以去除船上废气中的CO_2。

韩国大宇造船于2022年10月7日宣布已经把碳捕捉存储设备搭载在实际LNG运输船上并完成了性能测试。该OCCS通过氢氧化钠溶液将船舶废气中的CO_2转化为矿物,然后将氢氧化钠再生重复利用[11]。DSME已与GasLog和美国船级社(ABS)合作,在2023年第一季度前开发OCCS[12]。该系统将设计用于捕获DSME正在建造的液化天然气运输船上发动机排气中的二氧化碳,该技术基于船上储存的化学吸收和矿物碳酸化技术[12-13]。三星重工与Panasia合作开发并测试了一种碳捕捉和储存系统,该系统可以在一系列船只上提供经济的解决方案。该系统是为传统燃料船只设计的,也适用于液化天然气。三星重工也因此成为韩国第一家因其碳捕捉技术获得韩国船级社原则批准的公司。三星重工计划继续研究以提高该技术的可靠性,拟在2024年前优化液化天然气动力船舶的碳捕捉技术并使其实现商业化[14]。三星重工与巴斯夫宣布将采用巴斯夫的OASE blue技术对OCCS开展可行性评估,双方签署了关于OCCS的谅解备忘录。合作范围将包括巴斯夫技术的海洋化研究以及碳捕捉装置的工程设计和施工,三星重工将评估在海上安装气体处理技术的可行性[15]。

3)新加坡

油气行业气候倡议组织(OGCI)与能源船运公司Stena Bulk基于沙特阿美Aramco成功在重型货车上进行碳捕捉示范的经验,围绕船舶碳捕捉技术进行可行性合作研究[16]。项目主要是评估船舶碳捕捉技术可行性和经济性能,目标是为航运业2050年比2008年降低50%排放提供技术方案。

新加坡全球海事脱碳中心(GCMD)、OGCI、ABS、Stena Bulk、阿法拉伐、荷兰应用科学研究组织和为船舶和海洋工程提供服务的Deltamarin Ltd.共同发起了REMARCCABLE项目(*Realizing Maritime Carbon Capture to demonstrate the Ability to Lower Emissions*),并成立了联盟。该项目旨在证明在船上使用碳捕捉技术的可行性,是同类项目中规模最大的项目之一。该联盟于2022年开始了REMARCCABLE项目的第一阶段(实现海上碳捕捉以展示降低排放的能力),涉及碳捕捉系统的概念设计和前端工程设计研究。第二阶段将包括原型船上碳捕捉系统的工程、采购和建造以及陆上调试。第三阶段侧重于将碳捕捉系统与MR油轮集成并进行海上试验。GCMD 计划启动一项关于卸载液态 CO_2 的研究,以解决潜在的挑战,并为该项目的第三阶段提供信息[17]。

2023 年 3 月 22 日,由全球航运组织和 OGCI 组成的联盟经 ABS 批准,可以在油轮上使用碳捕捉系统。原则上批准后,联盟可以考虑项目是否会进入下一阶段,包括工程、采购和施工。全球航运业正在寻找一系列解决方案,包括低碳燃料和船上碳捕捉,以帮助实现到 2050 年将其温室气体排放量从 2008 年基线减半的目标。该联盟的成员认为,船上碳捕捉系统可以帮助在未来五年内加速船上碳捕捉技术的商业部署。这个为期两年、分三个阶段的示范项目正在研究船上捕获和储存以及卸载捕获的二氧化碳,以应对在船舶上部署碳捕捉技术的运营挑战和机遇。在进行全面的工程研究后,碳捕捉系统将进行建造和测试,然后集成到 Stena Bulk 中程 MR 油轮上进行海上试验[17]。

4)中国

中国船舶集团有限公司第七一一研究所历时 5 年研发 OCCS,投入过亿元。中国船舶集团有限公司第七一一研究所于 2018 年完成船用碳捕捉系统原理验证,2019 年研制船舶动力碳捕捉存储系统样机,2020 年基于船用低速机试验平台完成样机试验验证,2021 年完成低碳新船型系列化产品开发。中国船舶集团有限公司第七一一研究所首套船用碳捕捉系统关键设备近日顺利通过工厂验收测试,该套设备适配 15000TEU 大型集装箱船,具备 CO_2 捕捉、液化以及储存等功能。在该套设备设计制造期间,中国船舶集团有限公司第七一一研究所项目团队针对碳捕捉系统能耗高、吸收效率低、体积大等问题,突破了高效 CO_2 吸收技术、低能耗 CO_2 高纯度分离技术、高效 CO_2 多级液化存储技术等多项关键技术,形成了高吸收率、低能耗、空间紧凑型的船载 CO_2 捕捉、分离、存储技术方案。中国船舶集团有限公司第七一一研究所自主研发的船用碳捕捉系统利用有机胺溶液吸收船舶尾气中的 CO_2,捕捉效率最高可达 90% 以上,吸收的 CO_2 纯度可达 99% 以上,能有效响应 IMO 法规对船舶碳排放的要求。2023 年 9 月 27 日,中国船舶集团有限公司第七一一研究所自主研发的国内首套船用碳捕捉系统在船东、船级社、船舶设计院等单位的共同见证下,顺利完成陆上联调试验,试验各项性能指标均满足技术要求和设计标准。该系统适配 15000TEU 大型集装箱船,具备高效吸收、低能耗分离、紧凑型低温存储等优势,能在提高 CO_2 捕捉率的同时降低系统能耗和体积,有望大幅降低运营 CII 指标,满足 IMO 中长期的脱碳战略目标。

海德威科技集团(青岛)有限公司自主研发的船舶碳捕捉与封存系统取得了挪威船级社和意大利船级社授予的原理认可证书。该船用碳捕捉与封存系统能够满足船舶各种负荷工作条件,自主计算、调节 CO_2 收集量以满足 IMO 规则对于 EEXI 和 CII 的限定值。废气经预处理单元及 CO_2 吸收及解吸单元处理后转换为清洁气体排出,而捕捉的 CO_2 随后进入液化及存储单元实现液化存储,各单元间可通过换热单元实现能量阶梯利用。此外,还可以结合船舶空间特点进行 CCUS 系统各部分定制化布局设计,以适用于各种船舶空间[18-19]。荷兰船东 J. Bekkers 的 MV FALCON CONFIDENCE 轮(175000DWT)在上海中远海运重工有限公司进行了"脱硫 + 碳捕捉(Ready)"改装施工后,于 2023 年 5 月 6 日圆满完成航行工况试验顺利返航。据海德威项目工程师介绍,在海洋卫士®船舶尾气脱硫系统与碳捕捉系统联合安装的工况下,可保障船舶持续使用高硫油满负荷运载,无须更换燃料,实现利润最大化。

海洋卫士®碳捕捉系统所使用的脱碳剂脱碳效率可达80%以上,CO_2捕捉纯度可达99.6%以上,而能耗仅为传统脱碳设备的一半。此外,该系统所捕捉的CO_2,通过海德威能效管理系统的碳链管理和交易云平台,可直接用于工业领域,为船东解决CO_2捕捉后不易处理的难题。

中太能源科技(上海)有限公司研发的船用脱硫脱碳一体化设备获得了LR、法国船级社、日本船级社等多家船级社的AiP证书[20],于2024年1月9日成功交付全球首套散货OCCS。该系统安装在江苏华滋能源工程有限公司为维多利亚航运公司改造的船舶上,能够同时满足国际海事组织的脱硫和脱碳要求,配备了自主研发的吸收溶剂技术,有效降低了解吸能耗,提高了碳捕捉系统的综合能效指数。此外,系统还搭载了自主研发的碳捕捉控制系统和监控系统,用于实时监测和记录硫和碳的排放数据。该系统设计并安装了风力发电装置,不仅使得碳捕捉在运行期间实现了原船电力的零消耗,还使船舶达到了负碳排放[20]。

政策层面,我国发布了《海事系统"十四五"发展规划》,提出推动建立全国船舶能耗中心,建立航运温室气体减排检测、报告和核算体系,完善船舶能耗数据收集机制,实施船舶大气排放清单和温室气体排放清单制度等一系列措施,积极参与航运业减排全球治理。在第二十六届《联合国气候变化框架公约》缔约方会议(COP26)上,22个国家签署了《关于绿色航运走廊的克莱德班克宣言》,承诺到2025年将建立6条海上"绿色航运走廊"。

虽然全球范围内已开展了一系列OCCS项目,但各项目技术水平参差不齐,如表7-2所示。大多数项目选择有机胺溶剂作为系统设计基础,特别值得一提的是,2022年日本首次完成了OCCS加装试航。紧随其后,中国船舶集团有限公司第七一一研究所自主研发的OCCS,在全球范围内首次实现了碳捕捉全链的试航与系统交付,从而实现该领域的"首台套"突破[22]。该技术有望大规模推广,不仅将助力航运业实现"双碳"目标,也将为我国占据绿色智能航运技术高地、实现高端装备技术产业化树立标杆。

全球船舶碳捕捉系统研究进展 表7-2

产品明细	Advanced Carbon Capture	Filtree	Advanced KM CDR Process™	Amine or Calcium Hydroxide	CycloneCC	REMAR CCABLE	OCCS	Carbon capture systems	CCS-Ready scrubber systems	碳捕捉、利用封存系统	海洋卫士®碳捕捉系统
企业	Aker Carbon Capture	Value Group	三菱重工	Ecospray	Carbon Clean	GCMD	Carbon Ridge	Sener	Wärtsilä	中国船舶集团有限公司第七一一研究所	青岛海德威
国家	挪威	荷兰	日本	意大利	英国	新加坡	美国	西班牙	芬兰	中国	中国
主要技术	胺吸收	胺吸收	胺吸收	化学吸收	化学吸收	胺吸收	胺吸收	胺吸收	胺吸收	胺吸收	胺吸收
成熟度	8	8	8	6	3	8	6	3	9	9	7
应用情况	拟商业化	拟商业化	示范	开发中	开发中	示范	开发中	开发中	商业化	商业化	拟商业化

7.2.3 技术趋势

随着碳排放问题日益突出,船舶碳捕捉设备及系统在技术上取得了巨大进步,主要是在化学吸收法及物理吸附法上取得了高效稳定突破,提高了船舶碳捕捉系统的灵活性。

船舶碳捕捉主要包括 CO_2 捕捉与分离、压缩液化两大部分,其中,无论是化学吸收法还是物理吸附法,在 CO_2 捕捉时,船舶尾气首先进入吸收设备,通过化学吸收剂或物理吸附剂对排放尾气进行碳捕捉,实现将 CO_2 从尾气中分离捕获,经过换热后,在分离设备对捕捉到的 CO_2 利用变温或变压的方式进行 CO_2 分离;在压缩液化环节,分离出的 CO_2 气体经过压缩单元和制冷单元进行压缩液化提纯。

在早期阶段,船舶碳捕捉设备及系统的概念主要集中在理论研究和试验室试验上。技术路线采用化学吸收法或物理吸附法捕捉船舶排放的 CO_2。这些系统通常体积、质量较大,在船舶上安装难度较大,并且能效较低,成本较高,可靠性也不高。船舶碳捕捉技术的紧凑化、低耗型和工程化发展是实现船舶环保的关键。船舶碳捕捉技术正向高效、紧凑、模块化方向发展,并根据船舶的特点和需求进行定制化配置,以满足不同船舶的碳捕捉需求。

船舶上空间十分有限,碳捕捉设备必须设计得紧凑且高效。为了实现这一目标,可以采取多种措施。首先,基于船舶特殊的能源与尾气环境,未来碳捕捉设备及系统的发展仍将以化学吸收法为主,研究适用于船舶碳捕捉的新材料、新工艺,将碳捕捉设备的体积和质量最小化,以适应船舶的空间限制。其次,采用集成设计,将碳捕捉设备与船舶其他系统(如船舶动力系统、能源管理系统)紧密结合,设计高集成度的碳捕捉系统,实现协同优化,以最大限度地减少安装空间和降低系统的复杂性。此外,采用模块化设计的方法,将碳捕捉系统分解为多个独立的模块,有助于安装和维护,并且可以根据船舶的不同需求进行定制化组装。同时智能化控制与远程监测技术也将进一步深入船舶碳捕捉设备及系统运营中,使得船舶碳捕捉设备及系统朝着更加智能化、高效化和可持续化方向发展。

碳捕捉系统的能耗是一个重要的考虑因素。为了实现技术低耗化,需要采取一系列措施。首先,可以利用船舶尾气中的余热或废热来提供碳捕捉系统所需的能量,从而降低外部能源消耗。其次,采用智能控制系统,通过优化碳捕捉系统的运行模式和参数,减少能耗和损耗,提高系统的能效。此外,选择更高效的吸附剂和膜材料,并优化工艺流程,也是降低系统能耗的重要手段。

完成碳捕捉后的碳如何处理也是现阶段亟须解决的一大问题,一种可行度较高的解决路径为实现船舶碳捕捉后以抛投至海洋沉积层的方式实现碳封存,但需考虑该方法对环境的影响:虽然二氧化碳在深海中会与水形成一种水化物,限制二氧化碳与海水的接触,但如果处理不当,会对海洋生态系统造成破坏;该方法存在技术挑战,将二氧化碳转化为固体并安全地储存在海洋中需要高度复杂的技术路线与设备;该方法的工程成本也是制约该技术发展的主要因素,将二氧化碳以固态方式储存至海洋的成本可能会非常高,这包括将其转化为固体、运输到特定位置并安全储存的所有过程。目前,关于将二氧化碳以固态方式储存至海洋的法规和政策尚不明确,这可能会对这种方法的实施产生影响。

同时,船舶碳捕捉技术的工程化应用涉及技术、经济和管理等多个方面的考量。首先,需要对不同碳捕捉技术在船舶上的适用性和性能进行技术可行性评估,并选择最适合的技术方案。其次,开展经济成本分析,考虑碳捕捉系统的投资成本、运营成本和维护成本,进行经济效益评估。最后,建立健全的碳捕捉系统管理和监控机制,确保系统安全稳定运行,并及时发现和解决问题,不断优化及技术工程化的全面推进,从而实现技术的工程化应用。船舶碳捕捉技术将更好地满足环保需求,降低碳排放,保护海洋环境,为航运业的可持续发展贡献力量。

→ 7.3 关键技术

得益于陆上电厂、化工领域碳捕捉回收储存技术的试点研究,燃烧后捕捉法中的化学溶剂法飞速发展。考虑捕捉效率、技术成熟度、成本能耗、设备紧凑度等因素,化学吸收法是目前公认的船用碳捕捉主流技术路线,碳捕捉效率可达90%以上,也已成为船舶碳捕捉回收储存技术的宠儿。化学吸收剂多选用碱性吸收剂,如醇胺类、无机盐类、氨水、氨基酸盐等;新型绿色高效复合溶剂也因为更为优异的性能逐渐获得市场的青睐。船用碳捕捉过程与脱硫塔类似,主要采用湿法喷淋再进行化学吸收的方式进行碳捕捉。

在船舶碳捕捉利用与封存系统中,碳捕捉技术是实现后续 CO_2 利用、封存的首要环节,同时碳捕捉环节占据整个碳捕捉利用与封存系统能耗的70%甚至更多,因此低能耗、高紧凑性的碳捕捉技术开发是船用碳捕捉利用与封存系统落地的必经之路。尽管碳捕捉利用与封存系统已经在陆上燃煤电厂领域开始商业化应用推广,但电厂碳捕捉工艺在高捕获率的要求下极大损失了空间紧凑性;CO_2 解析、吸收溶剂再生所需的巨大能耗也对电厂效率产生了严重影响。针对船舶更为有限的运营空间,需要在保证船舶货物运输能力及安全稳定性不受影响的情况下开展塔水力学模型及 CO_2-吸收剂反应机理研究,以实现吸收塔、解吸塔高效、紧凑性的优化目标。同时囿于船用碳捕捉利用与封存系统的有限热电供应,亟须进行低能耗 CO_2 解析、溶剂再生工艺的开发验证。

7.3.1 关键传热传质设备强化

在船舶碳捕设备层,气液的强化传质是吸收装置设计的关键,直接影响到二氧化碳的捕捉效率。制约碳捕捉技术在船舶上应用的一个重要因素是碳捕捉装置尺寸较大,因此研发更加紧凑高效的碳捕捉装备至关重要。CO_2 捕捉效率并不直接依赖于吸收和解吸反应的速率,而是更多地受到设备在物质传递和热量传递方面的限制。在吸收过程中,除了关注系统的吸收能力和速度,气体与液体之间的有效接触面积也是决定捕捉效率的关键因素。为了提升吸收效率,增强气体与液体之间的物质传递是设计吸收装置时的一个核心问题。在解吸阶段,通过加热吸收后的饱和溶液,可以有效地实现气体与液体的分离,而解吸过程中传热组件的设计以及气体和液体同步分离的空间布局对于提高解吸效率同样至关重要。工业上通常通过对塔内部结构的改造来增强这一过程,包括填料、填料支撑装置、气液分布器和除沫器等关键部件的优化。

在吸收过程中,优化气液接触的设计能够有效提高传质速率,确保二氧化碳在溶剂中被最大化吸收。而在解吸过程中,通过对吸收饱和溶液加热,实现气液两相的高效分离,解吸传热构件的设计以及气液同步分离的空间设计同样至关重要。这些因素共同决定了整个系统的能效和经济性。针对船舶环境,设计紧凑、轻便且高效的传热传质设备是当前船舶碳捕捉技术亟须解决的重要问题。通过创新的设备设计,不仅可以提高碳捕捉效率,还能降低能耗,推动船舶行业向低碳和可持续发展迈进。

7.3.2 高效绿色捕捉溶剂开发

开发高效且具有更强捕捉能力的新型吸收溶剂是降低捕捉 CO_2 所需能源和操作成本的关键。常见的吸收剂包括胺类吸收剂、胺改进型吸收剂、离子液体、固体吸收剂和混合溶剂。其中,设计和合成更高性能的混合溶剂尤为重要,旨在解决吸收剂的挥发、降解、逃逸、腐蚀和能耗五大问题。

改进型胺基吸收剂因其显著的潜力而备受关注,它们在降低能耗、增强 CO_2 选择性、减少溶剂挥发性以及改善抗腐蚀性能方面展现出卓越的性能。离子液体作为碳捕捉领域的一个新兴分支,正处于快速发展和深入研究之中。未来的研究方向将聚焦于提升离子液体对 CO_2 的吸收性能,这不仅涉及提高其吸附容量和选择性,还包括开发能够在更低温度下运作的离子液体,以减少能源消耗。同时,优化离子液体的再生过程,确保 CO_2 的有效释放和回收,也是研究的重点。为了提高碳捕捉技术的经济性,降低离子液体的生产和采购成本同样至关重要。通过加大市场推广和商业化力度,可以促进离子液体在碳捕捉技术中的更广泛应用,从而推动整个行业的绿色转型。固体吸附剂的未来发展将聚焦于提升效率、吸附容量和速度,致力于开发性能更优的新型材料,如金属有机框架和共价有机框架,以增强对 CO_2 的吸附能力,同时提高对 CO_2 的选择性,减少对其他气体的吸附,以简化后续处理流程。研究还将着力于降低 CO_2 的再生能耗,通过开发低温再生技术和改进热集成方法来实现。此外,提高固体吸附剂的可再生性并降低其制备与操作成本,对于增强碳捕捉技术的经济吸引力至关重要。针对混合溶剂,通过优化混合溶剂的配比和特性,可以显著提高 CO_2 的吸附能力、选择性和效率,尤其是在降低 CO_2 脱附和再生过程的能源需求方面。混合溶剂可以通过选择性吸收或吸附特定气体成分,降低后续处理的复杂性,根据具体应用的需要进行调整,以满足不同工艺条件的要求。但同时存在溶剂的设计、制备和操作通常比单一溶剂更复杂,这可能导致需要更多的工程和管理资源。

未来的发展趋势将集中在设计和合成更高性能的混合溶剂,以提高 CO_2 吸附能力、选择性和效率;侧重于降低 CO_2 脱附和再生过程的能源需求,探索低温脱附和再生方法,降低混合溶剂的制备和操作成本,以提高碳捕捉技术的经济可行性;开发更可持续的混合溶剂,包括从可再生资源中制备,以减少对有限资源的依赖;进行更多的市场推广和商业化努力,以促进其在碳捕捉技术中的广泛应用。

7.3.3 碳捕捉系统多目标协同优化与控制系统

船舶碳捕捉系统的不同评价指标之间存在相互制约的关系,因此需要构建一个全面的多目标评价机制,以明确各指标之间的相互影响和约束条件。在综合考虑船舶运行复杂环境的基础上,应研究船舶主机与碳捕捉及液化单元的协同优化策略,以制定出最佳的运行方案。此外,随着智能技术的发展,碳捕捉系统的智能化也逐渐成为研究的重点。通过引入人工智能和机器学习算法,可以实现对系统运行状态的实时监测和数据分析,从而优化碳捕捉过程中的各项参数,提升系统的自适应能力和响应速度。通过应用多目标评价体系和优化方法,可以实现碳捕捉系统在各种负荷条件下的最佳性能,确保系统在适用性、经济性和高效性方面达到理想状态。这种系统化的研究与设计方法将推动船舶碳捕捉技术的进一步发展,并为实现航运业的可持续发展提供重要支持。

→ 7.4 应用案例

7.4.1 典型应用场景一:挪威船舶碳捕捉设备及系统探索

2010 年,挪威船级社与 Process Systems Enterprise 公司合作开展了名为"Eurostar"的项目,该项目成功提出了一种用于船上 CO_2 捕捉、液化和临时存储的概念设计,能够实现碳减排约 65%[22]。该方案利用化学吸收法从船舶柴油机尾气中捕捉 CO_2 并液化储存,然后通过港口进行转运,如图 7-2 所示。

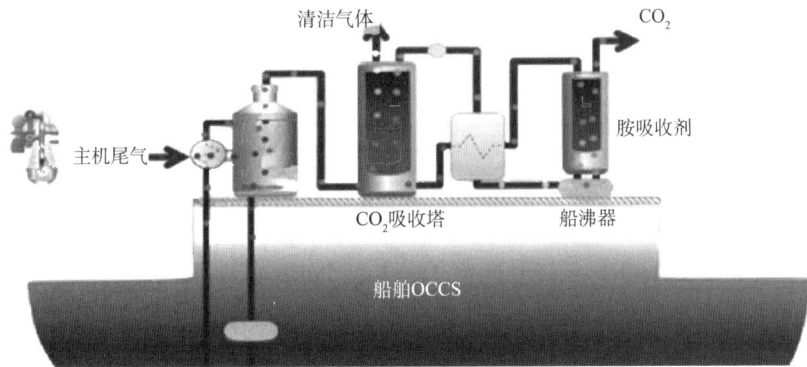

图 7-2 船舶碳捕捉工艺示意图

挪威航运公司 Solvang ASA 与瓦锡兰废气净化系统部门于 2021 年 10 月签署意向协议,计划在一艘 21000m³ 乙烯船"Clipper Eos"号上进行 OCCS 的全面试点改造安装,目标是实现未来深海船队的零排放,如图 7-3 所示。瓦锡兰废气净化系统部门基于脱硫系统设计了 OCCS,2022 年基于已有的溶剂研发基础完成了船舶碳捕捉系统最佳吸收溶剂的选择测试,并在总部挪威莫斯进行了 1MW 陆

图 7-3 "Clipper Eos"号 OCCS 安装

上测试系统,初步测试表明,可以实现70%的CO_2捕捉率[23]。

7.4.2 典型应用场景二:荷兰船舶碳捕捉设备及系统应用

2023年9月1日,荷兰的技术公司Value Group(Value Maritime和Value Carbon的母公司)宣布壳牌风险投资公司已加入Value Group的投资群体,进一步加速并扩大Value Group的碳捕捉利用和存储战略。荷兰海事技术公司Value Maritime开发的首套CO_2捕捉模块于2021年10月安装到Visser航运公司的1036标准箱集装箱船"Nordica"号上[24]。该公司将CO_2捕捉模块集成到一种小型预制、预安装、"即插即用"的气体清洁系统——Filtree系统中[25],如图7-4所示。该系统可以将捕捉的CO_2充入电池,而此CO_2电池是一种可以无限次充放CO_2的储存设施。CO_2电池可以供给岸上CO_2客户进行利用,CO_2被排放后,可以将CO_2电池再次运回船上充入船舶捕捉到的CO_2。

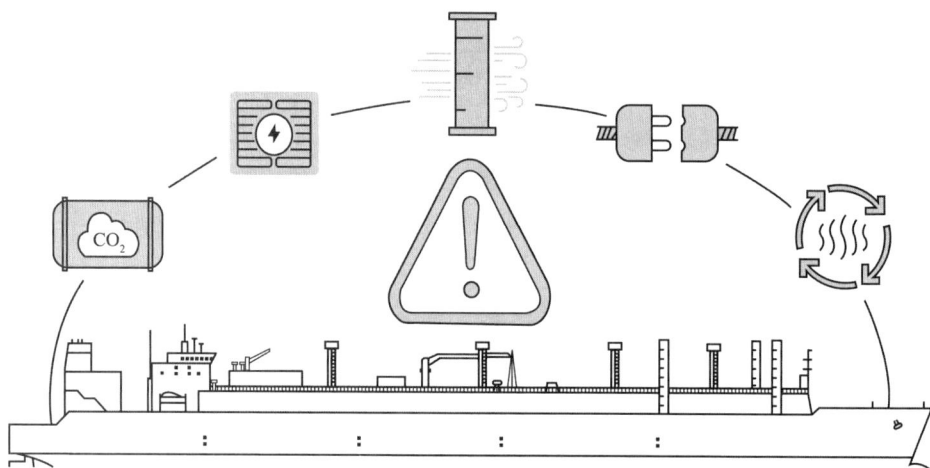

图7-4　Value Maritime 开发的 Filtree system 运营示意图及设备

"Pacific Cobalt"号于2023年2月完成了Value Maritime的Filtree系统安装,CO_2被收集在一种特殊的化学品中并储存在船上的水箱中,可以在一次航行中捕获超过200t的二氧化碳化学品。二氧化碳化学品将在港口被抽出并运送给最终用户,然后该化学品将被送回船上重新使用并捕获更多的CO_2。新加坡东太平洋航运与荷兰海事技术公司Value Maritime已就"Pacific Cobalt"号完成了有史以来的首次液态二氧化碳加注(CO$_2$ liquid bunkering),该加注成功表明"Pacific Cobalt"号已完全做好了捕获二氧化碳的准备,并将未来几周进行第一次二氧化碳"卸载"(de-bunkering)。

7.4.3 典型应用场景三:中国全球首项船舶碳捕捉系统

中国船舶集团有限公司第七一一研究所提出了主要包括船舶碳捕捉、分离、液化提纯、利用存储等几个方面的总体技术方案,其技术路线图如图7-5所示。通过吸收塔、解吸塔等设备实现船舶尾气中的CO_2捕捉分离,然后进行压缩、干燥等工艺以液化存储CO_2,液态CO_2可以交由CO_2运输船进行陆上化工利用,也可以制成干冰进行海洋封存。

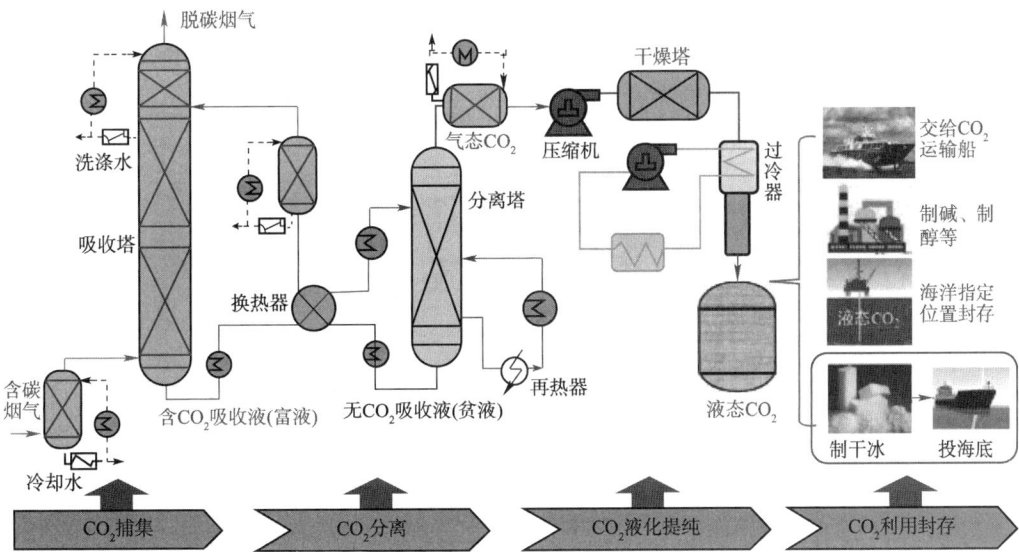

图 7-5　中国船舶集团有限公司第七一一研究所船舶碳捕捉技术路线图

中国船舶集团有限公司第七一一研究所结合原有船舶脱硫塔设计基础开展碳捕捉封存技术研究及实船示范验证研究,致力于船舶脱硫脱碳一体化处理的实现[26]。2022 年 1 月,中国船舶集团有限公司第七一一研究所获得了中国船级社颁发的全球首份船舶 CO_2 捕捉与存储系统原理性认可证书[1]。其研制的 OCCS 采用燃烧后捕捉方法中的化学吸收法,考虑到船舶空间有限,系统高效、紧凑,还可以根据实际减碳需求进行碳捕捉率调节。中国船舶集团有限公司第七一一研究所围绕高效吸收、低能耗、高紧凑性 3 个核心方向,重点开展了 CO_2 高效捕捉、低能耗分离液化封存、脱硫脱碳一体化技术研究,完善技术链。此外,中国船舶集团有限公司第七一一研究所还针对低速机开展了 OCCS 试验样机研制与验证,并对技术方案进行了优化。中国船舶集团有限公司第七一一研究所计划选择典型远洋船舶,开展实船样机研制与示范验证,对系统实船适用性、经济性、可靠性等开展长期验证。

香港华光海运联合法国船级社同中国船舶集团有限公司第七一一研究所针对华光船队在役运行的两艘散货船签署了一份关于"碳捕捉装置在运营船舶的应用研究"的合作协议。中国船舶集团有限公司第七一一研究所基于船舶设计方案设计定制化的碳捕捉装置,而法国船级社则依据现有法规和规范进行合规性检查,后续还将研究碳捕捉装置在油轮上的应用。中国船舶集团有限公司第七一一研究所与山东海运股份有限公司也签署了船舶二氧化碳捕捉装置合作框架协议。中国船级社与江南造船(集团)有限责任公司、中国船舶集团有限公司第七一一研究所签署了"装备 OCCS 的新型低碳排放大型液化气船船型研发"技术合作协议,开展 CCUS 技术应用于新型低碳排放的大型液化气船船型研发,积极推动 OCCS 的实船应用。

2023 年 8 月,中国船舶集团有限公司第七一一研究所与上海外高桥造船有限公司共同开发的国内首艘应用 OCCS 的 11 万 t 阿芙拉型油船,获得 LR 颁发的实船应用 AiP 证书。该型船基于外高桥造船最新的 11 万 t 阿芙拉油船,配备由中国船舶集团有限公司第七一一研究所最新研发的船用碳捕捉系统,并配置两个独立 C 型 CO_2 储存罐。整套系统可对船舶排放尾气中的 CO_2 进行吸附,分离并储存在船上,降低船舶直接排放到大气中的 CO_2 含量,达到低碳排放的目的,如图 7-6 所示。

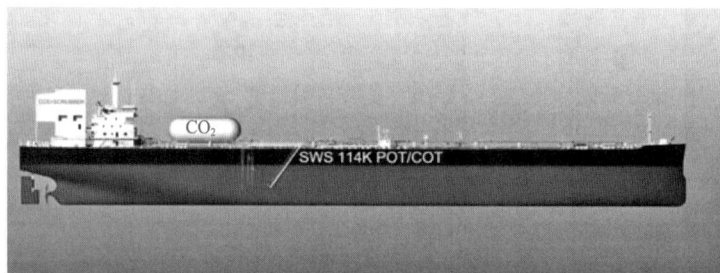

图 7-6　配备中国船舶集团有限公司第七一一研究所 OCCS 的 11 万 t 阿芙拉油船

据悉,该方案初始的 CO_2 捕捉率为 40%,远期将提升到 80%。基于当前的碳捕捉率,可将阿芙拉油船的 EEDI 值从低于基线 30% 提升到低于基线 50%,同时预计也可大幅降低营运中 CII 指标,满足 IMO 中长期的脱碳战略目标。

思政课堂

净"碳"未来:勇担航运减碳重任

在全球气候危机日益严峻、国际海事组织(IMO)航运减排法规不断收紧的背景下,航运业作为全球贸易的"血脉",其巨大的碳排放成为实现"双碳"目标的重大挑战。作为负责任的大国,中国庄严承诺并积极践行"双碳"目标,建设"海洋强国"不仅需要强大的船舶制造能力,更需引领航运业的绿色低碳转型。习近平总书记强调:"实现碳达峰碳中和,是贯彻新发展理念、构建新发展格局、推动高质量发展的内在要求,是党中央统筹国内国际两个大局作出的重大战略决策。"[1]

面对船舶减排这一世界性难题,特别是现有船舶难以快速替代的现实,船舶碳捕集系统(OCCS)作为一项极具潜力的"船尾"减排技术,成为破局的关键。肩负起国家战略使命和全球生态责任,中国科研机构与船舶工业毅然踏上了自主攻克船舶全流程碳捕集技术的征程,立志为世界航运业提供绿色低碳的"中国方案"。这一征程结出硕果——中国船舶集团有限公司第七一一研究所自主研制全球首套全流程 OCCS 完成首次船对船液态二氧化碳(LCO_2)接卸作业,率先实现二氧化碳"捕集—液化存储—船对船接卸再利用"的完整生态闭环,为全球航运减排提供可复制的"中国方案"。该技术的成功研发与应用,是科研工作者和航运企业积极响应国家"双碳"目标号召,将个人奋斗、企业发展融入国家发展大局的典范,也是创新、协调、绿色、开放、共享的新发展理念在航运领域的生动实践。航运减排是全球性议题,中国不仅在国内积极行动,更通过提供切实可行的"中国方案"为全球航运业绿色

---

① 出自《人民日报》(2022 年 01 月 26 日 03 版)。

转型贡献智慧和力量。这深刻体现了中国作为负责任大国,积极参与并引领全球环境治理,推动构建人类命运共同体的担当。

(部分内容参考大语言模型"豆包"相关检索结果)

→ 本章思考题

(1)船舶碳捕捉完成后,可采用哪些碳利用与碳封存方法?讨论这些方法的实现步骤及其对应的技术路线,并分析其在航运业中的应用前景。

(2)在以液化天然气(LNG)和柴油作为燃料的船舶上,开展船舶碳捕捉技术的智能化应用有哪些差异?分析这些差异对碳捕捉效果的影响,并讨论不同燃料类型下实施策略的调整方向。

(3)船舶碳捕捉设备与系统智能化发展的主要难点是什么?从技术突破、数据处理与分析、系统集成等方面探讨面临的挑战,并提出可能的解决方案和技术改进方向。

(4)如何通过智能化手段降低船舶碳捕捉设备与系统的能耗?从数据优化、过程控制和系统设计等方面分析具体措施,并讨论这些措施对提升系统效率的作用。

→ 本章参考文献

[1] GLOBAL CCS INSTITUTE. STATE OF THE ART: CCS TECHNOLOGIES 2022[R]. Melbourne:Global CCS Institute,2022.

[2] CARBON CLEAN. Carbon Clean and Samsung Engineering partner on marine carbon capture solutions[R/OL]. (2021-10-05)[2023-10-25]. https://www.carbonclean.com/news/samsung-engineering-pr.

[3] LR. LR awards Approval in Principle for ERMA FIRST's Carbon Capture & Storage System[R/OL]. (2023-10-10)[2023-10-25]. https://www.lr.org/en/about-us/press-listing/press-release/lr-awards-approval-in-principle-for-erma-firsts-carbon-capture--storage-system/.

[4] CARBON RIDGE. Modular Onboard Carbon Capture for Maritime Shipping[R/OL]. (2022-03-31)[2023-10-25]. https://www.carbonridge.net/.

[5] SENER. The cargo vessels,of 6,000 and 9,100 tonnes respectively,will help Grona Shipping to decarbonise its fleet and have been designed to operate in the North Sea and the Baltic Sea[R/OL]. (2021-09-26)[2023-10-25]. https://www.group.sener/noticias/sener-has-executed-the-conceptual-and-basic-engineering-of-two-vessels-with-carbon-capture-systems-for-grona-shipping/? lang=en.

[6] OFFSHORE ENERGY. Sener designs new biofuel tanker able to capture CO_2 from other vessels[R/OL]. (2021-06-01)[2023-10-25]. https://www.offshore-energy.biz/sener-de-

signs-new-biofuel-tanker-able-to-capture-co2-from-other-vessels/.

［7］ WÄRTSILÄ. Wärtsilä to deliver its first CCS-Ready scrubber systems ［R/OL］. （2023-03-08）［2023-10-25］. https：//www. wartsila. com/media/news/08-03-2023-wartsila-to-deliver-its-first-ccs-ready-scrubber-systems-3236385.

［8］ "K" LINE. World's First Small-scale CO_2 Capture Plant on Vessel ~ "CC-Ocean" （Carbon Capture on the Ocean） Project ~ ［R/OL］. （2021-09-27）［2023-10-25］. https：//www. kline. co. jp/en/news/csr/csr-5587043701830807195/main/0/link/200831EN％20. pdf.

［9］ 川崎汽船株式会社. "世界初"船上でのCO₂回収試験を実施 ~ "CC-Ocean"（Carbon Capture on the Ocean）プロジェクト ~ ［R/OL］. （2021-07-06）［2023-10-25］. https：//www. mhi. com/jp/news/20083101. html.

［10］ MARINE LOG. Project shows scrubbers could play a role in carbon capture at sea ［R/OL］. （2021-07-05）［2021-07-06］. https：//www. marinelog. com/legal/environment/project-shows-scrubbers-could-play-a-role-in-carbon-capture-at-sea/.

［11］ 대우조선해양,이산화탄소 포집·저장 기술 실제 선박 검증 성공적으로 마쳐［R/OL］. （2021-10-07）［2023-10-25］. https：//www. dsme. co. kr/pub/ds/td/dstd030Q. do？ dt_type = tod&src_today_type = &dt_seq_no =3536&currentPageNo =1.

［12］ HELLENIC SHIPPING NEWS. Daewoo shipyard leads joint development of onboard carbon capture and storage system for LNG carriers［R/OL］. （2022-06-14）［2023-10-25］. ht-tps：//www. hellenicshippingnews. com/daewoo-shipyard-leads-joint-development-of-on-board-carbon-capture-and-storage-system-for-lng-carriers/.

［13］ OFFSHORE ENERGY. South Korean shipbuilding major Daewoo Shipbuilding & Marine Engineering （DSME）has developed a technology that can collect and store carbon dioxide generated during ship operations ［R/OL］. （2021-09-16）［2023-10-25］. https：//www. off-shore-energy. biz/dsme-develops-onboard-ccs-technology/.

［14］ THE MARITIME EXECUTIVE. Samsung Wins Approval for Carbon Capture System for LNG-Fueled Vessels ［R/OL］. （2022-01-27）［2023-10-25］. https：//maritime-executive. com/article/samsung-wins-approval-for-carbon-capture-system-for-lng-fueled-vessels.

［15］ Carbon Capture Technology World News：The Official Newsletter of the Carbon Capture Technology Expo. Samsung Heavy Industries and BASF Collaborate on CCS Onboard Maritime Vessels ［R/OL］. （2022-09-14）［2023-10-25］. https：//www. carboncapture-expo. com/industry_news/％ EF％ BF％ BCsamsung-heavy-industries-and-basf-collaborate-on-ccs-onboard-maritime-vessels/.

［16］ SAMPSON,J. 2020. OGCI,Stena Bulk collaborate on mobile carbon capture in shipping. ［R/OL］. （2020-10-06）［2023-10-25］. https：//www. gasworld. com/ogci-stena-bulk-col-laborate-on-mobile-carbon-capture-in-shipping/2019984. article.

［17］ OGCI. OGCI,Stena Bulk,GCMD project gets go-ahead to use carbon capture on oil tanker ［R/OL］. （2023-03-22）［2023-10-25］. https：//www. ogci. com/news/ogci-stena-bulk-gcmd-project-gets-go-ahead-to-use-carbon-capture-on-oil-tanker-pilot-to-decarbonize-shipping.

[18] 海德威科技集团(青岛)有限公司.行业领先!海德威碳捕捉与封存系统(CCS)取得 DNV 船级社原理认可[R/OL].(2022-06-23)[2022-10-25].http://www.headwaytech.com/6727.html.

[19] 海德威科技集团(青岛)有限公司.国内首家!海德威二氧化碳捕捉与储存系统取得 RINA 原理认可[R/OL].(2022-07-29)[2023-10-25].http://www.headwaytech.com/6735.html.

[20] 中太能源.船用脱硫脱碳一体化设备[EB/OL].(2022-09-30)[2023-10-25].http://sinotechm.com/cn/product?catalog=carbon.

[21] 中国船舶工业行业协会.全球首套散货船碳捕捉系统(OCCS)成功交付[EB/OL].(2024-01-11)[2024-03-31].https://mp.weixin.qq.com/s/jlVXLpA3zp6WI2lBMiZj3w.

[22] ROS J A,SKYLOGIANNI E,DOEDÉE V,et al.Advancements in ship-based carbon capture technology on board of LNG-fuelled ships[J].International Journal of Greenhouse Gas Control,2022(114):103575.

[23] LTD. P S E.DNV and PSE Report on Ship Carbon Capture & Storage[J].Business Wire (English),2013(1):5-7.

[24] VALUE MARITIME.Value Maritime developed a "plug and play" Filtree System[R/OL].(2021-09-19)[2023-10-25].https://valuemaritime.com/services/.

[25] 国际船舶网.七一一所与山东海运签署船舶碳捕捉装置合作协议[R/OL].(2021-08-11)[2023-10-25].http://www.eworldship.com/html/2021/Manufacturer_0810/173694.html.

[26] 佚名.中国船级社颁发全球首份船载二氧化碳捕捉与存储系统原理性认可证书[J].中国船检,2022(2):1.

第8章

岸基驾控设备与系统

→ 8.1 研究背景

  岸基驾控设备与系统的发展能够实现船舶在沿海以及内河高等级航道的远程航行。驾驶员在岸基通过实时获取有关影响驾驶决策的信息,在岸端发布指令,船端在接收指令后执行并反馈执行信息。通过岸基驾引人员在岸基控制站的控制,船舶能够部分自主运行,有效减轻人工值守压力[1]。岸基驾控设备与系统的研发是新一代航运系统重点布局方向[2]。

  国内外围绕远程辅助驾驶等领域,开展了技术攻关和试验研究。当前,智能船舶正在由辅助驾驶进入远程驾驶发展阶段,欧美、日本、韩国等国家和地区不断加强相关领域布局,力图实现技术垄断,因此当前是我国实现智能航运和高新船舶技术领域变道超车,抢占科技制高点与国际话语权的关键时期。日本政府与企业深入联动,制定了多份智能船舶发展指导性文件,2020 年初,日本船级社发布了有关自主船舶和操作的指南,提供了与海上自主水面船舶(Maritime Autonomous Surface Ships,MASS)相关"船舶自动/自主操作指南/自动操作系统/远程操作系统的设计开发、安装和操作"的技术指导。2020 年,中国船级社发布了《智能船舶规范(2020 年版)》,相比 2015 年版,2020 年版本增加了远程控制操作和自主操作功能。同年,工业和信息化部办公厅印发《智能船舶标准体系建设指南》,明确提出岸基设施是智能船舶建设标准建设框架组成之一,并且是必要组成部分[3]。2022 年,国务院印发《"十四五"现代综合交通运输体系发展规划》,明确提出推广绿色智能船舶,推动船舶智能航行的岸基协同系统、安保系统和远程操控系统整体技术应用[4]。

  智能船舶从概念设计到实际运营需经过功能性和系统性的逐步测试及验证,以检验其各项功能的合理性、可靠性和完整性。岸基驾控设备与系统核心技术的突破与软硬件系统的研发离不开完善的测试验证体系和健全的规范标准。因此,智能船舶功能测试与验证技术的研发及测试验证体系的构建,是保障智能船舶从理论走向现实的重要因素。

→ 8.2 研究现状

8.2.1 技术发展现状

1) 岸基驾控发展现状

国内外围绕船舶岸基驾控开展了技术攻关和试验研究。荷兰智能航运发展路线图预测,到 2030 年,25% 的内河货运船舶将实现无人在船值守的远程控制。中国航海学会发布的《中国智能航运技术与产业化发展预测》显示,到 2035 年,中国智能航运技术与产业化总体上达到国际领先水平,沿海遥控驾驶、自主驾驶船舶比例超过 30%。美国、俄罗斯、日本、韩国先后启动自主与远程导航试验项目(Autonomous and Remote Navigation Trial Project,ARNTP)、韩国自主水面船舶项目(Korea AutonomousSurface Ship,KASS)、无人值守船舶计划(No Manned Autonomous Response System,NOMARS)、未来自主船舶设计项目(Designing the Future of Full Autonomous Ship,DFFAS)等重大科技专项,旨在支持船用设备的数字化升级改造和新型智能系统研发,推动岸基协同、航行安保和远程操控等技术的整体应用。德国 HGK Shipping 以缩短支线集装箱运输的过驳时间、提升物流作业效率为愿景,提出了内河船舶远程控制航行的发展倡议。比利时 SEAFAR 集团在 Deseo 号集装箱船上实现了由泽布吕赫港到安特卫普港的全航程示范,其在安特卫普港启用的岸基控制中心由 6 个控制站和 2 个监管站组成,目前已投入 12 艘船舶的在航营运。

2017 年 6 月,RollsRoyce 与 Svitzer 合作完成了世界首次商用拖轮靠离泊和 360° 旋回等远程控制操作演示。2017 年 8 月 21 日,瓦锡兰和海工船东 Gulfmark 公司合作,通过标准的船用宽带卫星通信对一艘长 80m 的平台供应船"Highland Chieftain"号进行了远程遥控船舶操作。2019 年 1 月,Suomenlinna Ⅱ 号冰级客渡轮在控制中心远程操控状态下,成功穿越了赫尔辛基港附近的测试区域,通过了远程海试。2019 年 10 月 10 日,武汉理工大学严新平院士团队成功地从荷兰瓦赫宁根远程驾控了 8500km 之外的位于中国湖北省武汉市汤逊湖的 7m 自航模型船。2022 年 4 月,中国自主研发的智能航行集装箱商船"智飞"号正式交付投入营运,具备人工驾驶、远程遥控驾驶和自动驾驶 3 种航行模式。2023 年 1 月,全球首艘智能型无人系统科考母船"珠海云"入泊母港,取得了中国船级社颁发的首张远程遥控驾驶型式认可证书。

"岸基驾控,船端值守"的运输模式已经成为水路交通控制的新业态,为自主水面船舶的商业化运营和实船测试提供了技术支持和安全作业保障。岸基驾控系统结构如图 8-1 所示,其由岸基驾引人员、岸基设施(航标等)、船载智能系统、船端值守员构成。

岸基驾控系指在船舶驾驶位置之外的远程控制站或控制位置完成航行操作,由船载智能系统在设计运行范围内执行动态驾驶任务,岸基驾引人员持续监测航行环境与驾驶状态,为船端提供决策支持和航行建议,当遇到船载智能系统无法处理的情况或系统失效时接管驾驶任务,船端值守员负责操作与管理机舱、消防等设备并进行应急处置,其典型业务类型主要包括基础数据采集与处理、任务决策和应用执行 3 种,功能特征如表 8-1 所示。

图 8-1　岸基驾控系统结构

船舶岸基驾控典型业务需求　　　　表 8-1

类型	业务需求	功能特征
基础数据 采集与处理	视频监控	通过船载视频采集设备实时回传视频数据,为岸基驾驶员完成航行决策提供持续的航行环境监测
	导航定位	融合来自 GNS 和 SINS 采集到的船舶位置姿态信息,提升导航定位精度,为岸基驾驶员提供精确的运动状态和位置信息
	状态反馈	实时采集与回传船舶的航行状态和硬件设备控制执行反馈信息
	航路规划	结合船舶位置和环境感知信息设置航行路径,发送航路信息,为船端提供航行建议与决策支持
任务决策	风险预警	根据船舶航行状态和环境感知信息,辨识可能存在的风险,发出预警信号
	实时操控	驾驶员在驾驶位置之外的远程控制站或控制位置对船舶航行实时发送舵桨控制指令
	自动控制	驾驶员或控制站设置航行任务,由船载智能系统在设定工况或运行范围内完成船舶的操纵任务
应用执行	驾驶接管	包括接管请求响应和主动干预 2 种模式,受控船舶遇到船载智能系统无法处理的状况时,向岸基发送接管请求,由岸基操作人员决定是否介入,当网络环境较差或系统失效时由船端值守员主动进行干预

2)航行功能测试验证发展现状

随着智能船舶功能研发、产品定型、检验认证等方面研究的逐步深入,对航行功能测试验证评估技术研究的需求日益增强。自此,各国开始积极探索智能船舶测试验证评估技术,以满足对智能船舶功能测试核定和自主能力分级的需求。针对智能船舶技术研发与实践应用的需求,各国在智能船舶航行的测试验证方面积极开展研究,主要体现在测试场的建设方面,而在具体测试与验证技术方法和体系方面仍有欠缺,尚未形成系统化的测试规程与标准。

2016 年,英国劳氏船级社(LR)发布了智能船舶入级指导文件,将船舶智能化水平分 AL1 ~ AL6 的 6 个层面。2019 年 6 月,IMO 发布了《自主驾驶船舶试验暂行指南》(MASS)。2020 年初,日本船级社发布了有关自主船舶和操作的指南,提供了与 MASS 相关的"船舶自动/自主操作指南/自动操作系统/远程操作系统的设计开发、安装和操作"的技术指导。

2016年，挪威率先在特隆赫姆峡湾(Trondheimsforden)建设了海上测试场，智能航运领域的知名企业 Kongsberg Seatex 等都把此处作为测试自动驾驶船舶的基地，这些公司在这里测试多项自动驾驶船舶技术，包括导航、防碰撞系统、操作安全和风险管控项目等。2017年，芬兰设置了 Jaakonmeri 测试场。英国面向尺度在25m以内的自动驾驶船艇在本国沿海设置了多个测试区域。美国在大湖区面为尺度在10m以内的自动驾驶船艇设置了测试区。2018年5月，比利时在内河主要航段启用了智能船舶测试区。2018年9月，荷兰在管辖的主要航道内也设置了测试场。2018年12月，Rolls-Royce 公司与芬兰国有渡轮运营商 Finferries 在芬兰图尔库市以南群岛成功展示了渡轮"Falco"的自动航行试验。该渡轮在芬兰帕尔加斯和瑙沃之间完成了按照设定航线的自动驾驶和远程驾驶航行。2019年9月，日本邮船公司(NYK)在"Iris Leader"号上根据 IMO 发布的《水面自主水面船舶试航暂行指南》对各海试项目进行了测试验证，试验从中国新沙开始，中途停靠日本名古屋港，以横滨为终点港，并于2020年12月在东京湾内对400km以外的拖轮进行了远程操控测试。主要针对设备故障或船岸通信故障进行了两项测试：一是验证回退操作，二是数据通信量优化测试。瓦锡兰、三星重工、日本邮轮等公司相继实船试验或虚拟仿真对船舶的远程遥控操作能力、轨迹跟随稳定性、系统集成性能、自主避障能力等功能进行了测试验证。

2018年2月，在珠海市政府支持下，中国船级社、武汉理工大学、珠海云洲智能科技有限公司共同启动了珠海万山无人船海上测试场建设，并于2018年11月30日投入运营，目前该测试场是由 CCS 认证的全球最大、亚洲首个、中国唯一的智能船海上测试场，如图8-2a)所示。该测试场基于中国船级社的《智能船舶规范》《水面无人艇检验指南》《无人货物运输船检验指南》等相关规范指南以及后续测试场各方制定发布的相关规范标准，结合 IMO MASS 相关研究，面向智能船舶自主航行、船舶安全、海上安全和海洋应用等领域，为相关技术验证、认证测试、标准制定、示范运营及测试场所的建设和运作等提供服务和支持。珠海万山测试场主要测试内容分为三部分：无人艇检验认证、船舶智能航行系统检验认证以及无人系统、涉海装备和仪器设备的测试检验。如图8-2b)所示，在不到一年的时间内，测试场陆续开展一系列的试验，先后保障了全球最大规模无人艇集群试验、全球首次无人移动地磁日变站系统试验、全国首次水面无人化卫星定标试验、全国首次无人艇重磁测量试验、全国首次空天地海岛礁一体化测量试验及全国首次无人导弹艇实弹射击试验，取得了一系列重大测试成果。

自2018年3月起，上海交通大学船舶海洋与建筑工程学院与日照市东港区签订"海洋智能装备演进中心"战略合作框架协议，实验室启动建设"上海交通大学海洋智能装备演进基地"。基地建设内容包括海上试验场、岸基指挥中心、信息传输基站、数据反演及态势研判终端系统等海上智能演进试验及分析平台，可以支撑各种水面、水下智能装备及系统开展技术成熟度5级以上的样机实验研究及智能演进评判研究。如图8-3所示，基地位于日照市万平口风景区，分为岸基指控中心、泻湖试验区(静水区域)、近岸试验区(动水区域)、远场试验区(近海区域)。其中，泻湖及近岸水域面积约160万 m^2，平均水深5m以下，可满足长度20m以下、宽度15m以下、吃水2m以下的无人艇测试需求。试验区域建有由GPS与基站电台组成的(可接收北斗卫星导航系统数据)差分全球定位系统(Differential Global Positioning System,DGPS)基站,实现精度为10cm的亚米级海上精确定位,满足无人艇在各种复杂情况下的功能调试、性能测试、智能演进需求。

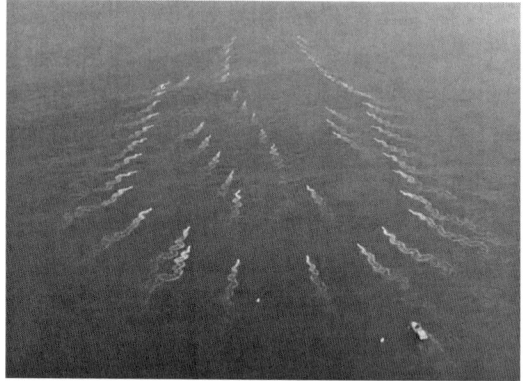

<table><tr><td>a) 测试场俯瞰图</td><td>b) 全球最大规模无人艇集群试验</td></tr></table>

图8-2　珠海万山测试场

图8-3　上海交通大学海洋智能装备演进基地测试海域

　　湖北东湖实验室智能船艇测试场可开展包含智能船艇系统测试、智能船艇功能展演以及智能船艇功能竞优在内的三大测试服务(图8-4)。其中,面向智能船艇系统测试维度,系统测试包括测试智能船艇的基本操纵性能、算法性能与传感器性能。基本操纵性能包括船艇的回转性、转艏性与运动稳定性等,算法性能包括感知、控制、规划、决策等算法的实时性与鲁棒性等,传感器性能包括性能指标、不同工况条件下的适应性等。测试场提供开放、完善的基准测试平台,并提供虚拟仿真和物理仿真两种测试手段,其中虚拟仿真测试依托模拟器与仿真测试软件进行测试,物理仿真测试依托测试场已有的缩尺比船模、中尺度试验船模和大尺度电动综合试验船进行测试,虚实融合测试综合利用虚拟仿真和物理仿真手段,对被测船艇进行模块、算法的多层级高可信高效率测试,为软硬件测评与迭代研发提供有力支撑。

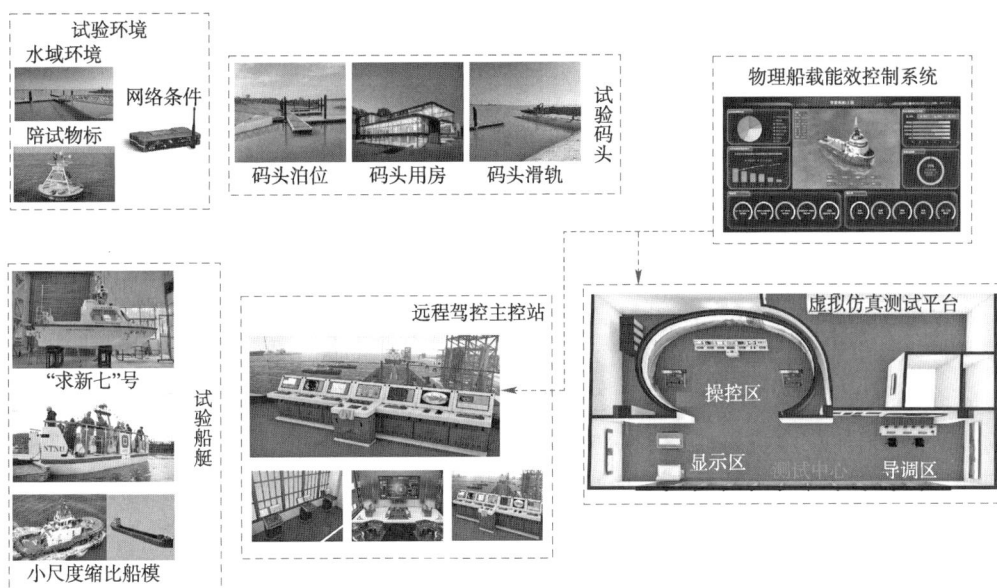

图 8-4 湖北东湖实验室智能船艇测试场

8.2.2 产品研发现状

岸基驾控设备与系统通过传感器等设备或手段完成航行态势感知和设备状态信息监测等,收集、融合全船的信息之后,对其进行存储,并将其发送给远程控制中心,结合远程控制中心提供的政府治理和船舶所有人管理信息在船上生成辅助决策建议,同时解析执行远程控制中心的控制指令,以实现驾驶员在岸端的远程驾驶。国内外对于岸基驾控设备与系统的研究有很多不同方面的进展。

1)欧洲

目前,2012 年欧盟海上无人导航系统(Maritime Unmanned Navigation Through Intelligence in Networks,MUNIN)项目最早启动了远程驾驶船舶的概念和可行性论证研究。2014 年,挪威研究理事会和 KONGSBERG 投入了 SESAME e-Navigation 项目研究,旨在验证新一代船舶交通管理系统的概念和突破颠覆性技术,基于船岸通信实现对航行环境和会遇态势的感知融合与协同决策。同年,英国 Rolls-Royce 公司开始研发名为"未来操作体验概念"(Future Operator Experience Concept)的岸基遥控系统。2018 年,IMO 第 99 届海上安全委员会(Marine Safety Council,MSC)明确了海事自主水面船舶的定义与自主操作等级,将自主操作水平划分为自动操作和决策支持、船员在船值守的远程驾驶、无人在船值守的远程驾驶和自主操作船舶,如表 8-2 所示。

智能船舶分级   表 8-2

等级	定义	控制	监视	失效应对
1	船舶具有自动化程序操作和决策支持	人与系统	人	人
2	船舶具备远程遥控功能,同时有船员在船	系统	人	人

续上表

等级	定义	控制	监视	失效应对
3	船舶具备远程遥控功能,无船员在船	系统	系统	人
4	船舶完全自主	系统	系统	系统

2020 年,瓦锡兰集团与新加坡 PSA Marine 在一条 27m 长的港作拖轮上完成了 Intelli-Tug 项目的首期海试,这次海试包括虚拟场景和真实航行避障的集成化测试,基于海试环境的各类影响因素建立数字孪生模型,在虚拟与现实场景中实现平行驾驶与智能控制。同年 2 月,KONGSBERG 选取挪威霍尔滕港和莫斯港之间的地区作为试验场景,开展了"Basto Fosen VI"号渡轮在两地码头之间的全自动化操作,船舶控制与操作误差控制在 2s以内,通过船舶性能服务平台优化燃料消耗和节省营运成本。在 2020 年,比利时 Seafar公司在一艘名为"Zonga"的驳船上成功开展了一项远程驾控的实船试验。此次试验通过融合来自船舶与岸端基础设施的多元信息,运用协同感知技术实现高效操作。试验过程中岸基控制中心提供实时监控与船舶航行状态的分析数据,为岸基驾驶员提供了必要的支持与辅助。此外,此岸基驾控中心还具备同时管理多艘船舶的能力。2021 年,比利时成功实现了港口之间的全航程远程驾控。皇家加勒比邮轮公司"银海起源"号邮轮在鹿特丹港附近海岸完成了远程驾驶海试,建立了高传输速率的船岸网络连接以缩短通信时延,通过动力定位系统控制船首推进器和全回转推进器,将船舶与期望位置距离误差控制在 10cm 以内。

挪威 KONGSBERG 公司研发的 K-Mate 系统通过船舶引擎和控制系统集成,能够提供自动导航和避碰能力,使几乎任何船只自行操作,并且支持从陆地远程控制船舶[5]。英国Rolls-Royce 公司推出 MTU NautIQ CoOperate 自主船舶导航指挥系统和 MTU NautIQ CoDirect无线远程掌舵系统,支持岸基远程指挥包括监控调整船上所有有效载荷。该系统可以接管船舶常规航行任务,驾驶员可在必要时进行干预,从而使船员能够专注于其他重要操作[6]。瑞士 ABB 公司研发的 ABB Ability™ 船舶领航控制系统专为自主和远程操作而设计,仅使用操纵杆和触摸屏即可实现最佳和完整的全速船舶控制,在防撞咨询、自动制动辅助和自动对接的帮助下,只需从一个操作员位置即可平稳工作,在运输途中保持位置,以提高安全性并降低风险[7]。希腊 MAS S. A. 公司专注于为遥控操纵系统设计定制的综合桥梁控制系统,其研发的集成式桥梁控制装置帮助船舶工程师和甲板官员从控制站(如桥梁或机舱)安全地驾驶船舶,简化了监测和操作海洋发动机动力的过程[8]。法国 Thales 公司研发 VesseLINK 船用通信系统,使用由 66 颗卫星组成的铱星 Certus 宽带服务网络,该网络覆盖全球区域,包括深海和极地。该系统为海上通信提供全球卫星覆盖,为船长和船员提供高度可靠的移动和基本语音、文本和高度可靠的网络通信。

2)日本、韩国

日本国土交通省以"吉野丸"号拖轮为远程驾控对象,开展了拖轮的远程控制试验。韩国三星重工以 T8-拖轮为对象开展了远程驾驶试验,本次试验应用 LTE/5G 移动通信技术开展全方位实时航行视景监视。韩国三星重工开发船舶门户服务系统(Vessel Portal Service,

VPS),可在岸上监控船上设备的运行状态,判断船舶故障状态,并远程支持船舶营运[9]。除此之外,其研发的船用 360°全景式监控影像系统,可从控制中心直接俯瞰船舶影像,对船舶实施远程控制[10]。韩国大宇造船推出了智能船舶解决方案,岸基控制中心可采集船舶实际运行中产生的庞大数据,并确认船上主要设备的状态,实时传送到公司的岸基控制中心。岸基控制中心通过收集并监控来自全球各海域的多个船舶航行数据,同时对气象及港口信息、燃料价格、运费指数、经济指标等外部数据进行综合分析,为各船东提供定制化的服务[11]。日本 DFFAS 联盟开发的全自主导航系统,包括从船上控制自主功能的船侧导航系统、从岸上监控和支持船舶的陆侧系统以及包括远程船舶装卸功能和能够实现船舶与陆地之间稳定通信的信息和通信系统三个部分。在紧急情况下,系统可以从舰队运营中心切换到远程操作,确保整个系统的安全性和稳定性[12]。2019 年 9 月,日本邮船公司参照 IMO 发布的《自主水面船舶试航暂行指南》,选取“Iris Leader”号船舶进行了从中国新沙到日本横滨的实际航行试验,以验证相关技术。

3)中国

内河船舶智能技术应用是践行加快建设交通强国、拉动内需、促进国际国内双循环等的重要举措。2022 年 9 月 28 日,工业和信息化部、国家发展改革委、财政部、生态环境部、交通运输部联合发布了《关于加快内河船舶绿色智能发展的实施意见》,提出“推动新一代信息技术赋能,提升安全绿色发展水平”总体原则;重点任务(二):“加快推进智能技术研发应用”是指导意见四项重点任务之一,要求“一是加快先进适用安全环保智能技术应用,降低船舶安全风险和船员劳动强度,提升船舶能效和降低污染排放,加快相关智能系统设备研发应用。二是推动新一代智能航行船舶技术研发应用,开展基于 5G 网络的‘岸基驾控、船端值守’船舶航行新模式研究,研究在通航秩序好、船舶交通密度适中的骨干支线航段率先开展远程驾驶系统技术的试点示范,探索发展自主航行船舶”。

在有关规范指南的基础上,各国面向 L2 级智能船舶的控制接管开展了更为细致的研究,具体聚焦于接管过程中的场景、优先级、接管方以及流程。面向船舶控制权的切换流程,中国船级社在发布的《智能船舶规范 2023》中进行了相应的解释说明,“控制权的转换只能在船舶的控制位置实施,并需得到远程控制位置的应答确认后方可实施”。面向接管方则进一步细化,各国在各自的规范中进行了相应的描述。表 8-3 为各国规范中有关控制接管方的相关规定。

武汉理工大学团队研发基于“航行脑”的远程驾驶系统,可实现洲际远程控制[16]。为保障“岸基驾控,船端值守”模式下船舶的安全高效航行与稳定作业控制,Ruiho 提出了船舶远程驾驶控制系统和“船-岸-云”协同的跨域融合架构。上海船舶设计研究院研发的数字化营运支持系统(Digital Operation Support System,DOSS),可提供船端、岸端、移动端的数字化整体解决方案,面向单船及船队提供船岸一体的数字化营运支持,并提供船舶全生命周期的能效管理、碳排放管理、设备运维管理、航行安全管理等功能,节省燃料消耗,提升营运安全性和效率,助力船东提升船队营运能效、安全水平和经济效益[17]。大连陆海科技有限公司研发的船岸综合信息系统,可在岸基获得实时的船舶导航设备信息和机舱集控信息,对船舶的航次计划等信息进行综合管理[18]。海兰信公司研发的智能船岸基系统,通过数据可视化、高密度实时船队信息监控展示、便捷的交互操作,实现船岸两端人员高效、协同工作。通过运用数据分析和机器学习的算法,结合监控、分析以及辅助决策相互渗透的功能,提供富有层次的智能化应用。在岸端实现船队航行管理,规划、优化船舶航线[19]。智慧航海(青岛)科技有限公司对"智腾"号船舶进行了智能化设备布设,使其具备远程驾控功能。以此为基础,通过位于青岛蓝谷的岸基驾控中心开展了对目标船的远程驾控演示。2022年,我国研制了首艘面向商业化应用的智能运输货船"智飞"号,船舶配备了先进的智能航行技术,并成功在青岛进行了远程驾控示范应用。此次试航主要开展了包括自动避障、自主循迹航行、远程控制等功能的航行测试。这些测试对于推动国内造船业的转型升级,以及智能航运与船舶工业技术的发展,都具有极其重要的战略价值。

各国规范中有关控制接管方的相关规定 表8-3

序号	场景	规范名称	内容	接管方
1	偏航	自主航运指南(法国船级社)	依据自动化程度,自主航行系统应可满足在船舶偏离计划航线时通知远程驾控中心,并在偏离范围超出限定值时发出警报	岸基驾控中心
		自主船舶指南(韩国船级社)[13]	自主航行系统应根据岸基驾控中心系统中嵌入的软件和/或岸基驾控中心的命令对船舶和设备进行适当控制	
2	船舶航路上存在不明障碍物	自主货物运输船舶指南(中国船级社)[14]	当船舶在其航行方向上探测到不明物体时,应向远程控制中心发出提示警报信息,以获得远程控制中心操作指令	岸基驾控中心
3	远程控制发生故障	智能船舶规范2023(中国船级社)	当由于船舶或远程控制站系统故障使远程控制功能受到影响时,船上人员应将控制权从远程控制站转移至船上控制站,同时在船上及远程控制站发出切换提示	船端系统
		自主船舶入级规范(俄罗斯船级社)[15]	在远程操作期间,当通信不满足要求时,船舶应自动切换到自主航行模式	
4	自主功能故障	自主船舶入级规范(俄罗斯船级社)	航行控制系统应当设计和构建成能够进行自主导航,并在发生故障时切换至远程控制中心进行遥控	岸基驾控中心
		智能船舶规范2023(中国船级社)	开阔水域自主航行,当感知系统或自主航行系统的故障最终导致船舶自主航行能力受损时,应当发出报警,由船上人员介入并接管船舶航行操作	船端系统

8.2.3 技术趋势

2022 年 4 月,国内首艘自主研发的智能航行集装箱商船"智飞"号完成交付并投入商业营运。该船配备了多模态智能航行系统,实现了人工驾驶、远程遥控驾驶和自动驾驶三种运行模式的无缝切换,已累计完成近 600 个航次的规模化营运验证。2023 年 1 月,具有重要里程碑意义的全球首艘智能型无人系统科考母船"珠海云"成功入泊母港,并获得中国船级社颁发的首张远程遥控驾驶型式认可证书,标志着我国智能航运技术达到国际领先水平。在此技术背景下,基于"岸基驾控、船端值守"的智能化航运模式逐步确立,该模式不仅为解决航运领域专业技术人才短缺问题提供了创新性解决方案,同时显著改善了船员工作环境,获得了学术界和产业界的广泛认可。

船舶岸基远程驾驶系统是一种新型的智能航行控制范式,其核心架构由远程控制站、船载智能系统和岸基监控平台三大子系统构成。远程控制站实现了对航行操作的异地执行,船载智能系统在预设运行参数范围内自主完成动态驾驶任务,同时岸基驾驶员通过实时监测系统持续评估航行环境与驾驶状态,为船端提供基于深度学习的决策支持和智能化航行建议。当船载智能系统面临超出处理能力的复杂情境或出现系统异常时,远程控制机制可实现无缝接管。船端值守员负责机舱、消防等关键设备的智能化操控与应急处置,其业务架构涵盖基础数据采集与处理、多层次任务决策和自适应执行等模块。

相较于传统的船端自主智能技术路线,船舶岸基远程驾驶系统对网络通信环境的可靠性和抗弱网性能提出了更高要求,形成了"本地自主计算—云端智能分析—远程协同控制"的技术特征。目前船岸通信技术演进主要集中在两个方向:首先是船岸一体化通信技术的优化,通过引入智能负载均衡算法优化网络资源分配,确保音视频数据流和控制信令的高可靠传输。在受控端网关中,集成了基于 CAN 接口的分布式控制架构,并设计了自适应控制指令容错策略,以有效应对网络状态波动等异常情况。其次是安全作业控制技术的演进,通过构建新一代人机协同交互系统,实现了船舶操纵效率的显著提升,在降低驾驶员认知负荷的同时,建立了更为完善的航行安全保障机制。这些技术创新为岸基驾控设备与系统的商业化应用奠定了坚实基础。

此外,5G 通信、工业互联网等技术在船舶远程实时检验、营运管理等领域的广泛应用验证了其在船岸协同场景下的技术可行性。相较于通用移动通信长期演进(Long Term Evolution,LTE)使用的 Turbo 码在高吞吐率和误码平层性能方面存在迭代次数多、译码时延较大等问题,5G 传输使用 5GNR 标准的低密度奇偶校验码(Low Density Parity Check Code,LDPC)数据信道编码方案,应用于上下行数据的传输,适合并行解码、支持高吞吐量传输,通过减小重传粒度,增强通信系统的资源利用效率。融合多输入多输出(Multi-Input Multi-Output,MIMO)、超密集网络(Ultra-Dense Network,UDN)和端到端(Device-to-Device,D2D)通信技术,使得 5G网络的通信架构更为灵活,其高带宽、低时延、本地分流等特性,能够满足远程控制典型业务场景需求,促进了远程操控技术的研发与落地应用。

→ 8.3 关键技术

在岸基驾控系统技术框架下,人类船员与远程操控系统在功能实现层面呈现显著的交互耦合特征。其中,环境态势感知、航行意图认知以及船舶操控决策构成了人工驾驶的关键技术挑战,同时也是船舶智能化转化研究的重点领域。从认知科学的角度来看,航运从业者需要通过长期的实践积累,才能实现从环境观察到操作决策的渐进式认知深化过程。基于对这一认知发展规律的深入分析,已有研究逐步提出了基于认知科学的分层驱动框架,旨在构建具有类人认知能力的岸基驾控系统。

通常情况下,分层驱动模型可分为三个层次:浅层、中层与深层。浅层驱动主要实现航道动态的视觉感知(即观察层),其核心功能包括雷达数据解析与目标识别。该层可采用传统方法(滑动窗口、区域提议、模板匹配等)以及新型卷积神经网络(Convolutional Neural Network,CNN)模型等开展多目标识别,并相应构建信息复杂度量化方法,例如采用连续 KL(Kullback-Leibler)散度用于评估航道信息的复杂程度。这一复杂度指标作为感知参数优化的依据,与识别器构成闭环反馈机制,从而实现视觉理解效果的持续优化。中层驱动负责连续状态的态势评估(即认知层),主要完成对目标运动特征、会遇态势及其演化趋势的分析。该层可集成深度学习模型,构建面向不同典型态势的记忆触发机制,实现态势认知的定量化建模与评估。深层驱动聚焦于基于历史经验的推理决策(即决策控制层),旨在模拟人类操作者的机动避让决策过程。该层通常应用人类反馈强化学习策略构建了自适应控制决策模型。图 8-5 详细展示了上述三层机器认知系统的工作流程及其交互机制。

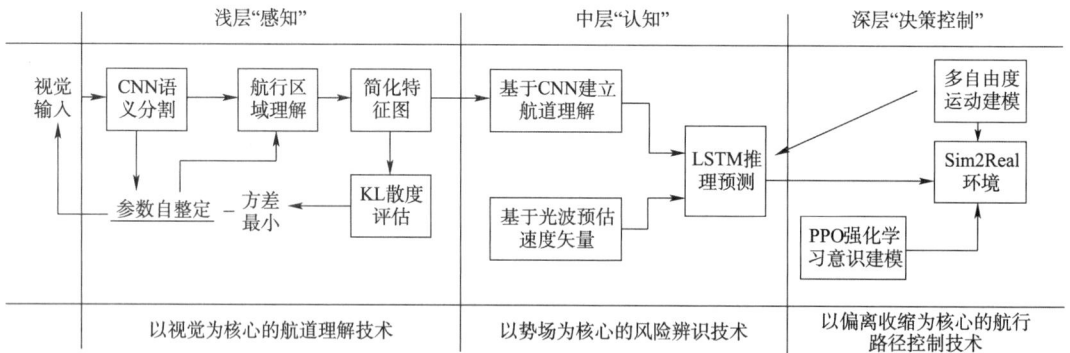

图 8-5　船舶岸基驾控系统工作原理

8.3.1　以视觉为核心的航道理解技术

针对航道通航环境感知难题,模拟船员的综合瞭望能力,即观察能力,开展以视觉为主干的多源信息融合研究,包括雷达理解、视觉图像目标识别、岸线理解等研究。在此以雷达理解智能研究为例介绍核心建模思想。图像目标识别和岸线理解研究采用了常规 CNN、空间卷积神经网络等方法。

雷达是感知的核心工具,不受雨雪天气影响,其关键工作参数为增益、海浪抑制、调谐等,输出为中频信号、多普勒频差。可以通过对这些参数进行人工调整,减少背景噪声、调整目标亮度、减少目标粘连等,同时中频信息中包含的多普勒频差值为运动测量提供了依据。商用雷达为此设置了典型场景模式(海岸、港口、航标等)下的预置参数组合,可实现一定程度的自动匹配。然而,这些功能需要人工指定工作模式,同时只能以全局成像最优为目标,无法保证船舶目标成像最优,也会造成多普勒测量失准,部分场景下的应用效果往往不佳。以视觉为核心的航道理解技术以人工理解过程为核心,使用窗口时域积分方法寻找核心区域,再基于核心区域的连续成像特征,优化识别效果,从而实现参数自整定。具体过程为:以特定时段(10 帧左右)的雷达图样本及微多普勒数据(频差),开展时域与频域上的积分,强化不同区域的浅层图像特征差异,从而实现区域划分。

如图 8-6 所示,以动态、静态区域的探索性划分为例,通过进行窗口 t 时域积分,叠加衰减等系数,使静态、动态区域在色度和形态方面都得到了强化。在此范例中,通过时域积分可以显著增强区域间的差异。基于这些成功的探索,进一步探讨参数的自主优化、模式辨识,强化不同区域的浅层图像特征,包括海浪区、多路径效应区等,为智能去噪奠定基础。

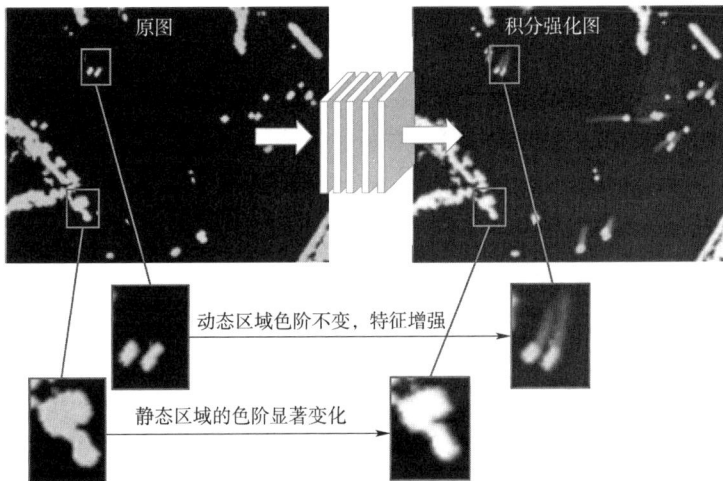

图 8-6 通过时域积分强化雷达不同区域特征的示例

然后,针对筛选出的待识别区域,以定制神经网络模型为对象提取工具,以状态滤波方法为跟踪方法,对其中目标进行提取和连续跟踪。由于船舶目标的运动特征相对平稳,在良好的预处理前提下,多帧识别出的运动目标变化应相对平稳,相邻雷达图像帧之间的 KL(Kullback-Leibler)散度会维持在较低的跳动水平,即方差较小。基于该原理,建立了"雷达多元运行参数调整→雷达图像变化→多普勒频差提取→区域提取→滤波跟踪→目标队列的连续帧 KL 散度获取"的递进关系,构造了雷达运行参数(增益、抑制、调谐)与连续帧 KL 散度的非线性映射。以 KL 散度均值较小为目标优化函数,即可使用梯度下降法,求解雷达的最佳运行参数,实现各种环境(天气、交通密集)下的自整定,最大限度地保证雷达目标回波稳定、噪声降低、减少粘连。

8.3.2 以势场为核心的风险辨识技术

通过平视视角到三维的坐标变换,即可将感知目标,如雷达目标、瞭望视觉识别目标,统一到空间三维坐标下,构造多源目标的融合空间。研究可采取 D-S(Dempster-Shafer)证据合成方法,实现多元目标的空间匹配。在此基础上,针对航行环境参与要素多、干扰大、对象难统一的问题,以模拟船员的态势推理能力,亦即认知能力为核心,开展以人工势场法(Artificial Potential Field,APF)、深度强化学习为核心的态势推理预测和路径规划方法设计,将风险分布转化为人工势场,明确风险分布及人工势场的数学表达等过程。

基于通过环境感知技术识别出的岸线,即可提取船舶可行驶水域、航道边界、水域(航道)远端等特征焦点。船舶远程驾驶既要保障在可行驶水域之内,又要保障在相对安全的路径航行。针对这一需求,引入人工势场模型表达障碍物和目的地,构建障碍物(如岸线、礁石)的斥力场模型以及目的地(远端人工坐标设定点)的引力场模型,通过引力、斥力的叠加,构建内河船舶航行态势动态预测模型,提出面向多船协同过程的航行风险评估、短时态势预测与智能避碰方法,构建内河船舶智能航行的交互式动态模型。

基于内河船的欠驱动约束特征与航行规则,采用人工操纵的历史数据,建立以深度强化学习为基础的避让规划方法,如图 8-7 所示,图例中浅色代表安全度最高为 1,深色代表安全度最低为 0。船舶智能体在虚拟场景中利用深度强化学习方法,以"动作—回报"模式进行路径优劣的评估计算。最后,利用人工操作数据和仿真环境,逐步训练,最终建立起自主路径规划决策。

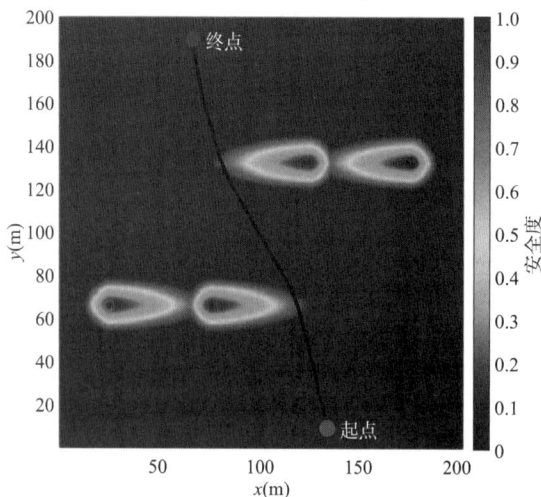

图 8-7　内河航道风险认知与路径规划

8.3.3 以偏离收缩为核心的航行路径控制技术

针对内河船的操控难题,研究模拟船员的操舵能力。即以驾驭能力为核心,开展场景认知交互、深度强化学习、自适应控制方法研究,建立与船员类似的控制逻辑,开展模型试验、实船示范应用。

区别于海上船舶有较大的空间进行控制收敛,内河船的路径跟随控制需要时刻将位置、姿态偏离当作重要考量,否则极易出现失控撞岸,这就要求在路径跟随过程中路径偏差不超过设定值。因此,提出了偏差控制模型,以替代传统的视线法(Line of Sight,LOS),其核心思想为:设置最大路径偏差 e_p,在路径跟随过程中,船舶只能出现在该设定区域内。为此,设计了特殊感知器来感知路径偏差边界。该感知器模拟发射激光束,检测路径偏差边界(图 8-8)。当波束检测到边界时,就可以得到固定方位角的船舶与边界的距离。此外,如果距离超过感知器的最大检测范围,则将距离设置为最大值 d_p。感知器参数应满足以下条件:

$$\phi = \frac{\pi}{(n_c - 1)} \tag{8-1}$$

$$d_i \le d_p, i = 1, 2, \cdots, n_c \tag{8-2}$$

$$x_i = \frac{d_i}{d_p}, x_i \in [0, 1] \tag{8-3}$$

式中,ϕ 为相邻光束之间的角度;n_c 为激光束的数量;d_p 为光束的最大检测范围;d_i 为激光束 i 获得的距离值;x_i 为 d_i 的归一化距离值。

图 8-8 中记录了从 l 时刻到 k 时刻的连续变化过程,T 为时间标记;e_l 和 e_k 分别为 l 时刻和 k 时刻的路径偏差值;s_l 与 s_k 分别为 l 与 k 时刻的状态表达式;r 为该时刻归一化距离值。

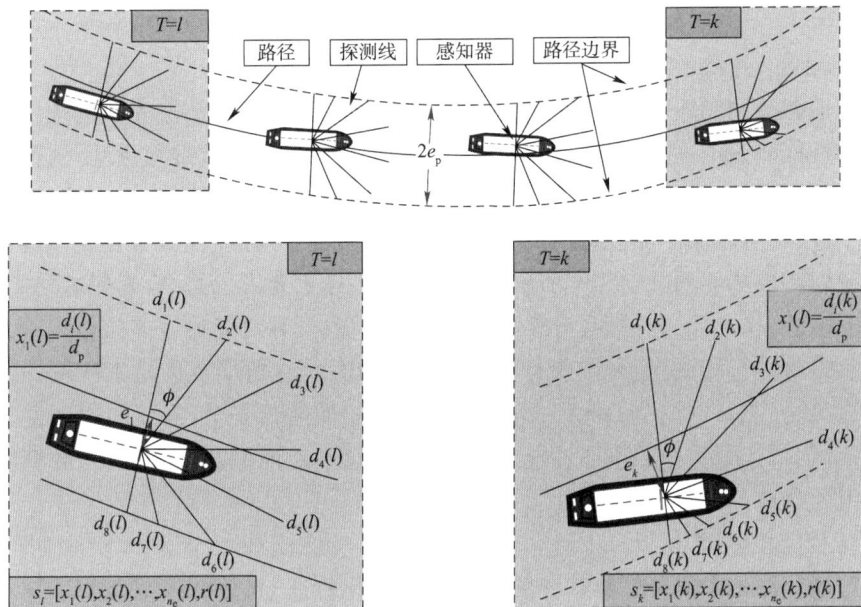

图 8-8 路径偏差传感器

然后,基于深度强化学习算法,将前述控制偏差作为核心奖励因素,训练得到路径跟踪控制器控制桨舵,并以自适应(Proportion Integration Differentiation,PID)方法作为失效备份,实现多种船型的鲁棒控制。

8.3.4 以体系测控为核心的智能航行测试技术

作为推动航运业向智能化转型的关键技术之一,岸基驾控支持下的船舶智能航行测试技术的核心在于构建一个全面、精确且可靠的测试评估框架,以科学严谨的方法,对智能船舶在复杂多变的航行环境中的各项性能进行深度剖析与验证。面向复杂的船舶智能航行系统,不单只开展每个系统的独立测试,更需对集成系统的协同运行能力开展相应测试工作,测试内容应涵盖所有指定的技术标准。因此,测试的范围可分为以下 4 类。

1)功能测试

功能测试系指对船舶智能航行系统各功能模块开展测试,其内容包含船舶智能航行系统各功能执行的有效性、完整性验证。2020 年 3 月 1 日正式生效的《智能船舶规范》,将智能船舶分为智能航行、智能船体、智能机舱、智能能效管理、智能货物管理、智能集成平台、远程控制船舶以及自主操作船舶共八大功能模块,为智能船舶未来的发展提供了参考与指导。船舶智能航行功能测试内容应重点围绕智能航行、远程控制船舶与自主操作船舶 3 个功能模块分解为子功能,子功能至少应当涵盖航路规划、智能感知、航迹规划、避碰决策、航速推荐、迹向控制、船岸通信、航迹规划、避碰决策、航速推荐、迹向控制、船岸通信、船船通信、应急操纵、通信保障、能效优化等。通过将各子功能按需组合,即可形成不同船型、不同航域、不同场景、不同工况下的船舶自主离泊、自主航行、自主避碰、自主靠泊等具体航行任务。航行子功能分解和航行任务按需组合,符合当前各企业、高校、研究所等机构的研究分工,有利于促进各机构之间的相互合作,推动船舶智能化相关技术研究、系统研发、装备研制与标准制定。

2)性能测试

性能测试指被测船舶智能航行系统实现其预期功能的能力及功能完成的优劣程度。在传统船舶的性能测试中,通常是通过船模阻力试验、敞水试验、自航试验、旋回试验与 Z 形试验等试验手段对船舶航行性能进行综合测试。针对船舶智能航行性能测试,同样需要利用上述试验手段,针对船舶浮性、稳性、抗沉性、快速性、耐波性、操纵性等重要的基础性能开展测试。传统船舶性能的测试已经不能满足智能船舶的技术要求,为契合船舶减员趋势,性能测试需含安全性、稳定性、响应性、可靠性等性能评估指标,并对船舶智能航行控制系统的自适应性与鲁棒性进行测试,亟须快速且精确地对集成系统在典型及极端工况下的性能进行仿真分析,提供性能评价模型。此外,为进一步保障船舶航行安全,需面向船舶安全性能与极限性能测试,搭建聚焦船舶整体性能的综合评估模型,对船舶基本性能、参数精度进行系统级的规范化测试。

3)系统智能化测试

系统智能化测试主要聚焦船载智能系统的拟人化验证,其重点围绕船舶感知、决策、控制等关键环节构建测试体系。其中,感知能力测试旨在利用高精度传感器及船岸协同辅助设施对航行环境的识别开展测试验证;通过基于深度学习的图像识别与多源异构融合的数据分析进行可靠的障碍识别、风险识别;利用深度学习算法自主规划、设计最优安全航线,将航行过程分解成多个航行子任务,并于动态中感知学习、实时理解航行环境,不断优化更新航线;面向控制维度的测试则聚焦良好鲁棒性和自适应性控制器的可靠性、安全性测试,验证其路径规划及切换控制能力,以保障控制维度的精确性、可靠性以及安全性。

4)应急能力测试

应急能力测试主要针对船舶智能航行系统在极端场景下的应变能力开展测试评估,以确保系统可以按照规则和标准安全地处理故障。应急能力测试是保障船舶智能航行安全性的重要测试内容,故障响应与排除测试过程可按照以下依据进行设计:①当船舶出现软件或硬件故障时,船舶智能航行系统能否及时检测出故障发生位置与故障原因;②检测出故障发生位置与原因后,系统能否判断故障是否可自主修复;③若故障可自主修复,系统是否能够就当下船舶航行现状拟订故障排除计划;④当明确故障不可自主修复后,系统能否依据当前船舶性能使自身处于一个相对安全、稳定的航行状态。聚焦具体执行层面,可通过故障注入技术对被测系统开展应急能力测试,通过对故障模式的模拟,贯彻落实遵守系统操作规则与人员安全保障前提,开展船舶在故障模式下的应急响应能力测试。

围绕船舶智能航行技术的测试,国内外已开展相应的研究探索。目前应用广泛的试验方法有实船试验、基于船舶动力学的仿真试验以及尺度缩比模型船水池试验等。将远程驾控系统实际运用到不同类型船舶上开展性能测试验证,不仅需要大量的经费及人员投入,且所面临的风险较大,如船舶性能的不确定性或者网络环境的不稳定性所带来的航行风险,均会给实船试验带来一定的安全隐患。基于船舶动力学的仿真试验是指应用计算机对船舶的真实动力学进行模拟,以在虚拟环境中模拟船舶结构、功能和行为。基于船舶动力学的仿真试验利用计算出的数学模型在虚拟平台上进行仿真这一实现形式,目前已逐渐从数字化推进至可视化,具备高可靠度、风险小、成本低、受环境因素限制小等优点,进一步彰显了虚拟与现实的紧密联系。但是,受限于数学模型的复杂程度以及虚拟环境计算性能,在结果的真实性上有待进一步细化研究。尺度缩比模型船水池试验与前两者相比,在过程的直观性、透明性和安全性上得到显著提升,在实际工程应用中往往作为最后应用落地前的一大测试验证手段。

在测试方法方面,相关研究相继提出了面向无人水面艇的测试评估技术体系和发展路径,包含虚拟测试、虚拟-实船测试和实船测试的多层次平行交互框架。此外,还建立了基于自主感知、规划、避碰、控制的两层指标体系,采用层次分析法进行指标权重计算,实现了对复杂场景和恶劣海况下航行控制能力的系统化测试评价。

在测试工具方面,基于虚拟现实、数字孪生和软件在环等方法开展了基础研究,以解决实船测试风险大、周期长、费用高的问题。相关研究相继开发了多种仿真测试平台,包括船舶动力定位控制算法平台、基于全任务操纵模拟器的自动舵和避碰算法测试系统、采用6自由度非线性模型的控制算法测试平台,以及基于3自由度MMG(Marine Maneuvering Game)模型的电子海图测试系统。此外,还设计出基于虚拟现实的船舶数字孪生框架,实现航程重现分析和运行状态预测等功能。

综上,在船舶智能航行测试验证技术中,主要运用数字孪生、多源异构数据融合、在环仿真等技术方法开展研究。根据目前技术研究进展以及技术应用现状,当前亟须突破的关键技术主要有以下4个方面:

(1)船舶智能航行测试场景库构建技术。

船舶智能航行测试场景是一定时域范围内航行环境与航行态势的集合,反映了船舶自身航行状态与航道条件、岸基设施、气象条件、其他参与者等外部信息。因此,亟须构建符合船舶智能航行测试的模型场景库,以统一的仿真测试场景标准为导向,建立包含典型船型库、通航区域库、自然环境库、驾驶行为库共同组成的典型航行场景库。通过分层结构组织,以模块化、序列化思想,构建统一的场景库数据格式与接口。

(2)船岸协同的测试环境感知与场景生成技术。

船岸协同的测试环境感知与场景生成技术旨在利用岸基辅助设施高效率、高可靠的先进感知能力,为船舶提供中远距离的环境感知并生成测试场景。由于内河船舶航行场景多样、航行环境复杂,在近距离的维度下,灵活利用激光雷达、毫米波雷达与基于深度学习的机器视觉等技术手段可实现船舶近距离的场景感知与捕捉。对于中远距离尺度的会遇船舶目标与障碍物,可采取船岸协同方式,利用岸基雷达、船舶交通管理系统(Vessel Traffic System, VTS)、闭路电视监控系统(Closed Circuit Television,CCTV)等基础设施的超前感知能力,为船舶在中远尺度上提供宏观环境感知与捕捉功能。通过构建近距离与中远距离的船岸协同感知网络与认知策略,捕捉船舶通航环境,生成测试场景。利用生成的测试场景在高维数字孪生空间进行映射建模、交叉对比、认知理解,构建基于真实场景的虚拟测试场景。

(3)机理分析与数据驱动的融合建模技术。

船舶智能航行测试的核心在于在虚拟世界中映射真实的船舶动力学响应,解决面向数字孪生的典型船舶运动建模,使得智能航行测试具有与物理测试相当的可靠性。船舶操纵运动的机理建模可以提供清晰的物理背景,便于对模型理论进行分析与优化。数据驱动模型获得目标船舶的水动力导数、桨舵性能参数,可有效避免模型试验高昂的经济与时间成本。通过结合机理分析与数据驱动建模各自的优势,研究离线的机理分析与在线的数据驱动融合建模方法,在提高效率的同时得出精度较高的预测结果。

(4)虚实融合的智能交互测试评估技术。

虚实融合的智能交互测试评估技术主要针对智能船舶开展智能系统拟人化测试。通过构建的典型船型库、通航场景库、自然环境库、驾驶行为库设计测试场景,构建船舶虚实融合测试模型、场景与环境。智能交互测试以人类智能与机器智能为对象,通过建立人类与机器有效交互以评估机器相对于人类的智能能力。其测试方法主要通过在机器智能中混入人类智能,由第三方评价人员对每个主体进行智能评估,以判断机器智能相对于人类智能的决策能力。

➡ 8.4 应用案例

8.4.1 典型应用场景一:比利时 SEAFAR 远程驾驶应用案例

比利时 SEAFAR 公司于 2020 年在一条 135m 长的驳船"Zonga"号上进行了远程驾驶过闸试验,由船舶侧/基础设施侧融合多源异构信息,实现船岸协同感知,基于视景影像增强驾驶能力,由岸基控制中心提供支持和辅助,实时集成分析船舶运行状况,具备同时管理和操作多条船舶的能力。2021 年 2 月,SEAFAR 在一条 110m 长的集装箱船舶 Deseo 上实现了由泽布吕赫港到安特卫普港的全航程远程驾驶,在岸基驾控中心实时显示水平方向上船舶正前方左右舷各 112.5°和正后方左右舷各 45°的航行视景影像,应用 5G 技术以实现移动通信传输,控制权的切换由岸基批准(图 8-9)。2022 年,在比利时安特卫普港启用其自行研发设计的岸基驾控中心,该中心由 6 个控制站和 2 个监管中心组成,投入 12 艘船舶营运,通过半自主航行模式沿佛兰德斯的伊瑟运河和帕森达勒-尼乌波特运河航道运输建筑材料。

目前,SEAFAR 远程驾驶系统已应用于荷兰 De Vlaamse Waterweg nv 的 Watertrucks + 项

目的测试,岸基驾控中心的操作员远程控制船舶并以 6km/h 的航速驾驶,沿佛兰德斯的伊瑟运河和帕森达勒-尼乌波特运河航道运输建筑材料。

图 8-9 比利时 SEAFAR 远程驾驶应用案例

8.4.2 典型应用场景二:俄罗斯启动自主和远程导航船舶试验项目

2021 年,俄罗斯工业贸易部和交通部启动了自主和远程导航船舶试验项目,旨在绘制国家海事高新技术 MARINET 发展路线图,由 A-NAVIGATION 联盟承担的远程驾驶子项目已建立岸基驾控中心并在真实环境下开展试验,可实现 360°全景监控(图 8-10)。

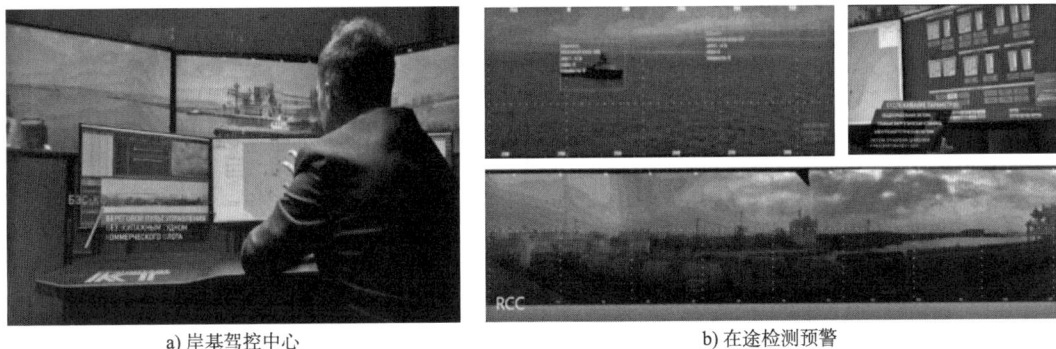

a) 岸基驾控中心   b) 在途检测预警

图 8-10 俄罗斯 ARNT 项目岸基驾控中心[20]

基于此,A-NAVIGATION 联盟新开发了自主导航系统、光学态势分析系统(OSA),包括监视和搜索系统以及内部监视子系统——远程控制面板(PDU)和船桥平板电脑(用于与船上导航系统交互的接口,也可以用作和用于手动控制的决策支持系统)。远程控制面板用于解决所有远程监控任务,包括操作员与自动导航系统、光学态势分析系统、技术设备管理系统扩展、船舶通信工具相互作用的端口,操纵杆系统和本地详细数据记录系统。远程控制面板位于受控船舶的外部,是驾驶室和中央舵站,远程控制面板主区域有 3 个多功能触摸屏,操作员可以直接访问以与所有列出的系统进行交互,还有 1 个操纵杆系统、1个摄像机和用于与船舶通信工具相互作业的终端,包括与船上的船员进行视频通信。

8.4.3 典型应用场景三:德国在杜伊斯堡启用首个内河航运远程控制中心

德国政府联合提出了内河船舶远程控制航行倡议,旨在改善船员工作环境、解决技术人员短缺的问题,推动德国内河智能航运发展。2024 年 2 月,HGK Shipping 和 Reederei Deymann 合作在杜伊斯堡建成了首个岸基驾控中心,目前有 3 个工作站指定给担任船长的远程控制操作员,还有 1 个工作站供交通管制员使用,由操作员和海事监管人员共同完成船舶的航行作业和监管调度(图 8-11)。

图 8-11 德国内河航运控制中心

8.4.4 典型应用场景四:Ocean Infinity 船舶远程驾控项目

2024 年 2 月,Ocean Infinity 启用位于澳大利亚的远程驾控中心(图 8-12)[21],该中心主要负责其 36m Armada 船队中的第一艘船舶的远程驾控。与传统船舶相比,该类船舶的应用有利于进行大规模的水文测量工作,可以在船员数量减少且航行污染排放量大大减少的情况下开展一系列航行任务。此前,该中心已在英国和瑞典投入实际运营(图 8-13)[22]。下一步计划将在新加坡以及另一个亚洲地区进行布设。

图 8-12 Ocean Infinity 位于澳大利亚的远程驾控中心

图 8-13　Ocean Infinity 位于南安普敦的远程驾控中心

8.4.5　典型应用场景五:武汉理工大学远程驾驶平台完成洲际远程控制

2020 年,武汉理工大学牵头欧盟地平线 2020 计划 SAFEMODE 项目"远程驾驶船舶驾控人员测试与评价"案例研究。研发了智能航行和远程驾驶系统,并实船验证了自主识别障碍船舶的能力,能够自动执行避让操作(图 8-14)。

图 8-14　武汉理工大学远程驾驶平台洲际远程控制[23]

8.4.6　典型应用案例六:船舶自动驾驶功能试验与性能验证平台

在科学技术部重点研发计划、工业和信息化部高技术船舶专项、国家自然科学基金委及企事业单位委托项目支持下,中国船级社、广东省海洋科学与工程南方实验室(珠海)、北京大学等单位联合研究分阶段、分场景的虚拟测试技术体系、实施路径与关键技术。2022 年,以珠海万山海上测试场为场景、船舶智能航行为核心,构建虚拟测试船与测试场,制定虚拟测试平台建设阶段性实施方案,提升虚拟测试视景构建、船舶孪生、评价评估等技术就绪度,奠定虚拟仿真测试平台与实海开展虚实融合映射测试的基础,为船舶智能航行系统研制、产品检验、标准制定提供支撑。

如图 8-15 所示,船舶自动驾驶功能试验与性能验证平台主要包括缩比模拟船、驾驶模拟器、测试导调终端、测试数据中台等模块。如图 8-16 所示,平台采用自动驾驶虚拟测试场景重构与自生成、场景适应的船舶操纵运动虚拟仿真建模、自动驾驶功能测试评价评估等技术,具有船舶自动驾驶规划与控制单元性能试验与功能验证能力,可提供物理船模、虚拟仿真等试验支撑,可应用于船舶自动驾驶功能逻辑检验、算法性能调优、系统集成效能测评等场景。

图 8-15　船舶自动驾驶功能试验与性能验证平台架构

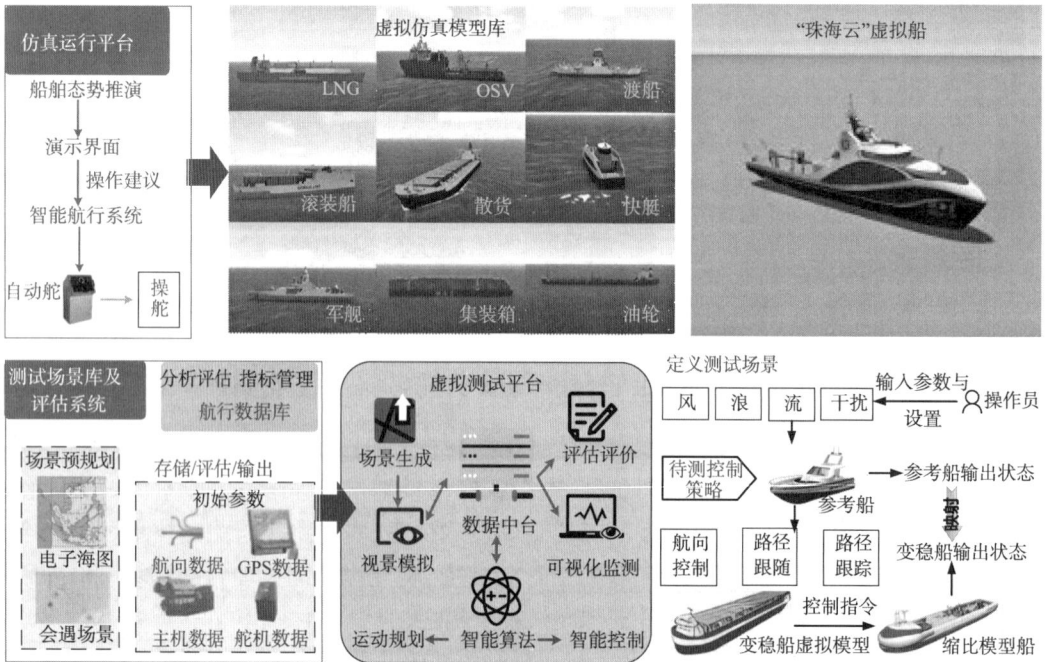

图 8-16　船舶自动驾驶功能试验与性能验证平台构成

→ **思政课堂**

新一代航运系统踏上新征程：豫交投001号起航

河南"新一代航运系统"的首制船"豫交投001"号搭载了自主航行与远程控制装备，具备有人监督条件下的全自主航行、智能避障及远程操控功能，正式运营后可在减少50%船上人员配置的同时，实现单船装载能力提升20%，大幅提高运输效率与服务质量，形成覆盖智能装备、数字航道、绿色能源等领域的标准体系，构建基于既有设施条件下的智能低碳高效内河航运"中国范式"。

得益于团队充分的前期准备与设计论证，"豫交投001"号在已完成的航程中展现出极佳经济性：以12km/h的速度运行时，功耗仅8kW·h/km，创下行业能效新标杆，为未来示范船舶建造成本控制提供重要参考。该船在下一步承担沙颍河航运运营任务的同时，还将开展四大创新实践：

一是首创内河货船的自主航行运营模式，利用船载仿生视觉、多传感融合、类人智能体协同处理技术，实现船舶在大部分运营时间的自主运行，并支撑远程驾控，构建"岸基控制中心＋自主航行＋船上安全员"的多重接管机制，在显著提升安全性的同时减轻人员的操作负担。

二是革新内河船员工作模式，利用船舶的高度自主能力，建立船员"上船即工作、休息即下船"的新常态，大幅改善船舶的运营灵活性，提升船员工作生活幸福感。

三是重塑能源供给模式，突破原有运输系统桎梏，按照绿色、自主、远控的模式重新规划内河航运发展方向，通过对能源网络、充(换)电站进行科学规划，提升船舶本身乃至交通系统的绿色能源利用效率。

四是再造特色船型，对接前述智能化、自主化特征，优化舱室布置、改良驾驶舱设计、增设多功能舱室、改进船舶型线，大幅提升单船装载能力，打造浅水条件下操纵性与装载能力俱佳的新船型，为同类航道的智能化升级奠定基础。

(部分内容参考大语言模型"豆包"相关检索结果)

→ **本章思考题**

(1)岸基航行控制设备与系统在智能船舶发展中具有哪些重要作用？分析其对推动绿色航运和航运业可持续发展的积极影响。

(2)在岸基驾控设备与系统中，如何构建高效的人机协作机制以确保航行安全？结合文中具体场景分析人机协作机制的设计原则及其实现路径。

(3)根据岸基驾控设备与系统分层框架的定义，判断下列功能分别属于哪一层(浅层驱动、中层驱动、深层驱动)：

①基于 CNN 的航道目标检测;

②船舶会遇态势分析;

③航道信息复杂度量化;

④避让决策生成;

⑤目标运动特征提取。

(4)在岸基驾控设备与系统支持下,船舶智能航行测试验证中存在哪些关键技术难点? 分析这些技术难点的具体表现,并探讨解决路径和未来研究方向。

(5)从技术创新与产业发展的角度思考,如何提升我国岸基驾控设备与系统的自主可控能力? 分析现阶段存在的主要问题,并探讨避免"卡脖子"的解决方案及实施策略。

→ 本章参考文献

[1] 严新平,李晨,刘佳仑,等.新一代航运系统体系架构与关键技术研究[J].交通运输系统工程与信息,2021,21(5):22-29.

[2] 马勇,王雯琦,严新平.面向新一代航运系统的船舶智能航行技术研究进展[J].中国科学:技术科学,2023,53(11):1795-1806.

[3] 工业和信息化部网站.工业和信息化部办公厅关于印发《船舶总装建造智能化标准体系建设指南(2020版)》的通知[EB/OL].(2020-08-10)[2025-01-08].https://app.www.gov.cn/govdata/gov/202008/25/462176/article.html.

[4] 新华社.国务院印发《"十四五"现代综合交通运输体系发展规划》[EB/OL].(2022-01-18)[2025-01-08].https://www.gov.cn/xinwen/2022/01/18/content_5669136.htm.

[5] KONGSBERG. Autonomousfuture[EB/OL]. https://www.kongsberg.com/maritime/about-us/news-and-media/our-stories/autonomous-future/.

[6] ROLLS-ROYCE. World premiere for Rolls-Royce's mtu NautIQ marine automation portfolio at DSEI[EB/OL]. (2021-09-14)[2025-01-08]. https://www.rolls-royce.com/media/press-releases/2021/14-09-2021-world-premiere-for-rolls-royces-mtu-nautiq-marine-automation-portfolio-at-dsei.aspx.

[7] ABB. ABB Ability™ Marine PilotControl[EB/OL]. (2024-03-17)[2025-01-08] https://new.abb.com/marine/systems-and-solutions/digital/abb-ability-marine-pilot/abb-ability-marine-pilot-control.

[8] MAS EUROPE. Custom Designed Integrated Bridge Controls[EB/OL]. (2021-07-21)[2025-01-08]. https://www.maseurope.com/project-solutions/marine/maneuvering-systems/.

[9] BUSINESS & FINANCE. South Korea:Samsung Heavy, Hanjin Shipping to Build Smart Green Ships[EB/OL]. (2021-07-21)[2025-01-08]. https://www.offshore-energy.biz/south-korea-samsung-heavy-hanjin-shipping-to-build-smart-green-ships/.

[10] 国际船舶网.全球造船业首次! 三星重工大型集装箱船完成长距离"无人"航行

[EB/OL]．（2023-07-09）［2025-01-08］．https：//www. sohu. com/a/695981041_
155167.

[11] OFFSHORE ENERGY. DSME wins smart ship cyber security certificate［EB/OL］.（2022-
10-24）［2025-01-08］．www. eworldship. com/html/2022/NewShipUnderConstrunction_
1024/186671. html.

[12] The Nippon foundation. 5th Demonstration Test of Fully Autonomous Ship Navigation Suc-
cessfully Completed［EB/OL］.（2022-03-01）［2025-01-08］．https：//www. nippon-founda-
tion. or. jp/en/news/articles/2022/20220301-67775. html.

[13] KOREAN REGISTER（KR）. Guidance for autonomous ships［R］. Busan：KR,2022.

[14] 中国船级社. 自主货物运输船舶指南(2018)［R］．北京：中国船级社,2018.

[15] RUSSIAN MARITIME REGISTER OF SHIPPING（RS）. Regulations for classification
of maritime autonomous and remotely controlled surface ships［R］. St. Petersburg：
RS,2020.

[16] 王远渊,刘佳仑,马枫,等. 智能船舶远程驾驶控制技术研究现状与趋势［J］. 中国舰船
研究,2021,16(1)：18-31.

[17] 上海船舶研究设计院. 数字化营运支持系统(DOSS)［EB/OL］.（2020-08-31）［2025-01-
09］. https：//www. sdari. com. cn/#/productListDetail? tabIndex=0&id=74.

[18] 陆海科技. 船岸综合信息平台［EB/OL］.（2021-03-17）［2025-01-09］. https：//tool. sol.
com. cn/Promotion/lhkj/caxx. asp.

[19] 海洋网. 海兰信"智能船岸基系统"首次亮相中国国际海事展［EB/OL］.（2019-12-05）
［2025-01-09］. https：//www. sohu. com/a/358570176_120065720.

[20] 陈光霖,林楠,李晨. 智能船舶发展动态：国际船舶远程驾控项目技术解析［EB/OL］.
（2021-12-02）［2025-01-09］．www. 360doc. com/content/21/1202/06/76030647_1006783927.
shtml.

[21] OCEAN INFINITY. Ocean Infinity to open robotic ship Operations Centre inAustralia［EB/
OL］.（2024-02-19）［2025-01-09］. https：//oceaninfinity. com/ocean-infinity-to-open-ro-
botic-ship-operations-centre-in-australia/.

[22] OCEAN INFINITY. Remote controlcentre goes live［EB/OL］.（2022-02-15）［2025-01-
09］. https：//oceaninfinity. com/remote-control-centre-goes-live/.

[23] 智能交通系统研究中心. 我校严新平教授团队研发的自主式水路交通系统洲际远程驾
控试验成功［EB/OL］.（2019-11-01）［2025-01-09］. https：//news. whut. edu. cn/xsdt/
201911/t20191101_775631. shtml.

第 9 章

船舶智能设备与系统的发展重点

全球航运业正迎来数字化和智能化时代,船舶智能设备与系统发展离不开标准化、模块化、谱系化的船舶智能装备与系统技术体系构建,以及国际智能船舶装备与系统技术的规范与标准制定。本章将在发展现状基础上,探讨船舶智能设备与系统的发展重点,通过既有船载智能设备与系统智能化升级,研发新型智能船舶设备与系统,旨在替代人工,实现船舶自动驾驶条件下的复杂航行与操作功能,极大降低人为因素引发的安全事故风险,同时显著减轻船员工作负担,提升航运整体安全性与效率。

→ 9.1　既有船舶设备与系统智能化

既有船舶设备与系统智能化是指通过引入现代信息技术、智能控制技术、大数据处理和分析技术等,对面向智能航行、能效管理、运行维护、节能减排等方面的船舶设备进行智能化改造和升级,使船舶运行更加安全、环保、经济和可靠,同时减轻船员的工作负担,提高工作效率。智能船舶的蓬勃发展,势必推动船舶设备与系统中相关功能模块的智能化水准迈向新高度,与此同时,各系统间的信息交互将更为频繁,数据量亦将大幅增加。如图 9-1 所示,对既有船舶设备与系统进行智能化升级,需要制定既有船舶设备与系统一体化信息集成标准、加强船岸实时通信和岸基中心建设、拓展船舶智能设备与系统定制化功能[1]。

1)提升既有船舶设备与系统智能化水平

提升既有船舶设备与系统智能化水平涉及多方面技术,亟须重点布局态势感知、智能决策、智能运维、节能减排等共性技术研发,开展动力机电、通信与导航、靠离泊、货物操作、舱室设备等现有船舶设备系统的智能化升级,降低人员劳动强度,提高船舶的航行安全性。

(1)提升船舶智能航行技术水平。

智能航行系统通过采用更为先进的传感器以及精湛的感知技术,能够突破传统感知的局限,实现超感知能力。通过集成激光雷达、红外成像、毫米波雷达等多种传感器,获取更加全面、精确的环境信息,包括气象、水文、交通状况等。同时,决策系统借助深度学习、强化学习等人工智能技术,实现更加智能、高效的决策,进而实现全自主航行。无须人工干预,船舶将能够完全依靠自身的感知、决策和执行能力,自主规划航线、自主避碰、自主靠离泊等,大大减轻船员的工作负担,降低人为因素风险,提高航行效率和安全。此外,智能航行技术的发展离不开与其他领域的跨界融合[2]。既有智能航行系统智能化升级将与物联网、大数据、云计算、5G通信等先进技术深度融合,通过物联网技术,船舶可以与其他船舶、港口、岸基设施等进行实时数据交换和信息共享;通过大数据技术,可以对船舶航行数据进行深度挖掘和分析,为决策提供更加科学、合理的依据;通过云计算技术,可以实现船舶航行数据的云存储和云处理,提高数据处理效率和安全性;通过5G通信技术,可以实现船舶与岸基设施之间的高速、低延迟数据传输,为实时监控和远程控制提供有力支持。

图9-1　既有船舶设备与系统智能化

(2)能效控制智能化。

传感器技术、网络技术、大数据和人工智能等技术的发展,为船舶智能能效管理系统的智能化程度和性能提升提供了手段。在能效监测方面,借助网络智能搜索等技术,采集更全面的能效相关数据,航道气象、定点水深、潮汐等信息也会纳入采集数据中;通过研发更先进的能效相关参数监测传感器,油耗、浪高等能效监测数据的准确性将会得到提升;通过开展船舶通信技术研究,能降低船舶远程数据传输的掉包率,提升数据质量[3]。在能效分析和评估方面,通过开展全船主要能效设备和系统能效监测、分析和评估方法研究,拓展船舶能效分析的内容,船舶能效提升空间将进一步扩大。在能效建模方面,通过采用更准确的能效数据和更先进的人工智能算法,船舶能效模型的精度有望进一步提升;同时,通过对于船舶能效机理进一步深入研究,更多此前未被纳入考量的能效影响因素将被整合进能效理论模型以及基于数据构建的模型之中,以此推动船舶能效模型精度进一步提升。在能效优化方面,通过开展全船主要能效设备和系统的能效监测、分析和优化研究,将船舶能效优化从推进系统和主辅机能效优化逐步推广到全船能耗设备和系统能效优化,同时,根据航行数据来优化航速和航线,进一步提升船舶营运效率[4];通过不断改进能效优化方法,改善局部优化,提升能效优化速度;同时,通过开展船舶新能源和多能源系统的综合能效优化算法研究,将进一步推动未来新能源和多能源船舶能效提升。船舶能效控制智能化发展简图见图9-2。

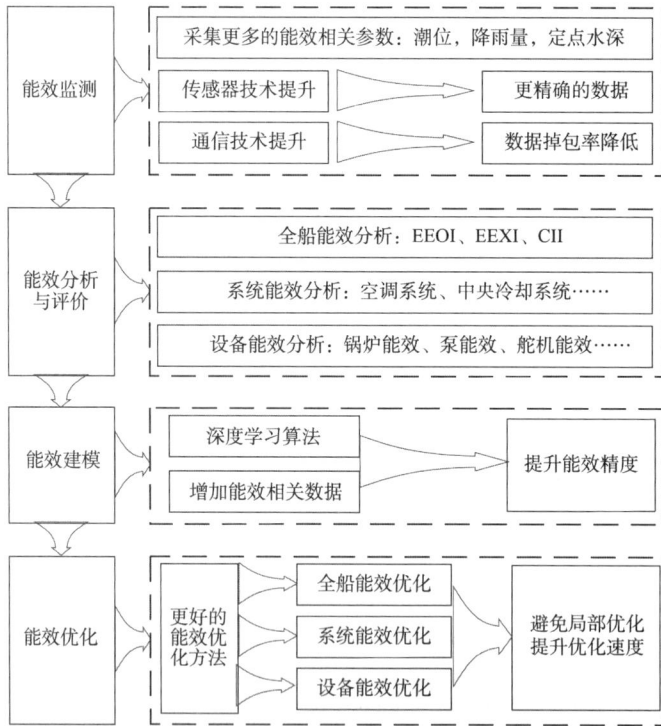

图9-2 船舶能效控制智能化发展简图

(3)运维智能化。

典型运维包括数据获取—状态评判—运维建议3个环节,早期船舶设备运维过程依靠人工完成,比如定期更换润滑油、易耗件等。为了实现运维过程的自动化或少人化,针对这3个环节已逐步开展智能化研究。数据获取环节,已有很多船舶设备安装了各类传感器,实时监测船舶设备的运行状态,如温度、压力、振动等关键参数;利用智能模型分析高维多参量数据,自动进行故障诊断、预测、报警并给出运维建议[5]。同时,传感手段的智能化也是重要的研究方向,将数据处理、智能模型和算法前置到传感阶段,提升传感的自主性和准确性等。在状态评判与运维建议这两个关键环节中,船舶自动化检测系统和远程监控系统研制也是研究热点,实现设备进行自动检测和诊断,并将数据实时传输至岸基控制中心,进行远程智能分析和处理[6]。例如 ABB 公司开发的 Ability™智能运维系统,具备面向分布式网络的实时故障检测、远程故障诊断、智能化数据分析与故障报告等功能;KONGSBERG 公司推出的状态监测系统(Condition Monitoring System,K-CMS),如图 9-3 所示,具备基于数字孪生的推进器预测性维修、推进器关键部件磨损模式预测、智能远程故障检测与诊断、风险评估与安全管控等功能。

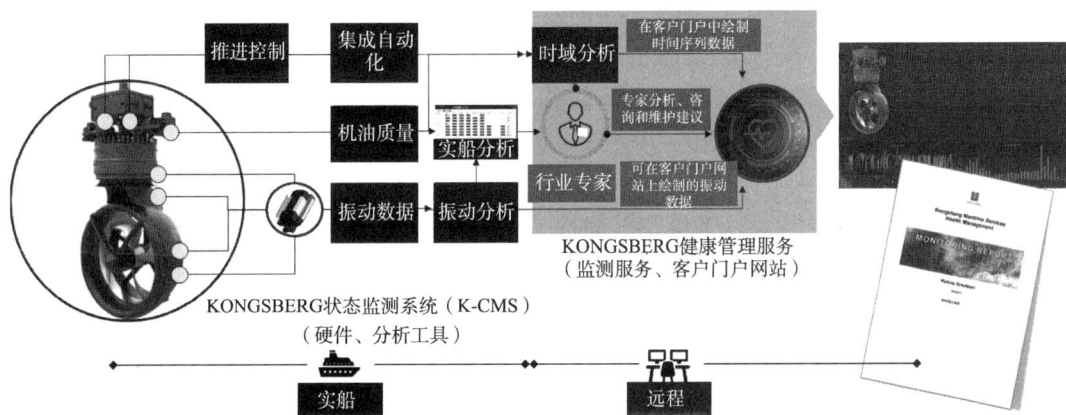

图 9-3　KONGSBERG 公司推出的 K-CMS 状态监测系统

　　总体而言,与船舶航行等方向的智能化水平相比,目前运维系统的智能化还有差距,从数据获取、状态评判两个环节进行分析。

　　①数据获取环节。

　　目前在数据获取手段的方便性、准确性、可靠性等方面仍有不足。方便性方面:以油液测量为例,现有船舶相关设备多采用人工离线采集油液样品,然后在试验室中进行分析,得出指导运维的结论。目前已逐步开展在线油液分析获取传感器或设备研究。准确性方面:以船舶轴系扭矩测量为例,目前主要采用直接在轴段表面粘贴应变片进行信号采集,该方法存在应变信号小、环境温度等因素干扰大等问题,需要开展新型应变校准和安装工艺方法研究,进而提升扭矩测量的准确性。可靠性方面:现有传感器主要由电子元器件组成,在使用过程中缺乏对自身采集信号的合理性和准确性进行自主评判,仅依赖后续上位机进行辅助评判,受信号传输、采集系统等因素影响。开发自身具备对其运行状态进行自我判断能力的传感器,呈现出一种显著的趋势。这种传感器兼具数据统计分析、与其他数据相关性分析等功能,以辅助判断本身的运行状态,能够及时发出状态预警,避免不合理的数据对后续运维决策的干扰。

　　②状态评判环节。

　　在状态评判环节,数据分析、诊断过程严重依赖专家经验,相关诊断知识的合理区间范围不够准确,诊断结论的适应性不强。提升状态评判的智能化是目前的研究热点,一方面,通过大数据和多源信号融合等技术挖掘特征信息,为故障诊断和运维决策提供更全面和准确的信息;另一方面,机器学习、知识图谱、大模型等新方法的引入,构建船舶设备的故障诊断和预测以及运维决策模型,实现微小故障的早期诊断、多重故障的准确诊断、预测性维护,提高评判准确性。

(4)碳捕捉智能化。

随着船舶碳捕捉技术逐渐成熟,如何通过智能化手段提升系统性能、提高船舶的能效并降低运营成本,成为一个亟待解决的问题。在船舶碳捕捉系统智能化发展领域,大数据算法应用正成为提升系统性能的关键驱动力[7]。通过在船舶上部署高精度传感器和先进的监测设备,可以实时收集碳捕捉系统的关键运行参数,包括但不限于溶剂循环速度、吸收塔内的温度和压力以及 CO_2 的浓度等,如图 9-4 所示。这些数据通过物联网技术被传输至云端或本地服务器,为大数据分析提供了丰富的原始材料。利用机器学习算法,可以对这些庞大的数据集进行深入分析,识别出影响碳捕捉效率的关键变量,并预测在不同航行条件和工况下的最佳操作参数。这种智能优化能力使得系统能够自动调整运行参数,比如优化溶剂循环速度以提高传质效率,或者调节吸收塔的温度和压力以增强 CO_2 的吸收率。自适应调节机制不仅能够在多变的航行条件下维持碳捕捉系统的最优运行状态,还能在保障最大化碳捕捉率的同时减少能源消耗,从而提高船舶的整体能效。此外,大数据分析还能在故障预测和设备维护方面发挥作用,通过分析历史数据和实时监测数据,预测潜在的设备故障,减少意外停机时间,提高系统的可靠性和安全性,为船舶运营商节省维修成本并减少环境影响[7]。

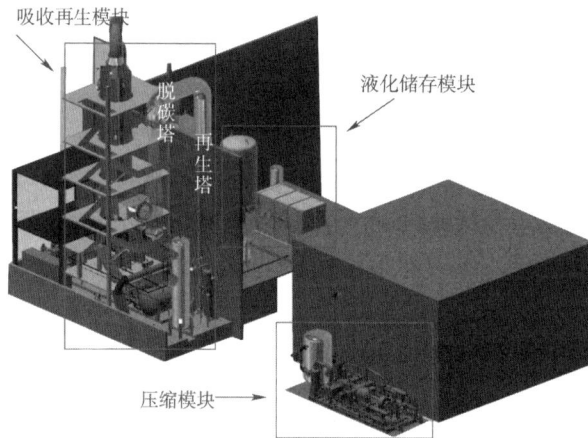

图 9-4　船舶智能碳捕捉系统示意图

此外,区块链技术的应用为船舶碳捕捉与封存提供了一种创新的解决方案,特别是在数据跟踪和验证方面[8]。通过将每次碳捕捉事件的详细信息,如时间、地点和捕捉量,以加密的形式记录在区块链上,确保这些数据的不可篡改性和完整性,如此为船舶运营商提供透明、可靠的碳管理工具。区块链技术还能追踪碳的封存过程,包括碳的运输、储存和最终封存地点,为每个封存点创建唯一的标识符,可确保整个封存过程的透明性和可追溯性。这对于满足国际海事组织等监管机构的要求至关重要,也有助于船舶运营商在全球碳排放交易市场中交易碳信用。此外,区块链平台能够促进不同行业间的合作,包括航运、能源和金融行业,共同推动实施全球碳减排行动。通过这种跨行业的合作,可以更有效地管理和减少全球温室气体排放,为应对气候变化作出贡献。

(5)机舱智能化。

智能机舱作为智能船舶的重要组成部分,是实现船舶少人化甚至自动化的关键条件之一。通过开展船舶智能机舱数据的集成分析与决策控制研究,采用基于人工智能的深度学习模型,使得机舱运行控制过程能够顺应船舶航行环境和负载条件变化而自动调控运行状态;通过开展智能机舱运行控制机器人技术研究,采用集智能底盘、智能机械臂、智能定位系统和机器视觉等人工智能技术,实现船舶远程遥控运行,由机器人开展机舱巡检监测和必要的设备控制工作[9]。未来新船的智能机舱系统将进一步开展机舱设备机器人化研究,使得机舱设备具备一个能够收集数据、分析数据和决策的人工智能大脑,并且设备能够根据分析结果自动调控自身运转状态,实现设备出现微小故障时通过自我状态调控达到故障自愈的目标。针对具体技术实现而言,机舱智能化包括状态监测、故障诊断和报警、设备远程操控等功能。在状态监测方面,传统监测系统只能实现开关量报警,无法实时查看精确数据。通过智能可编程逻辑控制器(Programmable Logic Controller,PLC)等模拟量监测系统实现数据的实时采集和处理,可以精确监控机舱设备的运行状态;在数据分析方面,可基于监测数据,利用模型和算法对船舶设备的运行状态和健康状况进行分析和评估,为设备操作决策和维护保养计划的制定提供支持。此外,采用 Mybatis 框架、超文本标记语言(Hypertext Markup Language,HTML)、结构化查询语言(Structured Query Language,SQL)语句查询等相关技术与数据库交互,通过改善通信网络,来进行迅速报警,可将监测报警系统延伸至值班室,实现远程监测和无人值班。

针对远程遥控船舶的智能机舱应用需求,可以开展主要船载动力设备一键启动等智能化远程操控改造,提升操作安全性、一致性,降低劳动强度、提升经济性。例如,主机一键备车,包括燃油系统、润滑油系统准备、冷却系统、压缩空气系统、控制系统检查、主机预润滑、转车检查、发出启动指令,建立辅助设备智能监控系统,进行泵阀开关等机械设备的电磁化改造。甲板设备的远程操控系统、智能锚机远程操控系统可于机旁、驾驶台及岸端远程实现一键锚、一键抛锚、一键收锚。智能起重设备具备能效管控、远程操控、智能防撞、智能防摇、一键搁置、一键定位等智能操控功能。救生艇、救生筏吊艇装置实现一键收放、自动脱钩、自动报警求救等功能。

2)制定既有船舶设备与系统一体化信息集成标准

随着船舶智能化进程的推进,船舶搭载的各类智能设备与系统日益增多,功能也日趋复杂。既有船舶设备与系统往往采用不同的技术架构,且多为独立运行,导致信息分散、管理难度大,严重影响了船舶整体运行的协同性和效率。智能集成平台设备与系统作为船舶智能化的核心,应为处于 1.0 阶段的智能船舶提供相应的数据支撑和信息服务能力,兼容既有船舶设备与系统智能化升级与设备新增所带来的新增数据,为后续介入控制的"智能船舶2.0"与"自主控制"的"智能船舶 3.0"建设提供支撑。除了对智能集成平台设备与系统智能化等级的升级,还需考虑各船舶设备与系统间数据的兼容性,明确一体化信息集成标准制定原则、设计简约的信息集成架构、构建统一的数据模型与编码规范、制定标准的通信协议极为重要。

制定既有船舶设备与系统一体化信息集成标准,应遵循开放性、兼容性、安全性和实用性的原则,确保与现有设备兼容,易于实际操作和实施。信息集成架构是船舶设备与系统一体化信息集成的核心,通过设计清晰的数据流向和交互方式,能够实现各系统间的有序协作。应采用模块化设计思想,将系统划分为可独立升级、易于替换的模块,提高系统的灵活性和扩展性,降低升级成本。构建统一的数据模型与编码规范,应明确数据结构、属性定义和编码规则,为数据交换提供共同的语言;采用国际通用的数据编码标准,以确保数据的互操作性和全球范围内的兼容性。通信是船舶设备与系统间数据交换的桥梁,如果只是既有设备与系统实现了智能化,而没有解决全船信息互联互通的问题,那么船上将是一个一个的信息孤岛,无法将数据信息进行融合分析,也无法真正发挥数据信息的价值,因此亟须制定或采用国际通用的通信协议,确保数据的高效、可靠传输。

实现全船的数据集成化、各船舶智能设备与系统数据统一化,加速数据存取与流通速度,促进各系统间的顺畅交互与协同工作,可实现对船舶的全面监控与智能化管理,并与岸基实现数据交互[10]。此外,还应升级船舶智能集成平台设备与系统远程访问功能,使得岸基管理人员能够实时了解船舶状态,进行远程监控和指导,进一步提升船舶营运的安全性与效率。

3)加强船岸实时通信和岸基中心建设

从长远来看,现有船舶要想实现智能化运行,船岸实时通信和岸基中心建设也是必不可少的[11]。这项内容虽然与船舶自身的智能化升级改造关系不是很紧密,但是要实现未来船舶的自主航行等功能,却是不可或缺的。在这方面,欧洲的很多企业和机构开展了大量有意义的探索,如欧洲航天局(European Space Agency, ESA)近年牵头完成了甚高频数据交换系统中大部分的卫星部分的技术特性讨论和制定,推动了海事通信技术发展;再如 Rolls-Royce 公司在芬兰的图尔库开设了一所尖端技术研究机构,以开发 Rolls-Royce 及其合作伙伴所需要的自主船舶相关技术,该中心已于 2018 年 1 月 25 日正式启动运行。新的研发中心使 Rolls-Royce 公司及其合作伙伴能够集中力量研发自主船舶,并开发陆基控制中心。

网络安全也是既有船舶设备与系统智能化发展不可忽视的重要一环。由于智能船舶的计算机系统、通信网络和控制系统都高度互联,黑客可能通过攻击这些系统来远程控制船舶,甚至导致船舶碰撞、爆炸沉没等严重后果[11]。因此,加强网络安全防护,防止黑客攻击和数据泄露,是既有船舶设备与系统智能化发展的重要方面。应构建多层次的网络安全防护体系,开展船-岸-港、船-船和船舶内部网络和数据链路抗干扰、防阻断、反窃听等研究,面向船舶智能化管理与控制需求,重点开展数据加密、防篡改、数据恢复等研究,全面提升船岸链路、船舶数据、控制系统的网络和信息安全防护能力,确保船舶安全、可靠、可控。

4)拓展船舶智能设备与系统定制化功能

为全面提升船舶营运效率、安全性和智能化水平,应根据不同类型船舶的营运需求、运行环境以及既有船舶设备与系统的模块化功能,拓展既有船舶设备与系统功能配置,实现由单一功能的智能设备与系统研发向"1 + N + 定制功能"智能应用模式转变,其中"1"代表核心的智能集成平台设备与系统,"N"代表一系列多功能的船舶智能设备与系统,"定制功能"

是根据船舶运营商的运营模式、船舶特性以及特定的营运环境,通过对既有船舶智能设备与系统功能的灵活配置,提供定制化解决方案,以满足船舶在不同场景下的多样化需求,实现更智能、更高效、更安全、更环保的船舶营运。

此外,既有船舶设备与系统的人机交互页面只能承载较少的数据量,为了供船舶操作人员有效参考,应当高效地对数据信息进行处理和筛选。同时,操作人员获得相关信息的效率,取决于人机界面的友好性。鉴于此,船舶设备与系统的操作界面应充分考虑不同的操作场景和不同使用需求,拓展成多模态人机交互模式,船员可在船舶航行时,能够以语音交互、手势交互这种多模态交互模式,完成指令输入,无须人工手动操舵,实现船舶航行智能化交互控制[11]。既有船舶设备与系统智能化是船舶智能设备与系统发展的重要任务之一,应引入先进的信息技术、装备智能化设备、建立数据分析和决策支持系统,实现既有船舶设备与系统的智能化转型,提高航运效率和安全性,降低成本和环境影响,为航运业务的可持续发展和未来科技创新提供更广阔的空间。

9.2 新型船舶智能设备与系统

随着现代信息技术和人工智能等技术在智能船舶领域的不断发展与应用,船舶智能感知系统、智能航行系统、网络与通信系统等关键智能技术将迎来突破性进展。不同类型船舶根据其执行任务不同,可细分出各自的智能系统发展路线,产生专业化、定制化的新型智能系统,船舶设备智能化水平、设备集成化、船岸协同交互程度将进一步提高。在当前航运市场低迷、船舶运力过剩和节能减排限制等现实条件下,开发配套的新型智能设备与系统,是世界各大航运公司未来发展的重点转移方向。

9.2.1 "航行脑"系统

新型的船舶智能设备与系统智能化的核心是使船舶拥有如同人一样的观察、思考和处理问题的能力。参考"人脑"处理事务的模式,智能船舶"航行脑"系统应运而生,代替人脑完成船舶航行的"感知、认知、决策与控制"全过程[12],如图 9-5 所示。

"航行脑"系统需考虑航行环境感知、航行态势认知和航行决策控制 3 方面的内容,即"感知空间""认知空间""决策执行空间"。"感知空间"功能区获取船舶在航环境和船舶自身状态信息,依靠航海雷达、全球定位系统、AIS 等各型传感器进行各类数据的采集。此外,"感知空间"还需具备采集实时气象信息、接收气象预警以及监测船舶结构数据信息能力,以便在极端情况下发出警告信号。"认知空间"功能区从上述信号中抽取、加工与航行相关的要素,利用航行态势分析算法对船舶航行时面临的碰撞风险进行全面描述,并对面临的风险进行等级划分和实时更新;利用船舶驾驶行为学习算法,结合船舶航行态势构建船舶驾驶行为谱,实现船舶在特定条件下的自主航行。在对船舶航行风险进行全面"认知"的基础上,"决策执行空间"功能区利用航行决策算法和船舶航行控制算法,通过控制系统使船舶达到或接近期望状态,并将当前状态反馈给"感知空间"和"认知空间"功能区,进一步修正航行态势和操控模型。

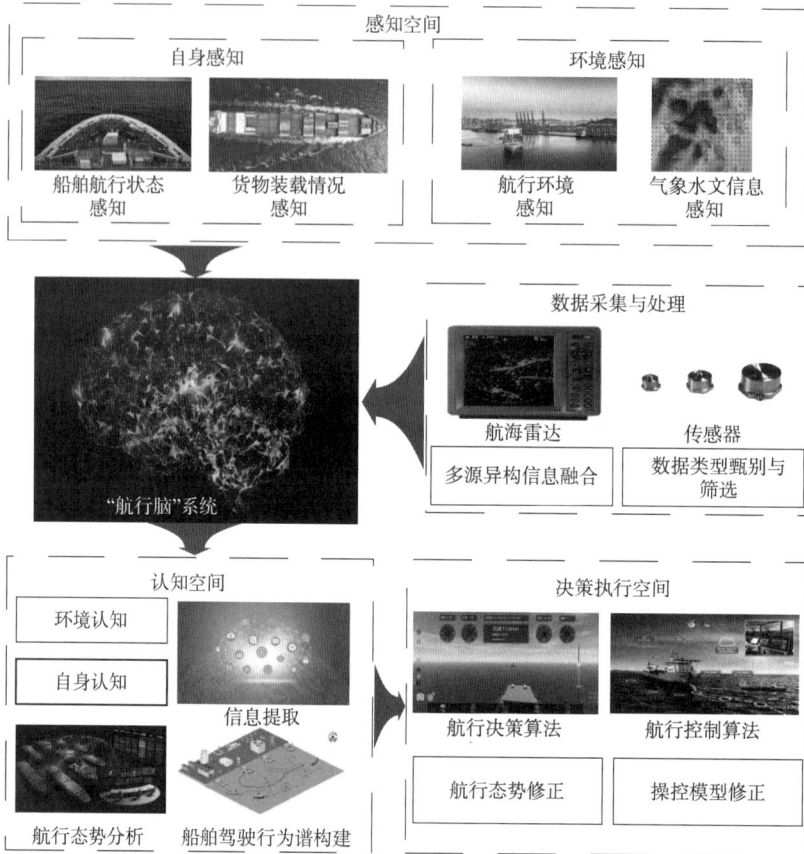

图 9-5 "航行脑"系统结构示意图

"感知空间"通过所辖各型感知设备获取通航环境数据和船舶自身数据。然而,由于感知设备类型多样,即使对于相同的对象,所获取的数据在表现方式上也存在差异。该差异需通过对数据进行深度加工和处理来消除,否则会引起"认知空间"混乱。处理感知空间中的数据,需经过初步甄别、优化等一系列过程,具体包括"航行脑"系统感知体系优化和"航行脑"系统多源异构数据融合、交互两个方面[13]。在"感知空间"对在航环境及驾驶行为进行全面有效感知的基础上,"航行脑"系统、"认知空间"将分别形成瞬时记忆(航行态势建模与航行状态辨识)和长时记忆(建立智能船舶驾驶行为谱)。"认知空间"利用"感知空间"不断反馈的信息对航行态势及船舶自身状态进行实时更新,这些更新将会不断影响航行决策的制订。"航行脑"系统的智能控制以航行决策为基础。"航行脑"系统的研发包括以下内容:

(1)多源异构传感器信息的数据融合处理及全息平行感知空间的建立。在计算机系统中进行空间重构是态势认知和决策的基础,将多源异构信息整合成一个完整的平行空间,解决多传感器带来的信息不确定性问题。

(2)对航行风险态势及其演变进行准确评估和描述,为船舶在"决策执行空间"安全驾驶提供依据。

（3）船舶智能航行的驾驶行为谱描述机制、建模和生成机理，即在学习样本较少的情况下建立驾驶行为谱的描述机制。

（4）船舶智能航行的复杂场景、多因素自主避障控制。深入掌握船舶航行控制中受到的复杂海况、不同种类碍航物及有限动力能源等约束，揭示航行环境干扰因素、能效约束等对控制性能的影响，提出合适的自适应切换控制方法。

9.2.2　船舶自动系泊设备

传统的船舶系泊方式是用钢丝或尼龙缆绳将船舶固定在码头上，系泊作业时需要一定数量的带缆工人或带缆艇。这种依靠系缆工人的传统系泊方式，工作效率低，工作环境差，作业困难，存在脱缆、断缆等安全隐患。自动系泊技术的应用将极大地改善码头工人带缆、系缆的工作强度，解放生产力，让航运全程自动化的步伐再次向前迈进一步。自动系泊是船舶完成自动靠泊控制后的重要步骤，图 9-6 中船舶系泊 3D 模型展示了一艘船只在港口水域中的位置及导航信息，通过 3D 图形模拟船舶的操作界面和环境，为自动系泊技术的研究和应用提供了直观的可视化支持。

船舶自动系泊设备利用真空和液压技术取消对系泊缆绳的需求，从而提高靠泊效率。在船长将船舷与码头平行对齐后，由拖轮将其推到防撞垫上。船舶因防撞垫的作用而反弹，此时自动系泊设备启动。大型真空垫附着在船体上，通过按下驾驶台上的按钮，或码头上的遥控器令其启动并接合。连接上真空垫后的 10～20s 可实现真空和完成船舶与系统的连接操作，大大减少了船舶系泊作业所需的时间。如图 9-7 所示，瑞典特瑞堡公司研发的 Auto-Moor 系泊设备采用真空技术和被动阻尼技术，可在 1min 内固定船舶，在 30s 内脱放船舶。AutoMoor 使用 SmartPort 技术连接并监视泊位上的所有系泊负载，它还向操作员提供实时数据，以优化日常港口和码头运营。目前该系统已在澳大利亚墨尔本港成功试验[14]。

图 9-6　船舶系泊 3D 模型　　　　图 9-7　特瑞堡无绳自动系泊设备

船舶自动系泊设备可按真空垫布设位置分为岸端布置和船端布置两种形式。

（1）岸端布置：真空垫系统及其液压装置被安装在码头上，此种形式不需要对船舶进行额外的改造，只需要保障有稳定的电力供应和安全的地基。岸端布置最大的优势是，液压系统能最大限度地发挥其能力，系泊系统的动态跟随性能良好，并能使真空垫沿垂直、对角线和水平方向移动。因此，岸端布置可用于潮汐运动较大和天气较为恶劣的港口。

（2）船端布置：在船端布设真空垫的优势是，只需提供一个稳定的地基和一块大钢板供船上的真空垫吸附，即可在没有布置所需基础设施（稳定供电）港口的岸端完成船舶系泊。

9.2.3　自主式能源系统

　　船舶自主式能源系统通过模块化设计实现多种能源的自主获取、存储与优化管理,确保能源供给的可靠性和自主性。如图9-8所示,该系统主要由能源捕获模块、储能模块和智能能源管理模块组成。船舶自主式能源系统通过柴油(LNG、甲醇、氨)发电机组,储能装置以及风、光、波浪能捕获模块为主电网提供持续电能。自然禀赋能源优先为船舶动力提供能源,多余电能进行电解水制氢,生成的氢气经燃料电池转化为电能后再次注入主电网。在船舶运行过程中,储能模块通过锂电池或超级电容器平衡电网的波动,为系统提供高效的短时能量补充。智能能源管理模块实时监控并优化能源分配与调度,动态调整各模块运行状态,确保全船动力系统稳定和高效,同时实现船舶能源的自洽。

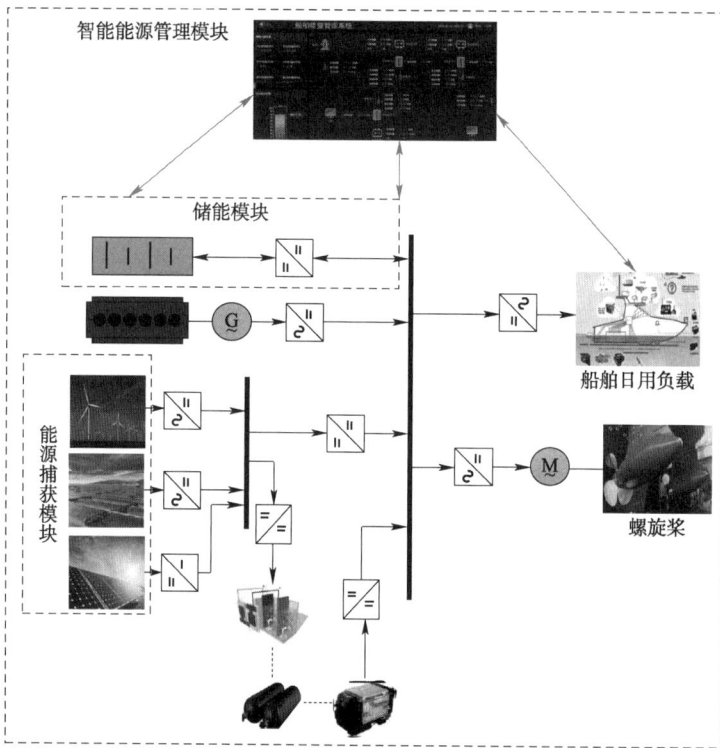

图9-8　船舶自主式能源系统

1)能源捕获模块

　　能源捕获模块负责获取并转化可再生能源,成为船舶自主能源系统的核心动力来源。模块主要包括太阳能光伏板、风力发电机和波浪能转换装置:太阳能光伏板通过光电转化技术将太阳辐射高效转化为电能,适用于晴天或光照充足的条件下持续发电;风力发电机通过捕获空气动力为船舶提供电能,尤其在远洋航行中风力资源丰富的环境下具有较高的发电效率;波浪能转换装置利用海洋波浪的动能,经由机械振动或液压系统将动能转化为电能,为船舶提供额外动力来源。

　　上述能源均通过并网设备接入船舶主电网。多余的电能在满足当前负载需求后,优先储存于储能设备中,剩余的用于电解水制氢。电解过程中,系统将水分解为氢气与氧气,所生成的氢气进一步存储于储氢罐中,为燃料电池提供后续电力支持。这种设计使得系统最大程度地利用了间歇性可再生能源的冗余电力,提高了系统的自洽率。

2)储能模块

储能模块的核心功能是调节能源供需不平衡,维持能源系统的稳定运行。模块包括锂离子电池和超级电容器。锂离子电池因其高能量密度与较长的使用寿命,能够高效存储能源并在负载需求高峰时释放电能,满足船舶运行的持续性需求。超级电容器凭借其快速充放电能力,用于短时能量补充以及系统瞬时稳定。储能模块主要用于存储可再生能源未被并网直接利用的部分电力,以及为船舶的瞬时高功率需求提供备用支持。

3)智能能源管理模块

智能能源管理模块作为系统的"大脑",通过实时监测、数据分析与智能算法实现全系统的优化调控与动态管理。其核心功能包括:①实时监测与数据采集,采集能源捕获模块(风、光、波)的发电数据、储能模块电量状态及船舶实时负载需求。②能源分配与调度优化,在优先满足船舶负载需求的前提下,将风光波等并网能源的多余部分优先储存并用于电解水制氢,同时动态调整储能模块的充放电状态,确保主电网稳定运行。③制氢与燃料电池协同优化,系统通过预测航行路径、天气条件及能源供需情况,决定何时启动制氢设备。所生成的氢气在负载需求高峰期由燃料电池转化为电能,再次注入主电网,为船舶提供清洁且高效的动力支持。④全局预测与动态调整,智能模块基于实时采集的能耗数据及外部预测条件(如天气变化),优化各能源模块的运行优先级,确保能源利用效率的最大化,同时降低对化石燃料的依赖。

9.2.4 智能充换电系统

电动船具有零排放、低噪声和易操控等优点,是构建绿色低碳运输体系的重要途径。船舶智能充换电系统作为一种新业态仍处于探索阶段,其在解决船舶高效、环保营运方面具有巨大潜力,已得到了政策和市场的重视。虽然当前在技术、成本、管理、商业模式等方面还存在不小挑战,但随着技术和市场的逐渐成熟都有望逐一解决。目前主要有两种智能充换电系统形式:集装箱式动力电池单元智能换电系统和岸基式智能充电系统。

集装箱式动力电池单元智能换电系统指电动船在换电站采用直接更换集装箱式电池组来实现快速补充电能的方式,可以有效缓解"里程焦虑",减少初始造船投资,实现高效营运。当前由于技术、成本、市场等原因,行业发展还面临不少挑战,亟须加强政策引导、技术研发和市场推广,加快实现行业的可持续、高质量发展。图9-9为中国船舶上海船舶研究设计院牵头发布的模块化船舶电源系统标准化产品——集装箱式动力电池单元。

岸基式智能充电系统采用先进的技术,通过与船舶进行智能连接,使充电过程数据化、自动化,如图9-10所示。基于充电设备信息和充电需求,岸基式智能充电系统能够准确计算出最适宜的充电电压和电流,确保充电过程的安全性和高效性。同时,岸基式智能充电系统还具备智能管理功能,可以进行充电预约、充电档案管理等操作,为用户提供更加便捷的充电体验。

a) 电动船舶   b) 动力电池

图 9-9 集装箱式动力电池单元

图 9-10 岸基式智能充电系统

岸基式智能充电系统具有一系列显著的优势。首先,它能够提供更快速的充电速度。岸基式智能充电系统能够根据船舶的需求,优化充电电压和电流,大大缩短充电时间。相比传统的充电方式,岸基式智能充电系统能够有效提高船舶的使用效率。其次,岸基式智能充电系统还能够实现充电过程的安全监控。系统内置多重安全保护机制,能够即时对充电过程中的异常情况作出响应,确保充电过程的安全性。

9.2.5 船舶新型智能运维设备与系统

船舶运维设备与系统的发展趋势是朝向更高的小型化和集成化方向发展,主要是为了优化空间使用和提高数据采集的效率。新型智能运维设备与系统通过集成多种信号获取功能,能够更全面地监控和分析船舶的运行状态,从而提高维护的预见性和减少不必要的维护成本。

1) 集成化信号采集设备

集成化信号采集设备的设计允许同时监测多种关键的船舶性能指标,如轴系扭矩、扭转振动、纵向振动和轴系转速。这种一体化的设备不仅节省了空间,也简化了数据采集和处理流程。通过实时监控这些参数,船舶管理团队能够迅速响应各种机械和结构问题,优化维护和修理计划,以确保船舶的长期稳定运行。图 9-11 所示的船舶轴系多信号采集系统,就能实现多种信号的一起采集。

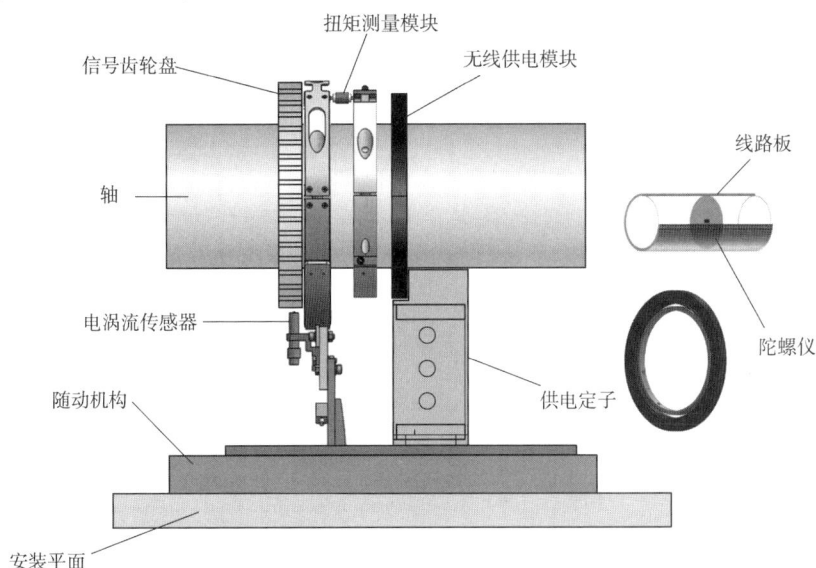

图 9-11　船舶轴系多信号集成采集系统示意

2)旋转轴系信号采集系统的供电解决方案

传统的电池供电方法虽然在初期安装和维护上较为简便,但其持续工作时间有限,常常无法满足长时间连续监控的需求。如轴系扭矩信号的连续采集只能坚持 10d 左右,因此需要开发无线感应供电装置,如图 9-12 所示。感应供电系统由动环与静环两部分组成。动环部分由接收线圈、接收模块和安装环三部分组成,成为一体。其能够实现短距离(1~100cm)耦合电能传输。静环部分由发射模块、发射线圈及安装环三部分组成,成为一体。旋转轴系信号采集系统采用国际通用全范围交流输入,具有外壳接地保护、短路保护、限流保护、过热保护等安全措施,并通过自然冷却方式进行散热。

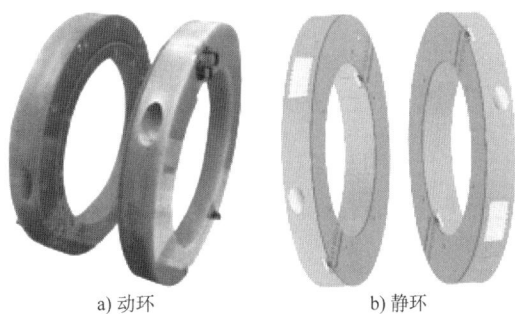

a) 动环　　　b) 静环

图 9-12　感应供电装置动环和静环结构示例

3)基于数字孪生体的智能诊断系统

数字孪生技术是近年来快速发展的一个领域,它通过创建物理实体的孪生体来模拟、预测和优化系统性能。在船舶智能运维中,基于数字孪生体的系统能够通过仿真模型与实际数据的结合,更准确地预测和诊断潜在的故障。图 9-13 所示是基于状态判断的数字孪生体组成。

通过建立判据知识库,这些系统可以存储历史和实时数据,对数据进行分析,生成操作建议,并通过实时更新和反馈机制持续优化模型。此外,对模型和数据处理方法的持续验证确保了系统的可靠性和准确性,为船舶运维人员提供了强大的决策支持工具。

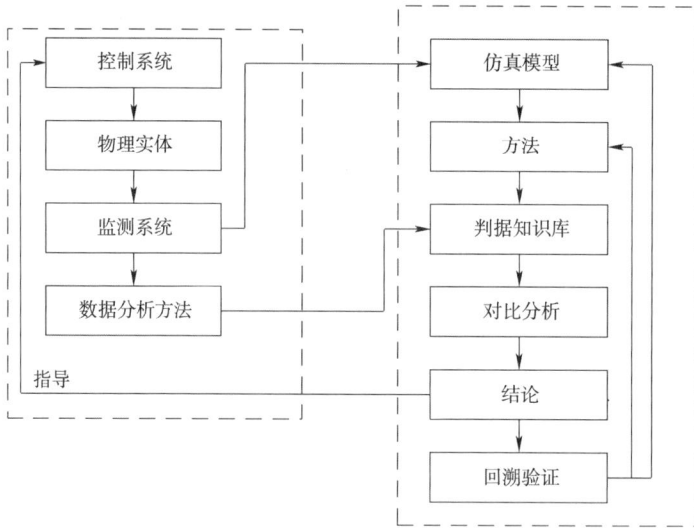

图 9-13　基于状态判断的数字孪生体组成

→ 9.3　人员岗位替代的船舶智能系统

随着船舶智能化技术的快速发展,船舶操作和管理中许多传统的人工岗位正逐步被智能系统替代。以船舶智能系统替代人员岗位不仅能够显著提高船舶营运效率,还能够有效降低营运成本和人力成本,同时增强船舶的安全性和环保性,是未来船舶智能设备与系统发展的重要方向[15]。

9.3.1　自主决策系统

在传统的船舶航行过程中,船员尤其是船长和大副,需要基于经验和实时数据果断作出航行决策,如规避障碍、调整航线、应对突发状况等。自主决策系统的出现正是为了解决这些复杂的决策问题,利用人工智能算法、数据分析和自动化工具来代替人工决策,从而避免经验不足导致的决策失误,提升航行的安全性和精确性。自主决策系统的核心功能主要包括航线规划决策和动态避碰决策。

(1)航线规划决策:自主决策系统能够综合分析海图、船位、航速、气象、海况等多方面数据生成最优航线,确保航行的经济性、安全性和效率。航线规划决策功能的实现依赖于路径优化算法、实时数据更新及深度学习技术的协同运作,如图 9-14 所示。自主决策系统首先通过传统路径优化算法生成全局航线,确保路径在距离和时间上的初步优化。同时,通过AIS、GPS、雷达等设备,系统可获取实时海况、气象及潮汐信息,为深度学习模型提供实时的航行数据。而深度学习模型利用大量历史航行数据进行训练,使系统能够在全局航线的基础上基于实时海况信息动态优化,预测并规避潜在的风险或障碍,生成一个随时调整的"智能"航线,从而最大限度确保船舶航行的安全性和经济性。

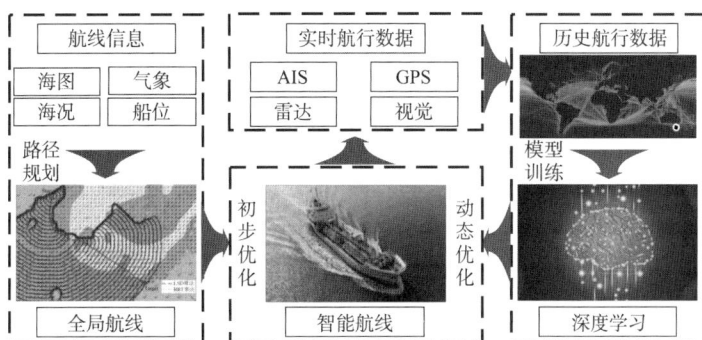

图 9-14 航线规划决策

（2）动态避碰决策：自主决策系统通过人工智能算法，集成多传感器信息，可实现在繁忙航道或复杂环境下的实时动态避碰，大幅提升航行安全性。动态避碰决策功能依赖多传感器信息融合、路径预测及智能决策模型的协同运作。首先，系统通过雷达、AIS、激光雷达和摄像头等多传感器数据融合，实时监测周围环境，精确识别邻近船只及障碍物。基于融合数据，系统利用卡尔曼滤波或神经网络模型预测目标轨迹，预测潜在碰撞风险。最后，通过博弈论或深度强化学习实现动态避碰决策，计算各路径的安全性并选择最佳航向。

9.3.2 虚拟船桥系统

虚拟船桥系统是实现岸基远程航行控制的核心，它将船舶的操作和决策从船上转移到岸基中心。虚拟船桥系统通过虚拟现实（VR）和增强现实（AR）技术，结合船舶传感器和实时数据，将船舶的运行状态完整地呈现在岸基操作员面前，使得他们能够实时掌控船舶的一切操作。系统的核心功能包括虚拟船桥空间、实时远程操控与辅助决策支持[16]。

（1）虚拟船桥空间：虚拟船桥系统通过构建高度还原的虚拟船桥空间，使岸基操作人员仿佛置身于实际船桥之上。虚拟船桥系统可通过 VR、AR 及多屏显示技术模拟真实船桥环境，如图 9-15 所示，让远程操作人员可获得船舶航行、环境感知、设备状态等实时信息。虚拟船桥空间通过船舶搭载的传感器和摄像头等获得的信息实时重构船舶周围环境，并集成关键的控制系统和显示设备，使操作人员能够从各个视角观察船舶状况，做到远程"沉浸式"监控。结合高精度数据传输和 5G 通信，虚拟船桥空间可实现无缝、清晰的实时船舶环境呈现。

（2）实时远程操控：虚拟船桥系统的核心功能之一是通过远程操控实现对船舶的高效、安全管理。岸基远程操控人员可通过虚拟船桥空间控制船舶的航向、航速等关键参数。系统利用 5G 通信、卫星数据传输及低延迟网络技术，以确保控制指令能够实时传达至船舶，保障操作的即时性和精准性。这使得岸基操作员可在突发状况中迅速接管操控，保障船舶在复杂或危险环境下的航行安全。

（3）辅助决策支持：虚拟船桥系统依托人工智能、大数据分析和环境模拟，为岸基操作人员提供更加智能、高效的决策支持。系统集成气象、海况、船位等多维动态信息，利用大数据分析识别航行中的潜在风险，并通过人工智能生成最优航线、避碰策略等方案。特别是在复杂水域或恶劣天气条件下,系统可以快速分析环境,为操作人员提供及时的操作建议。遇突发情况时,系统能够实时模拟多种应对方案,帮助操作人员高效筛选最佳决策,从而显著提高操作的科学性和反应速度,确保船舶的安全性和营运经济性。

图 9-15　虚拟船桥系统示意图

9.3.3　船舶智能作业机器人

目前远洋航运业深陷传统运维模式的泥沼,面临着人力成本高、船员上船热情不高、船舶作业危险的情况,既掣肘运营效率,又难以适配船舶智能化的发展。船舶智能作业机器人系统旨在革新传统远洋船运维模式,构建模拟船员分工的机器人体系,并利用具身智能技术实现船舶设备监测、自主作业、精准调度等[16]。同时,系统重塑远洋货船布局,优化冗余的人居区域,增设轨道网细密覆盖船舶关键位点并搭载智能下轨避障机制,实现船舶结构与机器人系统的共同进化。

(1)机器人船员体系:在传统远洋船的运营体系里,船员架构精密且分工井然有序,各个部门与岗位肩负着专属职责,形成环环相扣的协作链条。甲板部船员专注于船舶航行操控、瞭望以及货物装卸作业;轮机部则全力保障船舶动力系统平稳运行与日常机械维护;还有负责船上生活物资管理、船员健康照料等事务的事务部,不同工种的船员共同维系着整艘船的正常运转。船舶智能作业机器人系统参照远洋货船船员体系,构建以船舶作业机器人与船舶运维机器人为核心的机器人船员体系,如图 9-16 所示。船舶作业机器人主要替代甲板部的作业任务,包含轻载甲板作业机器人、重载多功能作业机器人与专业机器人等。其中,轻载甲板作业机器人实现船舶较为简单的瞭望与甲板巡检工作;重载多功能作业机器人凭借高精度多自由度机械臂与多功能工具模块,应对船舶多种繁重精细的工作,如集装箱紧固、抛缆、喷漆等;专业机器人集成了先进的自适应力反馈控制系统,能够在船舶高动态场景下,应对不同类型船舶所需的清舱、吊装等特殊任务。船舶运维机器人主要替代轮机部与事务部的作业任务,包含机舱巡检机器人与监测机器人等。其中,机舱巡检机器人完成事务部的日常巡检职能,利用自主导航技术,定时穿梭于船舶各个角落,通过视觉摄像头、红外相机、超声波探测器等多种类型的传感器,监测船体结构完整性与货物状态;监测机器人实时完成舱内设备与结构的作业数据采集,利用数据分析与故障诊断等手段排查潜在船舶安全隐患。机器人船员体系能全方位覆盖传统船员的各项工作,开启远洋航运自动化作业与运维新时代。

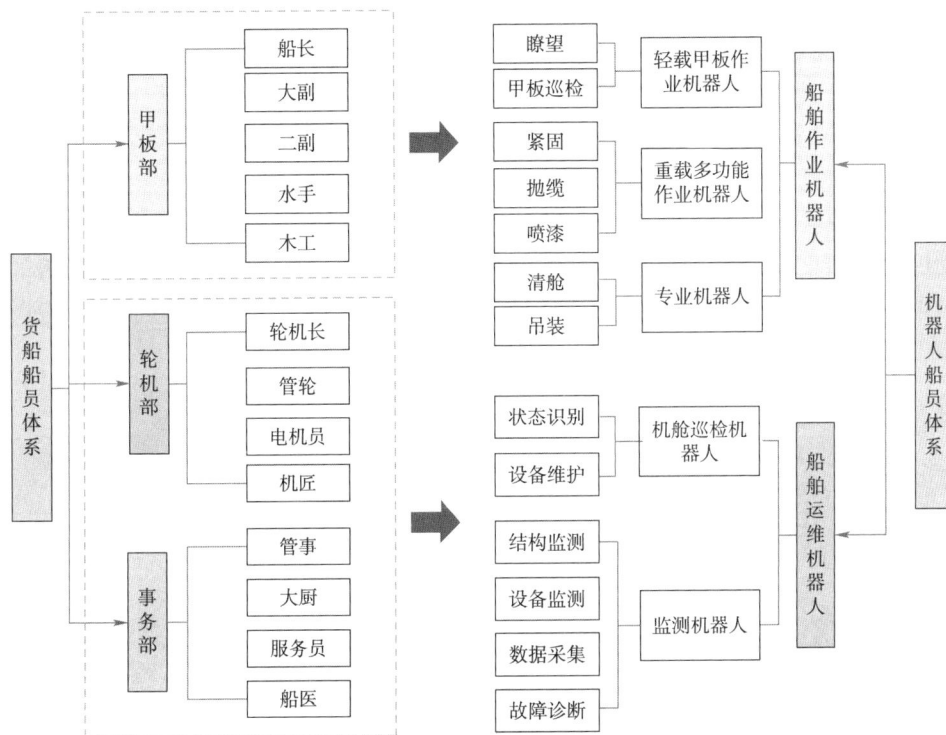

图9-16 机器人船员体系构成

(2)船舶作业机器人的具身智能技术:利用具身智能技术,船舶作业机器人能够通过与环境的实时交互,动态感知和理解复杂作业场景,从而优化其决策和执行能力。如智能清舱机器人通过搭载的激光雷达、3D 摄像头等传感器获取船舶高精度三维地图,以适应不同尺寸、结构的船舱环境,结合具身智能技术,不断优化其行为策略,自主规划最优清舱路径。对于较为复杂的舱室结构,则可采用多机-分区模式,确保清舱全面无遗漏。具身智能技术能模拟人机协同模式,实现拟人化作业调度,提高作业的灵活性和安全性,实现从清舱到检测、维护的全流程自动化,大幅提升作业效率和安全性。通过大数据和人工智能技术,实现清舱作业的智能调度与优化,降低运营成本。具身智能技术将与物联网、5G通信、区块链等技术深度融合,构建机-岸协同下的智能化散货船清舱生态系统。同时,为实现船舶结构与机器人系统的共同进化,系统优化船舶空间与轨道布局。摒弃传统船员起居区域,搭建高效轨道布局体系,为机器人运输规划最优路径,极大提升作业效率。轨道网络全面覆盖船舶关键作业区域,塑造高效精准的"物流"运转体系。此外,充分考量时空特性,巧妙设置轨机构避障机制,全方位保障运输过程流畅无阻,切实增强整个体系的运行可靠性。

9.3.4 船舶智能运维机器人

(1)机舱巡检机器人:随着智能监测与移动技术的不断成熟,智能巡检系统应用领域越来越广,利用船舶巡检机器人替代传统的人工巡检,降低船员的工作强度,提高船舶管路系统故障识别率,也为自动驾驶船舶的巡检问题提供了解决方案。如图 9-17 所示,船舶机舱安装有大量设备,包括柴油机、生活污水处理装置、油水分离器、淡水压力柜、压载水泵、燃油供给泵、中央冷却水装置等,大多由管道连接,此外还有复杂的管道系统[17]。巡检机器人在已知全局环境信息的基础上,利用智能规划算法得到满足由巡检起始点到目标点的安全无碰撞路径。船舶机舱设备繁多,对船舶设备进行故障诊断尤其重要。船舶机舱巡检机器人在移动过程中,通过摄像头对机舱设备进行图像信息采集,利用图像识别算法对拍摄的照片进行处理和分析,并将结果反馈给系统。例如,在识别出机舱管路系统法兰滴漏时,应向上位机发出报警,提醒船员进行检修。

a) 导轨移动巡检机器人   b) 行走巡检机器人

图 9-17 巡检机器人

(2)机舱维修作业机器人:在巡检机器人发现设备故障时,需要尽快消除设备隐患。机舱维修作业机器人是一种专门用于船舶设备执行操作、维修、检修等作业任务的智能机器人系统。它的目标是提高船舶设备维修作业效率,减少人工操作风险,尤其是在船舶环境复杂、危险性高的情况下,替代或辅助船员进行设备检查、故障诊断、维修和应急响应等任务。机舱维修机器人配备各种传感器和工具,与机舱内的设备进行交互,执行必要的维修和维护任务。例如,机器人可使用机械臂来拧紧松动螺栓、更换损坏部件、进行设备清洁、处理泄漏、焊接破损等问题,如图 9-18 所示。机器人搭载维修作业模板,根据自主决策指示,选择合适的维修工具进行操作。机舱维修机器人配备无线通信系统,能够将实时采集到的数据通过网络传输至船舶控制中心或远程监控平台。通过这一系统,船员或操作员可以随时查看机器人正在执行的任务、监测机舱设备的状态,并在需要时进行远程操作,优化维修流程。在机器人执行维修任务时,控制中心还能够接收到实时报警和故障诊断报告,及时发现潜在问题。通过这种远程监控与操作功能,不仅能够提高机舱维护效率,还能减少船员在危险环境下的操作风险,确保船舶安全营运。

a) 巡视作业机器人

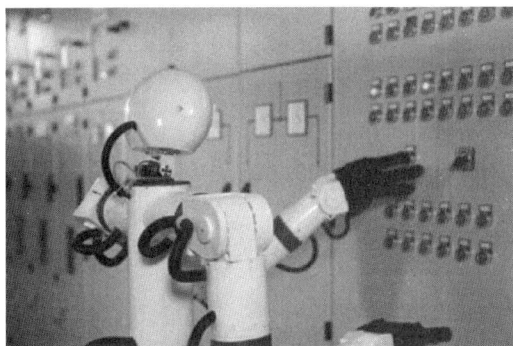

b) 人形作业机器人

图9-18　维修作业机器人

→ 思政课堂

驭浪智行:中国方案重构科考范式

全球首艘智能无人系统科考母船"珠海云"号,为传统海洋观测模式带来了革命性改变。其甲板可搭载数十台配置不同的空、海、潜无人系统装备,在目标海区批量化布放,进行面向任务的自适应组网,获取实时立体海洋观测数据,其数据可应用于海上风电场维护、海底电缆维护等多个场景。"珠海云"号承载了科研人员向大海求索、步入深蓝的担当与使命。未来,"珠海云"号也将着力抢占国际海洋高端装备制造制高点,成为引领海洋潮流、服务海洋强国战略、促进社会经济发展的重要平台。这背后,是国家推动海洋工程装备智能化战略的具体体现。

随后,"同济"号的成功交付,为中国海洋调查船队开启了"智能化"的新篇章。"同济"号是中国首艘按照"智能船舶"规范设计的海洋综合科考船,具备开阔水域自主航行、航线自主规划、辅助靠离泊等功能,可实现远程遥控驾驶,船上集成了船舶能效监测和设备故障诊断等智能化管理系统。这些功能不仅能显著减轻船员负担,提高航行安全和效率,更为未来实现更高程度的自主化乃至无人化科考作业进行了技术探索和实践验证。

中国智能船舶的发展,始于设备升级的精度锻造,成于系统攻坚的突破,终于人机协同的重构。这一发展的本质是青年工程师们突破自我的过程,既践行了习近平总书记"新时代中国青年要勇做走在时代前列的奋进者、开拓者、奉献者,毫不畏惧面对一切艰难险阻,在劈波斩浪中开拓前进,在披荆斩棘中开辟天地,在攻坚克难中创造业绩,用青春和汗水创造出让世界刮目相看的新奇迹!"[1]的嘱托,也彰显了时代赋予新一代的历史机遇。

(部分内容参考大语言模型"豆包"相关检索结果)

---

[1]　出自《人民日报》(2019年05月01日02版)。

→ 本章思考题

（1）船舶智能设备与系统当前面临的主要技术挑战有哪些？分析这些挑战的成因，并讨论船舶智能设备与系统的未来发展方向及其潜在的突破点。

（2）船岸实时通信和岸基中心建设在实现船舶智能化运行中扮演了什么角色？讨论其在数据交互、运行支持和航行安全中的重要性及应用前景。

（3）既有船舶设备与系统的智能化升级对航运业务的可持续发展有何影响？分析其对未来科技创新的推动作用。

（4）未来可能有哪些能够替代人员岗位的船舶智能设备与系统产品？讨论这些产品的功能特点及其对航运行业劳动结构的潜在影响。

（5）未来船舶智能运维设备与系统在自动驾驶船舶中的应用前景如何？分析其在实际应用中需要克服的关键技术难题，并讨论可能的解决方案。

（6）机舱维修机器人在执行维修任务时如何与船舶智能设备与系统进行交互？描述其使用的技术手段、核心工具及其在实际任务中的应用效果。

→ 本章参考文献

[1] 严新平,刘佳仑,胡欣珏,等.新一代航运系统的未来船舶技术展望[J].船海工程,2024,53(5):1-4.

[2] 杨帆,刘佳仑,于淳,等.虚实融合的船舶智能航行测试技术[J].中国航海,2022,45(3):113-122.

[3] ALQURASHI F S,TRICHILII A,SAEED N,et al. Maritime communications:a survey on ena-bling technologies,opportunities,and challenges[J]. IEEE Internet of Things Journal,2023,10(4):3525-3547.

[4] YAN R,YANG D,WANG T Y. Improving ship energy efficiency:Models,methods,and appli-cations[J]. Applied Energy,2024(368):123132.

[5] IRAKLIS L,DIKIS K,MICHALA A L,et al. Advanced ship systems condition monitoring for enhanced inspection,maintenance and decision making in ship operations[J]. Transportation Research Procedia,2016(14):1679-1688.

[6] 卢明剑,董胜节,严新平,等.船舶碳捕集、利用与封存技术综述[J].交通运输工程学报,2024,24(2):1-19.

[7] 汪洋,叶挺,李廷文,等.自主船舶航行系统信息空间安全:挑战与探索[J].华中科技大学学报(自然科学版),2023,51(2):64-76.

[8] 胡钊政,左洁,孟杰,等.船检机器人技术研究现状与发展趋势[J].船舶工程,2023,45

（4）:4-15.

［9］ HINOSTROZA M A，LEKKAS A M. Temporal mission planning for autonomous ships：Design and integration with guidance，navigation and control［J］. Ocean Engineering，2024 （297）:117104.

［10］ SMOLENSKI R，BENYSEK G，MALINOWSKI M，et al. Ship-to-Shore Versus Shore-to-Ship Synchronization Strategy［J］. IEEE Transactions on Energy Conversion，2018，33（4）: 1787-1796.

［11］ ASHRA I，PARK Y，HUR S，et al. A Survey on Cyber Security Threats in IoT-Enabled Maritime Industry［J］. IEEE Transactions on Intelligent Transportation Systems，2023，24（2）: 2677-2690.

［12］ 严新平，吴超，马枫. 面向智能航行的货船"航行脑"概念设计［J］. 中国航海，2017，40 （4）:95-98.

［13］ 严新平，马枫，初秀民，等. 长江船舶交通流实时采集关键技术研究［J］. 中国航海， 2010，33（2）:40-45.

［14］ 特瑞堡公司. 智能无绳自动系泊解决方案——AutoMoor［EB/OL］.（2018-01-08）［2025-01-08］. https://www. trelleborg. cn/zh-cn/media/products-and-solutions-news/2018/auto-moor

［15］ 严新平，刘佳仑，胡欣珏，等. 新一代航运系统的未来船舶技术展望［J］. 船海工程， 2024，53（5）:1-4.

［16］ 王远渊，刘佳仑，马枫，等. 智能船舶远程驾驶控制技术研究现状与趋势［J］. 中国舰船 研究，2021，16（1）:18-31.

［17］ 胡钊政，左洁，孟杰，等. 船检机器人技术研究现状与发展趋势［J］. 船舶工程，2023，45 （4）:4-15.

附录1

船舶智能设备与系统名词术语

中文名词术语	英文全称	英文简称
高级自主驾驶船舶应用开发计划	Advanced Autonomous Waterborne Applications	AAWA
高级操纵辅助系统	Advanced Maneuvering Assistant System	AMAS
蚁群算法	Ant Colony Optimization	ACO
人工势场法	Artificial Potential Field	APF
增强现实	Augmented Reality	AR
船舶自动识别系统	Automatic Identification System	AIS
碳捕捉与封存	Carbon Capture and Storage	CCS
碳捕捉、利用与封存	Carbon Capture, Utilization and Storage	CCUS
碳强度指标	Carbon Intensity Indicator	CII
中央处理单元	Central Processing Unit	CPU
中国船级社	China Classification Society	CCS
闭路电视监控系统	Closed Circuit Television	CCTV
视情维护	Condition Based Maintenance	CBM
状态监测系统	Condition Monitoring System	CMS
有条件自主	Conditional Automation	CA
控制器局域网	Controller Area Network	CAN
卷积神经网络	Convolutional Neural Network	CNN
数据挖掘	Data Mining	DM
深度确定性策略梯度	Deep Deterministic Policy Gradient	DDPG
深度Q网络	Deep Q-Network	DQN

中文名词术语	英文全称	英文简称
深度强化学习	Deep Reinforcement Learning	DRL
证据理论	Dempster-Shafer	D-S
挪威船级社	Det Norske Veritas	DNV
端到端	Device-to-Device	D2D
差分全球定位系统	Differential Global Positioning System	DGPS
数字化营运支持系统	Digital Operation Support System	DOSS
特定领域架构	Domain-Specific Architecture	DSA
辅助决策	Driving Assistant	DA
电子航海	e-Navigation	—
电子海图显示与信息系统	Electronic Chart Display and Information System	ECDIS
船舶能效营运指数	Energy Efficiency Operational Indicator	EEOI
欧洲航天局	European Space Agency	ESA
现场可编程门阵列	Field-Programmable Gate Array	FPGA
完全自主	Full Automation	FA
遗传算法	General Availability	GA
全球导航卫星系统	Global Navigation Satellite System	GNSS
全球定位系统	Global Positioning System	GPS
全球海上遇险与安全系统	Global Maritime Distress and Safety System	GMDSS
高度自主	High Automation	HA
超文本标记语言	Hypertext Markup Language	HTML
现代智能导航辅助系统	Hyundai Intelligent Navigation Assistant System	HINAS
惯性测量单元	Inertial Measurement Unit	IMU
自动辅助泊船系统	Integrated Assisted Docking	IAD
国际海事组织	International Maritime Organization	IMO
国际标准化组织	International Organization for Standardization	ISO
IP 地址	Internet Protocol Address	IP
韩国智能航行船项目	Korea Autonomous Surface Ship	KASS
—	Kullback-Leibler	KL
视线法	Line of Sight	LOS
液化天然气	Liquefied Natural Gas	LNG
液化石油气	Liquefied Petroleum Gas	LPG
劳氏船级社	Lloyd's Register of Shipping	LR
长期演进	Long Term Evolution	LTE
低密度奇偶校验码	Low Density Parity Check Code	LDPC

中文名词术语	英文全称	英文简称
—	Marine Maneuvering Game	MMG
海上自主水面船舶	Maritime Autonomous Surface Ships	MASS
海上安全委员会	Maritime Safety Committee	MSC
海上无人导航系统项目	Maritime Unmanned Navigation Through Intelligence in Networks	MUNIN
媒体存取控制位址	Media Access Control Address	MAC
模型预测控制	Model Predictive Control	MPC
单乙醇胺	Monoethanolamine	MEA
融合多输入多输出	Multi-Input Multi-Output	MIMO
网络地址变换	Network Address Translation	NAT
无人值守船舶计划	No Manned Autonomous Response System	NOMARS
船载碳捕捉系统	Onboard Carbon Capture System	OCCS
部分自主	Partial Automation	PA
粒子群算法	Particle Swarm Optimization	PSO
预测和健康管理	Prognostics and Health Management	PHM
可编程逻辑控制器	Programmable Logic Controller	PLC
比例-积分-微分	Proportion Integration Differentiation	PID
快速扩展随机树	Rapidly Exploring Random Tree	RRT
—	Rivest-Shamir-Adleman	RSA
机器人操作系统	Robot Operating System	ROS
—	Samsung Autonomous Ship	SAS
自组织时分多址	Self Organised Time Division Multiple Access	SO-TDMA
同时定位与地图构建	Simultaneous Localization and Mapping	SLAM
单次多框检测器	Single ShotMultiBox Detector	SSD
智能全景边缘摄像系统	Smart Panoramic Edge Camera System	S. P. E. C. S
结构化查询语言	Structured Query Language	SQL
超宽带	Ultra Wide Band	UWB
超密集网络	Ultra-Dense Network	UDN
甚高频	Very High Frequency	VHF
甚小口径卫星终端站	Very Small Aperture Terminal	VSAT
船舶门户服务系统	Vessel Portal Service	VPS
船舶交通管理系统	Vessel Traffic System	VTS
虚拟局域网	Virtual Local Area Network	VLAN
虚拟现实	Virtual Reality	VR

附录2

船舶智能设备与系统标准规范法规

序号	标准类别	标准号	标准名称
1	国际标准	ISO 22472：2016	Ships and marine technology-Guidelines for the operation and installation of voyage data recorder（VDR）
2	国际标准	IEC 62729：2012	Maritime navigation and radiocommunication equipment and systems-Shipborne equipment for long-range identification and tracking（LRIT）-Performance requirements
3	国际标准	IEC 62065：2014	Maritime navigation and radiocommunication equipment and systems-Track control systems-Operational and performance requirements, methods of testing and required test results
4	国际标准	IEC 61924-2：2012	Maritime navigation and radiocommunication equipment and systems-Integrated navigation systems-Part 2：Modular structure for INS-Operational and performance requirements, methods of testing and required test results
5	国际标准	IEC 61174：2015	Maritime navigation and radiocommunication equipment and systems Electronic chart display and information system（ECDIS）-Operational and performance requirements, methods of testing and required test results
6	国际标准	IEC 62388：2013	Maritime navigation and radiocommunication equipment and systems-Shipborne radar-Performance requirements, methods of testing and required test results
7	国际标准	EN 60872-1：1998	Maritime navigation and radiocommunication equipment and systems-Radar plotting aids-Part 1：Automatic radar plotting aids（ARPA）-Methods of testing and required test results
8	国际标准	EN 60872-2：1999	Maritime navigation and radiocommunication equipment and systems-Radar plotting aids-Part 2：Automatic tracking aids（ATA）-Methods of testing and required test results

序号	标准类别	标准号	标准名称
9	国际标准	EN 60872-3:2001	Maritime navigation and radiocommunication equipment and systems-Radar plotting aids-Part 3:Electronic plotting aid（EPA）；Performance requirements；Methods of testing and required test results
10	国际标准	EN 61162-3/ A2:2014	Maritime navigation and radiocommunication equipment and systems-Digital interfaces-Part 3:Serial data instrument network
11	国际标准	EN 61162-450/ A1:2016	Maritime navigation and radiocommunication equipment and systems-Digital interfaces-Part 450:Multiple talkers and multiple listeners-Ethernet interconnection
12	国际标准	EN 61996-1/ A1:2021	Maritime navigation and radiocommunication equipment and systems-Shipborne voyage data recorder（VDR）-Part 1:Performance requirements, methods of testing and required test results
13	国际标准	EN 62287-1/ A1:2014	Maritime navigation and radiocommunication equipment and systems-Class B shipborne equipment of the automatic identification system（AIS）-Part 1:Carrier-sense time division multiple access（CSTDMA）techniques
14	国际标准	EN 62320-1/ A1:2009	Maritime navigation and radiocommunication equipment and systems-Automatic Identification System（AIS）-Part 1:AIS Base Stations-Minimum operational and performance requirements, methods of testing and required test results
15	国际标准	EN ISO 449:1999	Ships and Marine Technology-Magnetic Compasses, Binnacles and Azimuth Reading Devices-Class A
16	国际标准	EN ISO 694:2001	Ships and Marine Technology-Positioning of Magnetic Compasses in Ships
17	国际标准	ISO 11674:2000	Ships and marine technology-Heading control systems
18	国际标准	BS EN 62288:2014	Maritime navigation and radiocommunication equipment and systems. Presentation of navigation-related information on shipborne navigational displays. General requirements, methods of testing and required test results
19	国际标准	ISO 27916:2019	Carbon dioxide capture, transportation and geological storage Carbon dioxide storage using enhanced oil recovery（CO_2-EOR）
20	国际标准	ISO 27917:2017	Carbon dioxide capture, transportation and geological storage-Vocabulary-Cross cutting terms
21	国际标准	ISO 27919-1:2018	Carbon dioxide capture-Part1:Performance evaluation methods for post-combustion CO_2 capture integrated with a power plant
22	国际标准	ISO/TR 27925:2023	Carbon dioxide capture, transportation and geological storage-Cross cutting issues-Flow assurance
23	国际标准	ISO 27913:2016	Carbon dioxide capture, transportation and geological storage-Pipeline transportation systems

序号	标准类别	标准号	标准名称
24	国际标准	ISO 27914:2017	Carbon dioxide capture,transportation and geological storage-Geological storage
25	国际标准	ISO 27923:2022	Carbon dioxide capture, transportation and geological storage-Injection operations,infrastructure and monitoring
26	国际标准	ISO 27919-2:2021	Carbon dioxide capture-Part2:Evaluation procedure to assure and maintain stable performance of post-combustion CO_2 capture plant integrated with a power plant
27	国际标准	ISO/TR 27922:2021	Carbon dioxide capture-Overview of carbon dioxide capture technologies in the cement industry
28	国际标准	ISO/TR 27921:2020	Carbon dioxide capture, transportation, and geological storage-Cross Cutting Issues-CO_2 stream composition
29	国际标准	ISO/TR 27915:2017	Carbon dioxide capture, transportation and geological storage-Quantification and verification
30	国际标准	ISO/TR 27912:2016	Carbon dioxide capture-Carbon dioxide capture systems, technologies and processes
31	国际标准	ISO/CD TR 27926	Carbon dioxide capture,transportation and geological storage-Carbon dioxide enhanced oil recovery (CO_2-EOR)-Transitioning from EOR to storage
32	国际标准	ISO/CD 27927	Carbon dioxide capture,transportation and geological storage-Key performance parameters and characterization methods of absorption liquids for post-combustion CO_2 capture
33	国际标准	ISO/CD 27928	Carbon dioxide capture, transportation and geological storage-Performance evaluation methods for CO_2 capture plants connected with CO_2 intensive plants
34	国际标准	ISO 13797:2020	Ships and marine technology-Ship's mooring and towing fittings-Welded steel bollards for sea-going vessels
35	国际标准	DS/ISO 4568:2007	Shipbuilding-Sea-going vessels-Windlasses and anchor capstans
36	国际标准	ISO 6218:2019	Inland navigation vessels-Manually and power-operated coupling devices for rope connections of pushing units and coupled vessels-Safety requirements and main dimensions (Fourth edition)
37	国际标准	ISO 21792:2019	Ships and marine technology-Navigation and ship operations-Guidelines for onboard telephone equipment (First edition)
38	国际标准	ISO 16329:2003	Ships and Marine Technology-Heading Control Systems for High-Speed Craft (First Edition)
39	国际标准	IEC 60092-360:2021	Electrical installations in ships-Part 360:Insulating and sheathing materials for shipboard and offshore units, power, control, instrumentation and telecommunication cables

序号	标准类别	标准号	标准名称
40	国际标准	IEC 61097-15:2012	Global maritime distress and safety system (GMDSS)-Part 15: Inmarsat FB500 ship earth station-Operational and performance requirements, methods of testing and required test results
41	国际标准	IEC 61162-400:2001	Maritime navigation and radiocommunication equipment and systems-Digital interfaces-Part 400: Multiple talkers and multiple listeners; Ship systems interconnection; Introduction and general principles
42	国际标准	IEC 61162-402:2005	Maritime navigation and radiocommunication equipment and systems-Digital interfaces-Part 402: Multiple talkers and multiple listeners-Ship systems interconnection-Documentation and test requirements
43	国际标准	ISO 8729-1:2010	Ships and marine technology-Marine radar reflectors-Part 1: Passive type (First Edition)
44	国际标准	ISO 8729-2:2009	Ships and marine technology-Marine radar reflectors-Part 2: Active type (First Edition)
45	国际标准	ISO 9876:2015	Ships and marine technology-Marine facsimile receivers for meteorological charts (Third Edition)
46	国际标准	ISO 10596:2009	Ships and marine technology-Marine wind vane and anemometers (First Edition)
47	国际标准	ISO 11674:2019	Ships and marine technology-Heading control systems (Third edition)
48	国际标准	ISO 14859:2012	Ships and marine technology-Sound reception systems (First Edition)
49	国际标准	ISO 16273:2020	Ships and marine technology-Night vision equipment for high-speed craft-Operational and performance requirements, methods of testing and required test results
50	国际标准	ISO 16328:2014	Ships and marine technology-Gyro-compasses for high-speed craft (Second Edition)
51	国际标准	ISO 19697:2016	Ships and marine technology-Navigation and ship operations-Electronic inclinometers (First Edition)
52	国际标准	ISO 22090-1:2014	Ships and marine technology-Transmitting heading devices (THDs)-Part 1: Gyro-compasses (Second Edition)
53	国际标准	ISO 22090-3:2014	Ships and marine technology-Transmitting heading devices (THDs)-Part 3: GNSS principles (Second Edition)
54	国际标准	ISO 23152:2021	Ships and marine technology-Ballast water management systems (BWMS)-Computational physical modelling and calculations on scaling of UV reactors
55	国家标准	GB/T 9390—2017	导航术语

续上表

序号	标准类别	标准号	标准名称
56	国家标准	GB/T 14555—2015	船用导航雷达接口及安装要求
57	国家标准	GB/T 15868—1995	海上遇险与安全系统(要求测试方法和要求的测试结果 CMDSS)船
58	国家标准	GB/T 12267—1990	船用导航设备通用要求和试验方法
59	国家标准	GB/T 20068—2017	船载自动识别系统(AIS)技术要求
60	国家标准	GB/T 26782.1—2011	卫星导航船舶监管信息系统 第1部分:系统组成与功能定义
61	国家标准	GB/T 37343—2019	海上导航和无线电通信设备及系统 桥楼航行值班报警系统(BNWAS)
62	国家标准	GB/T 17424—2019	差分全球卫星导航系统(DGNSS)技术要求
63	国家标准	GB/T 11711—2002	船用自动雷达标绘仪(ARPA)性能要求、测试方法和要求的测试结果
64	国家标准	GB/T 13602—2010	船舶驾驶室集中控制台
65	国家标准	GB/T 13705—2019	船用无线电通信设备一般要求
66	国家标准	GB/T 35713—2017	船舶艏向控制系统
67	国家标准	GB/T 39277—2020	船舶交通管理系统
68	国家标准	GB/T 39578—2020	基于惯性导航的应急定位系统规范
69	国家标准	GB/T 39723—2020	北斗地基增强系统通信网络系统技术规范
70	国家标准	GB/T 43053—2023	海上导航和无线电通信设备及系统 电子海图显示与信息系统(ECDIS)操作和性能要求、测试方法及要求的测试结果
71	国家标准	GB/T 19391—2003	全球导航卫星系统(GNSS)信号转发器校准规范
72	国家标准	GB/T 5743—2010	船用自动操舵仪
73	国家标准	GB/T 41892—2022	智能船舶机械设备信息集成编码指南
74	国家标准	GB/T 43142—2023	超高压水射流船舶除锈成套装备
75	国家标准	GB/T 42055—2022	船舶与海上技术船载机械设备数据格式
76	国家标准	GB/T 42797—2023	二氧化碳捕集、输送和地质封存 管道输送系统
77	国家标准	GB/T 4300—2007	船舶与海上技术 船用陀螺罗经
78	国家标准	GB/T 3221—2020	内燃机动力内河船舶系泊和航行试验大纲
79	国家标准	GB/T 42319—2023	船舶和海上技术 航行数据记录仪(VDR)操作和安装指南
80	国家标准	GB/T 554—2023	船舶和海上技术船舶系泊和拖带设备海船用钢质焊接带缆桩
81	国家标准	GB/T 4299—2008	船舶通风系统图形符号
82	国家标准	GB/T 4300—2007	船舶与海上技术船用陀螺罗经
83	国家标准	GB/T 8355—2008	船舶用电动测量和控制仪表 通用技术条件
84	国家标准	GB/T 10250—2007	船舶电气与电子设备的电磁兼容性
85	国家标准	GB/T 11197—2003	海上船舶无线电通话标准用语
86	国家标准	GB/T 11586—2018	船舶与海上技术船舶系泊和拖带设备 巴拿马导缆孔
87	国家标准	GB/T 13030—2009	船舶电力推进系统技术条件

续上表

序号	标准类别	标准号	标准名称
88	国家标准	GB/T 13413—1992	船舶通用术语船舶系统
89	国家标准	GB/T 13602—2010	船舶驾驶室集中控制台(屏)
90	国家标准	GB/T 23428—2009	船舶和海上技术　舶向控制装置
91	国家标准	GB/T 23429—2009	船舶和海上技术　船队管理系统网络实施导则
92	国家标准	GB/T 24955.2—2010	船舶和海上技术　舶向发送设备(THDs)　第2部分:地磁原理
93	国家标准	GB/T 24955.3—2010	船舶和海上技术　舶向发送设备(THDs)　第3部分:GNSS原理
94	国家标准	GB/T 25013—2010	船舶和海上技术　高速船夜视仪　操作与性能要求、试验方法和要求的试验结果
95	国家标准	GB/T 11197—2003	海上船舶无线电通话标准用语
96	国家标准	GB/T 18913—2002	船舶和航海技术　航海气象图传真接收机
97	国家标准	GB/T 24949—2010	船舶和海上技术　船用电磁罗经
98	国家标准	GB/T 24952—2010	船舶和海上技术　高速船舶向控制装置
99	国家标准	GB/T 24953—2010	船舶和海上技术　高速船陀螺罗经
100	国家标准	GB/T 24955.1—2010	船舶和海上技术　舶向发送设备(THDs)　第1部分:陀螺罗经
101	国家标准	GB/T 28561—2023	船舶电气设备　自动化、控制和测量仪表
102	行业标准	CB/T 3613—1994	导航设备及其附件安装质量要求
103	行业标准	CB 774—1983	导航新产品图样和技术文件的分类编号
104	行业标准	CB 1350—2012	水面舰艇主动舰壳声纳规范
105	行业标准	CB 20194—2016	舰船惯性导航设备安装与对准要求
106	行业标准	CB 20198—2016	舰载雷达伺服系统设计要求
107	行业标准	CH/T 8026—2023	北斗　全球导航卫星系统(GNSS)高精度导航型天线通用规范
108	行业标准	JT/T 680.1—2016	船用通信导航设备的安装、使用、维护、修理技术要求　第1部分:总则
109	行业标准	JT/T 681.1—2007	内河船舶导航雷达　第1部分:性能要求
110	行业标准	HJB 108.3—1995	水面舰艇系统陆上联调试验规程综合导航系统试验
111	行业标准	HJB 272—2003	舰艇电子航海图系统通用规范
112	行业标准	HJB 378.1—2007	舰船综合导航仪修理技术要求　第1部分:综导显控台
113	行业标准	IEC 61162-3—2014	海上导航和无线电通信设备及系统数字接口　第3部分:串行数据仪器网络
114	行业标准	JB/T 12909—2016	燃煤烟气二氧化碳捕集装备
115	行业标准	JT/T 419—2000	内河船舶航行资料配备要求
116	行业标准	SC/T 8012—2011	渔业船舶无线电通信、航行及信号设备配备要求
117	行业标准	JT/T 681.2—2007	内河船舶导航雷达　第2部分:性能要求
118	行业标准	CB/T 3153—2019	船舶机舱监视报警装置技术条件

续上表

序号	标准类别	标准号	标准名称
119	行业标准	CB/Z 809—2016	船舶操纵运动数学模型
120	企业标准	Q/JLHY 001—2021	水面船艇自主折线路径跟踪控制系统导则
121	企业标准	Q/DLKL 0153—2014	船用导航雷达产品标准
122	企业标准	Q/FJFT 003—2020	渔业船舶 B 类 AIS 船载设备智能避碰技术规范
123	企业标准	Q/GIIUV X02—2019	无人艇/船全局航径规划性能评估方法
124	企业标准	Q/3201 ZCPQ 05—2017	船舶交通管理系统
125	企业标准	Q/DLKL0153—2017	船用导航雷达
126	企业标准	Q/HHDZ 80—2017	高性能 X 波段海洋探测雷达系统
127	企业标准	Q/440100JTS 001—2021	智能卫星定位器(型号:JTGM18)
128	企业标准	Q/JHC 002—2018	自动操舵仪
129	企业标准	Q/HSI DP01—2017	动力定位控制系统
130	企业标准	Q/HNBD 0002S—2021	船舶北斗卫星导航系统终端标准
131	企业标准	Q/SY RADAR—2015	船用导航雷达
132	企业标准	Q/231300 BWXX 002—2019	近海雷达监视系统
133	企业标准	Q/XMXN001—2015	船用 GPS 导航仪
134	企业标准	Q/ZX 2—2020	卫星通信系统船载终端
135	企业标准	Q/0600YBX001—2015	指针式石英航海计时仪
136	企业标准	Q/HHDZ 80—2017	高性能 X 波段海洋探测雷达系统
137	企业标准	Q/TB-BD001W—2018	同博北斗船舶示位仪 B 型标准
138	企业标准	Q/GDJM X31—2017	渔业船舶监控定位终端
139	企业标准	Q/TB-BD001—2017	同博北斗船舶示位仪标准
140	企业标准	Q/HDBD 006—2017	BDCZ-01 型船载北斗定位通信终端
141	企业标准	Q/XW 01—2017	S280 系列船载卫星电视及航行安全信息共享装置
142	企业标准	Q/ZXG 001—2017	船载卫星通信终端
143	企业标准	Q/ZX 1—2016	VSAT 卫星通信系统船载终端
144	企业标准	Q/SEIC02—2017	智能监控系统(含终端)
145	企业标准	Q/RPKC 010—2016	基于图像处理的船舶安全驾驶辅助系统
146	企业标准	Q/XMXN002—2015	船载电子海图系统(ECS)
147	企业标准	Q/460100 HNWH003—2020	一种可变机身角度的船舶自动识别设备

序号	标准类别	标准号	标准名称
148	企业标准	Q/XMGT.002—2017	物灵通 GT-CS02 型船载 B 级 AIS 自动识别系统产品技术标准
149	企业标准	Q/XMXN004—2015	A 级船舶自动识别系统
150	企业标准	Q/BDXH 001—2017	便携式 AIS 通信设备
151	企业标准	Q/FJYSP 001—2016	海事 AIS 通信设备
152	企业标准	Q/320113 SDM005—2018	船载自动识别系统(Class B 类 AIS)
153	企业标准	Q/DPN001—2016	口岸船舶综合申报电子数据交换 第 1 部分:船舶申报规范
154	企业标准	Q/FJFT001—2018	多功能(B 级)AIS 船载设备技术要求
155	企业标准	Q/SKGD 01—2017	船舶激光靠泊监测系统
156	企业标准	Q/XMXN003—2015	船载自动识别系统(Class B 类 AIS)
157	企业标准	Q/DLKL0153—2017	船用导航雷达
158	企业标准	Q/DTD—2016	波导超视距雷达系统
159	企业标准	Q/HL-ECU—2017	深海视像远程传输系统
160	企业标准	Q31/0118000069C022	北斗高精度智能监测集成系统
161	企业标准	Q/HDY-DK07—2015	主机遥控系统
162	企业标准	Q/HL-SRD21—2022	船舶识别智能终端
163	企业标准	Q/XH 111—2022	船舶尾气监测系统
164	企业标准	Q/BFW 275—2021	船舶检测雷达

附录3

本书彩色插图链接

章	章名	彩色插图链接	章	章名	彩色插图链接
第 1 章	概述		第 6 章	智能作业 设备与系统	
第 2 章	智能航行 设备与系统		第 7 章	船舶碳捕捉 设备与系统	
第 3 章	智能能效 设备与系统		第 8 章	岸基驾控 设备与系统	
第 4 章	智能机舱 设备与系统		第 9 章	船舶智能设备 与系统的发展重点	
第 5 章	智能集成平台 设备与系统				